普通高等教育"十二五"规划建设教材

# 证券投资统计分析

第2版

李冻菊　主编

中国农业大学出版社
· 北京 ·

## 内容简介

统计方法在社会上尤其是在市场经济活动中的应用日益广泛，在企业管理、市场营销、银行、证券、保险等方面的应用迅速扩大，统计学课程已成为高校经济管理类学生选修最多的课程。统计方法广泛应用于金融专业，尤其是证券投资方面，把统计方法应用到证券投资分析中去是本教材的特色。本教材以统计方法为基础，结合在证券市场和证券投资中的应用，既侧重理论方法的介绍，又注重投资技巧的分析。通过本教材的学习，高校经济管理类学生、证券市场投资者可以认识证券市场，了解证券投资知识和方法，把握实战操作技巧。

**图书在版编目(CIP)数据**

证券投资统计分析/李冻菊主编. —2版. —北京：中国农业大学出版社，2014.9
ISBN 978-7-5655-1032-8

Ⅰ.①证…　Ⅱ.①李…　Ⅲ.①证券投资-投资分析　Ⅳ.①F830.91

中国版本图书馆CIP数据核字(2014)第170101号

书　　名　证券投资统计分析　第2版
作　　者　李冻菊　主编

| | | | |
|---|---|---|---|
| **策划编辑** | 魏秀云 | **责任编辑** | 张苏明 |
| **封面设计** | 郑　川 | **责任校对** | 陈　莹　王晓凤 |
| **出版发行** | 中国农业大学出版社 | | |
| **社　　址** | 北京市海淀区圆明园西路2号 | **邮政编码** | 100193 |
| **电　　话** | 发行部 010-62818525,8625<br>编辑部 010-62732617,2618 | | 读者服务部 010-62732336<br>出　版　部 010-62733440 |
| **网　　址** | http://www.cau.edu.cn/caup | **e-mail** | cbsszs@cau.edu.cn |
| **经　　销** | 新华书店 | | |
| **印　　刷** | 涿州星河印刷有限公司 | | |
| **版　　次** | 2014年9月第2版　2014年9月第1次印刷 | | |
| **规　　格** | 787×1 092　16开本　20印张　492千字 | | |
| **定　　价** | 42.00元 | | |

**主　　编**　李冻菊

**副 主 编**　符想花

**参编人员**　尚慧芳　丁　菲　李　伟　党亚东　朱清怡

# 前　言

近年来，中国经济、教育以及统计学科都有许多发展和重大变化。国家统计局已经确定以普查为基础、以抽样调查为主体、多种调查方法结合运用的统计调查方法体系，与此相适应也进行了统计体制的重大改革，以最大限度地适应社会主义市场经济的需要；统计方法在社会上尤其是在市场经济活动中的应用更加广泛，在企业管理、市场营销、金融、证券、保险等方面的应用迅速扩大，统计学已成为高校学生选修最多的课程；统计学经过百年的发展，已形成一门独立的统计学科，包括自然科学与社会科学的大统计思想，不仅提高了统计学的学科地位，而且有利于统计学科间的融合、借鉴，更有利于统计学的发展。有鉴于此，有人预测统计学将和语言学、心理学成为21世纪最有前途的三大学科。

统计方法广泛应用于金融专业，尤其是证券投资方面，把统计方法应用到证券投资分析中去是我多年以来所思考的问题。2002年7月我从中南财经政法大学博士毕业来到河南财经学院统计学系，把一直思考的问题作为一门不太成熟的新课程给统计学专业的本科生开设，课程名为"证券投资统计分析"，有别于当时所开设的"证券投资学"和"证券投资技术分析"以及"证券投资基础知识"等传统课程，后来逐渐推广到统计学专业、金融学专业以及企业管理专业的研究生授课，所涉及内容基本上包括了"统计学"的大部分方法在证券投资中的应用，基本框架是每章先介绍统计方法，然后介绍在证券投资中的具体应用，这样边讲边改，2006年正式出版了，出版之后作为教材使用了8年，在讲授过程中发现还需要补充和完善，故重新修订出版。

新修订的《证券投资统计分析》在第1版基础上增加了内容：为满足高校日益强化的实践教学的需要，在每章后面均增加了实践模块，比如如何开户、如何下载股票分析软件、如何进行网上交易、如何看大盘等；对每章后面的资料进行了分类，比如投资者的心态、成功者的投资理念、庄家操作手法、实战技巧等。

这次修订的《证券投资统计分析》共分10章，参与编写的有李冻菊、符想花、尚慧芳、丁菲、李伟、党亚东、朱清怡，分工如下：丁菲，第一章和第二章；符想花，第三章和第七章第二、第三节；尚慧芳，第四章和第七章第一节；李伟，第五章和第八章；朱清怡，第六章第一节；党亚东，第六章第二、第三节和第十章；李冻菊，第九章。

**李冻菊**

2014年5月7日

# 目　　录

# 第一章　证券投资基础知识

证券市场发展到今天已经成为一个复杂而庞大的市场，不断向前发展，种类不断丰富，规模继续扩大，为这个经济全球化的世纪注入源源不断的资本动力。以我国的证券市场为例，虽然上海证券交易所和深圳证券交易所成立时总共才有 13 只股票，但是经过短短二十几年时间，已经发展到了几千只股票，其市场规模亦不可同日而语。每一个投资者在进入证券市场之前必须对这个市场有一个初步的认识。我们将从证券市场、证券交易品种和代码、证券交易基本知识、证券投资分析基本问题四个方面展开。

## 第一节　证 券 市 场

### 一、证券市场的层级

首先，证券市场是由不同层级的市场组成的，包括主板市场、二板市场、三板市场。分层的标准就是对发行人的要求不同，要求最为严格的是主板市场，其次是二板市场、三板市场，三板市场又是一个比较特殊的市场。

**（一）主板市场**

主板市场又称为一板市场，指传统意义上的市场（通常指股票市场），是一个国家或地区证券发行、上市以及交易的主要场所。主板市场是资本市场中最重要的组成部分，很大程度上能够反映经济发展状况，有"晴雨表"之称。

1. 中国大陆主板市场

中国大陆的主板市场依托于上交所和深交所两个交易所，包括上交所的全部上市公司和深交所的大部分上市公司。主板市场对发行人的营业标准要求较高，在主板上市的企业多为大型成熟的企业，具有较大的资本规模以及稳定的盈利能力。

我国的主板市场主要的上市条件如下：

(1)股票经国务院证券管理部门批准已向社会公开发行。

(2)发行人最近三个会计年度净利润均为正且累计超过人民币 3 000 万元；最近三个会计年度经营活动产生的现金流量净额累计超过人民币 5 000 万元，或者最近三个会计年度营业收入累计超过人民币 3 亿元。

(3)发行前股本总额不少于人民币 3 000 万元。

(4)向社会公开发行的股份不少于公司股份总数的 25%；公司股本总额超过人民币 4 亿元的，其向社会公开发行股份的比例不少于 10%。

(5)发行人是依法设立且持续经营三年以上的股份有限公司。原国有企业依法改组而设立的，或者在《中华人民共和国公司法》实施后新组建成立的公司改组设立为股份有限公司的，其主要发起人为国有大中型企业的，成立时间可连续计算。

(6)公司在最近三年内无重大违法行为，财务会计报告无虚假记载。

(7)最近一期末无形资产(扣除土地使用权等)占净资产的比例不超过20%。

(8)最近三年内公司的主营业务未发生重大变化。

(9)最近三年内公司的董事、管理层未发生重大变化。

(10)国家法律、法规规章及交易所规定的其他条件。

2.世界主要主板市场

除中国大陆主板市场外，世界上主要的主板市场还有美国主板市场、香港主板市场、新加坡主板市场、日本主板市场等，以下以美国主板市场和香港主板市场为例对世界主板市场进行一个简要介绍。

**美国主板市场：**美国证券交易所(AMEX)现为美国第三大股票交易场所，是唯一一家能够同时进行股票、期权和衍生品交易的交易所。此外它还是唯一一家为中小市值公司提供系列服务的交易所。其上市条件是：

(1)最少要有500 000股的股票在市面上为大众所拥有。

(2)最少要有800名的股东(每名股东需拥有100股以上)。

(3)满足下列条件中的一条：

①最近三年的税前营业利润合计不少于1亿美元，最近两年的税前营业利润合计不低于2 500万美元。

②最近12个月的收入不低于1亿美元，最近三年的经营现金流入合计不少于1亿美元，最近两年的经营现金流入每年均不少于2 500万美元，流通股市值不低于5亿美元。

③流通股市值不低于7.5亿美元，最近一年的收入不低于7 500万美元。

**香港主板市场：**香港联合交易所是香港证监会所认可的交易公司，以在香港建立和维持股票市场为目标。香港之前有四家交易所，一个城市拥有四家交易所，势必带来监管上的困难，后来在香港政府的多次压力下，1980年香港联合交易所有限公司注册成立，经过多年筹备，1986年4月2日四所正式合并，联合交易所开始运作，并成为香港唯一的证券交易所，香港证券市场进入一个新时代。其上市基本条件是：

(1)上市公司及其业务必须被交易所认为适宜上市。

(2)必须符合以下三项中的一项(必须具备不少于三个财政年度的营业纪录，其间管理层需大致相同，最近一个经审计的财政年度内拥有权和控制权维持不变)：

①上市前三年盈利总和最少达5 000万元。

②上市市值至少20亿元，最近一个财政年度的收益最少为5亿元，在过去三个财政年度从其拟申请上市的营业活动所生成的净现金流入合计最少为1亿港元。

③上市市值至少为40亿元，最近一个财政年度的收益最少为5亿元，上市时至少有1 000名股东。

(3)上市时的预计市值不得少于2亿元，其中由公众人士持有的证券预计市值不得低于5 000万元。

(4)公司已发行股本总额均须有至少25%为公众人士所持有，初次申请上市的证券于上市时最少有股东300名，持股量最高的三名公众股东拥有的百分比不得超过50%。

(5)必须有足够营运资金应付现时(即上市文件日期起计至少12个月)所需。

**(二)二板市场**

二板市场又称“第二板”，是与一板市场对应而存在的概念。二板市场又称创业板市场、增长型股票市场等，主要针对中小成长型新兴公司而设立，其上市要求比主板市场宽松一些。二板市场和主板市场的区别主要在上市公司的规模和融资额上，它的明确定位是为具有高成长性的中小企业和高科技企业做融资服务，是针对中小企业的资本市场。表1-1对主板市场和创业板市场进行了比较。

**表1-1　国内主板市场与创业板市场的比较**

| 条件 | 主板 | 创业板 |
|---|---|---|
| 主体资格 | 依法设立且持续经营三年以上的股份公司 | 依法设立且合法存续的股份公司 |
| 盈利要求 | (1)最近三个会计年度净利润均为正数且累计超过人民币3 000万元，净利润以扣除非经常性损益前后较低者为计算依据。(2)最近三个会计年度经营活动产生的现金流量净额累计超过人民币5 000万元；或者最近三个会计年度营业收入累计超过人民币3亿元。(3)最近一期不存在未弥补亏损 | (1)最近两年连续盈利，最近两年净利润累计不少于1 000万元，且持续增长；或者最近一年盈利，且净利润不少于500万元，最近一年营业收入不少于5 000万元，最近两年营业收入增长率均不低于30%。(2)净利润以扣除非经常性损益前后较低者为计算依据<br>(注：上述要求为选择性标准，符合其中一条即可) |
| 资产要求 | 最近一期末无形资产(扣除土地使用权、水面养殖权和采矿权等后)占净资产的比例不高于20% | 最近一期末净资产不少于2 000万元 |
| 股本要求 | 发行前股本总额不少于人民币3 000万元 | 企业发行后的股本总额不少于3 000万元 |
| 主营业务要求 | 最近三年内主营业务没有发生重大变化 | 发行人应当主营业务突出。同时，要求募集资金只能用于发展主营业务 |
| 董事及管理层 | 最近三年内没有发生重大变化 | 最近两年内未发生重大变化 |
| 实际控制人 | 最近三年内实际控制人未发生变更 | 最近两年内实际控制人未发生变更 |
| 同业竞争 | 发行人的业务与控股股东、实际控制人及其控制的其他企业间不得有同业竞争 | 发行人与控股股东、实际控制人及其控制的其他企业间不存在同业竞争 |
| 发审委 | 设主板发行审核委员会(25人) | 设创业板发行审核委员会，加大行业专家委员的比例，委员与主板发行审核委员会委员不互相兼任 |
| 初审征求意见 | 征求省级人民政府、国家发改委意见 | 无 |

世界上主要的创业板市场有美国的纳斯达克市场、香港创业板市场、日本创业板市场等。以下以它们为例对世界主要的二板市场做一简要介绍。

1. 美国创业板市场

纳斯达克市场(NASDAQ)是美国全国证券交易商协会于1968年着手创建的自动报价系统的英文简称。它的特点是收集和发布场外交易非上市股票的证券商报价。纳斯达克市场现在已经成为全球第二大的证券交易市场,是全球首家电子化的股票市场,它在55个国家和地区设有26万多个计算机销售终端。每天在美国市场上换手的股票中有超过半数的交易在纳斯达克市场进行,将近有5 400家公司的证券在这个市场上挂牌。

一般说来,在纳斯达克市场上市的企业以高科技公司为主,包括微软(Microsoft)、英特尔(Intel)、戴尔(Dell)、思科(Cisco)等大公司。

2. 香港创业板市场

香港创业板市场是主板市场以外的一个完全独立的新的股票市场,成立于1999年11月25日,与主板市场具有同等的地位,不是一个低于主板或与之配套的市场,但在上市条件、交易方式、监管方法和内容上都与主板市场有很大差别。其宗旨是为新兴有增长潜力的企业提供一个筹集资金的渠道。它的创建对中国内地和香港经济将产生重大的影响。从长远来说,香港创业板目标是发展成为一个成功自主的市场——亚洲的NASDAQ。

创业板市场具有这些特色:以高增长公司为目标,注重公司增长潜力及业务前景;市场参与者须自律及自发地履行其责任;买者风险自负;适合有风险容量的投资者;以信息披露为本的监管理念;要求保荐人具有高度专业水平及诚信度。它以有增长潜力公司为目标,行业及规模不限。创业板的主要目标是为在香港及内地营运的大量有增长潜质的企业提供方便而有效的渠道来筹集资金,以扩展业务,其中也包括在大陆投资的香港和台湾的增长公司、大量的"三资"企业,以及内地的一些有发展前景的大中型国有科技企业和中小型民营科技企业,为它们提供一个集资市场;另外综合企业可把个别增长项目分拆上市,投资经理及创业资本家将他们所投资的公司上市。

香港创业板也执行一系列严格的监管原则:推行严谨的监管、监察和执法措施;依循严格的信息披露标准及"买者自负"原则。监管机构只负责确保上市公司所提供的有关文件及重要资料的完整性和真实性,但不会对投资的利弊做出评论,或就所发售的证券或所提供的投资机会作出判断,无论有关判断是好是坏,或者上市申请人或其业务在商业上的可行性,这些都不是香港证监会或联交所的关注所在。

3. 日本创业板市场

东京证券交易所1999年11月11日在一部、二部股市之外,又成立了一个称为"玛札兹"的新市场,玛札兹这一名称来自英语"MOTHERS",它是"Market of the high-growth and emerging stocks"的缩写,意为"高增长新兴股票市场",又被称为保姆板(即是日本的创业板)。MOTHERS成立的宗旨是促进引领日本经济增长的新兴企业的成长,在它们的成长过程中提供方便的筹资机会,同时给日本的证券市场和经济增加活力。东京证交所将它定位于"与已有东证一、二部市场并立的、在日本各地都可以上市的股市"。

其上市标准是:

(1)需具有高成长性。

(2)上市时公开招股或出售超过1 000交易单位,其中1 000交易单位中包括500交易单位的公开招股。交易单位根据上市公司的股价确定。一般情况下，1 个交易单位约不超过 50 万日元。比如，股价不超过 500 日元时的交易单位为 1 000 股。

(3)通过上述(2)的公开招股，日本国内股东数要超过 300 人。

(4)上市时的总市值超过 10 亿日元。

(5)预期增长的业务能够创造销售额。

(6)最近两年的财务报表和中期财务报表无虚假记录，最近一年的财务报表和中期财务报表的审计意见为“无保留意见”，并且其上一年的财务报表的审计意见为“无保留意见”或“附免除事项的有条件保留意见”。

(7)不设股票转让限制，但是法律规定的情况不在此限。

(8)企业必须提交关于已通过审批且有可能带来各种重要影响的合并、收购、分立的财务报表。

**(三)三板市场**

三板市场即代办股份转让业务，是指经中国证券业协会批准，由具有代办非上市公司股份转让业务资格的证券公司采用电子交易方式，为非上市公司提供的特别转让服务，于 2001 年 7 月 16 日正式开办。作为中国多层次证券市场体系的一部分，三板市场一方面为退市后的上市公司股份提供继续流通的场所，另一方面也解决了原 STAQ、NET 系统历史遗留的数家公司法人股的流通问题。

目前拥有代办股份转让资格的券商有中信建投、申银万国、国泰君安、大鹏、国信、辽宁、闽发、广发、兴业、银河、海通、光大和招商证券等 44 家证券公司。根据相关规定，证券公司从事非上市公司股份报价转让业务的条件为：最近年度净资产不低于 8 亿元，净资本不低于 5 亿元，营业部不少于 20 家且布局合理。这一条件并不算苛刻，根据中国证券业协会公布的 106 家券商财务数据，符合上述标准的券商有 85～90 家。

三板市场成立之初是为退市企业提供一个股票流通场所，由中国证券业协会出面，协调部分证券公司设立了代办股份转让系统。这个处理退市股票和两个停止交易的法人股公司的股份转让问题的三板通常被称为“旧三板”，而现在“新三板”的概念越来越热，逐渐走进公众的视野。2006 年为了改变中国资本市场交易过于落后的局面，同时也为更多的高科技成长型企业提供股份流动的机会，有关方面后来在北京中关村科技园区建立了新的股份转让系统，被称为“新三板”。随着新三板市场的逐步完善，我国将逐步形成由主板、创业板、场外柜台交易网络和产权市场在内的多层次资本市场体系。新三板与旧三板最大的不同是配对成交，现在设置 30%幅度，超过此幅度要公开买卖双方信息。2012 年，经国务院批准，决定扩大非上市股份公司股份转让试点，首批扩大试点新增上海张江高新技术产业开发区、武汉东湖高新技术产业开发区和天津滨海高新技术产业开发区。2013 年年底，新三板方案突破试点国家高新区限制，扩容至所有符合新三板条件的企业。

新三板的交易是线上披露、线下交易，属于典型的 OTC 市场。新三板成立之初，只允许机构投资者参与，即使后来允许个人投资者参与，其参与门槛也比较高，个人投资者需要有两年以上的证券投资经验，或具有会计、金融、投资、财经等相关专业背景，并且要求投资者本人名下前一交易日日终证券类资产市值在 300 万元人民币以上。

## 二、证券交易所

### (一)证券市场分类

证券市场是股份制企业发行证券、筹集资金及证券流通交易的场所。证券市场分为发行市场和流通市场。

发行市场:发行市场又称为初级市场,它是股份有限公司发行股票、筹集资金、将社会闲散资金转化为生产资金的场所。发行市场主要通过发行证券为上市公司筹集资金。发行市场由证券发行者、证券承销商(中介机构)和认购投资者三个元素构成。

流通市场:流通市场又叫二级市场,是供投资者买卖已发行证券的场所,主要通过证券的流通转让来保证证券的流动性,进而保证投资者资产的流动性。

发行市场是流通市场的基础,决定着流通市场上流通证券的种类、数量和规模;流通市场则是发行市场存在和发展的保证,维持着投资者资金周转的积极性和流动的灵活性,两者互为条件又相互制约,有着密不可分的关系。

### (二)上交所和深交所

证券交易所是证券商进行上市股票、债券公开集中交易的场所。我国建有上海和深圳两个社会个人股证券交易所。

1. 上海证券交易所

上海证券交易所正式成立于 1990 年 12 月 19 日。上海证券交易所实行会员制,为不营利的事业法人。交易所不吸收个人会员。会员须缴纳交易费,其中包括年费和经手费。兼营经纪和自营业务的证券商以及专营自营业务的证券商每年缴纳年费 50 000 元,专营经纪业务的证券商每年要缴纳交易年费 10 000 元。此外,证券商还要按照成交额的 0.3‰ 缴纳交易经手费。

交易所的组织机构分为:

(1)会员大会,它是交易所的最高权力机构;

(2)理事会,它是日常事务的决策机构;

(3)监事会,为交易所财务、业务工作的监督机构。

上海证券交易所的主要业务是:提供证券交易的集中场所,管理上市证券的买卖,办理上市证券交易的清算交割,提供上市证券的过户或集中保管服务,提供证券市场的信息服务。在上海证券交易所上市的证券,除要满足上市条件外,还要向交易所缴纳上市费。上市费有上市初费和上市月费两种。上市初费按发行面额总值的 0.3‰缴纳,起点为 3 000 元,最高不超过 10 000 元。证券和在交易市场第一部上市的股票按发行面额总值的0.01‰缴纳上市月费,起点为 100 元,最高不超过 500 元。在交易市场第二部上市的股票,月费标准提高 10%。

2. 深圳证券交易所

深圳证券交易所于 1989 年 11 月 15 日筹建,1990 年 12 月 1 日开始集中交易,1991 年 4 月 11 日由中国人民银行总行正式批准成立。深圳证券交易所为会员制、非营利性的事业法人,注册资金 1 000 万元人民币。

它的业务范围是：提供证券集中交易的场所和设施，管理在该所上市的证券买卖，办理在该所上市证券交易的清算交割，提供证券市场的信息服务以及承办主管机关许可或委托的其他业务。深圳交易所的会员可以派2～3名出席代表，到交易所集中交易市场进行有价证券的代理买卖或自营买卖。

深圳经济特区内同时具有下列条件的法人，向该所提出申请，经该所审批核准，可成为该所会员：

(1)经中国人民银行一级分行批准设立，可经营证券业务的金融机构；

(2)资本金或证券业务营运资金在500万元人民币以上；

(3)组织机构和业务人员符合主管机关规定的条件；

(4)承认该所章程，缴纳不低于100万元的会员席位费。

深圳证券交易所的最高权力机构为会员大会，设立理事会为会员大会日常事务决策机构，向会员大会负责。理事会不少于9人，任期4年，可连选连任。理事会成员中会员理事不超过2/3，由会员大会从会员的法定代表人或出席会员大会的代表中选举产生；非会员理事由登记公司、主管机关和市政委派的人士共同组成。

上海证券交易所和深圳证券交易所的开市时间均为前市9:30—11:30，后市13:00—15:00，每周开市5天，周六、周日及固定节假日休市。另外，在遇有股价暴涨暴跌或其他意外事件等特殊情况时，交易所有权停市或变更开市时间。

## 第二节 证券交易品种

证券市场经过长时间的发展，为了满足不同投资者的风险偏好需求，已经由几个基本的证券产品发展为品种丰富的证券产品。

### 一、股票

股票是股份证书的简称，是股份公司为筹集资金而发行给股东作为持股凭证并使之借以取得股息和红利的一种有价证券。每股股票都代表股东对企业拥有一个基本单位的所有权。这种所有权为一种综合权利，如参加股东大会、投票表决、参与公司的重大决策、收取股息或分享红利等，但也要共同承担公司运作错误所带来的风险。

1.股票特征

(1)收益性。它是股票的基本特征，是指股票可以为持有人带来收益的特性，投资者持有股票的目的是为了获得收益。

(2)风险性。是指持有股票可能产生经济利益损失的特性。股票的价格会随着公司的盈利水平、市场利率、宏观经济状况、政治局势等各种因素的影响而变化，如果股价下跌，股票持有人会因为股票而蒙受损失。它与收益成正相关的关系。

(3)流动性。是指股票可以在证券交易所上市交易或在其他交易场所转让的特性。体现了股票的变现能力。流动性和收益性成负相关的关系。

(4)永久性。是指股票所载有权利的有效性是始终不变的,伴随公司存续的始终。

(5)参与性。是指股票持有人有权参与公司重大决策的特性。

2.股票分类

股票按不同的分类标准可以分为不同的类型。按股东享受的权利不同,股票可以分为普通股票和优先股票。

普通股票是最基本、最常见的一种股票,其持有人享有股东的基本权利和义务。与优先股票相比,普通股票是标准的股票,也是风险最大的股票。

优先股票是一种特殊的股票,在其股东权利、义务中附加了某些条件。优先股票利息固定,其持有人的股东权利受到一定的限制,但在公司盈利和剩余资产的分配上比普通股票股东享有优先权。

## 二、债券

债券是一种有价证券,是社会各类经济主体为筹集资金而向债券投资者出具的、承诺按一定利率定期支付利息并到期偿还本金的债权债务凭证。债券包括票面价值、到期期限、票面利率、发行者名称四要素。

1.债券特征

(1)偿还性。即必须规定债券的偿还期限,债务人必须如期向债权人支付利息,偿还本金。

(2)收益性。投资者一方面根据固定利率,可取得稳定的、一般高于银行存款利率的利息收入;另一方面可在证券市场上通过较低价买进、较高价卖出获得价差收入。

(3)流动性。即变现力,指的是在偿还期届满前能在市场上转变为货币,以满足投资者对货币的需求;或到银行等金融机构进行抵押,以取得相应数额的抵押贷款。

(4)安全性。债券与其他有价证券相比,投资风险较小。

2.债券的种类

(1)按是否记名,分为记名公司债券和不记名公司债券。我国目前发行的债券大多属于不记名式。

(2)按债券发行主体的不同,分为政府债券(图1-1)、金融债券和公司债券。

(3)按有无抵押担保,分为有抵押担保公司债券和无抵押担保公司债券。有抵押担保公司债券又分为不动产抵押公司债券、动产抵押公司债券和信托抵押公司债券。

(4)按偿还期限不同,分为短期公司债券、中期公司债券和长期公司债券。

(5)按可否转换股票,分为可转换债券和不可转换债券。

## 三、基金

投资基金是一种信托投资方式,它集中了投资者众多的分散资金而交由专门的投资管理机构进行范围广泛的投资与管理以获取资金增值,投资者按出资比例分享收益并承担风险。

1.基金特征

(1)集合投资。基金是这样一种投资方式:它将零散的资金巧妙地汇集起来,交给专业机构投资于各种金融工具,以谋取资产的增值。

图 1-1　1997 年中华人民共和国国库券

(2)分散风险。基金可以实现资产组合多样化,分散投资于多种证券。通过多元化经营,一方面借助于资金庞大和投资者众多的优势使每个投资者面临的投资风险变小,另一方面又利用不同的投资对象之间的互补性,达到分散投资风险的目的。

(3)专家管理。基金实行专家管理制度,这些专业管理人员都经过专门训练,具有丰富的证券投资和其他项目投资经验。

2.基金当事人

基金的当事人包括基金发起人、管理人、托管人、持有人及基金服务机构。

(1)基金发起人:一般是符合条件的证券公司、信托投资公司、基金管理公司。

(2)基金管理人:一般是符合条件的证券公司、信托投资公司、基金管理公司。

(3)基金托管人:一般由符合条件的商业银行担任。

3.基金类型

我们一般接触的基金为证券投资基金。根据不同标准,可以将证券投资基金划分为不同的种类:

(1)根据基金单位是否可增加或赎回,可分为开放式基金和封闭式基金。开放式基金不上市交易,通过银行、券商、基金公司申购和赎回,基金规模不固定;封闭式基金有固定的存续期,一般在证券交易场所上市交易,投资者通过二级市场买卖基金单位。

(2)根据组织形态的不同,可分为公司型基金和契约型基金。公司型证券投资基金简称公司型基金,在组织上是指按照我国公司法规定设立的、具有独立法人资格并以营利为目的的证券投资基金公司,在证券上是指证券投资基金公司发行的投资基金证券。契约型基金在组织上是指按照信托契约原则,通过发行带有契约凭证性质的基金证券而形成的证券投资。

(3)根据投资风险与收益的不同,可分为成长型、收入型和平衡型基金。

(4)根据投资对象的不同,可分为股票基金、债券基金、货币市场基金、期货基金等。

通过各种行情软件可以很容易查到沪深股市的近千只基金的情况,如图 1-2 所示。

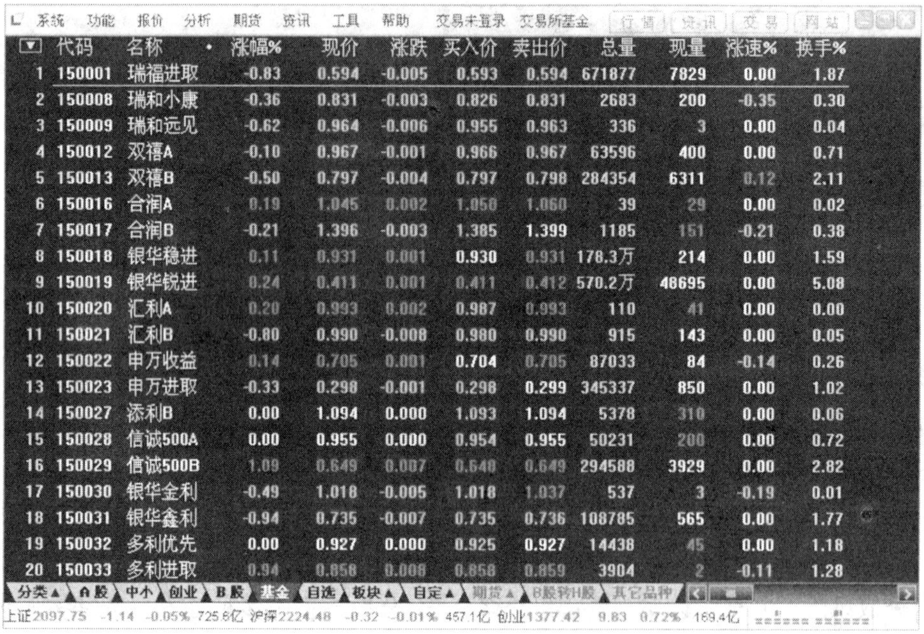

系统 功能 报价 分析 期货 资讯 工具 帮助 交易未登录 交易所基金 行情 资讯 交易 网站

| | 代码 | 名称 | 涨幅% | 现价 | 涨跌 | 买入价 | 卖出价 | 总量 | 现量 | 涨速% | 换手% |
|---|---|---|---|---|---|---|---|---|---|---|---|
| 1 | 150001 | 瑞福进取 | -0.83 | 0.594 | -0.005 | 0.593 | 0.594 | 671877 | 7829 | 0.00 | 1.87 |
| 2 | 150008 | 瑞和小康 | -0.36 | 0.831 | -0.003 | 0.826 | 0.831 | 2683 | 200 | -0.35 | 0.30 |
| 3 | 150009 | 瑞和远见 | -0.62 | 0.964 | -0.006 | 0.955 | 0.963 | 336 | 3 | 0.00 | 0.04 |
| 4 | 150012 | 双禧A | -0.10 | 0.967 | -0.001 | 0.966 | 0.967 | 63596 | 400 | 0.00 | 0.71 |
| 5 | 150013 | 双禧B | -0.50 | 0.797 | -0.004 | 0.797 | 0.798 | 284354 | 6311 | 0.12 | 2.11 |
| 6 | 150016 | 合润A | 0.19 | 1.045 | 0.002 | 1.050 | 1.060 | 39 | 29 | 0.00 | 0.02 |
| 7 | 150017 | 合润B | -0.21 | 1.396 | -0.003 | 1.385 | 1.399 | 1185 | 151 | -0.21 | 0.38 |
| 8 | 150018 | 银华稳进 | 0.11 | 0.931 | 0.001 | 0.930 | 0.931 | 178.3万 | 214 | 0.00 | 1.59 |
| 9 | 150019 | 银华锐进 | 0.24 | 0.411 | 0.001 | 0.411 | 0.412 | 570.2万 | 46695 | 0.00 | 5.08 |
| 10 | 150020 | 汇利A | 0.20 | 0.993 | 0.002 | 0.987 | 0.993 | 110 | 41 | 0.00 | 0.00 |
| 11 | 150021 | 汇利B | -0.80 | 0.990 | -0.008 | 0.980 | 0.990 | 915 | 143 | 0.00 | 0.05 |
| 12 | 150022 | 申万收益 | 0.14 | 0.705 | 0.001 | 0.704 | 0.705 | 87033 | 84 | -0.14 | 0.26 |
| 13 | 150023 | 申万进取 | -0.33 | 0.298 | -0.001 | 0.298 | 0.299 | 345337 | 850 | 0.00 | 1.02 |
| 14 | 150027 | 添利B | 0.00 | 1.094 | 0.000 | 1.093 | 1.094 | 5378 | 310 | 0.00 | 0.06 |
| 15 | 150028 | 信诚500A | 0.00 | 0.955 | 0.000 | 0.954 | 0.955 | 50231 | 200 | 0.00 | 0.72 |
| 16 | 150029 | 信诚500B | 1.09 | 0.649 | 0.007 | 0.648 | 0.649 | 294588 | 3929 | 0.00 | 2.82 |
| 17 | 150030 | 银华金利 | -0.49 | 1.018 | -0.005 | 1.018 | 1.037 | 537 | 3 | -0.19 | 0.01 |
| 18 | 150031 | 银华鑫利 | -0.94 | 0.735 | -0.007 | 0.735 | 0.736 | 108785 | 565 | 0.00 | 1.77 |
| 19 | 150032 | 多利优先 | 0.00 | 0.927 | 0.000 | 0.925 | 0.927 | 14438 | 45 | 0.00 | 1.18 |
| 20 | 150033 | 多利进取 | 0.94 | 0.858 | 0.008 | 0.858 | 0.859 | 3904 | 2 | -0.11 | 1.28 |

分类 A股 中小 创业 B股 基金 自选 板块 自定 期货 B股转H股 其它品种

上证2097.75 -1.14 -0.05% 725.6亿 沪深2224.48 -0.32 -0.01% 457.1亿 创业1377.42 9.83 0.72% 169.4亿

图 1-2 中国目前的基金

4.基金的创新产品

基金的创新品种比较多，其中比较重要的有 LOF 和 ETF，这两者也是比较常见的基金创新产品。

(1)LOF。LOF(Listed Open-ended Fund)中文称为上市开放式基金。上市开放式基金发行结束后，投资者既可以在指定网点申购与赎回基金份额，也可以在交易所买卖该基金。不过投资者如果是在指定网点申购的基金份额，想要上网抛出，须办理一定的转托管手续；同样，如果是在交易所网上买进的基金份额，想要在指定网点赎回，也要办理一定的转托管手续。

(2)ETF。ETF(Exchange Traded Fund)即交易型开放式指数基金，又称交易所交易基金。ETF 是一种跟踪“标的指数”变化且在证券交易所上市交易的基金，投资人可以如买卖股票那么简单地去买卖 ETF 并获得与该标的指数基本相同的报酬率。ETF 通常由基金管理公司管理，基金资产为一揽子股票组合，组合中的股票种类与某一特定指数(如上证 50 指数)包含的成分股票相同，股票数量比例与该指数的成分股构成比例一致。例如：上证 50 指数包含中国联通、浦发银行等 50 只股票，且投资比例同指数样本中各只股票的权重对应一致。换句话说，指数不变，ETF 的股票组合不变；指数调整，ETF 投资组合要作相应调整。如图 1-3 所示，可以用行情软件查询到我国众多的 ETF 基金。

## 四、权证

权证是由标的证券的发行公司或其以外的第三者如证券公司、投资银行等发行的有价证券，约定持有人在规定期间内或特定到日，有权按约定价格向发行人购买或出售标的证券，或

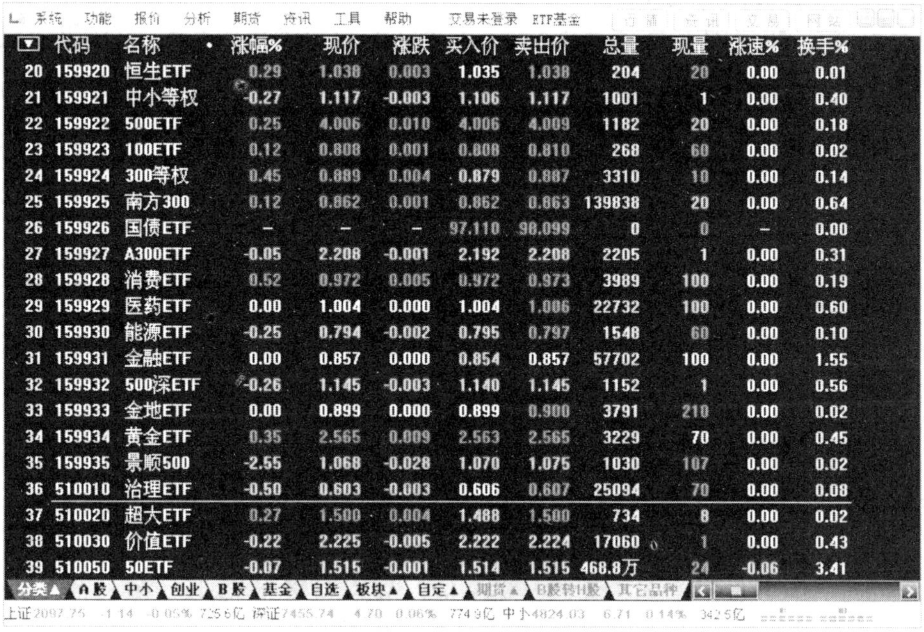

| | 代码 | 名称 | 涨幅% | 现价 | 涨跌 | 买入价 | 卖出价 | 总量 | 现量 | 涨速% | 换手% |
|---|---|---|---|---|---|---|---|---|---|---|---|
| 20 | 159920 | 恒生ETF | 0.29 | 1.038 | 0.003 | 1.035 | 1.038 | 204 | 20 | 0.00 | 0.01 |
| 21 | 159921 | 中小等权 | -0.27 | 1.117 | -0.003 | 1.106 | 1.117 | 1001 | 1 | 0.00 | 0.40 |
| 22 | 159922 | 500ETF | 0.25 | 4.006 | 0.010 | 4.006 | 4.009 | 1182 | 20 | 0.00 | 0.18 |
| 23 | 159923 | 100ETF | 0.12 | 0.808 | 0.001 | 0.808 | 0.810 | 268 | 60 | 0.00 | 0.02 |
| 24 | 159924 | 300等权 | 0.45 | 0.889 | 0.004 | 0.879 | 0.887 | 3310 | 10 | 0.00 | 0.14 |
| 25 | 159925 | 南方300 | 0.12 | 0.862 | 0.001 | 0.862 | 0.863 | 139838 | 20 | 0.00 | 0.64 |
| 26 | 159926 | 国债ETF | – | – | – | 97.110 | 98.099 | 0 | 0 | – | 0.00 |
| 27 | 159927 | A300ETF | -0.05 | 2.208 | -0.001 | 2.192 | 2.208 | 2205 | 1 | 0.00 | 0.31 |
| 28 | 159928 | 消费ETF | 0.52 | 0.972 | 0.005 | 0.972 | 0.973 | 3989 | 100 | 0.00 | 0.19 |
| 29 | 159929 | 医药ETF | 0.00 | 1.004 | 0.000 | 1.004 | 1.006 | 22732 | 100 | 0.00 | 0.60 |
| 30 | 159930 | 能源ETF | -0.25 | 0.794 | -0.002 | 0.795 | 0.797 | 1548 | 60 | 0.00 | 0.10 |
| 31 | 159931 | 金融ETF | 0.00 | 0.857 | 0.000 | 0.854 | 0.857 | 57702 | 100 | 0.00 | 1.55 |
| 32 | 159932 | 500深ETF | -0.26 | 1.145 | -0.003 | 1.140 | 1.145 | 1152 | 1 | 0.00 | 0.56 |
| 33 | 159933 | 金地ETF | 0.00 | 0.899 | 0.000 | 0.899 | 0.900 | 3791 | 210 | 0.00 | 0.02 |
| 34 | 159934 | 黄金ETF | 0.35 | 2.565 | 0.009 | 2.563 | 2.565 | 3229 | 70 | 0.00 | 0.45 |
| 35 | 159935 | 景顺500 | -2.55 | 1.068 | -0.028 | 1.070 | 1.075 | 1030 | 107 | 0.00 | 0.02 |
| 36 | 510010 | 治理ETF | -0.50 | 0.603 | -0.003 | 0.606 | 0.607 | 25094 | 70 | 0.00 | 0.08 |
| 37 | 510020 | 超大ETF | 0.27 | 1.500 | 0.004 | 1.488 | 1.500 | 734 | 8 | 0.00 | 0.02 |
| 38 | 510030 | 价值ETF | -0.22 | 2.225 | -0.005 | 2.222 | 2.224 | 17060 | 1 | 0.00 | 0.43 |
| 39 | 510050 | 50ETF | -0.07 | 1.515 | -0.001 | 1.514 | 1.515 | 468.8万 | 24 | -0.06 | 3.41 |

图 1-3　中国的 ETF 基金

以现金结算方式收取结算差价。由第三者发行的权证也叫备兑权证或衍生权证。

根据权利行使的方向，权证所代表的权利包括对标的资产的买进期权（看涨）和卖出期权（看跌）两种期权。

根据权证行使时间的不同，权证分为欧式权证、美式权证和百慕大式权证三种。所谓欧式权证，就是只有到了到期日才能行权的权证。所谓美式权证，就是在到期日之前随时都可以行权的权证。所谓百慕大式权证，就是持有人在设定的几个日子或约定的到期日可以行权的权证。

根据发行人的不同，权证可以分为股本权证和备兑权证。股本权证一般由上市公司发行，备兑权证一般由证券公司等金融机构发行。

权证价值由两部分构成，一是内在价值，即标的股票与行权价格的差价；二是时间价值，代表持有者对未来股价波动带来的期望与机会。在其他条件相同的情况下，权证的存续期越长，权证的价格越高；美式权证由于在存续期可以随时行权，比欧式权证的相对价格要高。

认购权证价值＝（正股股价－行权价）×行权比例

认沽权证价值＝（行权价－正股股价）×行权比例

沪深股市在之前的权证交割之后很久已经没有发行权证了。

## 五、金融衍生工具

金融衍生工具又称为金融衍生产品，是与基础金融产品相对应的一个概念，指建立在基础产品和基础变量之上，以杠杆性的信用交易为特征的金融产品。

金融衍生工具的特征：

(1)零和博弈。即合约交易的双方盈亏完全负相关，并且净损益为零，因此称“零和”。

(2)跨期性。金融衍生工具是交易双方通过对利率、汇率、股价等因素变动的趋势的预测，约定在未来某一时间按一定的条件进行交易或选择是否交易的合约。无论是哪一种金融衍生工具，都会影响交易者在未来一段时间内或未来某时间上的现金流。

(3)联动性。这里指金融衍生工具的价值与基础产品或基础变量紧密联系。通常，金融衍生工具与基础变量相联系的支付特征由衍生工具合约所规定，其联动关系既可以是简单的线性关系，也可以表达为非线性函数或者分段函数。

(4)不确定性或高风险性。金融衍生工具的交易后果取决于交易者对基础工具未来价格的预测和判断的准确程度。基础工具价格的变幻莫测决定了金融衍生工具交易盈亏的不稳定性，这是金融衍生工具具有高风险的重要原因。

(5)高杠杆性。衍生产品的交易采用保证金制度。即交易所需的最低资金只需满足基础资产价值的某个百分比。比如中国股指期货的交易只需要12%的保证金比例，用12万元就可以撬动100万元。

# 第三节　证券交易基本知识

## 一、证券代码

在证券市场上不同的投资品种有不同的证券代码，编制这些证券代码的意义就是便于有序管理。代码的数字都有其特定意义。上交所和深交所都采用了六位数字编码。

1. 上海证券交易所

上交所六位证券代码的前三位为证券种类识别区，其中第一位为证券产品标识，第二位和第三位为证券业务标识；六位代码的后三位为顺序编码区。如图1-4所示。表1-2和表1-3分别为证券代码前三位的分配原则。

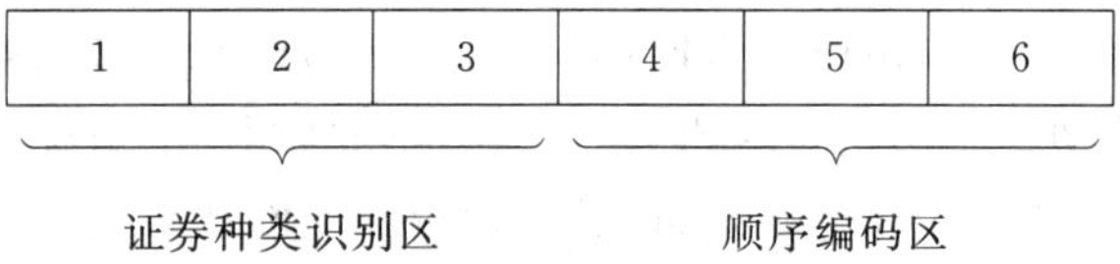


**图1-4　上交所证券代码组成**

**表1-2　上交所证券产品代码分配原则**

| 产品 | 国债 | 债券 | 回购 | 期货 | 备用 | 基金权证 | A股 | 非交易业务(发行、权益分配) | 备用 | B股 |
|---|---|---|---|---|---|---|---|---|---|---|
| 首位代码 | 0 | 1 | 2 | 3 | 4 | 5 | 6 | 7 | 8 | 9 |

**表 1-3　上交所证券业务代码分配原则**

| 首位代码 | 第二、三位代码 | 含义 |
|---|---|---|
| 0 | 00 | 上证指数、沪深 300 指数、中证指数 |
| | 09 | 国债(2000 年前发行) |
| | 10 | 国债(2000—2009 年发行) |
| | 90 | 新国债质押式回购质押券出入库(对位 010 *** 国债) |
| | 99 | 新国债质押式回购质押券出入库(对位 009 *** 国债) |
| 1 | 00 | 可转债(对应 600 ***),其 1009 ** 用于转债回售 |
| | 10 | 可转债(对应 600 ***) |
| | 12 | 可转债(对应 600 ***) |
| | 13 | 可转债(对应 601 ***) |
| | 20 | 企业债(席位托管方式) |
| | 21 | 资产证券化 |
| | 26 | 分离交易的可转换公司债 |
| | 29 | 企业债(席位托管方式) |
| | 81 | 可转债转股(对应 600 ***) |
| | 90 | 可转债转股(对应 600 ***) |
| | 91 | 可转债转股(对应 601 ***) |
| 2 | 01 | 国债回购(席位托管方式) |
| | 02 | 企业债回购 |
| | 03 | 国债买断式回购 |
| | 04 | 新质押式国债回购(账户托管方式) |
| 3 | 10 | 国债期货(暂停交易) |
| 5 | 00 | 契约型封闭式基金 |
| | 10 | 交易型开放式指数证券投资基金 |
| | 19 | 开放式基金申赎 |
| | 21 | 开放式基金认购 |
| | 22 | 开放式基金跨市场转托管 |
| | 23 | 开放式基金分红 |
| | 24 | 开放式基金转换 |
| | 80 | 权证(含股改权证、公司权证) |
| | 82 | 权证行权 |
| 6 | 00 | A 股证券 |
| | 01 | A 股证券 |

| 首位代码 | 第二、三位代码 | 含义 |
|---|---|---|
| 7 | 00 | 配股(对应 600 ***) |
| | 02 | 职工股配股(对应 600 ***) |
| | 04 | 持股配转债(对应 600 ***) |
| | 05 | 基金扩募 |
| | 06 | 要约收购 |
| | 30 | 申购、增发(对应 600 ***) |
| | 31 | 持股增发(对应 600 ***) |
| | 33 | 可转债申购(对应 600 ***) |
| | 35 | 基金申购 |
| | 38 | 网上投票(对应 600 ***) |
| | 40 | 申购数或增发数(对应 600 ***) |
| | 41 | 申购数增发配号(对应 600 ***) |
| | 43 | 可转债发债数(对应 600 ***) |
| | 44 | 可转债配号(对应 600 ***) |
| | 45 | 基金申购款 |
| | 46 | 基金申购配号 |
| | 51 | 国债分销 |
| | 60 | 配股(对应 601 ***) |
| | 62 | 职工股配股(对应 601 ***) |
| | 64 | 持股配转债(对应 601 ***) |
| | 80 | 申购、增发(对应 601 ***) |
| | 81 | 持股增发(对应 601 ***) |
| | 83 | 可转债申购(对应 601 ***) |
| | 88 | 网络投票(对应 601 ***) |
| | 90 | 申购款或增发款(对应 601 ***) |
| | 91 | 申购或增发配号(对应 601 ***) |
| | 93 | 可转债申购款(对应 601 ***) |
| | 94 | 可转债配号(对应 601 ***) |
| | 99 | 指定交易(含指定交易、撤销制定、回购指定撤销、A 股密码服务等) |
| 9 | 00 | B 股证券 |
| | 38 | 网上投票(B 股) |
| | 39 | B 股网络投票密码服务(现仅用 939988) |

2. 深圳证券交易所

深交所采用的六位数字编码与上交所的稍有不同:0 开头的代表 A 股,如 000001 平安银行;后来的中小企业板以 002 开头,比如 002002 鸿达兴业;创业板股票则以 300 开头。此外以 2 开头的代表 B 股。编码及规则如图 1-5 和表 1-4 所示。

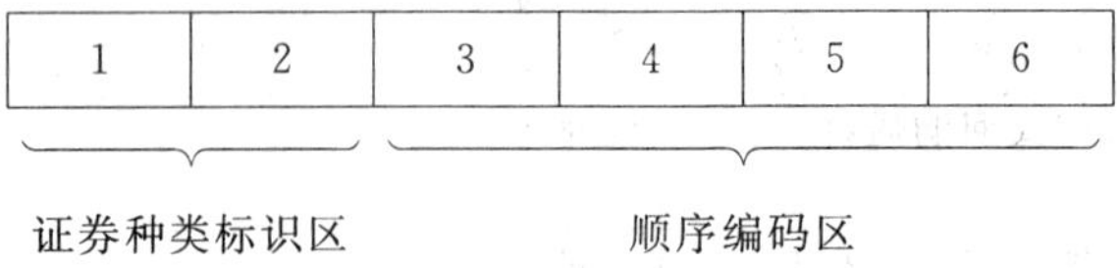


**图 1-5　深交所证券代码组成**

证券种类标识区:六位编码中的最左两位,其中第一位标识证券大类,第二位标识该大类下的衍生证券(表 1-4)。

顺序编码区:六位代码中的第三位到第六位,范围为 0001～9999。

**表 1-4　深交所证券代码编码规则**

| 第一位 | 第二位 | 第三至六位 | 含义 |
|---|---|---|---|
| 0 | 0 | Xxxx | A 股证券 |
| | 3 | Xxxx | A 股 A2 权证 |
| | 7 | Xxxx | A 股增发 |
| | 8 | Xxxx | A 股 A1 权证 |
| | 9 | Xxxx | A 股转配 |
| 1 | 0 | Xxxx | 国债现货 |
| | 1 | Xxxx | 债券 |
| | 2 | Xxxx | 可转换债券 |
| | 3 | Xxxx | 国债回购 |
| 1 | 7 | Xxxx | 原有投资基金 |
| | 8 | Xxxx | 证券投资基金 |
| 2 | 0 | Xxxx | B 股证券 |
| | 7 | Xxxx | B 股增发 |
| | 8 | Xxxx | B 股权证 |
| 3 | 0 | Xxxx | 创业板证券 |
| | 7 | Xxxx | 创业板增发 |
| | 8 | Xxxx | 创业板权证 |
| 3 | 9 | Xxxx | 综合指数/成分指数 |

## 二、基本交易规则

交易原则：价格优先、时间优先。

成交顺序：较高买进委托优先于较低买进委托；较低卖出委托优先于较高卖出委托；同价位委托，按委托顺序成交。

交易品种：A股、B股、国债现货、企业债券、国债回购、基金。

报价单位：A股、B股以股为报价单位，基金以基金单位为报价单位，债券以"100元面额"为报价单位，国债回购以"资金年收益率"为报价单位。

价格变化档位：深市A股、债券、基金为0.01元，B股为0.01港元，国债回购为0.01%；沪市A股、债券、基金为0.01元，B股为0.002美元。

委托买卖单位与零股交易：A股、B股、基金的委托买卖单位为"股"(基金按"基金单位")，但为了提高交易系统的效率，必以100股(沪市B股为1 000股)或其整数倍委托买入。如有低于100股(或B股1 000股)的零股需要交易，可以不以整数倍委托卖出。同时，也不能委托买进零股，债券、可转换债券的委托单位为1 000元面值(手)。

交易时间：每周一至周五，每天上午9:30—11:30，13:00—15:00。法定公众假期除外。

竞价：集合竞价：上午9:15—9:25；连续竞价：上午9:30—11:30，13:00—15:00。

开盘价：在每个交易日中各股票买卖集合竞价的成交价或第一笔成交价格。

收盘价：深市为有成交的最后一分钟内所有成交价的成交量加权平均价，即：

$$\frac{\text{最后一分钟每笔成交价格}\times\text{成交数量}}{\text{最后一分钟的总成交量}}=\text{收盘价}$$

沪市以当日最后一笔成交价为收盘价。

涨跌幅限制：涨跌幅限制起源于涨跌停板。而"涨停板"或"跌停板"，其说法起源于过去国外交易所在拍卖时，以木板敲击桌面来表示成交或停止买卖，此法运用到股市中，就是当股票价格涨到上限或跌到下限时，叫涨幅限制或跌幅限制。不过，在涨限价或跌限价上并不停止买卖，交易继续进行，只是价格不变而已。自1996年12月16日起，证券交易所对交易的股票(含A股、B股)、基金类证券实行交易价格涨跌幅限制。在一个交易日内，除上市首日证券外，每只证券的涨跌幅度不得超过10%，实施特别处理的股票(ST股票)涨跌幅限制为5%，超过涨跌限价的委托为无效委托。

## 三、"T+1"交割制度

"T+1"中"T"指的是当天交易日，"T+1"指的是当天交易日的第二天。

目前深沪A股清算交割制度采用的是T+1方式，指的是投资者当天买入的股票不能在当天卖出，需待第二天进行交割过户后方可卖出，也就是第二天才可卖出股票。在资金使用上，当天卖股票后，资金回到投资者账户上，当天即可以用来买股票，但是，当天卖股票，资金回到投资者账户上，投资者如果想马上提取现金是不可能的，必须等到第二天才能将现金提出。实际上，资金同样是T+1到账。

## 四、股票除权当天，股价何以"大跌"

一些投资者在不了解除权除息有关知识的情况下，对股价除权当天的"大跌"感到吃惊，这是认识上的误区，这种误区大多发生在新投资者当中。上市公司分红送股必须要以某一天为界定日，以规定哪些股东可以分红，那一天就是股权登记日，在这一天仍持有该公司股票的所有股东可以参加分红，这部分股东名册由登记公司统计在案，在固定的时间内，所送红股自动划到股东账上。股权登记日后的第二天再买入该公司股票的股东已不能享受公司分红，具体表现在股票价格变动上，除权日当天即会产生一个除权价，这个价格相对于前一日（股权登记日）虽然明显降低了，但这并非股价下跌，并不意味着在除权日之前买入股票的股东因此而损失，相对于除权后"低价位"买入股票但无权分享分红的股东而言，在"高价位"买入但有权分享红利的股东，二者利益、机会是均等的，后者并无任何"损失"。股权登记日当天收市后，仍持有该公司股票，可享有分红；但在除权日抛出原持有股票，是否仍享有分红呢？股权登记日是用以区分能否享受公司红利的标志，凡在股权登记日这一天（直到收市）仍持有公司股票的，属于可享受该公司年度分红的股东，第二天（除权日）再买入股票的，已不再享受分红。因此，即使第二天（除权日）卖掉股票，依然是可以享受公司年度分红的股东。

## 五、股票名前的"N""DR""XR""XD"的含义

深沪两市每逢新股上市首日，在该新股的中文名称前加注"N"以提醒投资者。凡股票名称前加注"N"的股票均为当日上市的股。凡股票名称前加注"DR"的股票为当日除权的个股。凡股票名称前加注"XR"的股票为当日除息的个股。凡股票名称前加注"XD"的股票为当日既除权又除息的个股。

# 第四节　证券投资分析基本问题

## 一、证券投资定义

证券投资是指投资者（法人或自然人）购买股票、债券、基金券等有价证券以及这些有价证券的衍生产品以获取收益的投资行为和投资过程，是直接投资的重要形式。

理性的证券投资过程一般包括以下五个步骤，这五个步骤是相辅相成的，是紧密相关的一个整体，就是说一个比较完整的证券投资行为都要包括这五个步骤。

1. 确定证券投资政策

确定证券投资政策作为证券投资过程的第一步，涉及决定证券投资目标和可投资财富的数量，即在追求赚钱的同时你是否承受得了亏损的可能以及你有多少钱可作为赚钱的资本。因为证券投资属于风险投资，风险越大，收益也越大，它们之间是一个正相关的关系。把只赚钱不亏钱作为证券投资的目标显然是不太现实的。因此进行证券投资的第一步就要把风险和收益两项内容一并考虑。

由于受风险偏好程度以及可投资财富的数量多少等因素的影响，所以投资过程的第一步

将决定投资者最终的投资组合中所包含的金融资产的可能类型特征。比如风险偏好者可能在他的投资组合中包含了ST个股，而风险厌恶者则可能多以一些绩优蓝筹股为主。又如老年人、中年人、青年人的投资偏好就不同，因此投资政策也就不相同。

2.进行证券投资分析

对投资过程第一步所确定的金融资产类型中个别证券或证券组合的具体特征进行考察分析。一是明确这些证券的价格形成机制和影响证券价格波动的诸因素及其作用机制，二是发现那些价格偏离价值的证券。一般来说进行证券分析的方法可以归纳为两种，即：

(1)技术分析，使用这类方法进行证券分析的人称为技术分析家。

(2)基础分析，使用这类方法进行证券分析的人称为基础分析家。

此外近年来人们认为必须考虑到人的主观能动性问题，因此还加入心理分析与博弈分析。只有正确的分析方法才能够得到正确的结论。

3.组建证券投资组合

确定具体的投资资产和投资者的资金对各种资产的投资比例。投资者需要注意三个问题：①个别证券选择，即微观预测；②投资时机选择，即宏观预测；③多元化，即一定的现实条件下组建一个风险最小的投资组合。

4.投资组合修正

作为证券投资组合的第四步，其原因是随着时间的推移，投资者会改变投资目标，从而使当前持有的证券投资组合不再为最优组合，为此需要卖掉现有组合中的一些证券和购买一些新的证券以形成新的组合。修正投资组合的另一个动因是一些原来有吸引力的证券变得无吸引力了，这样，投资者就会想在原来组合的基础上加入一些新的证券和减去一些旧的证券。

5.投资组合业绩评估

作为投资过程的最后一步，主要是对投资的结果进行评价，在评价的过程中包括两个方面的考虑内容，即风险和收益。因此需要有衡量收益和风险的相对标准，这样才能更加客观合理。一般的评价标准是在承担单位风险情况下你的投资收益是多少。主要是定期评价投资的表现。其依据不仅是投资的回报率，还有投资者所承受的风险。

## 二、证券投资分析的意义

证券投资分析作为证券投资过程不可或缺的一个组成部分，在投资过程中占有相当重要的地位。进行证券投资分析的意义主要体现在它的必要性和重要性两个方面：

1.进行证券投资分析的必要性

(1)进行证券投资分析首先是规避风险的需要。投资者投资证券是为了获得预期回报率，同时也承当了相应的风险，因为预期回报率与风险之间是一种正向的互动关系。通过考察分析每一种证券风险-回报率特性，投资者就可以确定哪些证券是风险较大的证券，哪些是风险较小的证券，从而在预期回报率相等的情况下，选择风险较小的证券，回避风险较大的证券。

(2)进行证券投资分析是实施投资决策的依据和前提。在具体实施投资决策之前，投资者需要明确每一种证券在风险性、收益性、流动性和时间性等方面的特点。只有这样，投资者才可能选择到在风险性、收益性、流动性和时间性方面同自己的要求相匹配的、合适的投资决策。

2.进行证券投资分析的重要性

证券投资的目的是追求投资回报率的最大化和风险的最小化,即净效用的最大化。影响证券投资回报率和风险这两个目标实现程度的因素很多,只有通过全面、系统和科学的专业分析,才能客观地把握住这些因素及作用机制。证券投资分析正是采用了基本分析和技术分析等证券投资分析方面的专业分析方法和分析手段,对各种因素进行客观、全面和系统的分析,指导投资政策,在保证降低投资风险的同时获取较高的投资回报率。

## 三、证券投资分析的信息来源

证券投资中信息起着十分重要的作用,不管真伪都会对证券市场产生或多或少的影响。证券投资分析说到底就是通过各种专业性的分析方法和分析手段对来自各个渠道的、能够对证券价格产生影响的各种信息进行综合的分析,判断其对证券价格发生作用的方向和发生作用的力度。而作为一个合格的分析人员,首先应该知道如何获取这些信息,然后才是判断这些信息的真伪,分析这些信息对证券价格的可能作用。

一般来说,进行证券投资分析的信息主要来自以下几个方面:

1.公开发布的信息资料

公开发布的信息资料主要是指通过各种书刊、报纸、杂志、其他公开出版物以及电视、广播等媒体公开发布的信息。信息来源种类繁多,按照不同的标准,可以分为以下不同的种类:

按照发布这些信息的机构分,有来自以下各机构的信息:政府机构(政府统计部门、货币当局、证监会、财政部等部门),商业性研究机构(各类以营利为目的的会计公司、银行、资信评估机构、咨询公司等),交易所,证券公司,上市公司等。

按信息所涉及的内容范围分,有关于世界政治经济形势的信息、某个国家政治经济形势的信息、某一时期经济政策方面的信息,还有行业信息、产品信息等。

按信息发布的方式分,有实时信息和历史信息两种形式。

按信息发布的频度分,有定期信息和不定期信息两种形式。

按信息的表现形式分,有文字表现的信息、以图形图像表现的信息、以数据表格表现的信息,这些信息有些是无偿使用的,但大部分是有偿使用的。

2.计算机储存的信息资料

即计算机储存的信息或计算机可读信息。由于计算机信息资源具有信息容量大,携带和保存方便,便于使用等特点,可以使人们在使用计算机资源时更加方便快捷,提高工作效率。当然随着计算机网络技术和远程通信技术的发展,信息数据库共享服务的开展使投资者可以直接快速地获得相关的一些投资信息所需的资源,大大降低了成本并提高了效率。

3.实地访察

它是指证券投资分析人员直接到有关的证券公司、上市公司、交易所、政府部门等机构去实地了解进行证券分析所需的信息资料。这种方式成本太高,而且具有一定的难度,通常只能作为上面两个信息来源的补充。

**实例:红光实业造假**

红光实业上市前就是一家亏损企业,1997 年 5 月 23 日,红光实业以每股 6.05 元的价格向社会公开发行股份 7 000 万股,公司许诺到 2000 年彩管产量 250 万只,彩色玻壳产量 500 万只,实现销售收入 34 亿元,税后利润 3.4 亿元,建成中国最大的彩管生产基地。一位上海的投资者看了这份令人激动的招股说明书,将自己毕生储蓄 50 万元买进这家公司股票,但是买进后公司股价就一路下跌,当损失一半后,这位投资者决定到这家公司调查,当他到了这家公司后才了解到事实真相,这家公司上市才半年就将所有募集资金亏光。看到这个情况,该投资者站在该公司的铁路上,等着公司的火车开过来,他要用自己的生命向世人发出警告,但是等了半天,该公司的火车也没有开过来,原来公司已经停产了。这个例子说明有些情况只有亲临现场才能够发现问题。

4.其他渠道

主要是他人的介绍。比如亲戚朋友在有关行业部门工作,对这个行业或者公司很了解,就可以通过调查收集资料。

## 四、证券市场效率理论与证券投资分析

1.有效市场假设理论

所有投资者都可以免费获得当前有关未来的所有可能的信息。

所有投资者都是优秀的分析家。

所有投资者都密切关注市场价格并相应恰当地调整他们的持有比例。

2.有效市场的分类

(1)弱式有效市场。弱式有效市场是指证券过去的价格和交易量的资料并不包含能使投资者获得超常利润的信息,即投资者在选择股票时,并不能从与股价趋势有关的资料和信息中得到任何帮助,因为所有包含在过去股价移动变化中的资料和信息都已完全反映在股票的现行市价中。

(2)半强式有效市场。半强式有效市场是指所有的公开信息可以充分地反映在证券价格中,不仅有证券市场过去的交易量、价格等信息,还包括企业的盈利状况、股息分配及各种金融出版物等信息。投资者就算彻底分析股票、仔细阅读年报或任何已出版的刊物,也无法赚得超常报酬。

(3)强式有效市场。强式有效市场是指现行证券价格能够完全反映所有的信息,不管是公开信息还是内部信息,因此任何人甚至内线人士,都无法在股市中赚得超常利润。这是一种理想的经济状态,市场非常完善,证券价值和价格总是相等,随着新信息的出现而共同随机波动。

3.有效市场假设理论对证券分析的意义

在弱式有效市场中技术分析不能在市场中有所作为;在半强式有效市场和强式有效市场中技术分析与基础分析都不能在市场中有所作为;若市场是有效的,则不可能获得超出市场平均水平的收益,应选择市场组合(如指数基金等),而在非有效市场则应采取积极投资组合,即可寻找被误定的证券,从而获得超出市场水平的收益。

## 五、证券投资分析的主要方法

1. 基本分析法

基本分析又称基本面分析,是指证券投资分析人员根据经济学、金融学、财务管理学及投资学的基本原理,通过对决定证券价值及价格的基本要素如宏观经济指标、经济政策走势、行业发展状况、产品市场状况、公司销售和财务状况等的分析,评估证券的投资价值,判断证券的合理价位,从而提出相应的投资建议的一种分析方法。

证券投资基本分析的理论基础主要来自于4个方面:经济学,包括宏观经济学和微观经济学两个方面;财政金融学;财务管理学;投资学。

证券投资基本分析的内容包括宏观经济分析、行业分析及公司分析。宏观经济分析主要探讨各经济指标和经济政策对证券价格的影响。行业分析是介于宏观经济分析与公司分析之间的中观层次的分析。公司分析是基本分析的重点,无论什么样的分析报告,最终都要落实在某个公司证券价格的走势上。

证券投资基本分析的优点是能够比较全面地把握证券价格的基本走势,应用起来相对简单。缺点是预测的时间跨度相对较长,对短线投资者的指导作用比较弱;预测的精确度相对较低。

证券投资基本分析的适用范围:周期相对比较长的证券价格预测,相对成熟的证券市场,预测精确度要求不高的领域。

2. 技术分析法

简单地说,技术分析是仅从证券的市场行为来分析和预测证券价格未来变化趋势的方法。债券的市场价格、成交量、价和量的变化以及完成这些变化所经历的时间是市场行为最基本的表现形式。

技术分析的理论基础是建立在以下三个假设之上的:市场的行为包含一切信息,价格沿趋势移动,历史会重复。

技术分析的理论主要包括K线理论、切线理论、形态理论、技术指标理论、波浪理论和循环周期理论等。

技术分析的优点是同市场接近,考虑问题比较直观。缺点是考虑问题的范围相对较窄,对市场长远的趋势不能进行有益的判断。

技术分析主要适用于短期的证券价格预测。

3. 证券投资分析中易忽略的因素

(1)忽略风险。这往往对初入股市的人比较常见,因为他们想到的只是赚钱,把风险抛在脑后,所以对新手来说要特别注意这一点。

(2)忽略交易成本。这也往往对初入股市的投资者比较多见,虽然现在的印花税及佣金一降再降,但是差不多一个来回也有1%左右,不可小视。

(3)未考虑股利。有没有分红的意识,标志着投资者的成熟程度,我们现在往往只注意差价的收入,而未去考虑股利的发放,这跟我国的国情和证券市场的发展有关,然而在股市低迷时股利也是一笔不小的收入。

(4)采用不适用的策略。每个人都有自己的投资策略,在一种证券上很好的策略可能在另一种证券上就不适用，因此要随时变更和修正自己的策略。例如，在熊市中仍然采用牛市中死捂股票的做法。

(5)配合不合逻辑。例如，原先想做短线，被套牢没有停损，改做长线，结果将亏损加大。

(6)直观比较误导。个人的判断在投资过程中必不可缺，但有时仅仅凭借自己的主观判断有可能把几个不能比较的东西放在一起进行比较而得出不切实际的结论，出现误导。例如，青山纸业除权后放巨量，实际是顶部放量而不是底部放量。

(7)事后选择偏差。有些投资者在事后回忆起当初做的判断是对的，才恍然大悟，痛惜之余又觉得自己还是不错的，有点沾沾自喜的味道，过分高估了自己的能力。其实不然，事先和事后的区别是很大的，高手往往是事先做出决断的。

## 小　资　料[①]

### 资料1：投资者千万要规避的操作陷阱

个人在面对损失时有风险偏好的倾向，对于收益则有风险趋避的倾向。表现在股票投资中，投资者往往会卖出获利的股票，而继续持有亏损的股票。如何跳出“趋避”的心理陷阱呢？首先，我们必须确认自己是处在“趋避”过程的哪一阶段。如果问题是出于贪婪(假设我们听到某个“内线”消息而迫不及待地想要买进)，就要为自己留点喘息的空间，让恐惧感有浮现的余地。(1)恐惧感。当我们做决定时，突然觉得恐惧，那一定是处在恐惧感的顶端，这时会看不见利多因素。克服方法：首先，找出自己的情绪和潜在的心理陷阱——“恐惧感”。然后，尽量思考有利的一面：“该股下档风险有限，而可能上扬。它在市场上潜力很大，有特定的生存根基……”如果恐惧感经常使我们无法行动，那么就把决策过程和最佳的行动分开。也许，你可以在夜里考虑整个情况，到了早上，该做的就是打电话买进。(2)贪婪。如果你买入新的高科技股，刚开始觉得它的前途一片光明，并推测股价会涨到多高。如果因此而觉得兴奋，那么你处在“趋避”心理中“想要接近”的这一端。但这种情势可能随时逆转，因为负面因素尚未出现。这时，我们必须采用克制“贪婪”的步骤。克服方法：首先认清我们的情绪和潜在的心理陷阱——“贪婪”，然后强迫自己思考与感觉相反的因素：生产尚未改良、管理制度尚未健全、没有盈余，可能会出现新的竞争者。贪婪是个相当难以克服的陷阱，当我们进退两难或面临抉择时，应该想办法留给自己一点时间。如果和我们进行交易的人不给我们这个机会，记住不要和这个人有任何瓜葛。

### 资料2：股民炒股的十大心理误区

**盲目跟风——心理误区之一：**股市波动受诸多复杂因素的影响，其中股民的跟风心理对股市影响甚大。有这种心理的投资人，看见他人纷纷购进股票时，也深恐落后，在不了解股市行情和上市公司经营业绩的情况下，也买入自己并不了解的股票。有时看到别人抛售某家公司的股票，也不问他人抛售的理由，就糊里糊涂地抛售自己手中后市潜力很好的股票。有时谣言

① 资料1～29均来自华股财经 http://study.huagu.com/j/lgmjy/gsxd/index.html#。

四起，由于“羊群心理”（跟风心理）在作怪，致使股市掀起波澜，一旦群体跟风抛售，市场供求失衡，供大于求，股市一泄千丈。这样往往会上那些在股市上兴风作浪、用意不良的人的当，往往会被这些人所吞没而后悔莫及。因此，投资者要树立自己买卖股票的意识，不能跟着别人走。**举棋不定——心理误区之二**：具有这种投资心理的投资人，在买卖股票前，原本制订了计划，考虑好了投资策略，但当受到他人的“羊群心理”的影响，步入股票市场时，往往不能形成很好的证券组合，一有风吹草动，就不能实施自己的投资方案。例如，投资者事前已经发觉自己手中所持有的股票价格偏高，是抛出股票的时机，同时也做出了 for sale（待售）股票的决策。但在临场时，听到他人你一言我一语与自己看法不同的评论时，其 for sale（待售）股票的决策马上改变，从而放弃了一次抛售股票的大好时机。或者，投资者事前已看出某只股票价格偏低，是适合买入的时候，并做出了趁低吸纳的投资决策。同样地，到临场一看，见到的是卖出股票的人挤成一团，纷纷抛售股票，看到这种情景，他又临阵退缩，放弃了入市的决策，从而失去了一次发财的良机。还有一种情况是，事前根本就不打算进入股票市场，当看到许多人纷纷入市时，不免心里发痒，经不住这种气氛的诱惑，从而做出了不大理智的投资决策。由此看来，举棋不定心理主要是在关键时刻不能做出正确判断，错过良机。**欲望无止——心理误区之三**：投资人想获取投资收益是理所当然的，但不可太贪心，有时候，投资者的失败就是由于过分贪心造成的。有利都要，寸步不让。股票市场上这种贪心的投机人并不少见，他们不想控制也不能够控制自己的贪欲，每当股票价格上涨时，总不肯果断地抛出自己手中所持有的股票，总是在心里勉励自己：一定要坚持到胜利的最后一刻，不要放弃更多的盈利机会！这样往往就放弃了一次抛售股票的机会。每当股票价格下跌的时候，又都迟迟不肯买进，总是盼望股价跌了再买。这些投资人虽然与追涨、追跌的投资人表现形式不同，但有一个共同之处，就是自己不能把握自己。这种无止境的欲望，反倒会使本来已经到手的获利事实一下子落空。他们只想到高风险中有高收益，而很少想到高收益中有高风险。所以劝君莫贪心，不要老是羡慕他人的幸运，应相信分析，相信自己对企业、经济形势以及大势的判断而果断行动。美国股市上也有名言：多头和空头都可以在华尔街证券市场发大财，只有贪得无厌的人是例外。**把股场当赌场——心理误区之四**：具有赌博心理的股市投资者，总是希望一朝发迹。他们恨不得捉住一只或几只股票，好让自己一本万利，他们一旦在股市投资中获利，多半会被胜利冲昏头脑，像赌棍一样频频加注，恨不得把自己的身家性命都押到股市上去，直到输个精光为止。当股市失利时，他们常常不惜背水一战，把资金全部投在股票上，这类人多半落得个倾家荡产的下场。所以，股票市场不是赌场，不要赌气，不要昏头，要分析风险，建立投资计划。尤其是有赌气行为的人买卖股票一定要首先建立投资资金比例。**专拣便宜货——心理误区之五**：高价入市当然会给投资者带来不理想的后果，但一心一意想入价格低平的股，有时不见得就一定有好的收益。“便宜无好货”，当然也有例外。在股票市场中，有很多投资者持有这种“嫌贵贪平”心理，只想到要买进一些价钱便宜的股票，而不考虑买入那些价格会大幅度上升的股票，认为这种投资有风险，殊不知风险与收益是成正比的。贪平入市的结果往往使他们手中持有的股票，成了永远抛售不出的蚀本货。**犹豫不决，贻误战机——心理误区之六**：一些投资者事先已经订好了投资的计划和策略，但步入现实的股票市场时，却被外界的环境所左右。例如，预先决定当某种股价继续下跌时就立即买进，但一看市场，众人都在抛售，他买股票的手又缩了回来。也有人根本就没有计划买入那种股票，只是当众人抢购时，他也经不住诱惑。还有些人又是一直要等到更便宜、更实质的股票，似乎认为目前所有的股票（即使是在大势上涨时）都不值得购入，应更廉价才可以入市。于是乎，越等价越高，越等越不敢入市。结果是股价翻了几倍，他却白等了全过程。错误地分析形势和错过买卖时机，这两种错误是密切相关的。正由于错误地估计了形势，投资者往往会坐失良机。政治、经济形势的变化以及企业经营成果经常会给股市带来影响。因此，在投资股市时，不能光重视股市动态，而且还要密切注视当地和国际政治和经济形势以及企业经营成果的动向。把对形势的估计和对股价走势的技术分析结合起来。这样才能及时捕捉买入或卖出信号，做出该买时买、该卖时卖的正确行动。**敢输不敢赢——心理误区之七：**请记住，进入股市，首先应当自信。许多投资者买股票，买进后上升一段时间，便迫不及待地要卖出去获利。他们相信，只有把钱装进口袋里才算安全。可是他们却忽略了股票的合理价值。一般说来，股票的市场价格不一定能完全反映股票的真实价值。所以有些投资人卖出股票后，股价依然持续不断地上升，而且往往表现为卖出后的价格提升幅度比卖出前的上升幅度还大。尤其是原始股票，按照一般的国际惯例也会上升数倍。因此不能见好就收，见涨就卖，要以市盈率为基准，做出卖的决策。可是，有的股票已经过度上升，一旦买入后，股价肯定要下跌，奇怪的是大多数投资人在这种情势下又会坚持死守下去。许多人投资股票，往往赚得非常有限，蚀得却非常多。其中的一个重要原因就是不敢赢的心理在作怪。**不必要的恐慌——心理误区之八：**有些股票投资人因受某些环境因素和“马路消息”的影响，对股市或某些股票的前途失去信心，感到恐慌，于是就拼命抛售手中的股票。许多股市上的经验表明，不必要的恐慌往往是虚惊一场。当然发生在非常时期（如战争、经济危机等）似乎是在情理之中。但在一般的情况下，不少抛售风往往是由一些大户或其他人故意掀起的。他们放出不利消息，引起抛售，目的是压低股价，然后趁机买进，或套现以转移资金。一般的投资者，若产生不必要的恐慌，大量抛出手中持有的股票，肯定会受损失。所以，作为投资者，要在不利消息面前保持镇定，仔细分析消息的可靠性。倘若证明确有其事的话，还要看这种消息所产生的影响是长久性的还是暂时的，若是后者，也没有必要抛出手中的股票。**漠不关心——心理误区之九：**有些投资者买入股票以后，就不闻不问，听其自然发展下去。有时甚至全权委托自己的亲朋好友或经纪人操纵，自己很少介入。这种做法在股市处于大势的情况下，还可以赚点钱，如果是处在下跌的趋势中，必然会血本无归。因此，只要你买了股票，你就是股票市场中的一员，应时时关注股市的动态，关心自己的股票，不要过于相信自己的亲朋好友或经纪人，而要相信自己，要有自己的判断，自己的委托要求。**不敢输——心理误区之十：**在充满竞争、充满风险的股票市场里，既没有常胜的将军，也没有常败的士兵。关键是要随着股票市场行情的变化，采取灵活应对的策略。当股市大势下跌或公司受损失时，且不要被损失所纠缠，而应当机立断，忍痛割爱。一些投资人总存在“不敢输”的心理，当股票价格上升、赚了差价时，兴高采烈。一旦股价下跌，总盼望它能很快升起来，而丝毫不去分析股票的大势及公司的经营状况和业绩，凭想当然买卖股票。其实，这样做只是自欺欺人，最后吃亏的还是自己。

# 第二章 统计调查方法在证券市场中的应用

统计调查就是按照预定的要求和科学的方法，有组织、有计划、有步骤地取得统计资料的工作过程。统计调查的要求是准确性、及时性、全面性。根据不同的调查目的，证券投资分析中经常会采用不同的调查方式和方法。本章介绍统计调查方法和中国股市个人投资者状况调查，模块1介绍证券行情软件的下载与安装。

## 第一节 统计调查方法

### 一、统计调查的概念和要求

统计数据的准确、及时、全面是对统计工作的一个基本要求，也是一个很高的要求，它是整个统计工作的核心，是考核统计工作的最主要尺度。统计调查中准确、及时、全面的三点要求，是相互结合、相辅相成的，彼此不能孤立。及时离不开准确和全面的要求，没有准确和全面的统计资料做保证，及时也就没有意义；而准确和全面的统计资料同样也离不开及时性的要求，再准确和全面的统计资料如果没有及时地提供出来，那就如同“雨后送伞”，发挥不了统计资料的作用。因此，我们要把三者结合起来，以准为基础，做到准中求全，准中求快。

### 二、统计调查的种类

由于社会经济现象的错综复杂，统计调查任务的多种多样，在组织统计调查时，就应根据不同的调查目的和调查对象，采用不同的调查方式和方法。

(1)按调查对象包括的被调查单位的多少的不同，可分为全面调查和非全面调查。

全面调查是对调查对象中的所有调查单位都无一遗漏地进行调查的一种调查方式。如人口普查、工业普查、农业普查、第三产业普查、基本单位普查及全面的统计报表等。

非全面调查是根据调查对象的特点和调查任务的需要，对调查对象中的一部分单位进行调查的一种调查方式。如重点调查、典型调查、抽样调查等。

全面调查和非全面调查的适用场合和特点不同。全面调查只适用于有限总体，不能用于无限总体。它调查的面广，涉及的内容详尽，所耗费的人力、物力、财力和时间很大。

非全面调查既适用于有限总体，也适用于无限总体。它调查的单位较少，对总体的认识和推断只是一些方面，所花费的人力、物力，财力和时间较小。

(2)按照搜集资料的组织方式的不同，可分为统计报表和专门调查。

统计报表是国家统计系统和专业部门为了定期取得系统、全面的统计资料而采用的一种搜集资料的方式，所取得的是有关国民经济和社会发展基本情况的统计资料。如由企业向上级部门报送的各类报表。

专门调查是指为了研究某一专门问题或某一事物而专门组织的调查。如为了研究全国基本单位情况而进行的全国基本单位普查、为了了解某地区居民生活情况而进行的居民生活情况抽样调查等。

(3)按照调查单位登记时所依据的时间的不同，可分为经常调查和一次调查。

经常调查是指对调查对象连续不断地进行登记而取得资料的一种方式。它适用于对时期现象的调查，当调查对象的数值变化很大时，必须连续进行登记，才能满足需要。如工业企业总产值、产品产量、原材料消耗量等，在观察期内连续登记。连续调查所得资料是现象在一段时间内的总量。

一次调查是指对调查对象某一时点的情况进行登记而取得资料的一种方式。以后可根据需要，每隔一段时间进行一次。它适用于对时点现象的调查。当调查对象的数值在一定时期内变化相对较小时，就可采用一次调查的形式取得资料。一次调查可以是定期的，也可以是不定期的。定期是指调查时间间隔相同，不定期是指每次调查时间间隔不同。如人口普查、第三产业普查、工业普查、农业普查每 10 年进行一次，分别在逢 0、3、5、7 的年份实施。全国基本统计单位普查每 5 年进行一次，逢 1、6 的年份实施。这些都属于定期一次调查。

## 三、搜集统计资料的方法

(1)直接观察法。由调查员到现场进行直接点数、计量而取得资料的一种调查方法。如居民消费品价格调查中，由调查员到事先选取的调查地点登记资料。这种方法能满足资料的准确性，但投入的人力、物力、财力和时间较多。

(2)报告法。由填报单位按规定的表格向各级机构和统计部门提供数据资料的一种调查方法。如我国的统计报表制度就是采用报告法的形式搜集统计资料的。该方法所获得的资料全面、系统、规范。

(3)采访法。调查者向被调查者提出问题，然后由被调查者回答的一种统计调查方法。由于访谈的目的、内容和研究对象的不同，采访有不同的形式。主要有：个别访谈和开座谈会形式的集体访谈，一般采访和深度采访。采访法的优点是可以对被调查者提出的问题给予当面解释，从而保证统计资料的质量。

(4)问卷调查。根据调查目的，通过问卷的形式搜集资料，最后对问卷进行统计分析的一种调查方法。问卷是搜集统计资料的一种调查表格，是以提出问题和回答问题的形式记录调查内容的一种表格，用以反映人们对某种事物的态度、行为和特征，从而为定性和定量分析提供依据。

问卷法是在调查中使用率较高的一种方法。它的优点有三：一是花费时间少，搜集材料多，涉及问题的范围广，不受人数限制，方法灵活多样，实用性强；二是调查者与被调查者不直接接触，被调查者之间也不直接接触，有利于调查对象独立自主地表达对问题的看法，适于调查一些不宜面对面交谈的问题；三是问卷资料适于分类整理，便于应用电子计算机处理，有助于进行定量与定性相结合的理论分析。

### 四、统计调查方法

统计调查方法很多，在此只介绍在证券投资分析中应用比较多的方法。

1. 抽样调查

抽样调查是按随机原则从总体中选取一部分单位进行观察，用这部分单位的数量特征来推断总体的数量特征的一种非全面调查方法。抽样调查是非全面调查中最完善、最有科学根据的方式方法。其特点是：

(1)按照随机原则抽取调查单位。随机原则也叫同等可能原则，它是指在总体中抽取样本单位时，每一个部分都有相同的被抽中机会，谁被抽中、谁不被抽中完全是同等可能的，即概率相等。

(2)由样本特征推断总体特征。从总体中抽出一部分单位所构成的一个小总体就称为样本，抽样调查的目的就是通过对样本的计算，从数量上来推断总体。

(3)抽样误差可以事先加以计算和控制。抽样误差是抽样调查时一定会产生的误差，是避免不了的，但我们可以在组织抽样调查的活动中，用科学的方法把它事先计算出来，并且可以把它控制在一定范围之内，以便提高抽样推断的准确性。

2. 重点调查

重点调查是一种非全面调查，它是在调查对象中选择一部分重点单位作为样本进行调查。重点调查主要适用于那些反映主要情况或基本趋势的调查。所谓重点单位，是从标志量的方面而言的，通常是指这些单位的标志总量占全部单位标志总量的绝大比例。这些单位可能数目不多，但有代表性，能够反映调查对象总体的基本情况。

3. 典型调查

典型调查是一种非全面调查，它是在对所研究的现象总体进行分析的基础上，有意识地选择若干个具有代表性的典型单位进行深入、周密、系统的调查研究，借以认识事物发展变化的规律。其特点是：

(1)调查单位是有意识地选择出来的若干有代表性的单位，它更多地取决于调查者的主观判断和决策。

(2)调查范围小，调查单位少，调查具体、深入、细致。

(3)是一种由点到面、由个别到一般的认识方法。

(4)进行典型调查的主要目的不在于取得社会经济现象的总体数值，而在于了解与有关数字相关的具体情况。典型调查的结果一般情况下不宜用以推算全面数字。

## 第二节　中国股市个人投资者状况调查[①]

中国证券市场经过10多年的发展，取得了令人瞩目的成就。但随着市场的不断发展，一些新问题也不断暴露出来，其中一个突出的问题就是个人投资者的权益得不到有效的保护，这

① 本节内容根据调研报告“中国股市个人投资者状况调查”(2002年4月5日深证综研字第0055号)整理。该调研活动由深圳证券交易所综合研究所主办，华夏证券、国通证券、海通证券、湘财证券、西南证券、兴业证券协办。

已经成为影响和制约我国证券市场进一步健康、稳定发展的一个非常重要的因素。“没有调查就没有发言权”，对中国当前证券市场一些突出问题的研究和把握，除了借鉴国际证券市场的成熟经验，开展理论研究探讨解决问题的新思路、新方法外，一些基础性的工作，比如，建立一个反映投资者意向与行为的调查系统来了解投资者的基本状况，并以此为基础，提出合理、有效解决当前中国证券市场存在的一些突出问题的政策建议，既符合广大投资者的根本利益、也符合证券市场发展的内在规律。

这次调研活动就是实现上述思想或观念的一个有益尝试。调研以问卷方式从我国证券市场一线获得约 43.75 万个调查数据。通过这些具有内在关联性的数据所建立的数据库，进一步挖掘出许多有益的信息。这些信息有的使我们对证券市场的一些基本问题有了更为量化的认识，有的使我们发现了证券市场一些新的现象或规律，有的帮助我们澄清了认识中一些固有的思维或误解，还有的反映了投资者对中国证券市场一些热点、难点问题的朴素见解。相信这些数据或信息可以为市场各方参与者特别是市场监管者提供有用的参考。

## 一、调查设计

调查目的：通过典型抽样方式，了解当前中国证券市场个人投资者的状况，包括其基本现状、投资行为状况、权益保护状况，以及他们对当前证券市场一些热点问题的看法。

调查方式：问卷调查。问卷由 90 个题目组成，其中投资者基本状况 11 题、投资者行为状况 32 题、投资者权益与保护 35 题、投资者对若干热点问题看法 12 题（见本章附录）。为保证调查的质量，每一份问卷的解答均采用在调查问卷设计人员的指导下，采样点所在营业部的客户经理与其负责的被调查投资者直接沟通的方式进行。

样本设计：全国范围内完成 2 500 份左右。根据中国证券市场投资者分布与结构的实际，理论上采用六个中心城市的地域分层与投资者按散户、中户、大户划分的结构分层。六个中心城市及其样本数量分别为深圳 550 份、上海 600 份、北京 500 份、重庆 300 份、长沙 280 份、福州 270 份；每个城市调查的投资者中散户、中户、大户所占的比例原则上为 60％、35％、5％。

回收样本说明：调查中实际共发放问卷 2 724 份，回收有效问卷 2 587 份，回收率 94.97％。回收的有效问卷中，男性被调查者 1 474 名，占总人数的 56.98％；女性被调查者1 113 名，占总人数的 43.02％。被调查者最小年龄 16 岁，最大年龄 83 岁，平均年龄 43.01 岁。

## 二、调查数据分析

### （一）基本状况

本次调查是为了了解当前中国股市一线个人投资者的总体状况。调查主要从考察投资者的年龄、职业、收入、教育程度、股票投资规模、家庭资产构成、证券开户情况等要素入手。

1. 年龄与股龄

调查发现，25～55 岁的适业人群构成了中国股市一线个人投资者的主体，但 55 岁以上的离退休人士也占有不容忽视的份额。被调查投资者的平均股龄为 5.4 年（到 2001 年底），他们既有常年在股市搏杀的老股民，也有数量不少的刚刚入市的新股民。在填报自己真实年龄的 2 476 名被调查者中，年龄最小者 16 岁，最大者 83 岁，平均年龄 43.01 岁。调查有关结果如表 2-1 和表 2-2 所示。

表 2-1 中国股市一线投资者的年龄构成

| 年龄段 | 人数/人 | 比重/% |
|---|---|---|
| ≤25 | 136 | 5.49 |
| 25～35 | 660 | 26.66 |
| 35～45 | 670 | 27.06 |
| 45～55 | 591 | 23.87 |
| >55 | 420 | 16.96 |
| 合计 | 2 476 | 100 |

表 2-2 受调查的投资者的入市时间

| 入市时间 | 人数/人 | 比重/% |
|---|---|---|
| 1996 年以前 | 908 | 36.90 |
| 1996—2000 年 | 1 015 | 41.24 |
| 2000 年以后 | 538 | 21.86 |

2. 受教育程度

调查发现，为数庞大的证券市场投资者的总体受教育水平较低。其中，不足中等文化程度(高中及中专以下)的投资者占了被调查者总数的 43.81%(表 2-3)，而初中以下的低学历者竟有 12.04%，这一数字意味着中国的证券市场有数百万的投资者未接受高中以上的文化教育。

表 2-3 受调查的投资者的知识结构

| 文化程度 | 人数/人 | 比重/% | 累计比例/% |
|---|---|---|---|
| 小学及以下 | 63 | 2.45 | 2.45 |
| 初中 | 247 | 9.59 | 12.04 |
| 高中 | 505 | 19.61 | 31.65 |
| 中专 | 313 | 12.16 | 43.81 |
| 大专 | 692 | 26.87 | 70.68 |
| 大学 | 670 | 26.02 | 96.70 |
| 研究生及以上 | 85 | 3.30 | 100 |
| 合计 | 2 575 | 100 | — |

3. 职业

调查发现，中国股票市场的主要投资者群体为机关干部、工人、科教文卫新闻工作者、商业服务业人员和个体工商户、私营业主。其中较弱群体为工人、商业服务业人员和待业无业人员，而较强群体为个体工商户、私营业主和科教文卫新闻工作者。在投资者从事的职业中，机关干部所占比重最大，其次分别为工人、科教文卫新闻工作者、商业服务业人员等(图 2-1)。但在股市投资规模 50 万元以上的人群中，个体工商户、私营业主比重最大，而在股市投资规模 10 万元以下的人群中，工人所占比重最大，且远高于其他类型职业(表 2-4)。

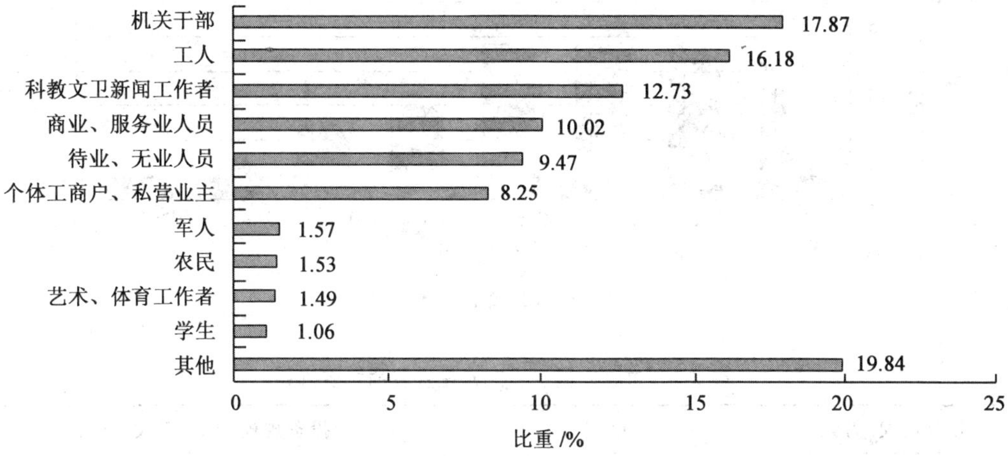


图 2-1　受调查投资者的职业结构

表 2-4　不同投资规模投资者的职业分布

| 排位 | 股市投资规模在 50 万元以上 | | 股市投资规模在 10 万元以下 | |
|---|---|---|---|---|
| | 职业 | 比重/% | 职业 | 比重/% |
| 1 | 其他 | 20.13 | 工人 | 25.90 |
| 2 | 个体工商户、私营业主 | 16.93 | 其他 | 17.46 |
| 3 | 机关干部 | 16.22 | 机关干部 | 14.91 |
| 4 | 科教文卫新闻工作者 | 11.59 | 商业、服务业人员 | 12.37 |
| 5 | 待业、无业人员 | 10.52 | 科教文卫新闻工作者 | 9.36 |
| 6 | 商业、服务业人员 | 8.02 | 待业、无业人员 | 7.63 |
| 7 | 工人 | 5.53 | 个体工商户、私营业主 | 4.16 |
| 8 | 军人 | 2.14 | 学生 | 2.08 |
| 9 | 农民 | 1.25 | 农民 | 1.73 |
| 10 | 艺术、体育工作者 | 1.07 | 艺术、体育工作者 | 1.50 |
| 11 | 学生 | 0.53 | 军人 | 1.16 |

4. 年均收入

调查发现，投资者的年收入水平普遍不高，而与此相对应的是，投资者的投资规模相对较大，这种现象降低了投资者的市场风险承受力，也大大增大了股市波动所可能产生的社会风险。在回收的调查问卷中，对个人每年总收入（包括工资、奖金、股息、存款利息等）进行回答的有效问卷有 2 468 份（图 2-2、表 2-5）。

5. 投资规模

在所有有效问卷中，资金规模在 20 万元以下的投资者（俗称散户）1 353 人；资金规模 20 万元以上 100 万元以下的投资者（中户）997 人；资金规模 100 万元以上 500 万元以下的投资者（大户）172 人；资金规模在 500 万元以上的投资者（超大户）26 人（图 2-3）。

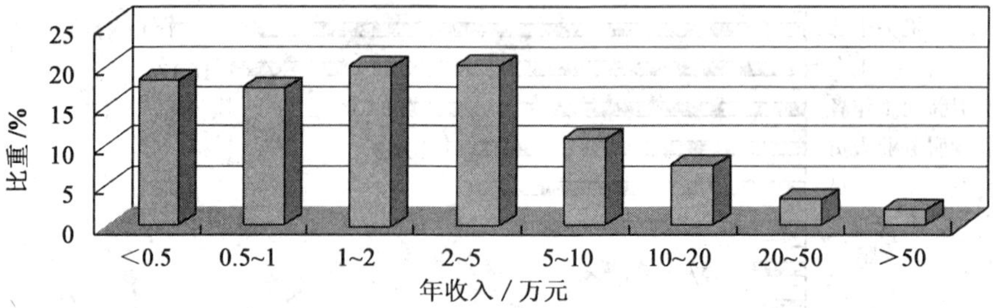


**图 2-2　个人投资者年收入分布**

**表 2-5　年收入低于 2 万元投资者的投资规模**

| 投资规模/万元 | 比重/% | 投资规模中值/年收入中值 |
|---|---|---|
| ≤1 | 7.73 | 0.5 |
| 1～5 | 20.23 | 3 |
| 5～10 | 16.82 | 7.5 |
| 10～20 | 19.70 | 15 |
| 20～50 | 22.73 | 35 |
| 50～100 | 9.77 | 75 |
| 100～200 | 1.82 | 150 |
| 200～500 | 0.18 | 350 |
| 合计 | 100 | 23.46(加权) |

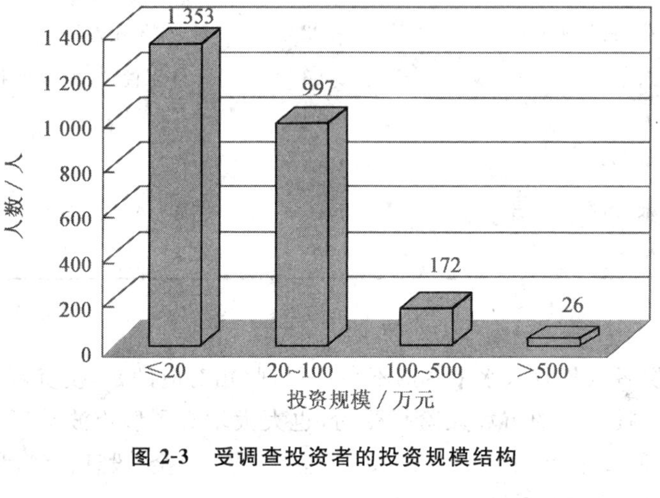


**图 2-3　受调查投资者的投资规模结构**

6. 资产结构

调查发现，股票和基金是投资者们最主要的金融资产，其比重高达 60.67%；其次是银行储蓄和现金；国债、保险、企业债券所占比重很小。被调查者中，其股票投资总额平均占家庭总资产的 50%左右(表 2-6)。存在少部分大行举债炒股者。

表 2-6 投资者中股票投资总额占家庭总资产比重的结构

| 股票投资总额占家庭总资产比重/% | 回答人数/人 | 投资者比重/% |
|---|---|---|
| ≤20 | 403 | 16.73 |
| 20～40 | 498 | 20.66 |
| 40～60 | 606 | 25.14 |
| 60～80 | 435 | 18.04 |
| 80～100 | 405 | 16.81 |
| >100 | 63 | 2.62 |
| 合计 | 403 | 100 |

7. 开户情况

调查发现,我国深沪两市的投资者存在很大的重复开户现象,重复比例高达 91.29%,由此推算 2001 年底我国的 A 股个人投资者的真实人数约在 3 360 万～3 400 万之间,相当于每千名居民有股民 26 人。这一数据比简单地把深沪两市开户数相加得出的我国股市投资者总数要少得多。调查结果还显示,在我国证券市场上只有 38.0%的个人投资者因有闲置资金而把股市看作是一个长期投资的场所。关于个人投资者入市的目的和具体动因的调查结果见图 2-4 和表 2-7。

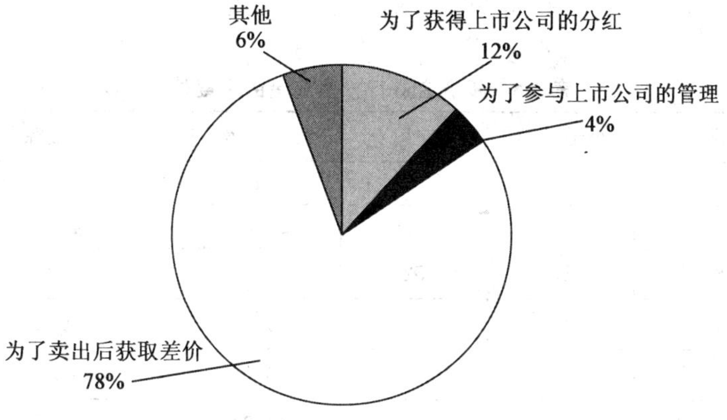


图 2-4 个人投资者入市的目的

表 2-7 个人投资者入市时的具体动因

| 入市的具体动因 | 人数/人 | 比重/% |
|---|---|---|
| 有闲置资金,把股市看作是一个长期投资的场所 | 902 | 38.0 |
| 想冒险尝试一下 | 417 | 17.5 |
| 市场行情火爆或他人获得暴利的示范效应 | 369 | 15.5 |
| 没有工作,通过炒股找点事做 | 344 | 14.5 |
| 没有其他职业,把炒股作为主要职业 | 178 | 7.5 |
| 其他 | 166 | 7.0 |
| 合计 | 2 376 | 100 |

## (二)行为状况

1. 个人投资者的证券投资知识

调查结果显示，在我国股市中，绝大多数个人投资者的股票投资知识来自于非正规教育，具体表现为通过亲朋好友的介绍、股评专家的讲解以及报纸、杂志的文章(三者相加合计约占总数的70.4%)等途径获得(图2-5)。在做出具体的投资决策时，投资者依据股评推荐、亲友引荐以及小道消息所占的比重高达51.5%。投资者进行投资决策的主要依据的调查结果见表2-8。投资者认为造成自己失误的主要原因的调查结果见图2-6。

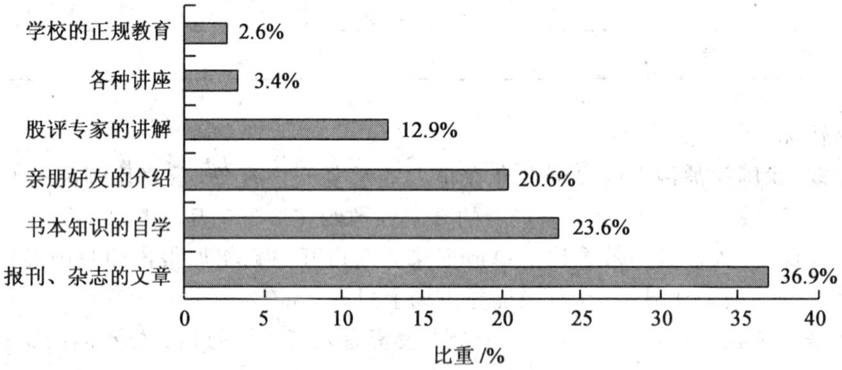


图2-5 投资者投资知识的来源

表2-8 投资者进行投资决策的主要依据

| 主要依据项目 | | | 小道消息 | 亲友引荐 | 股评推荐 | 自己长期跟踪与研究 | 合计 |
|---|---|---|---|---|---|---|---|
| 总体情况 | | 人数/人 | 197 | 347 | 598 | 1 076 | 2 218 |
| | | 比重/% | 8.9 | 15.6 | 27.0 | 48.5 | 100 |
| 知识结构 | 初等 | 人数/人 | 30 | 52 | 102 | 82 | 266 |
| | | 比重/% | 11.4 | 19.5 | 38.3 | 30.8 | 100 |
| | 中等 | 人数/人 | 104 | 209 | 379 | 607 | 1 299 |
| | | 比重/% | 8.0 | 16.1 | 29.2 | 46.7 | 100 |
| | 高等 | 人数/人 | 63 | 85 | 115 | 382 | 645 |
| | | 比重/% | 9.8 | 13.2 | 17.8 | 59.2 | 100 |
| 资金规模 | 小户 | 人数/人 | 119 | 202 | 364 | 513 | 1 198 |
| | | 比重/% | 9.9 | 16.9 | 30.4 | 42.8 | 100 |
| | 中户 | 人数/人 | 55 | 110 | 213 | 448 | 826 |
| | | 比重/% | 6.7 | 13.3 | 25.8 | 54.2 | 100 |
| | 大户 | 人数/人 | 22 | 29 | 13 | 87 | 151 |
| | | 比重/% | 14.6 | 19.2 | 8.6 | 57.6 | 100 |
| | 特大户 | 人数/人 | 1 | 3 | 2 | 15 | 21 |
| | | 比重/% | 4.8 | 14.3 | 9.5 | 71.4 | 100 |

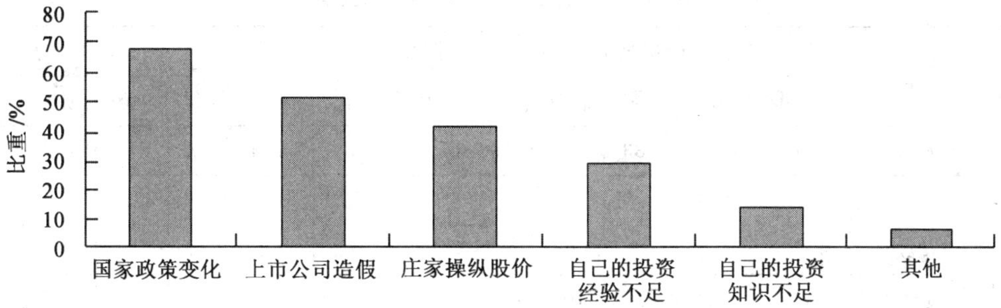


图 2-6 投资者认为造成自己投资失误的主要原因

2.投资者的风险意识

调查结果显示，我国绝大多数个人投资者对证券投资具有良好的风险意识，有90%以上的投资者认为股市投资“风险很大”或“风险较大”；只有不到一成的投资者认为股市投资“风险不太大”或“没有什么风险”。在股市风险产生原因的认识上，调查结果显示，有接近90%的个人投资者认为我国股市的投资风险主要来自市场不规范（如内幕交易、价格操纵、虚假信息等）或国家政策变化（图2-7）。这在很大程度上说明我国证券市场的规范化建设还任重而道远。

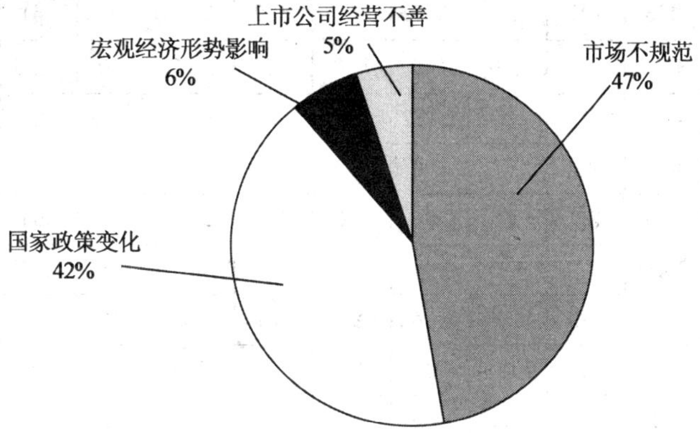


图 2-7 股市投资风险产生的主要原因

3.投资者的投资理念

调查显示，我国股市一半以上的个人投资者的投资策略是做中线投资，而喜欢做长线投资或短线投资的投资者的比重差不多，各占两成左右。进一步分析发现，个人投资者的投资策略与其知识结构、收入结构的相关性不大，而与其年龄结构、资金规模有一定程度的相关性，即：有更大比重的老年人喜欢做长线投资，而有更大比重的青年人喜欢做短线投资；资金规模大的个人投资者做中线投资的比重更大（表2-9）。在所投资股票的类型方面，调查显示，大部分个人投资者偏好于投资中价、中盘、绩优类股票，而对高价、大盘、绩差类股票兴趣最低。进一步分析发现，个人投资者喜欢投资的股票类型与其年龄结构、知识结

**表 2-9　投资者喜欢投资的股票类型**

| 项目 | | | 按股票价格划分 | | | | 按盘子划分 | | | | 按业绩划分 | | | |
|---|---|---|---|---|---|---|---|---|---|---|---|---|---|---|
| | | | 低 | 中 | 高 | 合计 | 大 | 中 | 小 | 合计 | 绩优 | 一般 | 绩差 | 合计 |
| 总体情况 | | 人数/人 | 700 | 1 352 | 133 | 2 253 | 190 | 1 124 | 920 | 2 234 | 1 173 | 838 | 199 | 2 210 |
| | | 比重/% | 34.1 | 60.0 | 5.9 | 100 | 8.5 | 50.3 | 41.2 | 100 | 53.1 | 37.9 | 9.0 | 100 |
| 年龄结构 | 中年 | 人数/人 | 350 | 650 | 63 | 1 077 | 37 | 173 | 142 | 352 | 214 | 124 | 12 | 351 |
| | | 比重/% | 33.2 | 60.9 | 5.9 | 100 | 10.5 | 49.2 | 40.3 | 100 | 61.6 | 35.3 | 3.7 | 100 |
| | 老年 | 人数/人 | 145 | 202 | 12 | 350 | 89 | 546 | 443 | 1076 | 556 | 398 | 105 | 1 059 |
| | | 比重/% | 40.4 | 56.3 | 3.3 | 100 | 8.3 | 50.6 | 41.1 | 100 | 52.5 | 37.6 | 9.9 | 100 |
| | 青年 | 人数/人 | 230 | 440 | 51 | 721 | 53 | 359 | 300 | 712 | 342 | 290 | 72 | 704 |
| | | 比重/% | 31.9 | 61.0 | 7.1 | 100 | 7.4 | 50.4 | 42.2 | 100 | 48.0 | 41.2 | 10.2 | 100 |
| 知识结构 | 初等 | 人数/人 | 100 | 141 | 6 | 247 | 24 | 126 | 88 | 238 | 130 | 85 | 22 | 237 |
| | | 比重/% | 40.5 | 57.1 | 2.4 | 100 | 10.1 | 52.9 | 37.0 | 100 | 54.8 | 35.9 | 9.3 | 100 |
| | 中等 | 人数/人 | 442 | 804 | 76 | 1 322 | 112 | 665 | 542 | 1 319 | 675 | 502 | 117 | 1 294 |
| | | 比重/% | 33.4 | 60.8 | 5.8 | 100 | 8.5 | 80.4 | 41.1 | 100 | 52.2 | 38.8 | 9.0 | 100 |
| | 高等 | 人数/人 | 225 | 401 | 50 | 676 | 53 | 329 | 285 | 667 | 361 | 250 | 60 | 671 |
| | | 比重/% | 33.3 | 59.3 | 4.0 | 100 | 8.0 | 49.3 | 42.7 | 100 | 53.8 | 37.3 | 8.9 | 100 |
| 收入结构 | 低 | 人数/人 | 432 | 703 | 47 | 1 182 | 101 | 572 | 499 | 1 172 | 625 | 431 | 105 | 1 161 |
| | | 比重/% | 36.5 | 59.5 | 7.4 | 100 | 8.0 | 48.0 | 42.6 | 100 | 53.8 | 37.1 | 8.9 | 100 |
| | 中 | 人数/人 | 215 | 437 | 44 | 696 | 52 | 357 | 275 | 684 | 364 | 275 | 52 | 691 |
| | | 比重/% | 30.9 | 62.8 | 6.3 | 100 | 7.0 | 52.2 | 40.2 | 100 | 52.7 | 39.8 | 7.5 | 100 |
| | 高 | 人数/人 | 76 | 139 | 29 | 244 | 27 | 131 | 90 | 240 | 119 | 89 | 30 | 230 |
| | | 比重/% | 31.1 | 57.0 | 11.9 | 100 | 10.9 | 52.8 | 36.3 | 100 | 50.0 | 37.4 | 12.0 | 100 |
| | 特高 | 人数/人 | 15 | 27 | 4 | 46 | 6 | 22 | 20 | 48 | 21 | 14 | 9 | 44 |
| | | 比重/% | 32.6 | 58.7 | 8.7 | 100 | 12.5 | 45.8 | 41.7 | 100 | 47.7 | 31.6 | 20.5 | 100 |
| 资金规模 | 小户 | 人数/人 | 440 | 709 | 53 | 846 | 114 | 570 | 511 | 1 195 | 619 | 452 | 106 | 1 177 |
| | | 比重/% | 36.6 | 59.0 | 4.4 | 100 | 12.5 | 45.8 | 41.7 | 100 | 52.6 | 38.4 | 9.0 | 100 |
| | 中户 | 人数/人 | 264 | 529 | 53 | 846 | 58 | 436 | 336 | 830 | 454 | 309 | 70 | 833 |
| | | 比重/% | 31.2 | 62.5 | 6.3 | 100 | 9.5 | 47.7 | 42.8 | 100 | 54.5 | 37.1 | 8.4 | 100 |
| | 大户 | 人数/人 | 46 | 88 | 24 | 158 | 14 | 97 | 50 | 161 | 78 | 60 | 16 | 154 |
| | | 比重/% | 29.1 | 55.7 | 15.2 | 100 | 8.7 | 60.2 | 31.1 | 100 | 50.0 | 39.0 | 10.4 | 100 |
| | 特大户 | 人数/人 | 8 | 13 | 1 | 22 | 2 | 9 | 12 | 23 | 10 | 6 | 6 | 22 |
| | | 比重/% | 36.4 | 52.1 | 4.5 | 100 | 8.7 | 39.1 | 52.2 | 100 | 45.4 | 27.3 | 27.3 | 100 |

构、收入结构以及资金规模等因素有一定的相关性。例如：喜欢低价和绩优股的老年人比重相对较大，而相应的青年人比重则较小；收入较高或资金规模较大的投资者关注高价股的比重明显要比收入较低或资金规模较少的投资者的比重大。投资者购买 ST 类股票的情况调查结果见表 2-10。

**表 2-10　投资者购买 ST 类股票的情况**

| 项　　目 | | | 购买过，但已空仓 | 购买过，仍然持有 | 没有购买过 | 合计 |
|---|---|---|---|---|---|---|
| 总体情况 | | 人数/人 | 940 | 586 | 959 | 2 485 |
| | | 比重/% | 37.8 | 23.6 | 38.6 | 100 |
| 年龄结构 | 老年 | 人数/人 | 136 | 89 | 171 | 396 |
| | | 比重/% | 34.3 | 22.4 | 38.6 | 100 |
| | 中年 | 人数/人 | 443 | 295 | 464 | 1 202 |
| | | 比重/% | 36.9 | 24.5 | 38.6 | 100 |
| | 青年 | 人数/人 | 321 | 175 | 288 | 784 |
| | | 比重/% | 41.0 | 22.3 | 36.7 | 100 |
| 知识结构 | 初等 | 人数/人 | 109 | 66 | 110 | 285 |
| | | 比重/% | 38.2 | 23.2 | 38.6 | 100 |
| | 中等 | 人数/人 | 542 | 340 | 568 | 1 450 |
| | | 比重/% | 37.4 | 23.4 | 39.2 | 100 |
| | 高等 | 人数/人 | 286 | 175 | 279 | 740 |
| | | 比重/% | 38.6 | 23.7 | 37.7 | 100 |
| 收入结构 | 低 | 人数/人 | 486 | 300 | 527 | 1 313 |
| | | 比重/% | 37.0 | 22.9 | 40.1 | 100 |
| | 中 | 人数/人 | 313 | 155 | 287 | 755 |
| | | 比重/% | 41.5 | 20.5 | 38.0 | 100 |
| | 高 | 人数/人 | 98 | 73 | 93 | 264 |
| | | 比重/% | 37.1 | 27.7 | 35.2 | 100 |
| | 特高 | 人数/人 | 14 | 25 | 14 | 53 |
| | | 比重/% | 26.4 | 47.2 | 26.4 | 100 |

4. 投资者的投资行为

在投资者的交易方式方面，调查结果显示，我国股市中约 69.5%的个人投资者依然采用“在营业部下单”的传统交易方式；经常采用“电话委托”交易方式的投资者约占总数的 18.5%；而经常采用“网上委托”的投资者为数不多，仅占总数的 8.0%（图 2-8）。

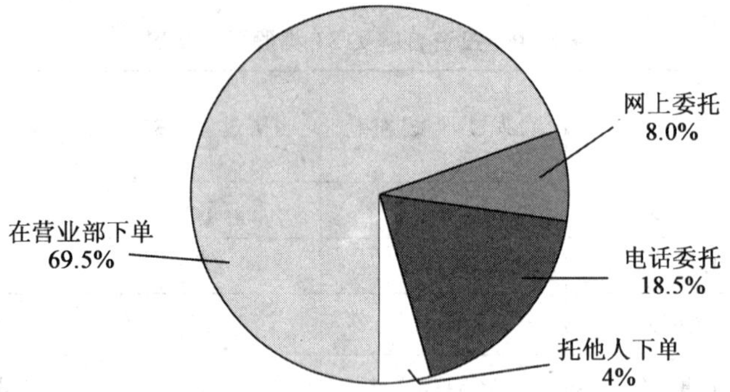


**图 2-8　个人投资者的交易方式**

在投资者持有的股票数上，调查结果显示，近七成个人投资者经常持有股票个数介于 2～5 只之间，或者说大多数个人投资者持有一些简单的投资组合，以规避风险（表 2-11）。进一步分析发现，个人投资者经常持有股票的个数与其知识结构的相关性不大，而与其年龄结构、收入结构以及资金规模的相关性较为显著。关于投资者年平均股票交易次数、投资者卖出股票时的股价上涨及下跌情况、投资者在股票套牢时的处理的调查结果分别见表 2-12 至表 2-15。

**表 2-11　投资者经常持有的股票数量**

| 项　目 | | | 1 只 | 2～3 只 | 3～5 只 | 5 只以上 | 合计 |
|---|---|---|---|---|---|---|---|
| 总体情况 | | 人数/人 | 173 | 1 017 | 741 | 595 | 2 526 |
| | | 比重/% | 6.8 | 40.3 | 29.3 | 23.6 | 100 |
| 年龄结构 | 老年 | 人数/人 | 12 | 96 | 121 | 180 | 409 |
| | | 比重/% | 2.9 | 23.5 | 29.6 | 44.0 | 100 |
| | 中年 | 人数/人 | 79 | 447 | 391 | 312 | 1 229 |
| | | 比重/% | 6.4 | 36.4 | 31.8 | 25.4 | 100 |
| | 青年 | 人数/人 | 77 | 430 | 202 | 73 | 782 |
| | | 比重/% | 9.9 | 55.0 | 25.8 | 9.3 | 100 |
| 知识结构 | 初等 | 人数/人 | 21 | 103 | 87 | 86 | 297 |
| | | 比重/% | 7.1 | 34.7 | 29.3 | 28.9 | 100 |
| | 中等 | 人数/人 | 95 | 609 | 426 | 350 | 1 480 |
| | | 比重/% | 6.4 | 41.4 | 28.8 | 23.7 | 100 |
| | 高等 | 人数/人 | 57 | 302 | 223 | 156 | 738 |
| | | 比重/% | 7.7 | 40.9 | 30.2 | 21.2 | 100 |

**表 2-12 投资者年平均股票交易次数**

| 项目 | | | 3 次及以下 | 4～6 次 | 7～9 次 | 10～12 次 | 13 次以上 | 合计 |
|---|---|---|---|---|---|---|---|---|
| 总体情况 | | 人数/人 | 252 | 490 | 379 | 311 | 1 056 | 2 488 |
| | | 比重/% | 10.1 | 19.7 | 15.2 | 12.5 | 42.5 | 100 |
| 年龄结构 | 老年 | 人数/人 | 36 | 59 | 56 | 53 | 203 | 407 |
| | | 比重/% | 8.6 | 14.5 | 13 | 13.1 | 50 | 100 |
| | 中年 | 人数/人 | 121 | 227 | 177 | 149 | 526 | 1 200 |
| | | 比重/% | 10.1 | 18.9 | 14.8 | 12.4 | 43.8 | 100 |
| | 青年 | 人数/人 | 90 | 189 | 140 | 100 | 261 | 780 |
| | | 比重/% | 11.5 | 24.0 | 18 | 12.8 | 33.5 | 100 |
| 知识结构 | 低等 | 人数/人 | 39 | 53 | 45 | 27 | 127 | 291 |
| | | 比重/% | 13.4 | 18.2 | 15.5 | 9.3 | 43.6 | 100 |
| | 中等 | 人数/人 | 129 | 309 | 221 | 187 | 608 | 1 454 |
| | | 比重/% | 8.9 | 21.2 | 15.2 | 12.9 | 41.8 | 100 |
| | 高等 | 人数/人 | 84 | 126 | 112 | 95 | 316 | 733 |
| | | 比重/% | 11.4 | 17.2 | 15.3 | 13 | 43.1 | 100 |
| 收入结构 | 低 | 人数/人 | 144 | 232 | 195 | 255 | 600 | 1 326 |
| | | 比重/% | 10.9 | 17.5 | 14.7 | 11.7 | 45.2 | 100 |
| | 中 | 人数/人 | 62 | 175 | 135 | 102 | 276 | 750 |
| | | 比重/% | 8.3 | 23.3 | 18 | 13.6 | 36.8 | 100 |
| | 高 | 人数/人 | 34 | 45 | 36 | 42 | 107 | 264 |
| | | 比重/% | 12.9 | 17.1 | 13.6 | 15.9 | 40.5 | 100 |
| | 特高 | 人数/人 | 5 | 13 | 7 | 5 | 20 | 50 |
| | | 比重/% | 10 | 26 | 14 | 10 | 40 | 100 |
| 资金结构 | 小户 | 人数/人 | 165 | 307 | 229 | 165 | 452 | 1 318 |
| | | 比重/% | 12.5 | 23.3 | 17.4 | 12.5 | 34.3 | 100 |
| | 中户 | 人数/人 | 62 | 144 | 124 | 118 | 511 | 959 |
| | | 比重/% | 6.5 | 15 | 12.9 | 12.3 | 53.3 | 100 |
| | 大户 | 人数/人 | 18 | 28 | 19 | 22 | 72 | 159 |
| | | 比重/% | 11.3 | 17.6 | 12 | 13.8 | 45.3 | 100 |
| | 特大户 | 人数/人 | 3 | 8 | 1 | 4 | 5 | 21 |
| | | 比重/% | 14.3 | 38.1 | 4.8 | 19 | 23.8 | 100 |

表 2-13　投资者卖出股票时的股价上涨情况

| 项目 | | | 5%左右 | 10%左右 | 20%左右 | 30%左右 | 50%左右 | 1倍以上 | 合计 |
|---|---|---|---|---|---|---|---|---|---|
| 总体情况 | | 人数/人 | 349 | 963 | 636 | 308 | 119 | 51 | 2 426 |
| | | 比重/% | 14.4 | 39.7 | 26.2 | 12.7 | 4.9 | 2.1 | 100 |
| 年龄结构 | 老年 | 人数/人 | 63 | 169 | 95 | 33 | 15 | 10 | 385 |
| | | 比重/% | 16.3 | 43.9 | 24.7 | 8.6 | 3.9 | 2.6 | 100 |
| | 中年 | 人数/人 | 176 | 488 | 286 | 148 | 55 | 24 | 1 177 |
| | | 比重/% | 14.9 | 41.5 | 24.3 | 12.6 | 4.7 | 2.0 | 100 |
| | 青年 | 人数/人 | 96 | 267 | 224 | 119 | 44 | 15 | 764 |
| | | 比重/% | 12.5 | 34.9 | 29.3 | 15.5 | 5.8 | 2.0 | 100 |
| 知识结构 | 初等 | 人数/人 | 61 | 122 | 64 | 20 | 10 | 10 | 287 |
| | | 比重/% | 21.2 | 42.5 | 22.3 | 7.0 | 3.5 | 3.5 | 100 |
| | 中等 | 人数/人 | 199 | 585 | 370 | 171 | 61 | 24 | 1 410 |
| | | 比重/% | 14.1 | 41.5 | 26.3 | 12.1 | 4.3 | 1.7 | 100 |
| | 高等 | 人数/人 | 87 | 252 | 199 | 116 | 47 | 17 | 718 |
| | | 比重/% | 12.1 | 35.1 | 27.7 | 16.2 | 6.5 | 2.4 | 100 |
| 收入结构 | 低 | 人数/人 | 230 | 552 | 303 | 119 | 56 | 25 | 1 285 |
| | | 比重/% | 17.9 | 43.0 | 23.6 | 9.3 | 4.3 | 1.9 | 100 |
| | 中 | 人数/人 | 76 | 267 | 229 | 120 | 34 | 15 | 741 |
| | | 比重/% | 10.3 | 36.0 | 30.9 | 16.2 | 4.6 | 2.0 | 100 |
| | 高 | 人数/人 | 25 | 89 | 71 | 49 | 18 | 9 | 261 |
| | | 比重/% | 9.6 | 34.1 | 27.2 | 18.8 | 6.9 | 3.4 | 100 |
| | 特高 | 人数/人 | 4 | 22 | 11 | 7 | 6 | 1 | 51 |
| | | 比重/% | 7.8 | 43.1 | 21.6 | 13.7 | 11.8 | 2.0 | 100 |
| 资金结构 | 小户 | 人数/人 | 203 | 516 | 332 | 155 | 65 | 29 | 1 290 |
| | | 比重/% | 15.7 | 40.0 | 25.8 | 12.0 | 4.3 | 2.2 | 100 |
| | 中户 | 人数/人 | 121 | 395 | 244 | 113 | 40 | 12 | 925 |
| | | 比重/% | 13.1 | 42.7 | 26.4 | 12.2 | 4.3 | 1.3 | 100 |
| | 大户 | 人数/人 | 20 | 40 | 50 | 28 | 20 | 6 | 164 |
| | | 比重/% | 12.2 | 24.4 | 30.5 | 17.1 | 12.2 | 3.6 | 100 |
| | 特大户 | 人数/人 | 2 | 9 | 4 | 4 | 4 | 2 | 25 |
| | | 比重/% | 8.0 | 36.0 | 16.0 | 16.0 | 16.0 | 8.0 | 100 |

**表 2-14　投资者卖出股票时的股价下跌情况**

| 项目 | | | 5%左右 | 10%左右 | 20%左右 | 30%左右 | 50%左右 | 1倍以上 | 合计 |
|---|---|---|---|---|---|---|---|---|---|
| 总体情况 | | 人数/人 | 483 | 896 | 236 | 476 | 96 | 101 | 2 288 |
| | | 比重/% | 21.1 | 39.2 | 20.8 | 10.3 | 4.2 | 4.4 | 100 |
| 年龄结构 | 老年 | 人数/人 | 63 | 169 | 95 | 33 | 15 | 10 | 385 |
| | | 比重/% | 16.3 | 43.9 | 24.7 | 8.6 | 3.9 | 2.6 | 100 |
| | 中年 | 人数/人 | 66 | 133 | 68 | 38 | 16 | 20 | 341 |
| | | 比重/% | 19.4 | 39.0 | 19.9 | 11.0 | 4.0 | 5.0 | 100 |
| | 青年 | 人数/人 | 240 | 437 | 219 | 106 | 50 | 55 | 1 107 |
| | | 比重/% | 21.7 | 39.5 | 19.8 | 9.6 | 4.5 | 4.9 | 100 |
| 知识结构 | 初等 | 人数/人 | 164 | 287 | 169 | 82 | 28 | 22 | 752 |
| | | 比重/% | 21.8 | 38.2 | 22.5 | 10.9 | 3.7 | 2.9 | 100 |
| | 中等 | 人数/人 | 69 | 89 | 37 | 32 | 10 | 22 | 259 |
| | | 比重/% | 26.6 | 34.4 | 14.3 | 12.3 | 3.9 | 8.5 | 100 |
| | 高等 | 人数/人 | 282 | 517 | 284 | 130 | 61 | 60 | 1 334 |
| | | 比重/% | 21.1 | 38.8 | 21.2 | 9.8 | 4.6 | 4.5 | 100 |
| 收入结构 | 低 | 人数/人 | 131 | 285 | 152 | 73 | 24 | 19 | 684 |
| | | 比重/% | 19.1 | 41.7 | 22.2 | 10.7 | 3.5 | 2.8 | 100 |
| | 中 | 人数/人 | 285 | 441 | 234 | 119 | 57 | 66 | 1 202 |
| | | 比重/% | 23.7 | 36.7 | 19.5 | 9.9 | 4.7 | 5.5 | 100 |
| | 高 | 人数/人 | 136 | 294 | 163 | 70 | 19 | 19 | 701 |
| | | 比重/% | 19.4 | 41.9 | 23.3 | 10.0 | 2.7 | 2.7 | 100 |
| | 特高 | 人数/人 | 43 | 111 | 57 | 28 | 10 | 7 | 256 |
| | | 比重/% | 16.8 | 43.4 | 22.3 | 10.9 | 3.9 | 2.7 | 100 |
| 资金结构 | 小户 | 人数/人 | 310 | 453 | 246 | 124 | 40 | 58 | 1 231 |
| | | 比重/% | 25.2 | 36.8 | 20.0 | 10.1 | 3.2 | 4.7 | 100 |
| | 中户 | 人数/人 | 145 | 368 | 178 | 89 | 40 | 35 | 855 |
| | | 比重/% | 17.0 | 43.0 | 20.8 | 10.4 | 4.7 | 4.1 | 100 |
| | 大户 | 人数/人 | 23 | 58 | 47 | 17 | 12 | 2 | 159 |
| | | 比重/% | 14.5 | 36.5 | 29.5 | 10.7 | 7.5 | 1.3 | 100 |
| | 特大户 | 人数/人 | 3 | 8 | 4 | 2 | 2 | 2 | 21 |
| | | 比重/% | 14.3 | 38.1 | 19.1 | 9.5 | 9.5 | 9.5 | 100 |

表 2-15　投资者在股票套牢时的处理

| 项目 | | | 长期持有,直到解套 | 不断补仓,拉低价位 | 忍痛割肉 | 合计 |
|---|---|---|---|---|---|---|
| 总体情况 | | 人数/人 | 977 | 764 | 641 | 2 382 |
| | | 比重/% | 41.0 | 32.0 | 27.0 | 100 |
| 年龄结构 | 老年 | 人数/人 | 187 | 113 | 70 | 370 |
| | | 比重/% | 50.5 | 30.5 | 19.0 | 100 |
| | 中年 | 人数/人 | 486 | 356 | 321 | 1 163 |
| | | 比重/% | 41.8 | 30.6 | 27.6 | 100 |
| | 青年 | 人数/人 | 268 | 260 | 228 | 756 |
| | | 比重/% | 35.4 | 34.4 | 30.2 | 100 |
| 知识结构 | 初等 | 人数/人 | 127 | 90 | 64 | 281 |
| | | 比重/% | 45.2 | 32.0 | 22.8 | 100 |
| | 中等 | 人数/人 | 580 | 432 | 379 | 1 391 |
| | | 比重/% | 41.7 | 31.1 | 27.2 | 100 |
| | 高等 | 人数/人 | 264 | 241 | 196 | 701 |
| | | 比重/% | 37.7 | 34.4 | 27.9 | 100 |
| 收入结构 | 低 | 人数/人 | 556 | 378 | 330 | 1 264 |
| | | 比重/% | 44.0 | 29.9 | 26.1 | 100 |
| | 中 | 人数/人 | 276 | 251 | 200 | 727 |
| | | 比重/% | 38.0 | 34.5 | 27.5 | 100 |
| | 高 | 人数/人 | 94 | 89 | 70 | 253 |
| | | 比重/% | 37.2 | 35.2 | 27.6 | 100 |
| | 特高 | 人数/人 | 18 | 19 | 13 | 50 |
| | | 比重/% | 36.0 | 38.0 | 26.0 | 100 |
| 资金结构 | 小户 | 人数/人 | 543 | 374 | 353 | 1 270 |
| | | 比重/% | 42.8 | 29.4 | 27.8 | 100 |
| | 中户 | 人数/人 | 352 | 320 | 226 | 898 |
| | | 比重/% | 39.2 | 35.6 | 25.2 | 100 |
| | 大户 | 人数/人 | 65 | 57 | 40 | 162 |
| | | 比重/% | 40.1 | 35.2 | 24.7 | 100 |
| | 特大户 | 人数/人 | 8 | 7 | 11 | 26 |
| | | 比重/% | 30.8 | 26.9 | 42.3 | 100 |

5. 影响投资者投资行为的主要因素

广义上，影响投资者投资行为的因素主要是投资理念和投资决策方法等。本调查主要考察投资者特定的理念与方法下，其投资信息的主要来源、其利用投资信息的方式等问题。在投资信息来源方面，调查结果显示，我国股市个人投资者通过报纸获取信息的人数最多，约占总数的 58.4%；其次是通过电视获取信息的，约占总数的 19.9%；两者相加，约占总数的78.3%。主要通过互联网来获取信息的个人投资者的人数还比较少，只约占总数的 8.8%(图 2-9)。调查结果显示，对上市公司各种信息表示“很关心”的个人投资者约占总数的 47.4%，不到一半；而表示“一般”或“不太关心”的投资者分别约占总数的 44.7%和 7.9%(图 2-10)。关于个人投资者对上市公司最想了解的信息及最关注的上市公司财务指标的调查结果见图 2-11 和图 2-12。

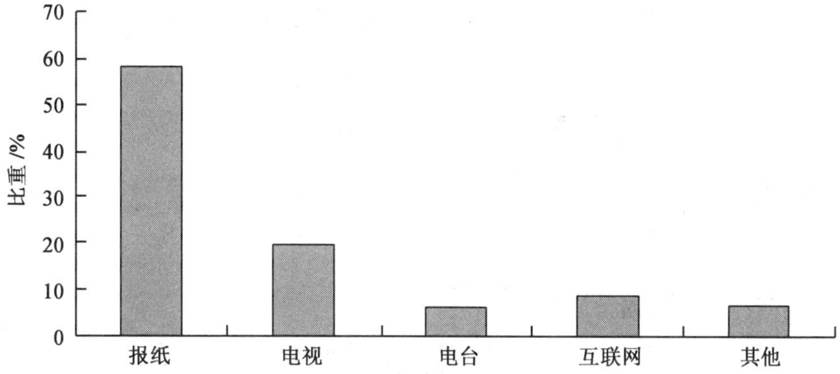


图 2-9　个人投资者获取信息的主要渠道

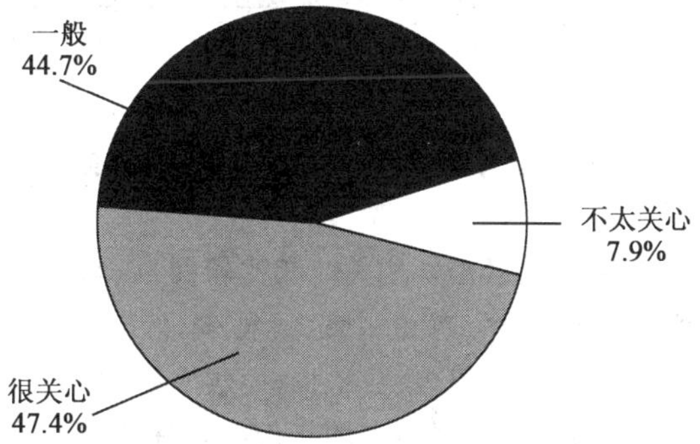


图 2-10　个人投资者对上市公司各种信息的关心程度

6. 个人投资者的投资业绩

调查结果显示，我国股市个人投资者入市以来的平均投资业绩为“盈利”的约占总数的 22.4%；平均投资业绩为“持平”的约占总数的 33.7%；而平均投资业绩为“亏损”的约占总数的 43.9%。三者之间的比例为 2∶3∶4。值得指出的是，这些投资者的平均入市时间是 1996 年，而即使是有 2001 年的股市大幅调整，但从 1996 年以来，证券市场走势总体上表现为一个持续多年的大牛市行情。进一步分析发现，个人投资者入市以来的平均投资业绩与其年龄结构、知

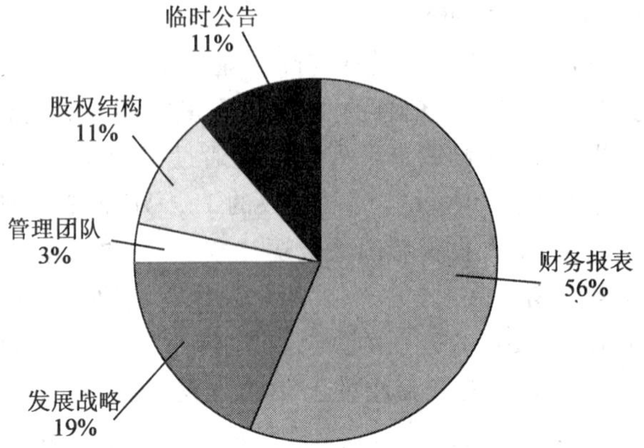


图 2-11　个人投资者对上市公司最想了解的信息

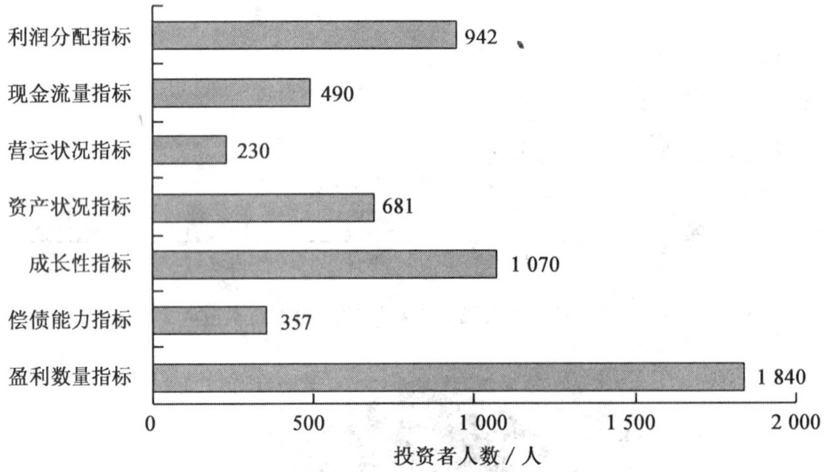


图 2-12　个人投资者最关注的上市公司财务指标

识结构、收入结构以及资金规模等因素密切相关。相比较而言，老年人亏得多、盈得少，而青年人则盈得多、亏得少；受教育程度高的投资者盈得多、亏得少，而受教育程度低的投资者亏得多、盈得少；收入多或资金规模大的投资者盈得多、亏得少，而收入少或资金规模小的投资者则亏得多、盈得少。关于个人投资者获利最多及损失最多的年份的调查结果见图 2-13 和图 2-14。

**（三）投资者权益状况**

1. 个人投资者的权利意识状况

广大个人投资者权益的最牢固基础是投资者对自身合法权益的维护。要维护自身的合法权益，必须首先知道自身有哪些合法权益。我们在问卷中就现行法律法规所涉及的投资者权利赋予展开，调查投资者的认知情况和评价态度。

（1）对投资者知情权的认识。调查发现，只有一半的被调查者知道投资者对上市公司的知情权，个人投资者教育工作亟待加强。

（2）对投资者质询权和建议权的认识。除了股东的知情权外，我国公司法还规定了股东有

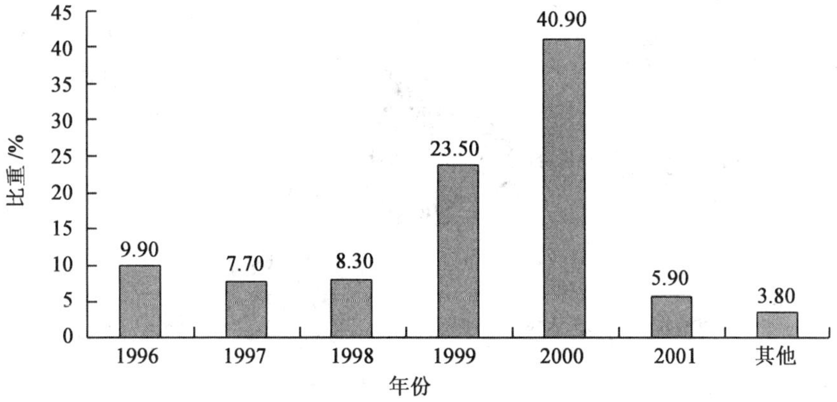


**图 2-13　个人投资者获利最多的年份**

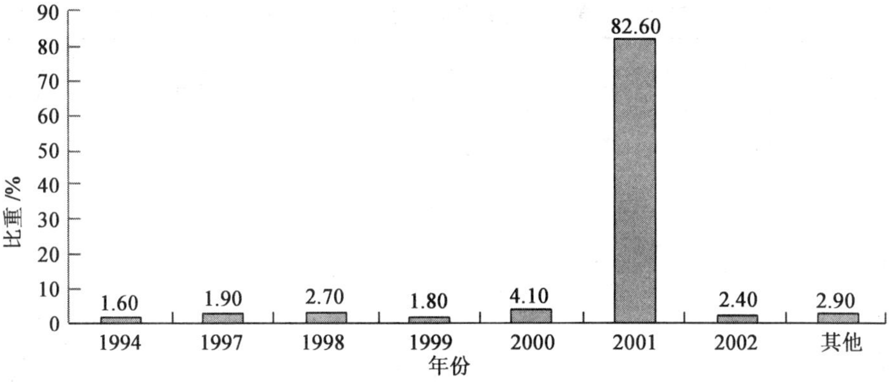


**图 2-14　个人投资者损失最多的年份**

权“对公司的经营提出建议或质询”。但从公司现实的经营管理看，投资者的质询和建议权没有什么制度上的保证，除了在股东大会上的讨论和表决外，以其他方式行使质询和建议权可能会与公司按商业原则经营发生冲突。见图 2-15。

(3)对投资者出席股东大会并参加表决权利的认识。调查发现，超过七成的被调查者知道股东有出席股东大会并参加表决的权利，多数个人投资者对最基本的股东权利有认识。我国公司法规定了股份有限公司股东有出席股东大会的权利并在公司法和公司章程规定的重大事项决策中按股行使投票权。股东对公司的最终决定权，是所有公司治理的最终的力量源泉。

(4)对投资者分配决定权的认识。调查发现，近六成的被调查者不知道股东对公司盈利分配事项有决定权(表 2-16)，我国个人投资者对具体的股东权利仍然缺乏认识。我国公司法除笼统规定股东大会对公司重大事项的表决权外，还具体规定列举了股东大会的职权范围。但在上市公司真正涉及股东权益的一些应由股东大会表决的行为方面，广大个人投资者是否真正了解是一个值得追问的问题。针对我国证券市场上上市公司不分派股息而常常搞“配股”的做法，调查个人投资者是否知道，我国公司法规定，股份有限公司发行新股时股东大会应就向原有股东发行新股的种类及数额做出表决。

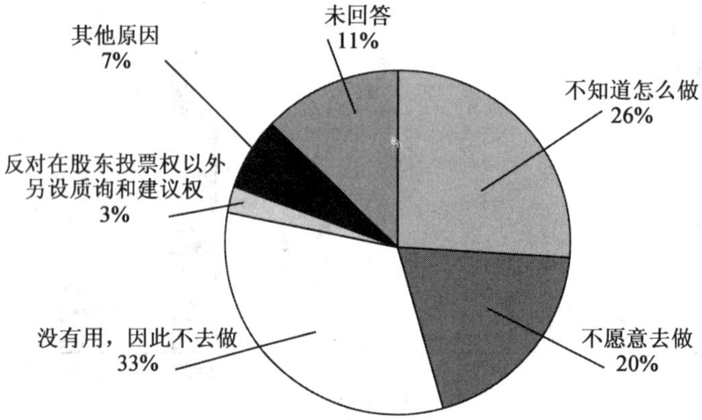


图 2-15　被调查者不行使股东质询和建议权的原因

表 2-16　不同受教育程度的被调查者中知道股东分配决定权的比重

| 学历 | 知道 | | 不知道 | |
|---|---|---|---|---|
| | 人数/人 | 比重/% | 人数/人 | 比重/% |
| 小学(及以下) | 11 | 20.37 | 43 | 79.63 |
| 初中 | 55 | 24.89 | 166 | 75.11 |
| 高中 | 149 | 32.60 | 308 | 67.40 |
| 中专 | 115 | 39.20 | 176 | 60.48 |
| 大专 | 285 | 43.64 | 368 | 56.36 |
| 大学 | 312 | 48.52 | 331 | 51.48 |
| 研究生 | 51 | 61.45 | 32 | 33.85 |
| 总计 | 978 | 40.72 | 1 424 | 59.26 |

(5)对紧急情况下提请召开临时股东大会权的认识。在紧急情况下股东有向公司提出召开临时股东大会的权利，我国公司法规定，持有公司股份十分之一以上的股东提出请求召开股东大会时，公司必须召开临时股东大会。

2. 投资者维护自身合法权益的状况

(1)查阅上市公司资料的情况。调查发现，查阅上市公司章程、股东大会记录和公司财务报告等重要公司信息的投资者的比重很低(表 2-17 和表 2-18)。

表 2-17　查阅上市公司资料情况

| 年龄段 | 经常查阅/% | 偶尔查阅/% | 从未查阅/% | 不能确定/% | 样本数/人 |
|---|---|---|---|---|---|
| ≤35 | 22.4 | 33 | 15.6 | 29 | 782 |
| 35～45 岁 | 25.8 | 26.1 | 12.2 | 35.9 | 647 |
| 45～55 岁 | 26 | 24.4 | 10.6 | 39 | 566 |
| 55～65 岁 | 21.1 | 23.7 | 12 | 43.2 | 308 |
| 65 岁以上 | 12.4 | 19.6 | 17.5 | 50.5 | 97 |

表 2-18　不同投资规模的个人投资者查阅上市公司重要材料的情况

| 投资规模/万元 | 被拒人数/人 | 被拒比重/% | 准查人数/人 | 准查比重/% | 未查人数/人 | 未查比重/% | 各段人数/人 |
|---|---|---|---|---|---|---|---|
| ≤10 | 156 | 18.03 | 165 | 19.08 | 544 | 62.89 | 865 |
| 10～100 | 226 | 15.22 | 244 | 16.43 | 1 015 | 68.35 | 1 485 |
| 100～500 | 52 | 30.23 | 23 | 13.37 | 97 | 56.40 | 172 |
| ＞500 | 8 | 30.77 | 3 | 11.54 | 15 | 57.69 | 26 |
| 总计 | 442 | 17.35 | 435 | 17.07 | 1 671 | 65.58 | 2 548 |

调查结果说明，个人投资者并不是因为可以从报刊上方便地查阅上市公司有关信息资料而不去上市公司查阅，而是个人投资者从根本上就对上市公司有关材料信任度不高，不愿意查阅上市公司资料(图 2-16)。

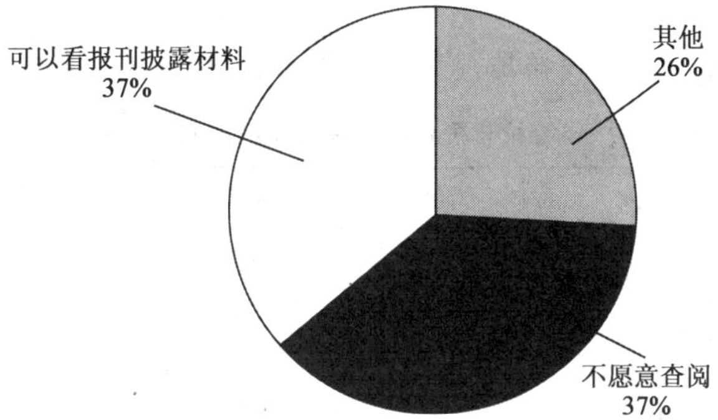


图 2-16　各种原因不去查阅资料的比重

(2)行使股东投票权的情况。调查发现，曾经参与过股东大会投票的个人投资者，占被调查对象的不到一成。大部分未曾参加过股东投票的被调查者是因自己的投票权份额过小、参与投票的成本高等原因，未参与投票。

3. 投资者对权益保护状况的主观感受

调查发现，高达五成的被调查者认为自己的投资权益受到侵犯，个人投资者权益保护状况问题严峻。从总体上看，明确主张自己权利受到侵犯的投资者，占被调查者的 1/2，这是一个很高的比例。当然，这个数据反映的只是投资者个人的主观判断，并不完全代表我国证券市场中个人投资者权益是否得到尊重的实际情况。但是，个人投资者权益频繁受到侵犯的情况比较突出是不容怀疑的。通过深入分析不同属性条件下的投资者情况，我们可以对投资者对权益保护状况的主观感受有进一步的了解。

(1)不同投资规模的投资者对权利受到侵犯的感受基本相同。分析将投资规模在 100 万元以上与 100 万元以下的不同的投资者做一对比，结果发现，投资规模悬殊的投资者，对权益是否受到损害，以及受到损害的频率的感受，基本上一致。

(2)最常见的投资规模人群对权利是否受到损害的感受，与其他投资人群以及全部被调查者的感受基本一致。投资人群按照投资规模分为 10 个层次，其中，投资规模在 20 万元以上

50 万元以下的投资人群共计 618 人，占 2 465 名有效被调查者的 25.1%，他们是我国证券市场中最常见的个人投资者。他们对权利是否受到损害的感受，与其他投资者以及所有被调查的投资者基本相同(表 2-19)。

**表 2-19　不同投资规模投资者对权益是否受到侵犯的感受**　%

| 投资规模 | 经常 | 偶尔 | 从未 | 不能确定 |
|---|---|---|---|---|
| 所有被调查者 | 23.7 | 27.3 | 13.1 | 35.9 |
| 500 万元以上 | 25.0 | 20.8 | 16.7 | 37.5 |
| 100 万元以上 | 23.3 | 33.9 | 10.6 | 32.3 |
| 100 万元以下 | 23.8 | 26.7 | 10.8 | 32.3 |
| 20 万元以上 50 万元以下 | 24.9 | 24.8 | 12.8 | 36.7 |
| 20 万元以下 | 21.6 | 26.3 | 13.9 | 38.2 |

(3)不同年龄段的投资者对权益是否受侵犯的感受基本相同(表 2-20)。

**表 2-20　年龄段与投资权益是否受到侵犯感受的关系**　%

| 年龄段 | 经常 | 偶尔 | 从未 | 不能确定 | 样本数/人 |
|---|---|---|---|---|---|
| ≤35 岁 | 22.4 | 33.0 | 15.6 | 29.0 | 782 |
| 35～45 岁 | 25.8 | 26.1 | 12.2 | 35.9 | 647 |
| 45～55 岁 | 26.0 | 24.4 | 10.6 | 39.0 | 566 |
| 55～65 岁 | 21.1 | 23.7 | 12.0 | 43.2 | 308 |
| ＞65 岁 | 12.4 | 19.6 | 17.5 | 50.5 | 97 |

(4)一般情况下，低收入者受侵犯感觉比高收入者稍高；但年收入超过 50 万元的被调查者，反映自己权益受到侵犯的比例最高。将一年内投资者的投资收益分为 8 个层次，对同权益是否受到侵犯的四种主观感受之间的关系分析见表 2-21。

**表 2-21　不同收入被调查者对权益是否受到侵犯的感受**　%

| 年收入/万元 | 经常 | 偶尔 | 从未 | 不能确定 |
|---|---|---|---|---|
| ≤0.5 | 29.1 | 19.3 | 12.2 | 39.5 |
| 0.5～1 | 23.0 | 25.7 | 17.1 | 34.2 |
| 1～2 | 21.5 | 28.5 | 11.1 | 38.9 |
| 2～5 | 21.1 | 30.4 | 11.9 | 36.6 |
| 10～20 | 24.1 | 28.3 | 13.4 | 34.2 |
| 20～50 | 19.8 | 39.5 | 9.9 | 30.9 |
| ＞50 | 30.0 | 26.0 | 14.0 | 30.0 |

(5)受教育程度与权益是否受到侵犯的感受间的关系。不同受教育背景的投资者对在证券投资中，权益是否受到侵犯的感受也存在一些差异(表 2-22)。

表 2-22　不同受教育背景被调查者对权益是否受到侵犯的感受

| 学历 | 经常 | | 偶尔 | | 从不 | | 不确定 | | 合计 |
|---|---|---|---|---|---|---|---|---|---|
| | 人数/人 | 比重/% | 人数/人 | 比重/% | 人数/人 | 比重/% | 人数/人 | 比重/% | 人数/人 |
| 小学及以下 | 11 | 20.0 | 15 | 27.3 | 4 | 7.3 | 25 | 45.5 | 55 |
| 初中 | 43 | 18.4 | 43 | 18.4 | 30 | 12.8 | 118 | 50.4 | 234 |
| 高中 | 117 | 24.4 | 129 | 26.9 | 68 | 14.2 | 166 | 34.6 | 480 |
| 中专 | 74 | 24.5 | 92 | 30.5 | 48 | 15.9 | 88 | 29.1 | 302 |
| 大专 | 139 | 20.7 | 201 | 29.9 | 85 | 12.6 | 247 | 36.8 | 672 |
| 大学 | 182 | 27.5 | 177 | 26.8 | 78 | 11.8 | 224 | 33.9 | 661 |
| 研究生 | 26 | 31.3 | 21 | 25.3 | 10 | 12.0 | 26 | 31.3 | 83 |
| 总计 | 592 | 23.8 | 678 | 27.3 | 323 | 13.0 | 894 | 35.9 | 2 487 |

4. 投资者对证券市场投资者保护状况的评价

(1)总体情况。调查发现,近八成的被调查者对目前我国证券市场个人投资者的权益保护现状不满意,其中最为突出的问题是缺乏应有的保护措施,具体情况如表 2-23 所示。

表 2-23　投资者对权益保护措施的满意程度

| 项目 | 满意 | 不满意 | | | |
|---|---|---|---|---|---|
| | | 缺乏保护手段 | 维权成本太高 | 执法不公 | 其他 |
| 人数/人 | 406 | 1 045 | 342 | 505 | 94 |
| 比重/% | 17.0 | 43.7 | 14.3 | 21.1 | 3.9 |

(2)投资者权益保护不力的主要原因。调查显示,监管不力与法规不完善是个人投资者权益保护存在问题的主要原因(表 2-24)。

表 2-24　投资者权益保护不力的原因　　%

| 原因 | 比重 | 原因 | 比重 |
|---|---|---|---|
| 监管不力 | 64.4 | 中介不诚信 | 20.3 |
| 法规不完善 | 60.6 | 股权结构不合理 | 19.9 |
| 市场操纵 | 29.7 | 治理不规范 | 16.6 |
| 信息披露制度 | 28.8 | 自我保护意识 | 11.5 |

(3)投资者对当前证券监管部门打击股市造假行动的态度的调查显示,近六成被调查者对当前证券监管部门打击股市造假行动持积极支持的态度(图 2-17)。

打击股市造假的行动,对于一个投机过度的市场会造成抑制,已经投资于市场的投资者的利益会受到暂时的损害,但是,仍然有绝大多数投资者对打击股市造假持肯定态度,说明广大的个人投资者期望我国证券市场有健康和长远发展的前景。但是,调查也发现虽然个人投资者对监管部门推动个人投资者保护行动的关注程度很高,但对监管部门保护投资者行动取得预期效果的信心不高。

应该说,不关注监管部门保护个人投资者行动个人投资者比例很小,绝大多数的个人投资

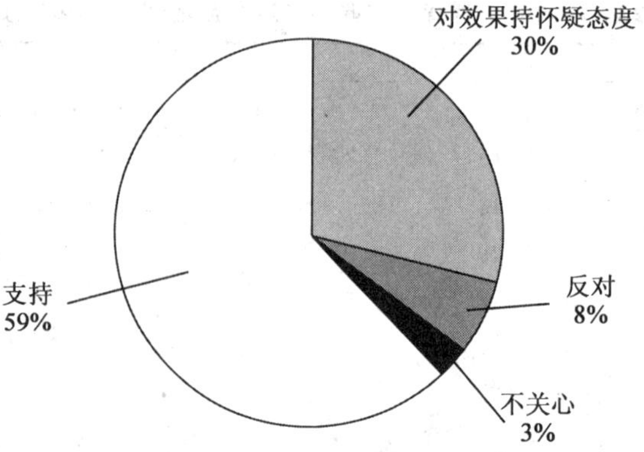


图 2-17　个人投资者对当前证券监管部门打假行动的评价

者对监管部门保护个人投资者的努力是很关心的，但是也有一部分个人投资者对监管部门保护个人投资者努力的结果持怀疑和悲观态度(图 2-18)。

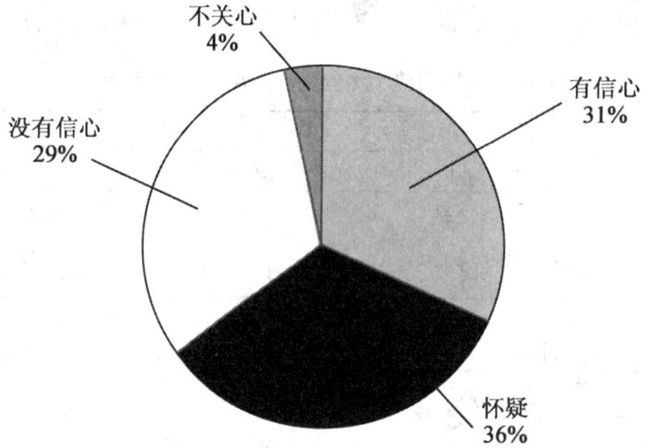


图 2-18　对监管部门推进中小投资者保护效果的预期

5. 小投资者在权益保护方面最为重视的问题

(1)投资者认为的最严重地损害着投资者利益的上市公司行为。调查发现，上市公司损害个人投资者的行为中，被调查者反映最为突出的几种行为依次是上市公司“随意增发新股或配股”、“随意改变募集资金投向”以及“大股东占用上市公司资金”(表 2-25)。

(2)投资者认为的上市公司治理中存在的主要问题。调查发现，在上市公司治理主要问题中，董事会、监事会未能真正发挥作用是个人投资者反映最为突出的问题(表 2-26)。

(3)投资者最支持的保护投资者权益措施。调查发现，个人投资者最支持的投资者权益保护措施分别是“证监会加强监管力度”、“完善信息披露制度”和“建立民事诉讼与赔偿机制”(表 2-27)。

(4)投资者最急迫的要求。调查发现，在目前惩治证券市场各种违法行为、建立良好的证券市场秩序的工作中，打击上市公司的违法、违规行为是个人投资者最迫切的要求(表 2-28)。

**表 2-25 最严重地损害着个人投资者利益的违法行为**

| 违法行为 | 选择人数/人 | 占被调查者比重/% |
| --- | --- | --- |
| 随意改变募集资金投向 | 1 268 | 52.4 |
| 随意增发新股或配股 | 1 448 | 59.9 |
| 大股东占用上市公司资金 | 1 132 | 46.8 |
| 上市公司为大股东担保 | 334 | 13.8 |
| 与大股东的关联交易 | 478 | 19.8 |
| 上市公司操纵利润 | 755 | 31.2 |
| 上市公司不以现金的形式分配利润 | 372 | 15.4 |
| 上市公司内部人控制 | 474 | 19.6 |

**表 2-26 上市公司治理中存在的最严重问题**

| 问题 | 选择人数/人 | 占被调查者比重/% |
| --- | --- | --- |
| 股权过于集中 | 608 | 28.0 |
| 董事会、监事会形同虚设 | 1 147 | 52.8 |
| 缺乏职业经理人 | 161 | 4.7 |
| 大部分股份不能流通 | 147 | 6.8 |
| 其他原因 | 111 | 5.1 |

**表 2-27 个人投资者最支持的保护措施**

| 保护措施 | 选择人数/人 | 占被调查者比重/% |
| --- | --- | --- |
| 证监会加强监管力度 | 1 490 | 64.4 |
| 完善信息披露制度 | 1 236 | 53.4 |
| 建立民事诉讼与赔偿机制 | 1 192 | 51.5 |
| 成立投资者保护协会 | 960 | 41.5 |
| 上市公司强化公司治理结构 | 710 | 30.7 |
| 加强投资者教育 | 229 | 9.9 |

**表 2-28 投资者认为保护投资者权益最应该打击的重点**

| 被调查者认为应该首先予以打击的情况 | 人数/人 | 比重/% |
| --- | --- | --- |
| 上市公司违法违规 | 1 196 | 49.0 |
| 中介机构参与作假 | 662 | 27.1 |
| 机构操纵市场 | 581 | 23.8 |

6. 投资者对证券市场信息披露制度的认识和评价

关于投资者对信息制度的认识和认可情况及对信息披露质量和问题首要原因认识的调查

结果见图 2-19 和图 2-20。被调查者反映出问题所在的比重，刚好与各种信息披露违法行为违法的严重性程度的顺序相同。

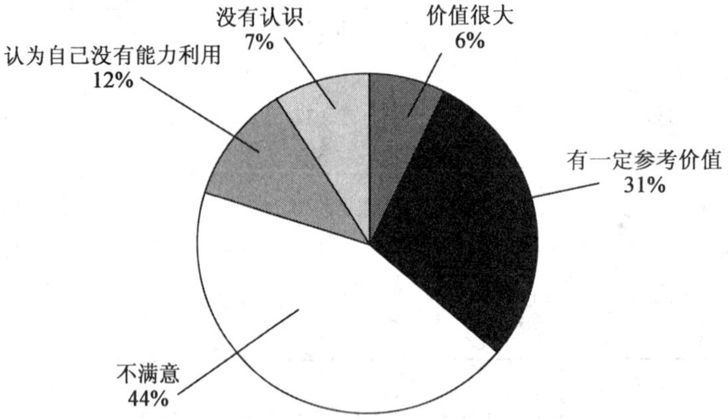


**图 2-19　投资者对信息披露制度的认识和认可情况**

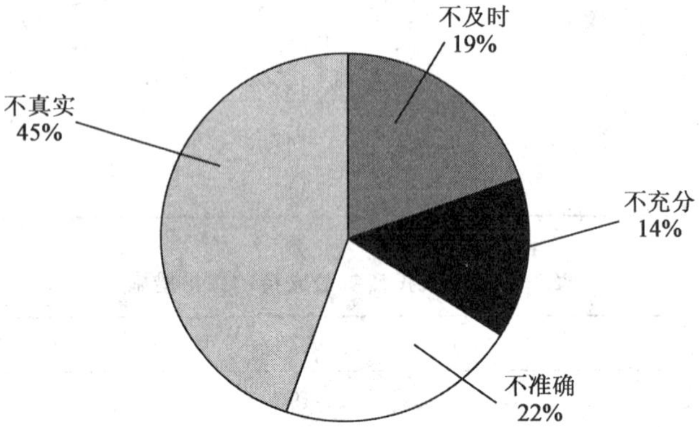


**图 2-20　投资者对信息披露质量存在问题首要原因的认识**

**(四)投资者对若干热点问题的看法**

1. 导致近期股市低迷的主要原因

调查发现，大部分的个人投资者把导致近期股市低迷的原因归因于政策层面，而认为是上市公司自身的基本面原因以及认为下跌是对股市前期过热的技术修正的投资者并不多。只有少数的投资者认为股市低迷是国际经济和国际资本市场的影响所致(表 2-29)。

2. 证券市场违规行为的责任问题

调查发现，在认为谁应该对证券市场违规行为不断负主要责任方面，投资者分歧不大，被认为应负主要责任的机构是上市公司、监管部门、中介机构和政府。值得注意的是，通常在证券市场中因操纵股价而引起一些相应违规行为的机构大户并不被认为是应负主要责任者。这从某种意义上说明投资者更加关注的是产生证券市场违规行为的本源，是防范违规行为机制中一些关键主体的职责是否得到切实的执行(表 2-30)。

表 2-29　对近期股市低迷主要原因的调查结果

| 造成近期股市低迷的主要原因 | 人数/人 | 比重/% |
|---|---|---|
| 国有股减持政策的出台 | 1 914 | 77.65 |
| 央行查处违规资金 | 1 286 | 52.17 |
| 证监会加大监管力度 | 1 040 | 42.19 |
| 上市公司经营业绩的影响 | 947 | 38.42 |
| 股市泡沫破灭 | 658 | 26.69 |
| 国际经济和国际资本市场的影响 | 355 | 14.40 |

表 2-30　对证券市场违规行为责任问题的调查结果

| 应该对我国证券市场违规行为不断出现负主要责任的机构 | 人数/人 | 比重/% |
|---|---|---|
| 上市公司 | 1 649 | 66.63 |
| 监管部门(包括证监会、交易所) | 1 447 | 58.46 |
| 中介机构(包括券商,律师、会计师事务所等) | 1 254 | 50.67 |
| 政府（监管部门之外） | 1 142 | 46.14 |
| 机构大户 | 440 | 17.78 |
| 投资者 | 115 | 4.65 |

3. 国有股减持定价与新股发行方式

调查显示,绝大多数投资者认为国有股减持应根据净资产为定价依据的方式进行(表 2-31)。在新股的发行方式上,一半以上投资者认同网上定价与二级市场配售相结合的方式(表 2-32)。

表 2-31　对国有股减持定价依据的调查

| 国有股减持的定价方式 | 人数/人 | 比重/% |
|---|---|---|
| 净资产 | 1 810 | 75.10 |
| 参照配股方式定价 | 316 | 13.11 |
| 参照二级市场价格定价 | 284 | 11.78 |
| 合计 | 2 410 | 100 |

表 2-32　对新股发行方式的调查

| 新股的发行方式上 | 人数/人 | 比重/% |
|---|---|---|
| 网上定价 | 452 | 18.86 |
| 网上定价与二级市场配售相结合 | 1 245 | 51.96 |
| 网上定价与法人配售相结合 | 142 | 5.93 |
| 网上竞价 | 557 | 23.25 |
| 合计 | 2 396 | 100 |

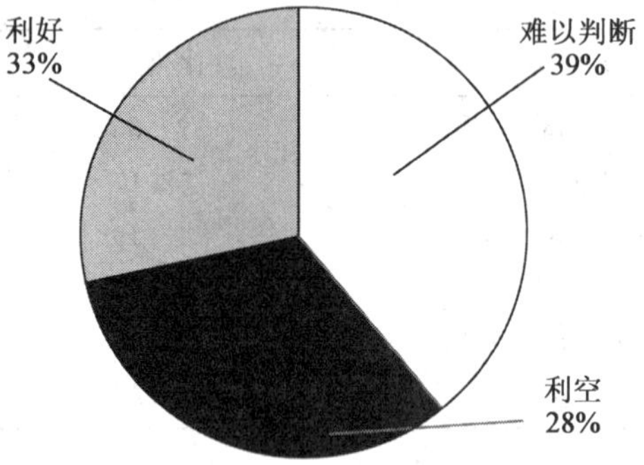


图 2-21 加入 WTO 将对股市带来的影响

4. 不符合上市要求的上市公司应该退市

调查显示，80%以上投资者支持对不符合上市要求的上市公司坚决摘牌。

5. 关于加入 WTO 与中国股市

调查显示，个人投资者在我国加入 WTO 后会给股市带来何种影响上分歧较大(图 2-21)。

6. 关于境内外股市波动的关系

调查显示，73%的投资者认为目前的国内外股市存在一定的相关性，但其中 2/3 的投资者认为相关性虽有，影响却并不大(表 2-33)。

表 2-33 境外股市波动对我国股市的影响情况

| 境外股市波动对我国股市的影响 | 人数/人 | 比重/% |
|---|---|---|
| 影响很大 | 296 | 11.92 |
| 影响比较大 | 328 | 13.21 |
| 有一些影响 | 1 181 | 47.56 |
| 几乎没有什么影响 | 382 | 15.38 |
| 难以判断 | 296 | 11.92 |
| 合计 | 2 483 | 100 |

7. 对中国股市未来发展的基本判断

调查发现，在本次调查的市场状况背景下，投资者对中国股市未来发展的信心有所下降，但总体还处均衡状况，对中国股市未来发展持乐观、悲观和难以判断态度的投资者基本上三分天下(图 2-22、表 2-34、表 2-35)。

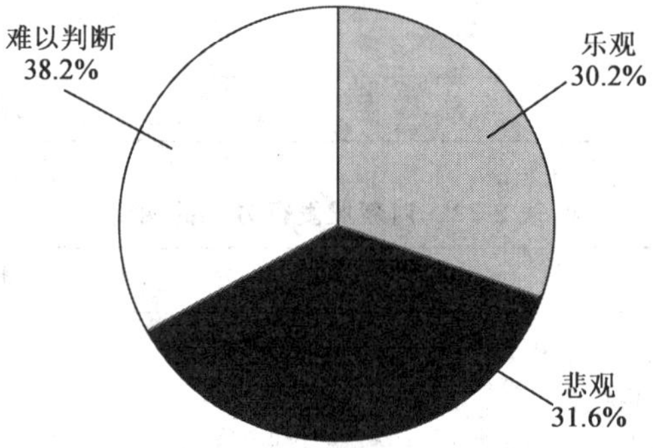


图 2-22 投资者对股市未来信心的调查结果

表 2-34　对股市未来乐观的理由的调查

| 对股市未来表示乐观的理由 | 人数/人 | 比重/% |
| --- | --- | --- |
| 市场会受国家政策扶持 | 485 | 66.99 |
| 监管力度不断强化，投资者的信心逐步回升 | 434 | 59.94 |
| 国家的经济形势越来越好 | 416 | 57.46 |
| 市场资金充裕 | 181 | 25.00 |
| 市场创新将激发股市活力 | 164 | 22.65 |
| 上市公司的质量和业绩不断提高 | 161 | 22.24 |

表 2-35　对股市未来悲观的理由的调查

| 对股市未来表示悲观的理由 | 人数/人 | 比重/% |
| --- | --- | --- |
| 市场扩容的速度太快 | 452 | 60.67 |
| 违规事件层出不穷，投资者的投资信心下降 | 421 | 56.51 |
| 上市公司的质量和业绩越来越差 | 398 | 53.42 |
| 市场资金短缺 | 182 | 24.43 |
| 股票市场有泡沫，股价远远高于其价值 | 166 | 22.28 |
| 上市公司的运作越来越不规范 | 160 | 21.48 |

# 模块 1　证券行情软件的下载与安装

## 一、主要行情软件介绍

证券行情软件是证券交易的重要工具，选择一款操作方便、功能齐全的行情软件有助于提高对证券行情研判的准确性。网上有众多不同的软件供选择，比如大智慧、钱龙旗舰、同花顺、通达信等都是比较流行的交易软件，投资者可以根据自己的喜好选择一个合适的证券软件。证券软件包括网上交易软件、行情分析软件和手机炒股软件，网上交易软件根据开户证券公司来进行选择，而行情分析软件和手机炒股软件可以根据个人习惯来进行选择。下面简要介绍几种常用的行情分析软件。

(1)大智慧。使用简单，功能强大，在涵盖主流分析功能和选股功能的基础上，又推出了星空图、散户线、龙虎看盘等高级分析功能，由万国测评专业咨询机构专门支持，咨询精专，其模拟炒股功能为股民提供了精练技艺和学习交流的场所。

(2)钱龙旗舰 2009。涵盖沪、深、港三地市场，包括股票、基金、指数期货、权证，集行情、资讯、委托于一体，全面满足不同用户的投资需求。快速、安全、专业、精准、易用，并支持部分高端服务。

(3)同花顺。支持各类金融产品，全球指数免费查看，不仅支持股票、权证、基金买卖，还支持外汇、港股(延时)、期货等各类金融产品，是国内首款能免费查看全球指数的网上交易软件，同时强化了社区互动，拥有国内最活跃的 C2C 淘股堂，加入上证所 Level 2 中揭示主力资金进出的核心指标“主力买卖”，有助于降低股市风险。其独家闪电下单功能，比普通下单快 3～5 s。

(4)通达信。速度快，能提供真实的精确到秒的逐笔成交明细，比传统的快照成交明细更加完整；买卖队列详细；市场交易统计信息更多；画面简洁清晰，操作流畅快捷；画面元素单一，风格统一，操作流畅不滞涩，提供丰富的快捷键。

## 二、股票行情软件的下载与安装

下面以安信证券网站为例，介绍如何下载和安装证券软件。

**第一步：**登陆安信证券官方网站(http://www.essence.com.cn/essence/)。

**第二步：**点击“软件下载”，根据个人习惯，选择一款行情分析软件进行下载(图 2-23)。

图 2-23　点击软件下载

以通达信行情交易软件为例，下载到指定位置进行安装(图 2-24)。

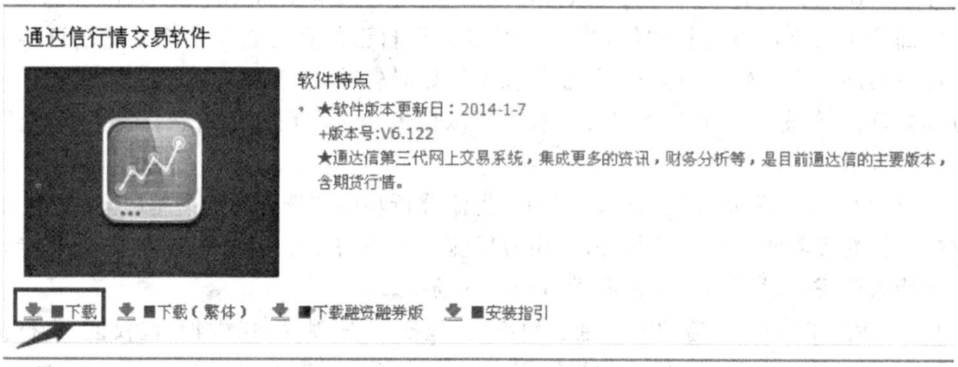


图 2-24　选择欲安装的软件并下载

打开我们所安装的软件，如图 2-25 所示，如果只需要看行情的话，点击“独立行情”即可；如果只需要交易，则点击“独立交易”。也可以二者结合进行观察，点击“行情＋交易”。我们选择“独立行情”进入，它便自动选择最快的交易主站进入行情。如图 2-26 所示。

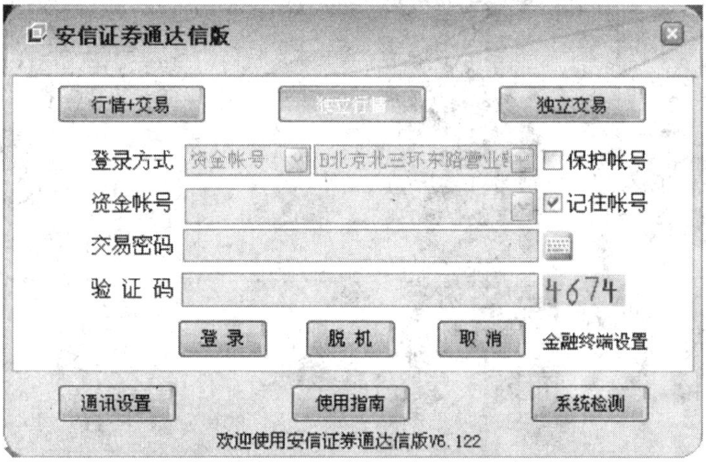


图 2-25　软件的运行界面

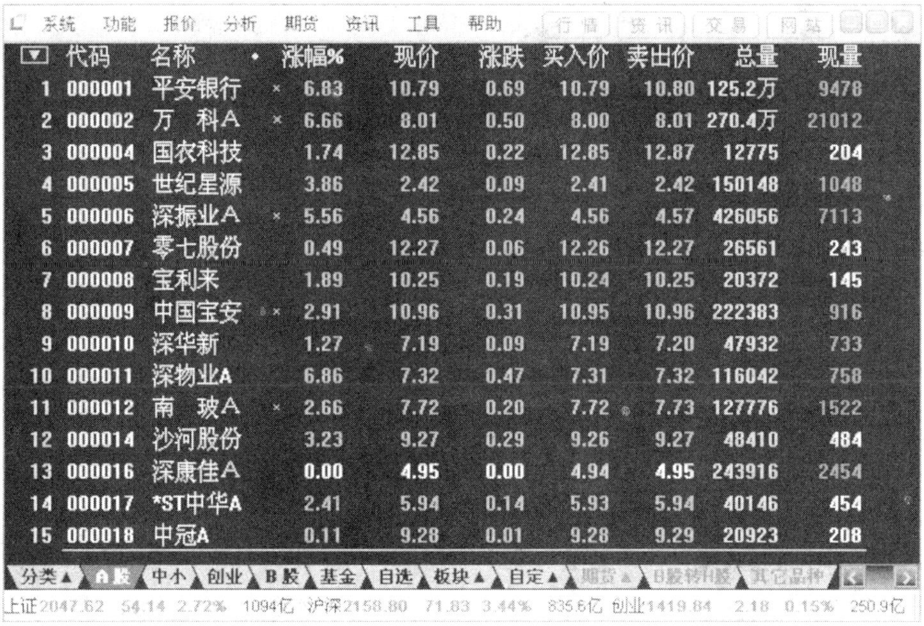


| | 代码 | 名称 | 涨幅% | 现价 | 涨跌 | 买入价 | 卖出价 | 总量 | 现量 |
|---|---|---|---|---|---|---|---|---|---|
| 1 | 000001 | 平安银行 | 6.83 | 10.79 | 0.69 | 10.79 | 10.80 | 125.2万 | 9478 |
| 2 | 000002 | 万　科A | 6.66 | 8.01 | 0.50 | 8.00 | 8.01 | 270.4万 | 21012 |
| 3 | 000004 | 国农科技 | 1.74 | 12.85 | 0.22 | 12.85 | 12.87 | 12775 | 204 |
| 4 | 000005 | 世纪星源 | 3.86 | 2.42 | 0.09 | 2.41 | 2.42 | 150148 | 1048 |
| 5 | 000006 | 深振业A | 5.56 | 4.56 | 0.24 | 4.56 | 4.57 | 426056 | 7113 |
| 6 | 000007 | 零七股份 | 0.49 | 12.27 | 0.06 | 12.26 | 12.27 | 26561 | 243 |
| 7 | 000008 | 宝利来 | 1.89 | 10.25 | 0.19 | 10.24 | 10.25 | 20372 | 145 |
| 8 | 000009 | 中国宝安 | 2.91 | 10.96 | 0.31 | 10.95 | 10.96 | 222383 | 916 |
| 9 | 000010 | 深华新 | 1.27 | 7.19 | 0.09 | 7.19 | 7.20 | 47932 | 733 |
| 10 | 000011 | 深物业A | 6.86 | 7.32 | 0.47 | 7.31 | 7.32 | 116042 | 758 |
| 11 | 000012 | 南　玻A | 2.66 | 7.72 | 0.20 | 7.72 | 7.73 | 127776 | 1522 |
| 12 | 000014 | 沙河股份 | 3.23 | 9.27 | 0.29 | 9.26 | 9.27 | 48410 | 484 |
| 13 | 000016 | 深康佳A | 0.00 | 4.95 | 0.00 | 4.94 | 4.95 | 243916 | 2454 |
| 14 | 000017 | *ST中华A | 2.41 | 5.94 | 0.14 | 5.93 | 5.94 | 40146 | 454 |
| 15 | 000018 | 中冠A | 0.11 | 9.28 | 0.01 | 9.28 | 9.29 | 20923 | 208 |



图 2-26　证券实时行情

选择一只股票就可以查看实时行情，以平安银行为例，双击即可见其 K 线图，如图 2-27 所示。K 线图的下方是指标区，可以根据自己的需要选择参考指标，也可对指标进行参数调整。按 F10 功能键可以查看公司的概况、财务、股东结构、经营、分红等方面的详细信息。我们将在后面详细介绍软件的使用。

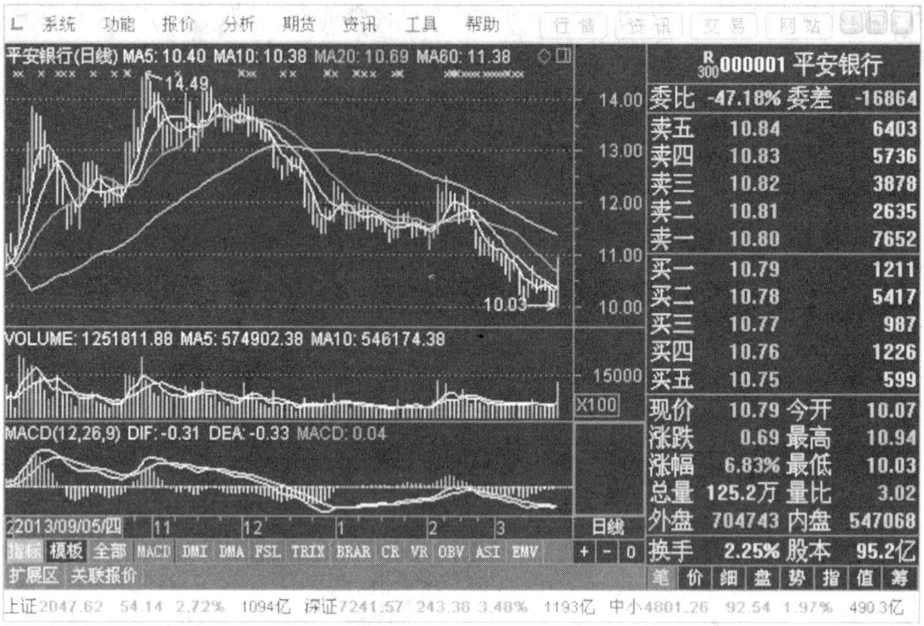


**图 2-27　股票 K 线图**

# 附录　中国证券市场个人投资者状况调查问卷

**一、个人投资者基本状况(略)**

**二、投资者的行为状况**

12.您进入股市投资的目的主要是

1)为了获得上市公司的分红[　]　　2)为了卖出后获取价差[　]

3)为了参与上市公司的管理[　]　　4)其他[　]

13.您开户时的具体动因是

1)市场行情火爆或他人获得暴利的示范效应[　]　　2)想冒险尝试一下[　]

3)没有工作,通过炒股找点事做[　]　　4)没有其他职业,把炒股作为主要职业[　]

5)有闲置资金,把股市看作是一个长期投资的场所[　]　　6)其他[　]

14.您股票投资的知识主要来自

1)亲朋好友的介绍[　]　　2)报纸、杂志的文章[　]

3)股评专家的讲解[　]　　4)各种讲座[　]

5)书本知识的自学[　]　　6)学校的正规教育[　]

15.您股市投资的策略主要是

1)长线[　]　　2)中线[　]　　3)短线[　]

16.您做出具体投资决策的主要依据是

1)小道消息[　]　　2)亲友引荐[　]

3)股评推荐[　]　　4)自己长期的跟踪与研究[　]

17. 您进行投资决策时的主要分析方法是
1)公司基本面分析[ ]　2)技术分析[ ]
3)心理分析[ ]　4)随机分散投资，和大势表现差不多即可[ ]

18. 您投资决策时最关注上市公司的财务指标是(可多选，限选 3 个)
1)盈利数量指标，如每股收益、净资产收益率等[ ]
2)偿债能力指标，如流动比例、资产负债率等[ ]
3)成长性指标，如销售收入增长率、净资产增长率等[ ]
4)资产状况指标，如每股净资产、调整后每股净资产等[ ]
5)营运状况指标，如存货周转率、应收账款周转率等[ ]
6)现金流量指标，如每股经营活动产生的现金流量等[ ]
7)利润分配指标，如每股红利等[ ]

19. 您对上市公司各种信息的关心程度
1)很关心[ ]　2)一般[ ]　3)不太关心[ ]

20. 如果您对上市公司披露的信息不太关心，主要原因是
1)没有时间[ ]　2)不能理解[ ]
3)认为信息不可靠[ ]　4)觉得没用，因为庄家早就知道这些信息了[ ]

21. 您获取您所关心的信息的主要渠道(可多选，限选 3 个)
1)报纸[ ]　2)电视[ ]　3)电台[ ]
4)互联网[ ]　5)其他[ ]

22. 对上市公司的基本面您最想了解的信息是(可多选，限选 3 个)
1)财务报表[ ]　2)临时公告[ ]　3)股权结构[ ]
4)管理团队[ ]　5)发展战略[ ]

23. 您目前最常用的交易方式是
1)在营业部下单[ ]　2)托他人下单[ ]
3)电话委托[ ]　4)网上委托[ ]

24. 您认为我国股市的投资风险怎样
1)风险很大[ ]　2)风险较大[ ]
3)风险不太大[ ]　4)没有什么风险[ ]

25. 您认为造成我国股市投资风险的最主要原因是
1)市场不规范(如内幕交易、价格操纵、虚假信息等)[ ]　2)国家政策变化[ ]
3)宏观经济形势影响[ ]　4)上市公司经营不善[ ]

26. 如果您的股票损失很大，对您的生活
1)有很大的影响[ ]　2)有一些影响[ ]　3)基本没有影响[ ]

27. 您喜欢投资的股票类型是(可多选，每组限选 1 个)
1)按价格划分：a. 低价股[ ]　b. 中价股[ ]　c. 高价股[ ]
2)按盘子划分：a. 大盘股[ ]　b. 中盘股[ ]　c. 小盘股[ ]
3)按业绩划分：a. 绩优股[ ]　b. 业绩一般的概念股[ ]　c. 绩差重组股[ ]

28. 一般您购买的股票上涨的幅度达到多少时您会抛出
1)5%左右[ ]　2)10%左右[ ]　3)20%左右[ ]
4)30%左右[ ]　5)50%左右[ ]　6)1 倍以上[ ]

29. 一般您购买的股票下跌的幅度达到多少时您会抛出
1)5%左右[ ]　2)10%左右[ ]　3)20%左右[ ]
4)30%左右[ ]　5)50%左右[ ]　6)1倍以上[ ]
30. 若您被某只股票深度套牢,一般您会
1)长期持有,直到解套[ ]　2)不断补仓,拉低价位[ ]　3)忍痛割肉[ ]
31. 您认为造成您投资失误的主要因素是(可多选,限选3个)
1)国家政策变化[ ]　2)庄家操纵股价[ ]　3)上市公司造假[ ]
4)自己的投资知识不足[ ]　5)自己的投资经验不足[ ]　6)其他[ ]
32. 您经常持有股票的个数是
1)1只股票[ ]　2)2～3只股票[ ]　3)3～5只股票[ ]
4)5只以上股票[ ]
33. 您平均持有一只股票的时间大约是
1)1周及以下[ ]　2)1周至1个月之间[ ]　3)1～3个月[ ]
4)3～6个月[ ]　5)6～12个月[ ]　6)1年以上[ ]
34. 您平均每年参加交易的次数是
1)3次及以下[ ]　2)4～6次[ ]　3)7～9次[ ]
4)10～12次[ ]　5)13次以上[ ]
35. 您是否购买过ST或PT股票
1)购买过,但已空仓[ ]　2)购买过,仍然持有[ ]　3)没有购买过[ ]
36. 您购买ST股票的原因主要是(没有购买过的不答)
1)对该公司仍然看好[ ]　2)有投机机会[ ]
37. 您是否购买过封闭式基金
1)购买过,但已卖出[ ]　2)购买过,仍然持有[ ]　3)没有购买过[ ]
38. 您购买封闭式基金时考虑的主要因素(没有购买过的不答)
1)净值[ ]　2)价格[ ]　3)分红[ ]
4)投资组合[ ]　5)基金管理人的能力[ ]　6)基金管理公司的规范程度[ ]
7)其他[ ]
39. 您是否了解开放式基金
1)了解[ ]　2)知道一点[ ]　3)不了解[ ]
40. 您认为开放式基金与封闭式基金最大的区别在于
1)投资理念不同[ ]　2)投资风险不同[ ]　3)投资回报不同[ ]
4)投资方式不同[ ]
41. 您入市以来的平均投资业绩是
1)持平[ ]　2)盈利[ ]　3)亏损[ ]
42. 您股票投资获利最多的年份是　　年
43. 您股票投资损失最多的年份是　　年

**三、投资者的权益与保护**

44. 您是否认为,经过几年的努力,我国证券市场已经建立起了比较完备的信息披露制度?
1)是[ ]　2)不是[ ]
45. 您对我国证券市场现有的信息披露制度的价值评价是
1)自己不具备专业知识利用这些信息做投资决定[ ]
2)上市公司与庄家分享了敏感信息之后才正式披露,参考价值不大[ ]

3)有一定的参考价值,应根据自己的分析和判断,利用其中的一部分信息[ ]

4)参考价值很大,应综合利用所有公开信息[ ]

46.针对目前揭露出来的某些上市公司的造假行为,您对我国证券市场信息披露制度的看法

1)信息披露制度不完善,导致上市公司造假[ ]

2)信息披露制度较为完善,但违规成本太小,导致上市公司造假[ ]

3)其他[ ]

47.您是否知道,公司法规定投资者对公司章程、股东大会记录和财务会计报告有查阅权

1)知道[ ]　　2)不知道[ ]

48.您是否查阅过上市公司的公司章程、股东大会记录或财务会计报告

1)查过[ ]　　2)没有查过[ ]

49.您没有去查过上市公司的相关材料,是因为(查过者不答)

1)没有想过要去查阅[ ]　　2)看报刊披露的材料就够了,故没有去查过[ ]

3)其他[ ]

50.当您去查阅上市公司章程、股东大会记录或财务会计报告时曾被拒绝(未查过者不答)

1)曾被拒绝过[ ]　　2)没有被拒绝过[ ]

51.您是否知道,我国公司法规定,股东对公司经营活动有建议权和质询权

1)知道[ ]　　2)不知道[ ]

52.您没有行使对公司的质询权、建议权是因为

1)不知道如何去行使这些权利[ ]

2)不愿费心、费力去做这些事[ ]

3)个人投资者提出的建议和质询,公司管理层完全可以置之不理,个人投资者也没有办法,因此,不必去做这种无用的事情[ ]

4)建议权和质询权体现在股东的投票权之中,而不是在投票权之外另外行使建议权和质询权从而干扰公司的经营管理[ ]

5)其他[ ]

53.您是否知道,我国公司法规定股东有出席股东大会并进行投票表决的权利

1)知道[ ]　　2)不知道[ ]

54.您是否行使过股东投票权

1)行使过[ ]　　2)没有行使过[ ]

55.您不行使股东投票权是因为

1)我是小股东,对投票结果产生不了什么影响[ ]

2)参加股东大会投票是有花费的,对我们小股东来说,不值得去开会[ ]

3)我将投票权委托给征集投票委托权的人,让他们代替自己去投票[ ]

4)其他[ ]

56.中小股东的投票权对公司决策影响不大,但是如果有人将中小股东的投票权集中起来,就可以影响公司重大决策。如果投票权征集人的主张合理,您会将自己股票的投票权委托给征集人吗?

1)不会,我信不过其他人[ ]　　2)不会,我怕麻烦[ ]　　3)会[ ]

57.您是否知道,我国公司法规定在上市公司出现紧急情况时,一定数量的股东可以提议召集股东大会,对有关问题做出决议

1)知道[ ]　　2)不知道[ ]

58.您认为公司法关于在股份有限公司出现紧急情况时,一定数量的股东可以提议召集股东大会的规定,是否有意义

1)有意义[ ]

2)没有意义,因为大股东可以决定不开会;即使开会,会议也是由大股东说了算[ ]

59. 您是否知道,我国公司法规定,对违反法律法规、侵犯股东合法权益的股东大会和董事会决议,股东有向法院提起停止侵害和损害赔偿诉讼的权利

1)知道[ ] 2)不知道[ ]

60. 对于违反法律法规、侵犯股东合法权益的股东大会和董事会决议,您的情况是

1)自认倒霉,卖出股票[ ]

2)想提起诉讼,但不知道具体怎么办[ ]

3)希望有律师可以做广大股东的集团诉讼的风险代理,由律师垫付费用进行诉讼。这样即使败诉,广大中小股东也没有什么损失[ ]

61. 我国公司法规定,股份有限公司在弥补亏损和提取公积金、法定公益金后所余利润,应按股东持有股份的比例分配。您认为,现在我国上市公司的情况是

1)大部分上市公司盈利状况太差,谈不上利润分配的问题[ ]

2)买股票时就没有指望可以分红[ ]

3)应该分红,但公司管理层千方百计就是不分红[ ]

4)不知道有这方面的规定[ ]

5)其他[ ]

62. 您是否知道,我国公司法规定,股份有限公司发行新股时,股东大会应该就向原有股东发行新股的种类及数额做出决议

1)知道[ ] 2)不知道[ ]

63. 作为一名个人投资者,您在投资过程中的正当权利受过侵犯吗?

1)经常受过[ ] 2)偶尔受过[ ] 3)未受过[ ] 4)不能确定[ ]

64. 您认为,在目前我国股票市场上,当个人投资者的正当权利受到侵害时,他们是否可以得到相应的保护?

1)可以得到适当的保护[ ]

2)没有什么保护措施,一切靠自己选准投资对象[ ]

3)有一些保护措施,但是寻求这些保护所需的时间和金钱的代价太高,自己不会去寻求这些保护[ ]

4)有一些保护措施,但是措施是人执行的,在目前情况下,很靠不住[ ]

5)其他[ ]

65. 当您在投资股票市场时权利受到侵犯的时候,您会选择

1)向证券监管部门投诉,由监管部门对违法人员和机构进行处罚[ ]

2)通过到法院起诉,保护自己的权利[ ]

3)向其他人介绍您的遭遇,让他们不要选择您所投资的股票[ ]

4)没有办法[ ]

66. 近期您是否持有过以下各公司的股票,如银广厦、东方电子、麦科特、三九医药、中科创业、亿安科技、蓝田股份等

1)是[ ] 2)否[ ]

67. 您认为"银广厦事件"中受害的投资者应该

1)单独起诉"银广厦事件"责任人,争取赔偿[ ]

2)加入股东代表诉讼,起诉"银广厦事件"责任人,争取赔偿[ ]

3)争取由证券监管部门给受害人补偿[ ]

4)自认倒霉[ ]

68. 您认为您的权益未受到有效保护的原因主要是(可多选,限选3个)

1)监管部门的监管不力[ ] 2)法规不完善[ ]

3)上市公司的股权结构不合理[ ] 4)上市公司的治理结构不规范[ ]

5)中介机构未能有效履行诚信义务[ ] 6)信息披露制度不完善[ ]

7)投资者自我保护意识淡薄[ ] 8)庄家、机构操纵市场[ ]

69. 您认为上市公司下列行为中对投资者权益损害较大的是(可多选,限选3个)

1)随意改变募集资金投向[ ] 2)随意增发新股或配股[ ]

3)大股东占用上市公司资金[ ] 4)上市公司为大股东承担担保责任[ ]

5)大股东与上市公司间的关联交易[ ] 6)上市公司利润操纵[ ]

7)上市公司长期不发放现金红利[ ] 8)上市公司内部人控制[ ]

70. 您认为当前我国上市公司治理结构中存在的主要问题是

1)股权过于集中,股权结构不合理[ ] 2)董事会、监事会形同虚设,内部人控制问题严重[ ]

3)缺乏职业经理人[ ] 4)大部分股份不能流通[ ]

5)其他[ ]

71. 您认为目前我国上市公司信息披露质量存在问题的原因主要是(可多选,限选3个)

1)公司治理结构不完善[ ] 2)会计制度、会计准则不完善[ ]

3)上市公司信息披露规范不完善[ ] 4)注册会计师未尽其职[ ]

5)注册律师未尽其职[ ] 6)上市公司未能很好地履行披露义务[ ]

72. 您对我国上市公司信息披露质量不满意的原因主要是

1)不充分[ ] 2)不准确[ ] 3)不及时[ ] 4)不真实[ ]

73. 如果您的股东权益受到侵害,您最有可能采取的措施是

1)向监管部门投诉[ ] 2)找上市公司理论[ ]

3)诉诸法律[ ] 4)自认倒霉,不采取任何措施[ ]

5)其他[ ]

74. 您认为当前最能有效保护个人投资者权益的措施是(可多选,限选3个)

1)证监会加强监管力度[ ] 2)完善信息披露制度[ ]

3)上市公司强化治理结构[ ] 4)加强对投资者的教育服务[ ]

5)建立民事诉讼与赔偿机制[ ] 6)成立投资者保护协会[ ]

75. 您认为当前为保护个人投资者的利益应重点打击的行为是

1)机构操纵市场[ ] 2)上市公司违规违法[ ] 3)中介机构参与做假[ ]

76. 当您不想亲自行使投票权时,您是否希望将所持有的股票所代表的投票权委托给其他人,让他们将广大中小股东的投票权汇集起来形成对公司管理层有影响的力量?

1)希望[ ]

2)不希望[ ]

3)无所谓,这种做法对自己权利的保护不会有什么改善[ ]

4)不愿意,因为我随时可能卖出我的股票[ ]

77. 您对证券监管部门对当前股市上的"造假"行为进行查处打击的态度是

1)支持[ ] 2)反对[ ]

3)对其效果持怀疑态度[ ] 4)不关心[ ]

78. 您对当前监管部门推动个人投资者权利保护的态度

1)有信心[ ]　2)没有信心[ ]　3)怀疑[ ]　4)不关心[ ]

**四、投资者对若干热点问题的看法**

79. 您认为当前影响我国股市发展的关键问题是(可多选,限选3个)

1)存在庞大的国有股、法人股等非流通股[ ]　2)个人投资者缺乏自我保护的意识[ ]

3)缺乏保护个人投资者的机制[ ]　4)机构投资者不成熟[ ]

5)市场化程度不够[ ]　6)证券市场监管力度不够,市场不规范[ ]

7)上市公司治理结构不完善[ ]　8)上市公司盈利能力低下[ ]

80. 您认为造成目前我国股市低迷的主要原因是(可多选,限选3个)

1)国有股减持政策的出台[ ]　2)央行查处违规资金[ ]

3)证监会加大监管力度[ ]　4)股市泡沫破灭[ ]

5)国际经济和国际资本市场的影响[ ]　6)上市公司经营业绩的影响[ ]

81. 您认为谁应对我国证券市场各种违规行为的不断出现负主要责任(可多选,限选3个)

1)上市公司[ ]　2)中介机构(包括券商,律师、会计师事务所等)[ ]

3)机构大户[ ]　4)监管部门(包括证监会、交易所)[ ]

5)政府[ ]　6)投资者[ ]

82. 您认为对已经不符合上市要求的股票应采取的措施是

1)坚决摘牌[ ]　2)保留现有的PT交易方式[ ]

83. 您认为合理的新股发行定价方式应为

1)网上定价[ ]　2)网上定价与二级市场配售相结合[ ]

3)网上定价与法人配售相结合[ ]　4)网上竞价[ ]

84. 您认为国有股减持的合理定价依据是

1)净资产[ ]　2)参照配股方式定价[ ]　3)参照二级市场价格定价[ ]

85. 您对国际股市波动对我国股市影响的看法

1)影响很大[ ]　2)影响比较大[ ]　3)有一些影响[ ]

4)几乎没有什么影响[ ]　5)难以判断[ ]

86. 您认为中国进入WTO对我国证券市场是利好还是利空

1)利好[ ]　2)利空[ ]　3)难以判断[ ]

87. 您对我国股市今后发展状况的基本判断

1)乐观[ ]　2)悲观[ ]　3)难以判断[ ]

88. 您对我国股市今后表现持乐观态度的主要理由是(持悲观态度者不答)

1)市场会受国家政策扶持[ ]　2)监管力度不断强化,投资者的信心逐步回升[ ]

3)国家的经济形势越来越好[ ]　4)上市公司的质量和业绩不断提高[ ]

5)市场创新将激发股市活力[ ]　6)市场资金充裕[ ]

89. 您对我国股市今后表现持悲观态度的主要理由是(持乐观态度者不答)

1)上市公司的质量和业绩越来越差[ ]　2)上市公司的运作越来越不规范[ ]

3)市场扩容的速度太快[ ]　4)股票市场有泡沫,股价远远高于其价值[ ]

5)违规事件层出不穷,投资者的投资信心下降[ ]　6)市场资金短缺[ ]

90. 对于股市投资,您今后的打算是

1)增加投资[ ]　2)维持现状[ ]　3)减少投资[ ]

## 小资料

### 资料3：巴菲特在2014年股东大会上的十大金句

(1)抄底唯一的问题是我们永远不会知道市场什么时候是底。巴菲特说：我在金融危机期间，使用伯克希尔账上大量闲置资金进行投资，但出手太早了。如果我当时知道现在所知道的这些情况，如果我们一直保留所有的弹药，直到最底部才出手抄底，我们会做得好很多很多。我们出手的时机本来可以改善很多。但是抄底唯一的问题是我们永远不会知道市场什么时候是底。(2)投资出错是难免的。巴菲特在2014年致股东的信中谈了自己在债券投资上的大错，买入Energy Future Holdings发行的债券20亿美元，亏损近9亿美元，亏损幅度高达45%。有股东就此提问，巴菲特回答说：这就是一个投资错误，投资出错是难免的，将来还会一次又一次出现。但是我不会为此指责别人哪怕是一点点。这个错误的教训是，伯克希尔公司的经理人们要关注未来，搞清楚哪些挑战可能会损害自己管理的公司业务。(3)对于长期投资来说，时机并不重要。保险分析师问，现在商业保险费率看起来正在开始一段下降周期，为什么伯克希尔却现在进军商业保险业务？巴菲特说：时机并不重要，因为我们是为了长期发展而开展业务。这是一笔永久性投资。(4)一鸟在手胜过两鸟在林。有位股东问，巴菲特在估算内在价值上有哪些方面并不同意导师格雷厄姆的看法。巴菲特再次引用伊索寓言中的名言：一鸟在手胜过两鸟在林。估算林中小鸟的价值，要考虑几个因素，包括小鸟可能有多少以及什么时候会出现。(5)别人之所以不愿意像我们这样做，是因为这需要太长时间了。有人问巴菲特认为什么企业是伯克希尔公司的竞争对手。巴菲特说：一个也没有。我从来没有看到过伯克希尔公司的竞争对手。别人之所以不愿意像我们这样做，是因为这需要太长时间了。芒格补充说：缓慢的困难在于事情没有办成你就先死了。(6)资本成本就是机会成本。巴菲特说：我们把资本成本看作是我们能从排名第二的好主意得到的投资收益，我们选择排名第一的好主意得到的投资收益必须更高。我并不真正相信那些资本成本的计算。那些大谈资本成本的人往往根本不明白他们自己说的究竟是什么。我们认为我们能够评估那些我们有机会买入的企业，测算出整体收购或者部分买入其股票是否比我们手中已经拥有的企业或股票更好。(7)对社会是好事但对投资未必是好事。巴菲特说：无人自动驾驶汽车代表着对于汽车保险行业的一个真正威胁，因为事故比率将会下降，保险费率也会随之下降。对于社会非常好的一件事对于汽车保险公司却非常不好。(8)好货不便宜。巴菲特回答关于当年收购B太太的内布拉斯加家具商场的提问说：这并不是一笔非常便宜的收购，但这确实是一家非常伟大的企业。当时还有一家德国企业也想收购。如果你要讨论买便宜货，那我们应该赶紧出去到内布拉斯加家具商场去购物。(9)问题不是要投资收益最大化，而是要百分之百心平气和。巴菲特在今年致股东的信中说："一笔遗赠规定，现金必须交给代表我太太利益的托管人。我给财产托管人的建议再简单不过了：10%的现金用于购买短期政府债券，其余90%用于购买成本极低的标普500指数基金(我建议购买的是先锋基金公司的标普500指数基金)。我相信遵循这个投资方针的信托，其长期投资业绩将会超过高薪聘用投资经理人的大多数投资者，不论是养老基金、机构还是个人。"有人质问：巴菲特为什么用这笔钱购买指数基金而不是伯克希尔公司的股票？巴菲特回答：问题不是要投资收益最大化，而是要百分之百心平气和。这样做的目的不是为了让她得到更多的资本。我也部分考虑到投资收益最大化，我已经指示三个受托人在必须出售之前一股伯克希尔股票都不要卖出。这个期限长达12年。(10)最重要的是激情。一个年轻人问巴菲特，如果他现在也是只有23岁，但对高科技没有兴趣，他会做什么？巴菲特说：如果回到23岁，他还是会做同样的事情。你要找到自己的激情在哪里，然后全身心去追求。

### 资料4：罗杰斯在投资操作中应用的七大规则

(1)因其价值而买。如果你是因为商品具有实际价值而买进，即使买进的时机不对你也不致遭到重大损失。(2)等待催化因素的出现。市场走势时常会呈现长期的低迷不振。为了避免使资金陷入如一潭死水的市场中，你就应该等待能够改变市场走势的催化因素出现。(3)市场疯狂时卖出。这项原则说来容易，做起来却相当困难。要等待行情达到疯狂，分析市场行情是否涨得过高，在基本面确认后放空，确信自己的观点正确无误，然后坚持自己的空头部位，上述步骤中最困难的是最后两项。很少有交易员能像罗杰斯一般具有高明的分析技巧与准确无误的预测能力。如果欠缺这些能力，即使坚持自己的部位，也注定要亏损。可是，如果你具有准确的分析与预测能力，却没有坚持部位的本钱（财力），一切努力也都是枉然。举例来说，几乎没有多少交易员能像罗杰斯一样，在金价675美元时放空黄金，然后在金价于四天内涨到875美元的这段时间仍然坚持自己的空头部位，任其蒙受重大损失，直到金价开始大幅回跌。即使你具有钢铁般的意志，能够坚持自己的部位，可是你如果缺乏支撑这种意志的财力，或是准确无误的预测能力，你们难以从中获利。因此，也许这项原则还应附带一个条件：凡是欠缺分析技巧或财力支撑其信心的投资人或交易员，应用此项原则可能会招致重大损失。(4)要非常挑剔。要耐心等待完全对自己有利的交易机会出现。千万不要为交易而交易，要耐心等待，直到具有高获利的交易机会出现，再投下资金。(5)要有弹性。不要划地自限，把自己固定于某个市场或某种交易形态上。许多交易员常常说："我从不放空。"可是这些交易员的获利空间绝不会比既愿意做多也愿意做空的交易员来得大。(6)千万不要遵循市场一般的逻辑思维。换句话，你必须要有自己的见解。谨记这项原则，你就不会在道·琼斯工业股价指数从1 000点涨到2 600点，而投资大众都以为市场上股票供不应求的时候，糊里糊涂盲目地跟着买进。(7)在面对亏损时，要知道何时该坚持，何时该出脱。假如你发现原来的分析错误，而且市场走势对你不利，套句罗杰斯的话："越早认赔了结，损失越小。"但是如果你坚信自己的分析与预测是正确的，就应该坚守自己的部位。不过，这项原则只适用于具有高明分析技术，以及完全了解自己所要担负风险的交易员。

### 资料5：索罗斯：八大格言揭示投资精华

(1)最重要的是人品。索罗斯非常看重合伙人的人品，他认为金融投机需要冒很大的风险，而不道德的人不愿承担风险。这样的人不适宜从事负责、进取、高风险的投机事业。任何从事冒险业务却不能面对后果的人，都不是好手。在他的团队里，投资作风可以完全不同，但人品一定要可靠。(2)判断对错并不重要，重要的是在正确时获取了多大利润，错误时亏损了多少。(3)当有机会获利时，千万不要畏缩不前。当你对一笔交易充满把握时，必须给对方致命的一击！即做对还不够，还要尽可能多地获取利润。(4)如果操作过量，即使对市场判断正确，仍会一败涂地。(5)承认错误是件值得骄傲的事情。我能承认错误，也就会原谅别人犯错。这是我与他人和谐共事的基础。犯错误并没有什么好羞耻的，只有知错不改才是耻辱。(6)当你有机会扩张时，千万不要畏缩不前。如果一开始你就获得丰厚利润，你应该继续扩大，但同时也要注意胜利和骄傲所带来的心理风险。(7)人对事物的认识并不完整，并由此影响事物本身的完整，得出与流行观点相反的看法。流行的偏见和主导的潮流互相强化，直至两者之间距离大到非引起一场大灾难不可，这才是你要特别留意的，也正是这时才极可能发生暴涨暴跌现象。——索罗斯的市场反射理论。(8)永远不要孤注一掷。

### 资料 6:彼得·林奇的 25 条黄金规则

彼得·林奇是个投资奇才，作为一个著名的基金管理人，他的思维更现代、投资技巧更新颖复杂，但我们从以下投资规则中能够看出，在骨子里他依然是与格雷厄姆、巴菲特一脉相承的基本面分析派:(1)投资是令人激动和愉快的事，但如果不做准备，投资也是一件危险的事情。(2)投资法宝不是得自华尔街投资专家，它是你已经拥有的。你可以利用自己的经验，投资于你已经熟悉的行业或企业，你能够战胜专家。(3)过去 30 年中，股票市场由职业炒家主宰，与公众的观点相反，这个现象使业余投资者更容易获胜，你可以不理会职业炒家而战胜市场。(4)每只股票背后都是一家公司，去了解这家公司在干什么。(5)通常，在几个月甚至几年内公司业绩与股票价格无关。但长期而言，两者之间 100%相关。这个差别是赚钱的关键，要耐心并持有好股票。(6)你必须知道你买的是什么以及为什么要买它，"这孩子肯定能长大成人"之类的话不可靠。(7)远射几乎总是脱靶。(8)持有股票就像养育孩子，不要超出力所能及的范围。非专业投资者大概有时间追踪 8～12 家公司。不要同时拥有 5 种以上的股票。(9)如果你找不到一支有吸引力的股票，就把钱存进银行。(10)永远不要投资于你不了解其财务状况的公司。买股票最大的损失来自于那些财务状况不佳的公司。仔细研究公司的财务报表，确认公司不会破产。(11)避开热门行业的热门股票。最好的公司也会有不景气的时候，增长停滞的行业里也有投资机会。(12)对于小公司，最好等到它们有利润之后再投资。(13)如果你想投资麻烦丛生的行业，就买有生存能力的公司，并且要等到这个行业出现复苏的信号时再买进。(14)如果你用 1 000 元钱买股票，最大的损失就是 1 000 元。但是如果你有足够的耐心，你可以获得 1 000 元甚至 5 000 元的收益。个人投资者可以集中投资几家绩优企业，而基金经理却必须分散投资。持股太多会失去集中的优势，持有几个大赢家会终身受益。(15)在每个行业和每个地区，注意观察的业余投资者都能在职业炒家之前发现有巨大增长潜力的企业。(16)股市的下跌如科罗拉多州 1 月份的暴风雪一样是正常现象，如果你有所准备，它就不会伤害你。每次下跌都是大好机会，你可以挑选被风暴吓走的投资者放弃的廉价股票。(17)每个人都有足够的智力在股市赚钱，但不是每个人都有必要的耐力。如果你每遇到恐慌就想抛掉存货，你就应避开股市或股票基金。(18)总有一些事情需要操心。不要理会周末的焦虑和媒介最新的恐慌性言论。卖掉股票是因为公司的基本情况恶化，而不是因为天要塌下来。(19)没有人能够预测利率、经济形势及股票市场的走向，不要去搞这些预测。集中精力了解你所投资的公司的情况。(20)分析 30 家公司，你会发现 1 家基本情况超过预期。在股票市场总能找到意外的惊喜——公司成就被华尔街低估的股票。(21)如果不研究任何公司，你在股市成功的机会，就如同打牌赌博时不看自己的牌而打赢的机会一样。(22)当你持有好公司股票时，时间站在你这一边，你要有耐心——即使你在头5年中错过了沃尔玛特股票，但在下一个5年它仍是大赢家。(23)如果你有足够的耐性，但却既没有时间也没有能力与精力去自己搞研究，那就投资共同基金吧。这时，投资分散化是个好主意，你该持有几种不同的基金：增长型、价值型、小企业型、大企业型等。投资6家同类共同基金不是分散化。(24)在全球主要股票市场中，美国股市过去10年的总回报排名第八。通过海外基金，把一部分投资分散到海外，可以分享其他国家经济快速增长的好处。(25)长期而言，一个经过挑选的股票投资组合总是胜过债券或货币市场账户，而一个很差的股票投资组合还不如把钱放在坐垫下。

# 第三章　证券投资的指标分析法

统计指标包括总量指标、相对指标和平均指标，指标分类不同其作用也不同，证券投资分析中应用大量的统计指标。本章主要介绍股票综合指标及证券投资分析中的基本指标和技术指标，模块2对行情软件作一基本介绍。

## 第一节　综合指标的基本问题

### 一、总量指标的基本问题

#### (一)总量指标的概念

总量指标是反映总体现象在一定时间和空间条件下达到的总规模或绝对水平的统计指标，其数值用绝对数形式来表示，又称绝对数指标。例如，股票总发行股本、股票市价总值、股票成交量、股票成交金额、股票有效账户数均为总量指标。对总量指标的理解需从以下几点把握：

(1)总量指标的数值表现形式为绝对数或绝对数的差额，且有一定的计量单位。例如，2012年我国境内上市公司(A、B股)数量2 494家，比2011年增加152家；2012年股票成交金额314 667亿元，比2011年减少106 978亿元。

(2)总量指标的数值大小随总体范围的大小而增减。总体范围增大，指标数值变大；总体范围变小，指标数值随着变小。例如，2012年，我国境内上市公司的数量2 494家，在深交所上市的有1 540家。

(3)只有对有限总体才能计算总量指标。

#### (二)总量指标的作用

1.总量指标是认识事物总体特征的起点

客观现象的基本情况首先表现为一定的总量，对客观现象的认识就应从总量指标入手。例如，要对我国证券市场进行分析，就要知道我国境内上市公司数（A、B股)、境内上市外资股公司数(B股)、境外上市公司数（H股)、股票总发行股本(其中流通股本是多少)、股票市价总值(其中股票流通市值是多少)、股票成交量、股票成交金额、股票有效账户数等信息，在此基础上，才能对股票市场的情况做进一步的分析研究。

2.总量指标是实行各项管理的基本依据之一

社会和经济管理工作的实施离不开反映其基本情况的总量指标。假如你是一名企业管理人员，当你入驻“华润三九(000999)”这一上市公司时，你要做的首先是翻开企业的统计报表或会计报表，寻找管理所需要的信息资料，如公司的职工人数是多少，资产总计、负债合计等时点指标数值有多大，营业总收入、营业总成本、营业利润、净利润等分别达到多少，在营业总成本中，销售费用、管理费用、财务费用又达到了多少等，通过对这些指标的对比、分析研究，你定会找出对其管理的突破口。

3. 总量指标是计算相对指标和平均指标的基础

一般来说，相对指标和平均指标是由两个有联系的总量指标对比而得，如换手率、净资产收益率、每股净资产，它们均是总量指标的派生指标。总量指标的计算是否科学直接关系到相对指标和平均指标的准确性。

**(三)总量指标的种类**

对总量指标可以按不同的标准进行分类。

1. 按反映总体的内容不同，分为总体单位总量和总体标志总量

总体单位总量是反映总体中单位数多少的总量指标，通过对总体各单位计数直接得到。总体标志总量是反映总体中各单位某一数量标志的标志值总和的总量指标，需要对某一数量标志的标志值加总得到。如研究我国境内上市公司基本情况时，境内上市公司数量就是总体单位总量，股票市价总值就是总体标志总量。对特定总体而言，总体单位总量只有一个，而总体标志总量可以有多个。

必须指出的是：有的总体单位某一标志的标志值相加是没有实际意义的标志总量，但它却是计算其他统计分析指标的基础。一个总量指标属于总体单位总量还是总体标志总量，是随着研究目的和研究对象的不同而确定的。

2. 按反映的时间状况不同，分为时期总量指标和时点总量指标

时期总量指标是反映事物在一段时间内达到的规模或水平的总量指标，简称时期指标。如股票成交金额、股票成交量等。时点总量指标反映总体在某一时点(瞬间)上存在状况的总量，简称时点指标。如境内上市公司数、股票有效账户数等。

时期指标和时点指标各有特点：

(1)时期指标的数值大小与现象经历的时期长短有直接关系，时期越长，指标数值也就越大；而时点指标数值的大小与时点间的间隔长短没有直接关系。

(2)时期指标的数值可以直接相加，其结果反映现象在更长时期内达到的总量；时点指标在各时点上的数值一般不能直接相加，直接相加没有意义。

(3)时期指标数值往往通过连续登记取得，时点指标数值往往通过一次性登记而得。

## 二、相对指标的基本问题

**(一)相对指标的概念**

相对指标是将两个有联系的指标数值加以对比，用来反映现象内部、现象之间数量联系程度及现象本身发展变化程度等的统计指标，又称统计相对数。例如，换手率、市盈率、净资产收益率、净利润增长率等均为相对指标。

相对指标的数值表现形式有两种，即无名数和有名数。无名数是一种抽象化的数值，多以系数、倍数、成数、百分数和千分数表示，如股本市场中的量比多以“倍数”表示，换手率、涨跌幅、振幅用“%”表示。有名数是将用来对比的分子与分母的计量单位同时使用，以表明现象的强度、密度或普遍程度等，如人均 GDP 用“元/人”表示等。

**(二)相对指标的作用**

(1)相对指标反映总体内部的结构、比例、事物发展的程度以及事物之间的对比关系等，有利于深入认识事物。例如，2012 年我国股票市场上，境内上市公司 2 494 家，比上年增长 6.49%，股票总发行股本增长 6.37%，股票成交量降低 3.17%，股票成交金额下降 25.37%，上证指数上涨 69.71 点，这些指标反映出尽管上市公司增加了，但 2012 年股票市场是不活跃的、不景气的。

(2)相对指标可以使那些不能直接通过总量指标对比的现象进行对比，从而更有效地分析问题。例如，要比较不同性质、不同行业、不同生产规模的两个企业的生产经营情况，用它们的资产总计、负债合计、营业利润、净利润等指标直接进行比较并做出判断显然是不合适的，如果利用相对指标，如资产负债率、净资产收益率、净利润增长率等相对指标进行比较，其分析结果就有很好的说服力。

**(三)相对指标的种类**

由于研究问题的目的和任务不同，对比的基础不同，产生了不同的相对指标。常用的有结构相对指标、比例相对指标、比较相对指标、动态相对指标、强度相对指标、计划完成程度相对指标。

1. 结构相对指标

结构相对指标是在统计分组的基础上，把总体区分为性质不同的若干组成部分，以总体中的部分数值与总体中全部数值对比求得的比重或比率，以反映总体内部的构成及其所处的地位。其计算公式为：

$$\text{结构相对指标}=\frac{\text{总体中的部分数值}}{\text{总体中的全部数值}}\times 100\% \tag{3.1}$$

例如，2010 年、2011 年、2012 年，我国股票总发行股本分别为 33 184 亿股、36 096 亿股、38 395 亿股，其中流通股本分别为 25 642 亿股、28 850 亿股、31 340 亿股，则流通股本分别占股票总发行股本的 77.27%、79.93%、81.63%，这在一定程度上说明我国股票市场大小非解禁的情况。

又如，2012 年深万科(000002)的营业总成本 820.23 亿元，其中营业成本 654.22 亿元，营业税金及附加 109.16 亿元，销售费用 30.56 亿元，管理费用 27.80 亿元，财务费用 7.65 亿元，财产减值损失 0.84 亿元，则各部分所占比重分别为 78.80%、13.15%、3.68%、3.35%、0.92%、0.10%，这些相对数说明了万科的成本构成情况。

由于结构相对指标是总体中部分数值与总体全部数值之比，所以各部分所占比重之和必然等于 100%或 1。对总体单位总量和总体标志总量均可计算结构相对指标。

2. 比例相对指标

比例相对指标是总体中的一部分数值与总体中的另一部分数值之比。其计算公式为：

$$\text{比例相对指标}=\frac{\text{总体中某一部分数值}}{\text{总体中另一部分数值}} \tag{3.2}$$

例如：2012 年我国男性人口为 69 395 万人，女性人口为 66 009 万人，则人口男女性别比为 105.1：100，即将女性人口抽象为 100，则男性人口数为 105.1，简称性别比例为 105.1。而出生人口性别比为117.70，联合国认定的出生性别比的通常值域为102～107，其他值域则被视为异常，高于或低于这个数字，背后则可能隐藏环境、社会、医疗等问题。

按比例是事物发展的客观要求，比例失调会招致严重的失误。计算比例相对指标，对比例关系进行研究，有利于调整不合理的比例，使事物按照正常的轨迹发展，对我国出生人口性别的控制就是对不合理比例的调整。

3. 比较相对指标

比较相对指标是同一时间、不同空间同类指标数值的对比。其计算公式为：

$$\text{比较相对指标}=\frac{\text{某条件下的某类指标数值}}{\text{另一条件下的同类指标数值}} \tag{3.3}$$

例如，2012 年医药板块中的华润三九(000999)净利润为 10.81 亿元，净资产收益率为 19.10%，净利润的发展速度为 133.35%；中国医药(600056)的净利润为 4.10 亿元，净资产收益率为 17.42%，净利润的发展速度为 129.5%。则华润三九的净利润是中国医药的 2.64 倍，净资产收益率是中国医药的 1.096 倍，净利润的发展速度是中国医药的 1.03 倍。通过比较可以看出两个企业的差异状况。

在比较时，可用总量指标进行对比，也可用相对指标或平均指标进行对比。但是，由于总量指标受总体范围大小及规模大小的影响，不能准确地反映现象的本质差别，所以更多的是采用相对指标或平均指标进行对比，这从上述例子中可以充分地反映出来。

在经济工作中，若把企业的各项经济技术指标与同类企业的平均水平、先进水平或国家规定的标准水平对比，就可找出差距，从而为提高企业的生产水平和管理水平服务。当然，我们还可以把不同地区、不同国家的同类指标对比，从而找出地区间、国家间的差距。

4. 动态相对指标

动态相对指标是将同一总体不同时间的指标数值进行比较，以反映现象在时间上发展变化的方向和程度的统计指标，一般用百分数表示。其计算公式为：

$$\text{动态相对指标}=\frac{\text{报告期指标数值}}{\text{基期指标数值}}\times 100\% \tag{3.4}$$

式中的基期是指作为比较标准的时期，报告期是用来与基期对比的时期。

例如，2000 年我国上市公司数量为 1 088 家，2011 年为 2 342 家，2012 年为 2 494 家，则以 2000 年为基期计算的 2012 年上市公司数量的动态相对指标为 229.23%，而以 2011 年为基期计算的 2012 年上市公司数量的动态相对指标为 106.49%。即 2012 年我国上市公司的数量比 2000 年增长了 129.23%，比 2011 年增长了 6.49%。

注意：在计算动态相对指标时，各期用现行价格计算的价值量指标是不能直接对比的。

5. 强度相对指标

强度相对指标是将两个性质不同但又有一定联系的统计指标加以对比，用来反映现象之间的强度、密度和普遍程度的统计指标。其计算公式为：

$$\text{强度相对指标}=\frac{\text{某一指标数值}}{\text{另一有联系但性质不同的指标数值}} \tag{3.5}$$

例如：2012 年我国个人存款余额为 411 352.2 亿元，人口总数为 135 404 万人，则 2012 年人均个人存款余额为 30 379.62 元。2012 年华润三九(000999)的资产总计 86.12 亿元,负债合计 30.36 亿元,则企业的资产负债率为 35.26%。

强度相对指标的数值表现形式有两种:一种是由分子指标和分母指标原有单位共同组成的多重计量单位,即有名数,如人均个人存款余额用"元/人"表示;另一种是用百分数或千分数表示的无名数,如资产负债率。

强度相对指标的应用十分广泛。用它可以说明现象的强度、密度和普遍程度,反映国民经济和社会发展的基本情况,还可以进行国家、地区、单位之间的比较,以此确定发展的差距和不平衡的程度等。

6. 计划完成情况相对指标

计划完成情况相对指标是同一时间条件下现象的实际完成数与计划任务数对比,以反映计划执行情况的相对指标,通常用百分数表示。其计算公式为:

$$\text{计划完成情况相对指标}=\frac{\text{实际任务数}}{\text{计划任务数}}\times 100\% \tag{3.6}$$

应注意:公式中的分子与分母在指标含义、计算口径、计算方法、计量单位、时间和空间范围等方面必须一致,分子与分母不能互换。当计划数是以无名数表示的相对数时,计算计划完成情况相对指标时一定要把原来的基数考虑在内。

## 三、平均指标的基本问题

### (一)平均指标的概念

平均指标是反映一组统计数据一般水平或集中趋势的综合指标,即反映一组数据中心点的数值。总体各单位某一标志的统计数据或总体某一指标在不同时间的统计数据存在着一定的差异,需要用一个数值代表其一般水平,这必然要用到平均指标。例如,在深圳证券交易所上市的华润三九(000999)2014 年 2 月 28 日的每股资料如下:开盘价 24.00 元、最高价 24.20 元、最低价 23.21 元、收盘价 24.09 元,当然,该股票在当日每个时点上的成交价格是不同的,要反映其当日成交价格的一般水平,要用其当日各分时的成交量与其对应的成交价格的加权平均数,通过计算得出,该日的成交均价为 23.67 元。

### (二)平均指标的作用

平均指标是最常见的综合分析指标,它在认识问题和研究问题中起着重要的作用。

1. 可以反映数据分布的集中趋势

对于大多数统计总体来说,其总体各单位某一标志的数值分布是以平均数为中心的,接近平均数的数值出现的次数较多,所占比重较大;而远离平均数的数值出现的次数较少,所占比重较小。即一组数据围绕其平均数上下波动,平均数反映了数据分布的集中趋势。例如,2014 年 2 月 28 日华润三九的成交价格是围绕着其成交均价 23.67 元上下波动的。

2. 与统计分组结合运用,可以分析现象之间的相互依存关系

在统计分组的基础上,结合平均数可以观察出现象之间相互依存、相互制约的关系。企业生产的产品产量与单位产品成本之间的关系即可体现出这一作用。

3. 可以进行同类现象在不同空间或不同时间条件下的对比

平均指标在比较同类现象在同一时间、不同空间条件下的一般水平时,可看出现象在不同

空间上的差异。例如将 2013 年 9 月 30 日止，159 家医药制造业上市公司的每股收益加以排列后，即可看出各医药制造业的业绩差异(表 3-1)。

**表 3-1　2013 年 9 月 30 日止部分医药制造业基本每股收益排名表**

| 企业名称 | 基本每股收益 | 排名 | 企业名称 | 基本每股收益 | 排名 |
|---|---|---|---|---|---|
| 国农科技 | 0.010 6 | 93 | 丰原药业 | 0.076 5 | 84 |
| *ST 生化 | 0.310 0 | 51 | 四环生物 | 0.001 9 | 100 |
| 云南白药 | 2.530 0 | 1 | 华润三九 | 0.890 0 | 12 |

资料来源：大智慧数据中心。

在比较同类现象在同一空间、不同时间条件下的一般水平时，可看出现象的发展过程或变化趋势。例如，将华润三九的基本每股收益按时间排列后，可以发现，随着时间的不断推移，其基本每股收益呈现逐步增加的趋势(表 3-2)。

**表 3-2　华润三九(000999)基本每股收益资料**

| 年份 | 2007 | 2008 | 2009 | 2010 | 2011 | 2012 |
|---|---|---|---|---|---|---|
| 基本每股收益 | 0.29 | 0.51 | 0.72 | 0.83 | 0.78 | 1.04 |

资料来源：大智慧数据中心。

**(三)平均指标的计算**

中位数、众数、算术平均数均能反映一组数据的平均水平，但由于各自的计算方法不同，含义不同，因此其应用场合也不同。这里仅介绍算术平均数的计算。

算术平均数又称均值，它是一组数据相加后除以数据的个数而得到的结果。算术平均数在统计学中是最基本、最常用的平均数，主要适用于数值型数据，而不适用于分类数据或顺序数据。其基本计算公式为：

$$\text{算术平均数}=\frac{\text{总体标志总量}}{\text{总体单位总量}} \tag{3.7}$$

在计算算术平均数时，基本公式中的子项与母项必须属于同一个统计总体，分子中的每一个数值必须由分母中相应的单位承担。根据所掌握的数据不同，其平均数有不同的计算形式和计算公式。

1. 简单算术平均数

根据未分组资料计算的算术平均数称为简单算术平均数。设有一组样本数据为 $x_1$，$x_2$，…，$x_n$，样本量(样本数据的个数)为 $n$，样本平均数用 $\bar{x}$ 表示，简单算术平均数的计算公式为：

$$\bar{x}=\frac{x_1+x_2+\cdots+x_n}{n}=\frac{\sum_{i=1}^{n}x_i}{n} \tag{3.8}$$

例如，2012 级统计学系 1 班第 1 组 8 名学生统计学考试成绩分别为 60、71、72、75、78、82、85、90 分，这 8 名学生统计学的平均考分为：

$$\bar{x}=\frac{60+71+72+75+78+82+85+90}{8}=76.63(\text{分})$$

2. 加权算术平均数

根据分组数据计算的算术平均数称为加权算术平均数。设原始数据被分为 $k$ 组，各组数据分别用 $x_1, x_2, \cdots, x_k$ 表示，各组数据出现的频数(又称权数)分别用 $f_1, f_2, \cdots, f_k$ 表示，则加权算术平均数的计算公式为：

$$\bar{x}=\frac{x_1 f_1+x_2 f_2+\cdots+x_k f_k}{f_1+f_2+\cdots+f_k}=\frac{\sum_{i=1}^{k} x_i f_i}{\sum_{i=1}^{k} f_i} \tag{3.9}$$

例如，根据表 3-3 的数据计算 2014 年 3 月 3 日 14 点 56 分华润三九的平均交易价格。

**表 3-3　2014 年 3 月 3 日 14 点 56 分华润三九的市场交易状况及平均数计算表(1)**

| 交易顺序 | 成交价格/元 $x_i$ | 成交数量/股 $f_i$ | 成交金额/元 $x_i f_i$ |
|---|---|---|---|
| 1 | 24.31 | 400 | 9 724 |
| 2 | 24.33 | 1 300 | 31 629 |
| 3 | 24.32 | 500 | 12 160 |
| 4 | 24.34 | 3 200 | 77 888 |
| 5 | 24.29 | 17 600 | 427 504 |
| 6 | 24.30 | 1 000 | 24 300 |
| 合计 | — | 24 000 | 583 205 |

则：

$$\bar{x}=\frac{\sum_{i=1}^{k} x_i f_i}{\sum_{i=1}^{k} f_i}=\frac{583\ 205}{24\ 000}=24.30(\text{元})$$

需注意：用组距数列计算算术平均数时，是用各组的组中值代替各组的实际值，使用这一代替值时是假定各组数据在组内是均匀分布的，如果实际数据与这一假定相吻合，计算结果是比较准确的，否则误差会很大。

权数有频数权数和比重权数之分，比重权数是各组频数占总频数的比重。在许多情况下，可直接利用比重权数计算算术平均数，其计算公式为：

$$\bar{x}=\sum_{i=1}^{k}\left(x_i \frac{f_i}{\sum_{i=1}^{k} f_i}\right) \tag{3.10}$$

用上例资料计算如表 3-4 所示。

表 3-4 2014 年 3 月 3 日 14 点 56 分华润三九的市场交易状况及平均数计算表(2)

| 交易顺序 | 成交价格/元 $x_i$ | 成交数量/股 $f_i$ | $\frac{f_i}{\sum_{i=1}^{k} f_i}$ | $x_i \frac{f_i}{\sum_{i=1}^{k} f_i}$ |
|---|---|---|---|---|
| 1 | 24.31 | 400 | 0.017 | 0.405 |
| 2 | 24.33 | 1 300 | 0.054 | 1.318 |
| 3 | 24.32 | 500 | 0.021 | 0.507 |
| 4 | 24.34 | 3 200 | 0.133 | 3.245 |
| 5 | 24.29 | 17 600 | 0.733 | 17.813 |
| 6 | 24.30 | 1 000 | 0.042 | 1.013 |
| 合计 | — | 24 000 | 1 | 24.30 |

$$\bar{x} = \sum_{i=1}^{k}\left(x_i \frac{f_i}{\sum_{i=1}^{k} f_i}\right) = 24.30(\text{元})$$

# 第二节 证券投资分析中的基本指标

要进行证券投资，首先应明白证券投资中最常用的基本指标。

## 一、股票总发行股本及流通股本

上市公司与其他公司比较，最显著的特点就是将上市公司的全部资本划分为等额股份，并通过发行股票的方式来筹集资本。股东以其所认购股份对公司承担有限责任。股票的面值与股份总数的乘积为股本，股本应等于公司的注册资本。总股本是股份公司发行的全部股票所占的股份总数。股份公司发行股票总股本中，一般有国家股、法人股、内部职工股、社会公众股、外资股(B 股)等。股本的大小会随着送股和配股而增加，但市价不会改变，这是由于送配股后除权的原因。

流通股本是指可以在二级市场流通的股份。流通股本是一句很有中国特色的股市术语。外国的股票从一上市就是全流通的，总股本就等于流通股本。而中国的股票上市，在未实行股权分置改革前，法人股是不允许上市流通的，只有部分发行的股票可在二级市场流通，这部分就是所谓的流通股本。2005 年开始实施股权分置改革后，新上市的股票都是全流通的；过去的法人股也慢慢可以开始在二级市场流通，但是有数量和时间限制，这就是限售流通股，因为监管部门担心一下子那么多的股票上市，会导致资金承接不住而崩盘。慢慢地，中国股市将实现真正的全流通，总股本也就等于流通股了。在以往的指数计算中，只要是在交易所有权利进行场内流通的股票均算作流通股，这样无论是公司发起人、国有股还是战略投资者的股份，一旦获得流通权，就可以算作自由流通股。

流通股本＝总股本－非流通股本

其中非流通股即是上述所指的国家股、法人股、内部职工股(未上市的)、外资股(B股)等。

2012年我国股票总发行股本38 395亿股,含A股及H股,流通股本31 340亿股。

## 二、发行价格

股票发行一般是公开向社会募集股本,发行股份,股票发行价格的高低受市场机制的影响极大,取决于公司的投资价值和供求关系的变化。股份有限公司发行股票的价格超过了票面金额称为溢价发行,低于票面金额称为折价发行,等于票面金额称为等价发行。溢价发行或者等价发行都是允许的,但是不允许折价发行,因为这种发行价格会使公司实有资本少于公司应有的资本,致使公司资本中存在虚数,不符合公司资本充实原则;另一方面,公司以低于票面金额的价格发行股票,实际上就意味着公司对债权人有负债行为,不利于保护债权人的利益。

溢价发行股票,就是以同样的股份可以筹集到比按票面金额计算的更多的资金,从而增加了公司的资本。采用溢价发行,高出票面金额多少,则由发行人与承销的证券公司协商确定,报国务院证券监督管理机构核准,这种决定股票发行价格的体制就是发挥市场作用,由市场决定价格,但是受证券监管机构的监督。发行价格主要由以下几个因素决定。

第一,本体因素。本体因素就是发行人内部经营管理对发行价格制定的影响因素。一般而言,发行价格随发行人的实质经营状况而定。这些因素包括公司当前的盈利水平及未来的盈利前景、财务状况、生产技术水平、成本控制、员工素质、管理水平等,其中最为关键的是利润水平。在正常状况下,发行价格是盈利水平的线性函数,承销商在确定发行价格时,应以利润为核心,并从主营业务入手对利润进行分析和预测。在其他条件既定时,利润水平越高,发行价格越高,此时投资者也有较强的投资购买欲望。当然,未来的利润增长预期也具有至关重要的影响,因为买股票就是买未来。因此,为了制定合理的价格,必须对未来的盈利能力做出合理预期。

发行人本身的知名度、产品的品牌以及股票的发行规模也是决定股票发行价格的重要因素。发行人的知名度高,品牌具有良好的公众基础,投资者就会产生较大的响应度,从而产生较大的市场购买需求,因而发行价格可以适度提升;反之,则相反。股票发行规模较大,则在一定程度上影响股票的销售,增加发行风险,因而可以适度调低价格。当然,若规模较小,在其他条件较优时,则价格也可以适度提升。

第二,环境因素。环境因素就是股票流通市场的状况及变化趋势对发行价格制定的影响。在结合发行市场来考虑发行价格时,主要应考虑:①制定的发行价格要使股票上市后价格有一定的上升空间。②在股市处于通常所说的牛市阶段时,发行价格可以适当偏高,因为在这种情况下,投资者一般有资本利得,价格若低的话,就会降低发行人和承销机构的收益。③在股市处于通常所说的熊市时,价格宜偏低,因为此时价格较高,会拒投资者于门外,而相对增加发行困难和承销机构的风险,甚至有可能导致整个发行人筹资计划的失败。

发行人所处的行业和经济区位条件对发行人的盈利能力和水平有直接的影响。因为发行人所处的行业和经济区位条件在很大程度上决定了发行人的未来发展,影响到发行人的未来盈利能力,进而影响到股票发行价格的高低。就行业因素而言,不但应考虑本行业所处的发展阶段,如是成长期还是衰退期等,还应进行行业间的横向比较和考虑不同行业的技术经济特点。在行业内也要进行横向比较分析，如把发行人与同行业的其他公司相比，找出优势，特别是和同行业的其他上市公司相比，得出总体的价格参考水平。同时，行业的技术经济特点也不容忽视，如有的行业具有垄断性，有的行业市场稳定，有的行业投资周期长、见效慢等等，都必须加以详细分析，以确定其对发行价格的影响程度。就经济区位而言，必须考虑经济区位的成长条件和空间，以及所处经济区位的经济发展水平，考虑是在经济区位内还是受经济区位辐射等等。

第三，政策因素。政策因素涉及面较广，最主要的是两大经济政策因素：税负水平和利息率。一般而言，享有较低税负水平的发行人，其股票的发行价格可以相对较高；反之，则可以相对较低。利率水平降低时，每股的利润水平提高，从而股票的发行价格就可以相应提高；反之，则相反。在这里，有一个基本的原则，就是由发行价格决定的预期收益率水平不能低于同期的利息率水平。除此以外，国家有关的扶持与抑制政策对发行价格也是一个重要的影响因素。在现代市场经济发展过程中，国家一般都对经济活动进行干预，特别在经济政策方面，国家往往采取对某些行业与企业进行扶持，对某些行业与企业的发展进行抑制等，即通常所说的产业政策。因此，在制定股票发行价格时，对这些政策因素也应加以考虑。

股票发行价格的制定是很复杂的，在此我们不予多加介绍。

## 三、股票市价总值及流通市价总值

对一家上市公司来说，市价总值就是在一定时点上其股票市场价格乘以发行的总股数。整个股市所有上市公司的市价总值加总，即为整个股票市场的市价总值。股票的市场价格瞬息万变，公司的市价总值和整个股市的市价总值也就每时每刻处在变动之中。在某些情况下，由于经济或政治形势发生较大的变化，导致股价突然大幅下跌，从而市值也大量减少，“黑色星期一”就是这样的例子。而在另外一些情况下，股价可能会脱离经济基础而大幅上涨，导致市值急剧膨胀。

一个公司的流通市价总值就是在一定时点上其股票市场价格与其流通股本的乘积。整个股市所有上市公司的流通市价总值加总，即为整个股票市场的流通市价总值。

注意，在我国计算股票市价总值时，国有股和法人股的价格与流通股的价格是不一样的。

公司的市价总值可用来衡量一个公司的经营规模和发展状况，股市的市价总值可作为衡量一个国家股票市场发达程度的重要指标。

2012 年年底我国股票市价总值为 230 358 亿元，流通市价总值为 181 656 亿元。

## 四、股票成交量

股票成交量是指单位时间内股票交易市场或个股买卖的交易总量。每一笔买单或卖单均对应一笔卖单或买单，成交表明买卖双方均对此价格认同，认为此价格合理，方能达成交易。故成交数量可分为买入成交数量和卖出成交数量，两者统称为成交数量，成交数量是指买入或卖出股票时成交的股数，其单位为股。成交量的大小直接表明市场上多、空双方对市场某一时刻股价的认同程度，成交量大表明多空分歧大，反之表明多空分歧小。如果一方在此价格无法买到，自然会出高价买进，价格将会上升；反之，如果一方在此价位无法卖出，将会挂出低价卖出，那么价格势必下跌，股价的涨跌就此产生。成交量的大小还可以衡量股票市场或个股交易的活跃程度，一般情况下，成交量大且价格上涨的股票趋势向好。成交量持续低迷一般出现在熊市或整理阶段，市场交易不活跃。成交量是股票市场的原动力，没有成交量配合的股价如同无本之木，因此，成交量是投资者分析判断市场行情并做出投资决策时的重要依据，也是各种技术分析指标应用时不可或缺的参照。江恩十二条买卖规则中的第七条就是观察成交量，指出研究目的是帮助决定趋势的转变，因此市场上有"量是价的先行，先见天量后见天价，地量之后有地价"之说。不过也不能把成交量的作用简单化、绝对化，由于国内股市中存在大量的对敲行为，成交量在某种程度上也能骗人，因此还要结合实际情况具体分析。

股票只要上市交易，每日都会有或多或少的成交量。一般而言向上突破颈线位、强压力位需要放量攻击，即上涨要有成交量的配合；但向下破位或下行时却不需要成交量的配合，无量下跌天天跌，直至再次放量，显示出有新资金入市抢反弹或抄底为止。价涨量增、价跌量缩称为量价配合，否则为量价不配合。

股市中的 VOL 是成交量指标，即个股和大盘的成交总手数，在形态上用一根立式的柱子来表示。左面的坐标值与柱子的横向对应处，就是当日当时的成交总手数。如当天收盘价高于当天开盘价，成交柱呈红色；反之，成交柱呈绿色。VOL(5)、VOL(10)、VOL(20)分别代表5日、10日、20日的平均成交量。VOL 是成交量类指标中最简单、最常用的指标，它由成交量柱线和三条简单平均线组成。

一般情况下，价格随成交量的递增而上涨，为市场行情的正常特性，此种量增价涨的关系，表示股价将继续上升。股价下跌，向下跌破股价形态、移动平均线，同时出现大成交量，是股价将深幅下跌的信号，强调趋势的反转。股价随着缓慢递增的成交量而逐渐上涨，渐渐地走势突然成为垂直上升的爆发行情，成交量急剧增加，股价暴涨，紧接着，成交量大幅萎缩，股价急剧下跌，表示涨势已到末期，有转势可能。个股的成交量在前期持续低迷之后，出现连续温和放量形态，一般可以证明有实力资金在介入，但这并不意味着投资者就可以马上介入，个股在底部出现温和放量之后，股价会随量上升，量缩时股价会适量调整，当持续一段时间后，股价的上涨会逐步加快。如果股价经历了较长时间的上涨过程后放巨量，通常表明多空分歧加大，有实力资金开始派发，后市继续上涨将面临一定困难。而经历了深幅下跌后的巨量一般多为空方力量的最后一次集中释放，后世继续深跌的可能性很小，反弹或反转的时机近在眼前。如果股市整体下跌，而个股逆势放量，在市场一片喊空声之时放量上攻，造成十分醒目的效果，这类个股往往持续时间不长，随后反而加速下跌。成交量也有形态，当成交量构筑圆弧底，而股价也形成圆弧底时，往往表明该股后市将出现较大上涨机会。

需要提醒的是，仅仅根据成交量，并不能准确判断价格趋势的变化，至少还要有价格确认。2012 年我国股票成交量为 32 881.06 亿股。

## 五、股票的委托价格与成交价格

委托价格就是买卖时的叫价。假如华润三九(000999)目前股票的成交价格为 23.68 元，而你想以 23.60 元的价格买进 1 000 股，你可以打开交易软件中的"委托"，点击"买入"，输入股票代码(000999)、买入价格(委托价格 23.60)、买入数量(1 000)，点击"买入"，即完成买入委托。这样,当你的委买价格等于某卖方的委卖价格时,系统就会撮合成交。由于是系统接受你的“委托”而进行的交易,并非你本人直接进行的交易,所以叫作“委托价格”。同样当你想以 23.80 元的价格卖出 1 000 股时,你可以打开交易软件中的“委托”,点击“卖出”,输入股票代码(000999)、卖出价格(委托价格 23.80)、卖出数量(1 000),点击“卖出”,即完成卖出委托。这样,当你的委卖价格等于某买方的委买价格时,系统就会撮合成交。

撮合成交的价格即为成交价格,大多数情况下为委托价格。

证券成交的基本原则是时间优先价格优先。如果申请买入价格比市价高则按市价成交,如果申请买入价格比市价低则不成交;卖出情况与买入情况相反。

注意:你的委托买价或委托卖价不要超出涨跌停板的价格限制,否则你的委托无效。所谓涨跌停价格,就是深市和沪市的 A 股,今天的交易价格和昨天的收市价相比,上下不得超过 10%,对于 ST 类的股票,上下不得超过 5%,权证类的限制比这宽松很多。新股上市当天,股改的股票复牌当天,不受涨跌停的限制。

## 六、股票的成本价格

成本价是成交价加上买入时的相关费用,但不包括卖出时的相关费用。相关费用有:

(1)佣金。根据《关于调整证券交易佣金收取标准的通知》规定,从 2002 年 5 月 1 日开始,A 股、B 股、证券投资基金的交易佣金实行最高上限向下浮动制度。证券公司向客户收取的佣金不得高于证券交易金额的 3‰,也不得低于代收的证券交易监管费和证券交易所手续费等。A 股、证券投资基金每笔交易佣金不足 5 元的,按 5 元收取;B 股每笔交易佣金不足 1 美元或 5 港元的,按 1 美元或 5 港元收取。即佣金小于或等于 3‰,起点为 5 元。一般情况下,券商对大资金量、大交易量的客户会给予降低佣金率的优惠,因此,资金量大、交易频繁的客户可自己去证券部申请。另外,券商还会依客户是采取电话交易、网上交易等提供不同的佣金率,一般来说,网上交易收取的佣金较低。不同的营业部的佣金率不同,不同的人申请的佣金率也不同,大体在 0.3‰到 3‰不等。

(2)过户费。过户费仅在沪市收取。每次按成交金额的 0.1‰收取,最少收 1.00 元,也就是说,成交金额不足 1 万元时过户费也要收取 1.00 元。

(3)通信费。上海、深圳本地交易收取 1 元,其他地区收取 5 元,但不同的证券公司收的也不一样,是否收、收多少取决于开户所在的证券公司。

(4)印花税。按成交金额的 1‰ 收取。目前仅向出让方单边征收,即只在出售股票时才会征收。

$$\text{成本价}=\frac{\text{成交价格}\times\text{成交数量}\times(1+\text{佣金率})+\text{过户费}+\text{通信费}}{\text{成交数量}} \tag{3.11}$$

当然在卖出时也会产生相关费用,主要是佣金、印花税、过户费、通信费,其收费比例或金额与购买时相同。

所以,在你卖出证券时,不仅要考虑到成本价,还要考虑卖出时的相关费用,如果以成本价出售,你是要赔掉卖出时的费用的。

## 七、股票的成交金额与交易金额

成交金额是指在进行股票交易过程中，买入（或卖出）股票时买卖双方根据有关交易规则达成交易的金额，单位为元。按照买入股票还是卖出股票的不同，成交金额可分为买入成交金额和卖出成交金额。买入成交金额是在买入股票交易过程中，买卖双方达成交易后买方所应支付的金额。卖出成交金额是在卖出股票交易过程中，买卖双方达成交易后卖方所应获得的金额。

$$成交金额=成交单价\times成交股数$$

2012 年我国股票成交金额为 314 667 亿元。

股票交易金额是指在进行股票交易过程中，买入（或卖出）股票时投资者需支付（或获得）的金额。按照买入股票还是卖出股票的不同，交易金额可分为买入交易金额和卖出交易金额。在进行买入股票交易时股票投资者所应支付的金额就是买入交易金额，简称为买入金额。在进行卖出股票交易时股票投资者所获得的金额就是卖出交易金额，简称为卖出金额。

$$\begin{aligned}买入交易金额&=成交金额+交易费\\&=成交金额+佣金+过户费+手续费\\&=成交金额+成交金额\times佣金率+过户费+\\&\quad 手续费\end{aligned}\tag{3.12}$$

$$\begin{aligned}卖出交易金额&=成交金额-交易费\\&=成交金额-佣金-印花税-过户费-手续费\\&=成交金额-成交金额\times佣金率-成交金额\times\\&\quad 印花税率-过户费-手续费\end{aligned}\tag{3.13}$$

注意：买入股票时，买入交易费应加入到买入金额中；而卖出股票时，卖出交易费应从卖出金额中扣除。另外，印花税采取单边收取，即买入股票不收取，仅卖出股票时才收取。

## 八、市盈率与平均市盈率

### （一）市盈率

市盈率是用来评估股价水平是否合理的最常用指标之一，又称股价收益比率或本益比。在上海证券交易所每日行情表中，有市盈率Ⅰ（或称历史市盈率）和市盈率Ⅱ（未来市盈率或预估市盈率）之分。

历史市盈率是最新收盘价与已公布的上年度每股税后利润（每股收益）的比值。预估市盈率是最新收盘价与市场对当年及明年每股收益的预估值的比值。计算预估市盈率所用的每股收益预估值，一般采用市场平均预估，即追踪公司业绩的机构收集多位分析师的预测所得到的预估平均值或中值。由于在香港上市公司不要求做盈利预测，故 H 股板块中的 A 股只有市盈率Ⅰ这一指标，所以一般意义上的市盈率是指市盈率Ⅰ。

一般来说，市盈率表示该公司累计多少年的盈利才能达到目前的市价水平，所以市盈率指标数值越小越好，越小说明投资回收期越短，风险越小，投资价值一般也就越高；数值大则意味着翻本期长，风险大。美国从1891年到1991年的100年间，市盈率一般在10～20倍，日本常在60～70倍，我国股市曾有过成千上万倍的个股，但目前大多在20～30倍。必须说明的是，观察市盈率不能绝对化，仅凭一个指标下结论，因为市盈率中的上年税后利润并不能反映上市公司现在的经营情况，当年的预测值又缺乏可靠性，且处在不同市场发展阶段的各国有不同的评判标准。对于投资者来说，更重要的是发挥自己的聪明才智，不断研究创新分析方法，将基础分析和技术分析相结合，才能做出正确的、及时的决策。利用市盈率比较不同股票的投资价值时，这些股票必须属于同一个行业，因为此时公司的每股收益比较接近，相互比较才有效。

市盈率也有静态市盈率和动态市盈率之分。

静态市盈率是目前市场价格与已知的最近公布的每股收益的比值。但是，由于收益披露为季报、半年报、年报，年报集中公布在被披露经营时间期间结束的2～3个月后，这给投资人的决策带来很多盲点和误区。毕竟静态市盈率是根据当前的股价与过去的每股收益计算，数据滞后，并不能充分说明未来，而投资股票更多的是看未来，故更应关注与研究动态市盈率。

动态市盈率是我国独创的一个概念，它是在静态市盈率的基础上结合发展预期计算的一个数据。其计算公式为：

$$动态市盈率=静态市盈率\times\frac{1}{(1+i)^n} \tag{3.14}$$

式中：$\frac{1}{(1+i)^n}$称为动态系数，$i$为企业每股收益的增长性比率（增长速度），$n$为企业可持续发展的存续期。

比如，企业当前股价为10元，当期每股收益0.30元，其静态市盈率为33.33倍。若上年同期每股收益为0.20元，则其增长性比率为(0.3/0.2)－1＝50％，假设企业可持续发展的存续期为5年，动态系数为$1/(1+50\%)^5=0.131\ 7$，动态市盈率为$33.33\times0.131\ 7=4.39$（倍）。

动态市盈率理论告诉我们一个简单朴素而又深刻的道理，即投资股市一定要选择有持续成长性的公司，这样你的投资才会有较好的回报。因此不难理解资产重组为什么会成为市场永恒的主题，以及有些业绩不好的公司在实质性的重组题材支撑下成为市场黑马。但动态市盈率是由未来因素构成，是一种可能发生的概率事件，因而带有较大的不确定性，也就是说公司发展走向难以预测。首先是经营环境变化较大，许多时候政策面和经济形势都对公司经营产生较大的影响。二是上市公司投资方面损益难以预料，存在着业绩大起大落的可能。三是经营管理层不稳定，股东所持股份随时会发生变化，不仅存在着股权的换手，而且经营团队的变化对公司经营也有影响。

沪深两市高市盈率主要集中在亏损股、绩差股和中小板及创业板中，中国股市一个最大的特点是亏损股最容易乌鸦变凤凰，因为存在着重组整合的预期，这些“垃圾”从来不缺资金关注。

**(二)平均市盈率**

平均市盈率的计算有三种方法。

一种是用简单算术平均法计算，它是将个股的市盈率简单地进行平均，其计算公式为：

$$股票平均市盈率=\frac{所有股票市盈率之和}{股票只数} \tag{3.15}$$

一种是用加权算术平均法计算，即以各只股票的总股本为权重进行计算，其计算公式为：

$$股票平均市盈率=\frac{\sum 个体股票市盈率\times 个体股票总股本}{个体股票的总股本之和} \tag{3.16}$$

还有一种是用买下股市所有流通的股票所需的投入与这些股票产出的税后利润之比，而买下所有股票的投入就是股市流通股的总市值，故计算公式为：

$$股票平均市盈率=\frac{流通股的总市值}{流通股的总收益} \tag{3.17}$$

不同的计算公式，其计算结果是不一样的，尤其是当市场中有较多利润很少或亏损公司时，差异较大。我国沪深两地交易所均采用第三种计算方法计算平均市盈率。在具体计算口径上两者在 1997 年 9 月 6 日以前存在着较大差异，这些计算口径的不同，在一定程度上影响了两个交易所市盈率指标的可比性，给政府的监管和投资者的投资决策造成了干扰。为了规范市场，消除干扰，中国证监会于 1997 年 8 月对市盈率的计算口径进行了统一：

规定 1：基本计算公式为当前总市值除以上一会计年度总收益；

规定 2：盈利的上市公司全部纳入计算范围，亏损公司不纳入；

规定 3：上市公司送股、配股和派发现金红利时，先对每股盈利予以相应调整，再计算市盈率；

规定 4：新股上市后，统一按前一会计年度每股收益(新发行股本增加的，按新发行后总股本予以摊薄)计算其市盈率。

市盈率计算方法的统一加强了两市场市盈率的可比性，对于规范市场信息发挥了积极作用。

用市盈率来判断单个股票的估值难免有失偏颇，而平均市盈率是衡量整体市场估值水平高低的重要指标，是投资者中长期投资、仓位控制的重要根据。我们左右不了行情的发展，但我们可以控制好自己的仓位。一般来说，仓位控制和整体市场估值水平呈反方向操作：整体市场估值越升越高，投资者仓位要越降越低；整体市场估值越降越低，投资者仓位要越升越高。比如，2001 年 4 月上证平均市盈率为 60.99 倍(表 3-5)，是 1999—2001 年的最高值，其仓位就应越来越低，大盘见大顶，牛市已结束，熊市开始。2005 年 5 月上证平均市盈率已降为 15.66 倍，是 2001—2005 年的最低值，投资者仓位就要越来越高，大盘已见大底，大熊市结束，大牛市开始。2014 年 2 月上证平均市盈率为 10.73 倍，可低位买进价值成长股，不惧市场的短期调整。可见，平均市盈率极限位的出现往往是股指低点或高点出现的最准确的预兆。上证综指的历史表现显示，上证综指平均市盈率在 20 倍以下为低估区域，50 倍以上为高估区域。投资者应在低估区域买进，高估区域抛出。

**表 3-5　1999 年以来上交所静态平均市盈率**　　倍

| 时间 | 1月 | 2月 | 3月 | 4月 | 5月 | 6月 | 7月 | 8月 | 9月 | 10月 | 11月 | 12月 |
|---|---|---|---|---|---|---|---|---|---|---|---|---|
| 1999 | 34.03 | 33.50 | 34.30 | 34.39 | 35.30 | 45.37 | 43.93 | 43.89 | 42.52 | 40.84 | 40.09 | 38.14 |
| 2000 | 42.82 | 47.99 | 49.92 | 51.13 | 54.02 | 55.22 | 58.21 | 58.13 | 54.83 | 56.31 | 59.89 | 59.14 |
| 2001 | 59.39 | 56.82 | 60.88 | 60.99 | 55.92 | 56.55 | 49.26 | 42.14 | 40.61 | 38.84 | 40.08 | 37.59 |
| 2002 | 34.31 | 35.11 | 37.16 | 39.08 | 38.75 | 44.47 | 42.40 | 43.02 | 40.40 | 38.23 | 36.46 | 34.50 |
| 2003 | 37.92 | 38.20 | 38.20 | 38.53 | 38.28 | 36.11 | 35.78 | 34.37 | 32.97 | 32.51 | 34.00 | 36.64 |
| 2004 | 38.91 | 40.89 | 42.49 | 38.95 | 28.73 | 26.65 | 26.49 | 25.68 | 26.75 | 25.34 | 25.69 | 24.29 |
| 2005 | 22.87 | 24.99 | 22.63 | 22.28 | 15.66 | 15.98 | 16.05 | 16.92 | 16.78 | 15.72 | 15.63 | 16.38 |
| 2006 | 17.61 | 18.00 | 17.72 | 19.42 | 19.69 | 19.91 | 20.03 | 20.38 | 21.41 | 22.86 | 26.13 | 33.38 |
| 2007 | 38.36 | 39.62 | 44.36 | 53.33 | 43.42 | 42.74 | 50.59 | 59.24 | 63.74 | 69.64 | 53.79 | 59.24 |
| 2008 | 49.40 | 49.21 | 39.45 | 42.06 | 25.89 | 20.64 | 20.93 | 18.13 | 18.68 | 14.09 | 15.23 | 14.86 |
| 2009 | 16.26 | 17.01 | 19.37 | 20.21 | 22.47 | 25.36 | 29.47 | 23.04 | 24.12 | 26.03 | 27.93 | 28.78 |
| 2010 | 26.24 | 27.54 | 27.54 | 25.42 | 19.93 | 18.47 | 19.86 | 19.85 | 20.00 | 22.61 | 21.51 | 21.60 |
| 2011 | 21.63 | 22.56 | 22.77 | 22.74 | 16.34 | 16.48 | 16.14 | 15.42 | 14.19 | 14.96 | 14.17 | 13.41 |
| 2012 | 14.01 | 14.86 | 13.86 | 14.70 | 12.66 | 11.90 | 11.28 | 11.03 | 11.25 | 11.17 | 10.71 | 12.30 |
| 2013 | 12.97 | 12.90 | 12.10 | 11.89 | 11.81 | 10.17 | 10.26 | 10.80 | 11.20 | 11.05 | 11.47 | 10.99 |

资料来源：blog. sina. com. cn/s/blog_717a64b80101，2014-03-03。

## 九、换手率

换手率指在一定时间内市场中股票转手买卖的频率，是反映股票流通性强弱的指标之一，可以计算日换手率，也可以计算年换手率、周换手率或特定时间区间的平均换手率等。

### (一)日换手率

日换手率是指在某一个交易日中，某只股票当日的日成交量(成交股数)除以该股的流通股本，是日成交量大小的另一种表达形态。一只股票每一日的成交量不同，换手率的大小也不同。日换手率体现出某只股票的市场人气，因此它是市场人气指标的一种。换手率是衡量股票活跃程度的基本尺度。日换手率和日平均成交量一样，是对日成交量研究的一种科学的量化，这有助于我们避免那种对“量”的错误的认识，在日常所见到的股价走势图上，成交量由柱形图表示，而相应的刻度是由电脑自动调整的，如果我们看到一根较长的日成交量柱子就认为该股是“放量”了而不去仔细研究，就可能把小量当大量。观察换手率数据后，就会得出正确的结论。

日换手率的高低往往意味着这样几种情况：

第一，股票的换手率越高，意味着该只股票的交投越活跃，人们购买该只股票的意愿越高，属于热门股；反之，股票的换手率越低，则表明该只股票少人关注，属于冷门股。

第二，换手率高一般意味着股票流通性好，进出市场比较容易，不会出现想买买不到、想卖卖不出的现象，具有较强的变现能力。然而值得注意的是，换手率较高的股票，往往也是短线资金追逐的对象，投机性较强，股价起伏较大，风险也相对较大。

第三，将换手率与股价走势相结合，可以对未来的股价做出一定的预测和判断。某只股票的换手率突然上升，成交量放大，可能意味着有投资者在大量买进，股价可能会随之上扬。如果某只股票持续上涨了一个时期后，换手率又迅速上升，则可能意味着一些获利者要套现，股价可能会下跌。

以个人投资者为主体的证券市场，换手率往往较高；以基金等机构投资者为主体的证券市场，换手率相对较低。

在股票市场上，大约70%的股票的日换手率低于3%。即3%以下的换手率非常普通，一种情况是该股属于散户行情，另一种情况是主力已高度控盘，庄股在高位震荡之际往往成交量大幅萎缩，换手率低。当一只股票的换手率在3%～7%时，该股已进入相对活跃状态，应该引起我们的注意。大于7%～10%的日换手率在强势股中经常出现，属于股价走势的高度活跃状态，一般来说，这些股票正在或者已经广为市场关注。日换手率在10%～15%的股票如果不是在上升的历史高位区或见中长期顶的时段，则意味着强庄股的大举运作，若其后出现大幅的回调，在回调过程中满足日最小成交量或者成交量的1/3法则可考虑适当介入。超过15%的日换手率后，如果该股能够保持在当日密集成交区附近运行，则可能意味着该股后市具有潜在的极大的上升能量，是超级强庄股的技术特征，因而后市有机会成为市场中的最大黑马。若发生在高位，尤其是高位缩量横盘之后出现，很可能是主力出货；如果发生在低位，尤其是在突破第一个强阻力区时，很可能为主力在积极进货。参见表3-6。

**表3-6　日换手率的大小与操作之间的关系**

| 日换手率 | 股票状态 | 盘口观察 | 资金介入 | 操作策略 | 走势趋向 |
|---|---|---|---|---|---|
| ＜1% | 冷清 | 不关注 | 散户资金 | 观望 | 无方向 |
| 1%～3% | 平淡 | 一般关注 | 散户或试探资金 | 谨慎试买 | 方向模糊 |
| 3%～7% | 相对活跃 | 适当关注 | 试探介入 | 少量介入 | 小幅升落 |
| 7%～10% | 高度活跃 | 高度关注 | 大举介入 | 考虑买入或卖出 | 稳步上升或回落 |
| 10%～15% | 非常活跃 | 重点关注 | 深度介入 | 大举买入或卖出 | 大幅上升或回落 |
| ＞15% | 极度活跃 | 极度关注 | 全线介入 | 进入或清仓 | 暴涨或暴跌 |

总体看，换手率主要还是反映市场交投的表象，要据此来判断机构动向和股票后势走向，则还需要借助其他指标和基本面因素来综合评判。如同我们在用温度计测量体温时发现度数偏高，若简单地做出感冒的判断显然是不正确的，医生往往还会通过其他检查来找出体温偏高的原因。投资者应该认识到，应正确地学习使用分析工具，同时要理性分辨那些依据单一数据或指标便给出买卖建议的所谓“点石成金”术。

新股上市换手率高低对判断今后该股的市场表现有重要的参考价值。一般而言，换手率高的个股意味着定价被市场所接受，场外资金认为股价还有上升空间因而敢于大量承接。因此，经过大量换手之后，该类个股通常在后市中有较好的表现机会。新股上市首日流通股换手率在60%以上，表明接盘蜂拥，后市看涨。但成交量放巨量、成交过量表明大批散户及小机构参与，其动机无一例外地属短线投机，一有差价就会抛出，因此后市涨幅不会太大，持续时间也较短。首日换手率偏小，后市价格可能下跌，也可能有一可观的升幅，需多方位分析后再加判断。实际操作中，上市头一个小时换手率超过40%，上市首个交易日换手率超过60%的新股后市表现较好的可能性较大。

**(二)平均换手率**

年平均换手率是用成交金额与流通市值对比的结果。其计算公式为:

$$年平均换手率=\frac{全年成交金额}{\frac{上年末流通市值+本年末流通市值}{2}}\times 100\% \tag{3.18}$$

结合我国历年的股市行情(表 3-7),很显然,平均换手率高,行情火爆;平均换手率低,行情低迷。当然,物极必反,凡事都有个度,过高的平均换手率反而显示行情的顶点。2007 年就是最好的例证,当年上海、深圳证券交易所的平均换手率分别到达 927.2%、987.4%,为 1995—2007 年的最高值,市场行情十分火爆,但 2008 年却跌入深渊。当然,在实际分析问题时,必须结合其他数据对照分析,这样可靠性就强得多。

**表 3-7 1994—2012 年上海、深圳证券交易所的平均换手率** %

| 年份 | 上海 | 深圳 | 年份 | 上海 | 深圳 |
|---|---|---|---|---|---|
| 1994 | 1 134.6 | 583.8 | 2004 | 288.7 | 288.3 |
| 1995 | 528.7 | 254.5 | 2005 | 274.4 | 316.4 |
| 1996 | 913.4 | 1 350.3 | 2006 | 541.1 | 609.4 |
| 1997 | 701.8 | 817.4 | 2007 | 927.2 | 987.4 |
| 1998 | 453.6 | 406.6 | 2008 | 392.5 | 469.1 |
| 1999 | 471.5 | 424.5 | 2009 | 499.4 | 793.3 |
| 2000 | 492.9 | 509.1 | 2010 | 198.0 | 557.0 |
| 2001 | 269.3 | 227.9 | 2011 | 124.8 | 340.5 |
| 2002 | 214.0 | 198.8 | 2012 | 101.6 | 297.9 |
| 2003 | 250.8 | 214.2 | | | |

资料来源:中国国家统计局数据中心。

从月平均换手率看,一般认为月平均换手率低于 36%很难有行情,从 1999 年至今,牛市行情平均在 51%左右最佳,行情能够持续。一旦数值发生大的变动,我们就应该关注。月平均换手率持续低迷,大盘低位盘整时都是如此,一旦数值放大,表明大盘异动。比如,2005 年的月平均换手率长时间在 30%下方波动,8 月突然放大到 40%上方,表明有大资金在低位建仓了。

## 十、量比

量比是指当天成交总手数与近期平均成交手数的比值,是衡量相对成交量的指标。它是指股市开市后平均每分钟的成交量与过去 5 个交易日平均每分钟成交量之比。其计算公式为:

$$量比=\frac{现在总成交手数}{过去5个交易日平均每分钟成交量\times 当日累计开市时间} \tag{3.19}$$

量比数值的大小表示此时刻成交量的增减，大于1表示此时刻成交总手数已经放大，小于1表示此时刻成交总手数萎缩。

在观察成交量方面，卓有成效的分析工具是量比，它将某只股票在某个时点上的成交量与一段时间的成交量平均值进行比较，排除了因股本不同造成的不可比情况，是发现成交量异动的重要指标。量比的数值越大，表明该股当日流入的资金越多，市场活跃度越高；反之，量比值越小，说明资金的流入越少，市场活跃度越低。一般来说，若某日量比为0.8～1.5倍，则说明成交量处于正常水平。量比在1.5～2.5倍之间则为温和放量，如果股价也处于温和缓升状态，则升势相对健康，可继续持股，若股价下跌，则可认定跌势难以在短期内结束，从量的方面判断应考虑停损退出。量比在2.5～5倍，则为明显放量，若股价相应地突破重要支撑或阻力位置，则突破有效的概率颇高，可以相应地采取行动。量比达5～10倍，则为剧烈放量，如果是在个股处于长期低位出现剧烈放量突破，涨势的后续空间巨大，是“钱”途无量的象征；但是，如果在个股已有巨大涨幅的情况下出现如此剧烈的放量，则值得高度警惕。某日量比达到10倍以上的股票，一般可以考虑反向操作。在涨势中出现这种情形，说明见顶的可能性压倒一切，即使不是彻底反转，至少涨势会休整相当长一段时间。在股票处于绵绵阴跌的后期突然出现巨大量比，说明该股在目前位置彻底释放了下跌动能。量比达到20倍以上的情形基本上每天都有一两单，是极端放量的一种表现，这种情况的反转意义特别强烈，如果在连续的上涨之后，成交量极端放大，但股价出现“滞涨”现象，则是涨势行情将要死亡的强烈信号。当某只股票在跌势中出现极端放量，则是建仓的大好时机。量比在0.5倍以下的缩量情形也值得好好关注，其实严重缩量不仅显示了交易不活跃的表象，同时也暗藏着一定的市场机会。缩量创新高的股票多数是长庄股，缩量能创出新高，说明庄家控盘程度相当高，而且可以排除拉高出货的可能。缩量调整的股票，特别是放量突破某个重要阻力位之后缩量回调的个股，常常是不可多得的买入对象。涨停板时量比在1倍以下的股票，上涨空间无可限量，第二天开盘即封涨停的可能性极高。在跌停板的情况下，量比越小则说明杀跌动能未能得到有效宣泄，后市仍有巨大下跌空间。当量比大于1时，说明当日每分钟的平均成交量大于过去5日的平均值，交易比过去5日火爆；当量比小于1时，说明当日成交量小于过去5日的平均水平。

## 十一、委比与委量差

### (一)委比

委比是衡量一段时间内场内买、卖盘强弱的技术指标，是所有要买入的量与要卖出的量的比，不是已成交的。其计算公式为：

$$委比=\frac{委买手数-委卖手数}{委买手数+委卖手数}\times 100\% \tag{3.20}$$

需要注意的是，从2003年12月8日起，深沪证券交易所调整了买卖盘揭示范围，投资者看到的行情数据，从原来的“三档行情”变成“五档行情”。相应的委买手数、委卖手数调整为五档总数量。

委比的取值范围为－100%～＋100%。委比值为正值，说明场内买盘较强，委比数越大，市场买盘就越强劲;委比值为负值,说明场内抛盘较强,委比数越靠近−100%,市场抛盘就越强劲。一般来说,委比指标说明了买入和卖出意愿的不平衡程度,并不能反应股票的活跃程度,活跃程度还是要看股票的换手率,同时需注意,委比数值时刻都在变化着。委比就是还没有交易成功,是通过系统委托而显示出来的一个参考数字。成交明细是指已经交易成功的分时成交量及成交价。成交明细所显示出来的是一个真实的数据,而委比却是一个虚假的数字,委比上的挂单是随时可以撤的。

### (二)委量差

委量差是委买手数与委卖手数的差值,是投资者意愿的体现,一定程度上反映了价格的发展方向。委量差为正,价格上升的可能性就大;反之,下降的可能性大。之所以加上“某种程度上”,是因为还有人为干扰的因素,比如主力制造的假象等。但对于市场中所有股票的委买委卖的差值之总和,却是一个不容易被任何人干扰的数值,它是一个相对真实的数据。因为任何一个单独的主力都不能影响它,散户更加不能。它是所有主力和散户的综合反映,确实能够反映市场真实买卖意愿。我们根据这个数据,可以判断大盘的短期方向以及大盘是否转折了。

## 十二、外内比

外内比就是外盘总量与内盘总量的比值。

外盘是以委卖价成交的总手数,外盘也叫主动性买盘。如外盘很大,意味着多数卖的价位有人来接,显示买势强劲。内盘是当前以委买价成交的总手数,内盘也叫主动性卖盘。如内盘过大,则意味着大多数的买入价都有人愿卖,显示卖方力量较大,如内盘和外盘大体相近,则买卖力量相当。外盘、内盘都是已成交的数据,外盘和内盘相加为总成交量,因此外内比应该是外盘总量与内盘总量的比值。外内比为1时,外盘与内盘相当;大于1,说明买势强劲;小于1,说明卖势强劲。但是要留意把这种方法用在涨停或跌停的股票上,却是效果相反的,在涨停的时候,多方力量强大,直接用大单把买价打到涨停价位上,因为先有买进价,所有的成交都是以此价来完成的,所以内盘会非常大;而跌停的时候道理也一样,空方直接用大单把卖出价打到跌停价位上,因为先有卖出价,所有的成交都是以此价来完成的,所以外盘会非常大,所以在用这个数据时要灵活。

不少人都是以外盘的大小来衡量当日股票走势的强弱,并以此为依据作为短线买卖的参考。但经常看盘应该有这样的经验,当某只股票在底位横盘,庄家处于吸筹阶段时,往往是内盘大于外盘的,具体的情形就是庄家用较大单子托住股价,而在若干个价位上面用更大的单子压住股价,许多人被上面的大卖单所迷惑,同时也经不起长期的横盘,就一点一点地卖出,此时庄家并不急于抬高价位买入,只是耐心地一点点承接,散户里只有少数人看到股价已无深跌可能,偶尔比庄家打高一点少量买入,才形成一点点外盘,这样一来就造成主动性卖盘大于主动性买盘,即内盘比较大,这样的股当时看来比较弱,但日后可能会走出大行情,尤其是长期出现类似情况的股票值得密切关注。

人们通过观察,总结出盘口秘诀:上有盖板,而出现大量隐形外盘,股价不跌,为大幅上涨的先兆;下有托板,而出现大量隐形内盘,为庄家出货迹象;外盘大于内盘,股价不上涨,警惕庄家出货；内盘大于外盘，价跌量增的第二天，是出货的机会；内外盘都较小，股价轻微上涨，是庄家锁定筹码，轻轻地托着股价往上走的时候；外盘大于内盘，股价仍上升，看高一线；内盘大于外盘，股价不跌或有微升，可能有庄家进场。

## 十三、涨跌幅

涨跌幅是对涨跌值的描述，是当前交易日最新成交价（或收盘价）与前一交易日收盘价相比较所产生的数值。其计算公式为：

$$\text{涨跌幅}=\frac{\text{当日最新成交价}-\text{前一交易日的收盘价}}{\text{前一交易日的收盘价}}\times 100\% \tag{3.21}$$

当日最新成交价比前一交易日收盘价高时其值为正，表示股价上涨的幅度；当日最新成交价比前一交易日收盘价低时其值为负，表示股价下跌的幅度。

股票的涨跌幅是有限制的，涨跌幅限制是指证券交易所为了抑制过度投机行为，防止市场出现过分的暴涨暴跌，而在每天的交易中规定当日的证券交易价格在前一个交易日收盘价的基础上上下波动的幅度。股票价格上升到该限制幅度的最高限价为涨停板，而下跌至该限制幅度的最低限度为跌停板。涨跌幅限制是稳定市场的一种措施。海外金融市场还有市场断路措施与暂停交易、限速交易、特别报价制度、申报价与成交价档位限制、专家或市场中介人调节、调整交易保证金比率等措施。我国期货市场常用的是涨跌幅限制、暂停交易和调整交易保证金比率三种措施。

欧美等发达国家证券市场大多有涨跌幅限制的规定。上海、深圳证券交易所自 1996 年 12 月 16 日起，分别对上市交易的股票（含 A、B 股）、基金类证券的交易实行价格涨跌幅限制，即在一个交易日内，除首日上市的证券外，上述证券的交易价格相对于上一个交易日收盘价格的涨跌幅度不得超过 10％。计算结果四舍五入至 0.01 元，超过涨跌幅限制的委托为无效委托，交易所作自动撤单处理。自 1998 年 4 月起，中国证监会对部分上市公司的股票实行特别处理，即 ST 股票，其涨跌幅限制为 5％。另外，对于 PT 类的股票，其涨幅限制为 5％，跌幅则没有限制。对于两市原有的老基金和各地证交中心挂牌交易的基金经过清理规范后上市的证券投资基金，在其上市首日，涨跌幅限制为其上市时每份基金单位资产净值的 30％，即每份基金单位资产净值×（1±30％），次日起涨跌幅限制为前个交易日收盘价的 10％。还有诸如股改股票（S 开头，但不是 ST 股票）完成股改复牌首日，某些重大资产重组股票比如合并之类的复牌当天，退市股票恢复上市日等也不受涨跌幅的限制。

涨跌幅限制最直接的作用是对市场一天之内的暴涨暴跌进行抑制，预防短期市场风险，但另一方面，涨跌幅限制也具有一定程度的助涨助跌作用，同时也容易受到大资金的控制。总体上看，涨跌幅限制只能改变短期大盘和个股走势，对中长期市场的波动没有太大的影响。

## 十四、振幅

股票振幅就是股票开盘后的最高价和最低价之间的震动幅度，在一定程度上表现股票的活跃程度。其计算公式为：

$$振幅=\frac{当日最高价-当日最低价}{昨日收盘价}\times 100\% \tag{3.22}$$

如果一只股票的振幅较小，说明该股不够活跃，反之则说明该股比较活跃。股票振幅分析有日振幅分析、周振幅分析、月振幅分析等类型。

对股票振幅进行分析，对考察股票有较大的帮助。如果振幅大，一可能是庄家高度控盘，散户手中流动的筹码很少，数量不多的成交量就会对股价形成很大波动；二可能是庄家通过大幅拉高或杀跌进行吸筹或出货的操作；三可能是处于多空明显分歧的阶段，如某股票在连续上涨或者涨停后，打开涨停或跌停时，就会出现较大的价格波动。

## 十五、市净率

市净率指的是每股股价与每股净资产的比率。其计算公式为：

$$市净率=\frac{股票市价}{每股净资产}\times 100\% \tag{3.23}$$

一般来说，市净率较低的股票，投资的风险越小，万一上市公司倒闭，清偿的时候可以收回更多成本。但在判断投资价值时还要考虑当时的市场环境以及公司经营情况、盈利能力等因素。

市净率能够较好地反映出“有所付出，即有回报”，它能够帮助投资者寻求哪家上市公司能以较少的投入得到较高的产出，对于大的投资机构，它能帮助其辨别投资风险。这里要指出的是：市净率不适用于短线炒作。

每股净资产是股票的账面价值，它是用成本计量的，而每股市价是这些资产的现在价值，它是证券市场上交易的结果。市价高于账面价值时公司资产的质量较好，有发展潜力，反之，资产质量差，没有发展前景。优质股票的市价都超出每股净资产许多，一般说来，市净率达到3可以树立较好的公司形象。市价低于每股净资产的股票，就像售价低于成本的商品一样，属于“处理品”。当然，“处理品”也不是没有购买价值，问题在于该公司今后是否有转机，或者购入后经过资产重组能否提高获利能力。

投资者常常会在牛市推崇市盈率，到熊市则往往拿市净率说事。为什么熊市大家爱用市净率来选股？道理很简单，牛市中大家齐齐往上看，市盈率给市场提供了无限想象空间，静态市盈率不行就用动态市盈率，今年的不行，还能推出明年、后年市盈率，总能“套”到合适理由。到了熊市，大家都往底下看，市净率常常给大家充当寻底的指标，它更能体现股票的安全边际，投资者可以先假设最悲观状况下上市公司停产，投资者可以按照净资产来变现。对于同一个股，市净率水平越低，安全系数越高的说法应该是对的。但是对于不同个股，则要具体情况具体分析。历史经验表明，一些跌破净资产的股票往往会表现为较小的投资风险，而在行情启动之时，也具有较好的价值回归动力。当然，并非所有跌破净资产的股票，所有低市净率的个股全都具有投资价值。

表3-8和表3-9给出了我国证券市场2013年的有关数据，以供学习者大致了解我国证券市场的发展状况。

**表 3-8 2013 年 2 月证券市场概况统计表**

| 指　　标 | 2012 年底 | 2013 年 2 月 | 比 2012 年底增减 |
|---|---|---|---|
| 境内上市公司数(A、B 股)/家 | 2 494 | 2 493 | −0.04% |
| 境内上市外资股公司数(B 股)/家 | 107 | 107 | 0.00% |
| 境外上市公司数(H 股)/家 | 179 | 179 | 0.00% |
| 股票总发行股本(A、B、H 股)/亿股 | 38 395.00 | 38 570.19 | 0.46% |
| 其中:流通股本/亿股 | 31 339.60 | 31 688.23 | 1.11% |
| 股票市价总值(A、B 股)/亿元 | 230 357.62 | 245 516.22 | 6.58% |
| 其中:股票流通市值/亿元 | 181 658.26 | 194 357.73 | 6.99% |
| 股票成交金额/亿元 | 314 667.41 | 30 302.35 | — |
| 日均股票成交金额/亿元 | 1 294.93 | 2 020.15 | — |
| 上证综合指数(收盘) | 2 269.13 | 2 365.59 | 4.25% |
| 深证综合指数(收盘) | 881.17 | 966.42 | 9.67% |
| 股票有效账户数/万户 | 14 045.91 | 13 495.00 | −3.92% |
| 平均市盈率(静态) | | | |
| 上海 | 12.30 | 12.90 | 4.88% |
| 深圳 | 22.01 | 24.16 | 9.77% |
| 证券投资基金数/只 | 1 173 | 1 215 | 3.58% |
| 交易所上市证券投资基金成交金额/亿元 | 8 667.36 | 905.86 | — |

数据来源:中国证监会。

**表 3-9 2013 年深圳证券市场概况**

| 指　　标 | 数值 | 比年初增减量 | 增减 |
|---|---|---|---|
| 上市公司数/家 | 1 536 | −4 | −0.26% |
| 上市证券数/家 | 2 328 | 138 | 6.30% |
| 总股本/亿股 | 8 070.35 | 854.35 | 11.84% |
| 流通股本/亿股 | 6 265.99 | 1 009.10 | 19.20% |
| 总市值/亿元 | 87 911.92 | 16 252.74 | 22.68% |
| 流通市值/亿元 | 63 053.16 | 15 689.35 | 33.13% |
| 总市值占 GDP 比重 | 16.94 | 1.79 | 11.82% |
| 深证成分指数 | 8 121.79 | −994.69 | −10.91% |
| 深证综合指数 | 1 057.67 | 176.50 | 20.03% |
| 深证 B 股指数 | 868.11 | 156.88 | 22.06% |
| 加权平均股价/(元/股) | 10.89 | 0.96 | 9.66% |
| 平均市盈率 | 27.76 | 5.74 | 26.07% |
| 投资者开户总数/万户 | 11 083.07 | 511.98 | 4.84% |
| 其中:机构开户总数/万户 | 38.04 | 2.57 | 7.25% |

续表 3-9

| 指　　标 | 数值 | 同比增减量 | 增减 |
|---|---|---|---|
| 本年累计股票成交金额/亿元 | 238 462.58 | 88 340.17 | 58.85% |
| 本年累计基金成交金额/亿元 | 5 796.68 | 844.19 | 17.05% |
| 本年累计债券成交金额/亿元 | 52 412.20 | 28 827.41 | 122.23% |
| 本年累计股票筹资额/亿元 | 1 761.96 | −284.48 | −13.90% |
| 本年累计股票交易印花税/亿元 | 238.46 | 88.34 | 58.85% |
| 本年累计新增投资者开户数/万户 | 528.50 | 66.03 | 14.28% |
| 其中:机构开户总数/万户 | 3.00 | 0.51 | 20.48% |

## 第三节　证券投资分析中的技术指标

技术分析是证券投资分析中常用的一种分析方法,各种理论和技术指标都经过几十年甚至上百年的实践检验,在今天看来仍然具有指导或参考意义。本节主要介绍证券投资分析中的技术指标及其运用。考虑到篇幅以及内容相关程度,这里只介绍其中一些技术指标,其余的放在第六章。

### 一、移动平均线

#### (一)移动平均线的原理

移动平均线(MA)是以道·琼斯的“平均成本概念”为理论基础,采用统计学中“移动平均”的原理,将一段时期内的股票价格的移动平均值连成曲线,用来显示股价的历史波动情况,进而反映股价未来发展趋势的技术分析方法。它是道氏理论的形象化表述,在股市中发挥着巨大的作用。

移动平均线是由著名的美国投资专家 Joseph E. Granville(葛兰碧,又译为格兰威尔)于 20 世纪中期提出来的。均线理论是当今应用最普遍的技术指标之一,它帮助交易者确认现有趋势、判断即将出现的趋势。

移动平均线常用线有 5 日、10 日、30 日、60 日、120 日和 240 日的指标。5 日和 10 日的短期移动平均线,是短线操作的参照指标,称作日均线指标;30 日和 60 日的移动平均线是中期均线指标,称作季均线指标;120 日、240 日的移动平均线是长期均线指标,称作年均线指标。

#### (二)移动平均线的应用

对于移动平均线的应用,最著名的就是葛兰碧提出的八大法则,共有 4 个买点和 4 个卖点。

买进信号:①当平均线从下降逐渐转为盘局或上升,而价格从平均线下方突破平均线,为买进信号。②当价格虽跌破平均线,但又立刻回升到平均线上,此时平均线仍然保持上升势态,仍为买进信号。③当价格趋势线走在平均线上,价格下跌并未跌破平均线并且立刻反转上升，亦是买进信号。④当价格突然暴跌，跌破平均线，且远离平均线，则有可能反弹上升，亦为买进信号。

卖出信号：①当平均线从上升逐渐转为盘局或下跌，而价格向下跌破平均线，为卖出信号。②当价格虽然向上突破平均线，但又立刻回跌至平均线以下，此时平均线仍然保持持续下跌势态，还为卖出信号。③当价格趋势线走在平均线下，价格上升却并未突破平均线且立刻反转下跌，亦是卖出信号。④当价格突然暴涨，突破平均线，且远离平均线，亦为卖出信号。

移动平均线的具体应用：

(1)上升行情初期，短期移动平均线从下向上突破中长期移动平均线，形成的交叉叫黄金交叉，如 5 日均线上穿 10 日均线形成的交叉、10 日均线上穿 30 日均线形成的交叉均为黄金交叉，这预示股价将上涨。

(2)短期移动平均线向下跌破中长期移动平均线形成的交叉叫死亡交叉，如 5 日均线下穿 10 日均线形成的交叉、10 日均线下穿 30 日均线形成的交叉均为死亡交叉，这预示股价将下跌。但是，不是所有的黄金交叉和死亡交叉都是进货点和出货点，尤其是在上升途中或者下跌途中，庄家可能会进行震荡洗盘或震荡出货。

(3)在上升行情进入稳定期，5 日、10 日、30 日移动平均线从上而下依次顺序排列，向右上方移动，称为多头排列，预示股价将大幅上涨。

(4)在下跌行情中，5 日、10 日、30 日移动平均线自下而上依次顺序排列，向右下方移动，称为空头排列，预示股价将大幅下跌。

(5)在上升行情中股价位于移动平均线之上，走多头排列的均线可视为多方的防线；当股价回档至移动平均线附近，各条移动平均线依次产生支撑力量，买盘入场推动股价再度上升，这就是移动平均线的助涨作用。

(6)在下跌行情中，股价在移动平均线的下方，呈空头排列的移动平均线可以视为空方的防线，当股价反弹到移动平均线附近时，便会遇到阻力，卖盘涌出，促使股价进一步下跌，这就是移动平均线的助跌作用。

(7)当移动平均线在底部出现双底形态或三重底形态，就是最佳买入时机。而当移动平均线在顶部出现双顶形态或三重顶形态，就是最佳卖出时机。

(8)移动平均线运行一段时间后，会出现波峰和波谷，这就是转点。移动平均线的转点非常重要，它通常预示着趋势的转变。当一种移动平均线向上运行，无法再创新高，并显示波峰状，即是股价无力创新高并可能转变趋势下行的征兆，这种转点通常又称为卖点。在下跌过程中，移动平均线向下运行，曲线转平并调头时，波谷就出现了，即人们所说的买点。投资者应紧跟移动平均线，及时发现转点(波峰和波谷)来寻找买卖点。

(9)当 10 日移动平均线由上升移动而向右下方反折下移时，30 日移动平均线却仍向右上方移动，表示此段下跌是多头市场的技术性回档，涨势并未结束。

(10)如果 30 日移动平均线也跟随 10 日移动平均线向右下方反折下跌，而 60 日移动平均线仍然向右上方移动，表示此波段回档较深，宜采取出局观望为主。

(11)如果 60 日移动平均线也跟随 10 日、30 日移动平均线向右下方反转而下跌，表示多头市场结束，空头市场来临。

(12)盘整时，5 日、10 日、30 日移动平均线会纠缠在一起，如盘局时间延长，60 日移动平均线也会与之黏合在一起。大势处于盘局时，如 5 日、10 日移动平均线向右上方突破上升，则后市必然盘高；如 5 日、10 日移动平均线向右下方下行，则后市必然盘跌。

(13)空头市场中，如股价向上突破 5 日、10 日移动平均线并站稳，是股价在空头市场中反弹的征兆。

(14)空头市场中，如股价向上突破 5 日、10 日移动平均线后又站上 30 日移动平均线，且 10 日与 30 日移动平均线形成黄金交叉，则反弹势将转强，后市有一定上升空间。

(15)空头市场中，如股价先后向上突破了 5 日、10 日、30 日移动平均线，又突破了 60 日移动平均线，则后市会有一波强力反弹的中级行情，甚至空头市场就此结束，多头市场开始。

移动平均线是股票技术分析中最常用也是最基础的指标之一，很多技术指标如 MACD 就是以移动平均线为基础衍生而来的。

## 二、乖离率

### (一)乖离率的原理

乖离率(BIAS)是反映股价在波动过程中与移动平均线偏离程度的技术指标。它的理论基础是：不论股价在移动平均线之上或之下，只要偏离距离过远，就会向移动平均线趋近，据此计算股价偏离移动平均线百分比的大小来判断买卖时机。BIAS 是依据葛兰碧移动平均线八大法则而派生出来的一项技术分析指标。

### (二)BIAS 的计算

由于选用的计算周期不同，BIAS 指标包括 $N$ 日乖离率、$N$ 周乖离率、$N$ 月乖离率和年乖离率以及 $N$ 分钟乖离率等很多种类型。经常被用于股市研判的是日乖离率和周乖离率。虽然它们计算时取值有所不同，但基本的计算方法一样。以日乖离率为例，其计算公式为：

$$N\text{ 日乖离率}=\frac{\text{当日收盘价}-N\text{ 日移动平均价}}{N\text{ 日移动平均价}}\times 100\% \tag{3.24}$$

$N$ 的取值常见的有两种，一种取 5、10、30 和 60 等 5 的倍数，一种取 6、12、18、24 和 72 等 6 的倍数。尽管它们数值不同，但分析方法和研判功能相差不大，均可研判短期、中期、中长期以及长期的市势，大智慧上的 BIAS 中 $N$ 取值为 6、12、24。

### (三)BIAS 的应用

一般而言，当 BIAS 过高或由高位向下时为卖出信号，当 BIAS 过低或由低位向上时为买入信号。在中长期多方市场里，BIAS 在 0 上方波动，0 是多方市场调整回档的支持线，BIAS 在 0 附近掉头向上为买入信号。在中长期空方市场里，BIAS 在 0 下方波动，0 是空方市场调整反弹的压力线，BIAS 在 0 附近掉头向下为卖出信号。BIAS 若有效上穿或下穿 0，则是中长线投资者入场或离场的信号。采用 $N$ 值小的快速线与 $N$ 值大的慢速线作比较观察，若两线同向上，升势较强；若两线同向下，跌势较强；快速线上穿慢速线为买入信号，快速线下穿慢速线为卖出信号。

股市从大致的方面而言是始终在两个区域中循环反复往来的，这两个区域，一个是大多数人赚钱的时期，另一个是大多数人赔钱的时期。所以，股市投资中最简明的策略就是：在大多数人赔钱的时候买入，在大多数人赚钱的时候卖出。而 BIAS 的设计正是建立在这种战略思想基础上的，它假设某一周期的移动平均线是该段时间内多空双方的盈亏平衡点，再以现价距离平衡点的远近判定目前处于哪个区域。然后根据偏离程度，做出买卖决定。

乖离率的基本应用原则是：

(1)乖离率可分为正乖离率与负乖离率，若股价大于平均线，则为正乖离；股价小于平均线，则为负乖离；当股价与平均线相等时，则乖离率为零。正的乖离率越大，表示短期超买越大，则越有可能见到阶段性顶部，负的乖离率越大，表示短期超卖越大，则越有可能见到阶段性底部。

(2)股价与6日平均线乖离率达+5%以上为超买现象，是卖出时机；达－5%以下为超卖现象，为买入时机。

(3)股价与12日平均线乖离率达+7%以上为超买现象，是卖出时机；达－7%以下为超卖现象，为买入时机。

(4)股价与24日平均线乖离率达+11%以上为超买现象，是卖出时机；达－11%以下为超卖现象，为买入时机。

(5)指数和股价因受重大突发事件的影响产生瞬间暴涨与暴跌，股价与各种平均线的乖离率有时会出奇的过高或过低，但发生概率极少，仅能视为特例，不能作为日常研判标准。

(6)每当股价与平均线之间的乖离率达到最大百分比时，就会向零值靠拢。这是葛兰碧八大法则所揭示的股价运行规律。

(7)在趋势上升阶段股价如出现负乖离，正是逢低买入的有利时机。

(8)在趋势下降阶段股价如出现正乖离，正是逢反弹出货的最佳时机。

#### (四)BIAS的缺陷

BIAS的缺陷是买卖信号过于频繁，因此，必须做出适当改进，具体优化方案如下：在原来三条线的基础上再增加设置第四条线：BIAS4。计算公式相同，参数设置为60日，具体的应用原则如下：当BIAS4小于－12时，可以轻仓做试探性买入，做反弹行情。当BIAS4小于－18时，可以半仓做波段行情。当BIAS4小于－24时，可以重仓坚决买入，做牛市行情。

### 三、顺势指标

#### (一)顺势指标的原理

顺势指标(CCI)是由美国股市分析家唐纳德·蓝伯特(Donald Lambert)于20世纪80年代提出的，最早用于期货市场的判断，后运用于股票市场的研判，并被广泛使用。与大多数单一利用股票的收盘价、开盘价、最高价或最低价导出的各种技术分析指标不同，CCI指标是根据统计学原理，引进价格与固定期间的股价平均区间的偏离程度的概念，强调股价平均绝对偏差在股市技术分析中的重要性，是一种比较独特的技术分析指标。CCI指标专门衡量股价是否超出常态分布范围，属于超买超卖类指标的一种，但它与其他超买超卖型指标又有独特之处。像KDJ、WR%等大多数超买超卖型指标都有0～100的上下界限，因此它们对一般常态行情的研判比较适用，而对于那些短期内暴涨暴跌的股票的价格走势，就可能会发生指标钝化的现象。而CCI指标却是波动于正无穷大到负无穷大之间，因此不会出现指标钝化现象，这样就有利于投资者更好地研判行情，特别是那些短期内暴涨暴跌的非常态行情。

### (二)CCI 的计算

由于选用的计算周期不同,顺势指标 CCI 也包括日 CCI、周 CCI、年 CCI 以及分钟 CCI 等很多种类型。经常被用于股市研判的是日 CCI 和周 CCI。虽然它们计算时取值有所不同,但基本方法一样。日 CCI 的第一种计算方法为:

$$CCI(n\text{日})=\frac{TP-MA}{MD}\times\frac{1}{0.015} \tag{3.25}$$

式中:$TP$=(最高价+最低价+收盘价)÷3;$MA$=近 $n$ 日收盘价的累计之和÷$n$;$MD$=近 $n$ 日($MA$-收盘价)的绝对值累计之和÷$n$;0.015 为计算系数;$n$ 为计算周期,在分析软件上,系统默认 $n$ 为 14。

日 CCI 的第二种计算方法表述为中价与中价的 $N$ 日内移动平均的差除以 $N$ 日内中价的平均绝对偏差。其中,中价等于最高价、最低价和收盘价之和除以 3,平均绝对偏差为统计函数。

从上面的计算过程可以看出,相对于其他技术分析指标,CCI 指标的计算是比较复杂的。由于现在股市技术分析软件的普及,对于投资者来说无须进行 CCI 值的计算,主要是通过对 CCI 指标的计算方法的了解,更加熟练地运用它来研判股市行情。

### (三)CCI 的一般研判方法

按市场的通行标准,CCI 指标的运行区间可分为三大类:大于+100、小于-100 和+100~-100 之间。当 CCI 大于+100 时,表明股价已经进入非常态区间,即超买区间,股价的异动现象应多加关注。当 CCI 小于-100 时,表明股价已经进入另一个非常态区间,即超卖区间,投资者可以逢低吸纳股票。当 CCI 介于+100~-100 之间时,表明股价处于窄幅振荡整理的区间,即常态区间,投资者应以观望为主。

CCI 指标区间的一般研判:当 CCI 指标从下向上突破+100 线而进入非常态区间时,表明股价脱离常态而进入异常波动阶段,中短线应及时买入,如果有比较大的成交量配合,买入信号则更为可靠。当 CCI 指标从上向下突破-100 线而进入另一个非常态区间时,表明股价的盘整阶段已经结束,将进入一个比较长的寻底过程,投资者应以持币观望为主。当 CCI 指标从上向下突破+100 线而重新进入常态区间时,表明股价的上涨阶段可能结束,将进入一个比较长时间的盘整阶段。投资者应及时逢高卖出股票。当 CCI 指标从下向上突破-100 线而重新进入常态区间时,表明股价的探底阶段可能结束,又将进入一个盘整阶段。投资者可以逢低少量买入股票。当 CCI 指标在+100~-100 线的常态区间运行时,投资者则可以用 KDJ 等其他超买超卖指标进行研判。

### (四)CCI 的特殊研判方法

CCI 指标的特殊研判方法主要集中在 CCI 指标的背离、CCI 曲线的形状等方面。

CCI 指标的背离:CCI 指标的背离是指 CCI 指标的曲线走势和股价 K 线图的走势方向正好相反,分为顶背离和底背离两种。当 CCI 曲线处于远离+100 线的高位,但它在创出近期新高后,CCI 曲线反而形成一峰比一峰低的走势,而此时 K 线图上的股价却再次创出新高,形成一峰比一峰高的走势,这就是顶背离。在实际走势中,CCI 指标出现顶背离是指股价在进入拉升过程中,先创出一个高点,CCI 指标也相应在+100 线以上创出新的高点,之后,股价出现一定幅度的回落调整,CCI 曲线也随着股价回落走势出现调整。但是,如果股价再度向上并超越前期高点创出新的高点,而 CCI 曲线随着股价上扬也反身向上但没有冲过前期高点就开始回落,这就形成 CCI 指标的顶背离。CCI 指标出现顶背离后,股价见顶回落的可能性较大,是比较强烈的卖出信号。而 CCI 的底背离一般是出现在远离－100 线以下的低位区。当 K 线图上的股价一路下跌,形成一波比一波低的走势,而 CCI 曲线在低位却率先止跌企稳,并形成一底比一底高的走势,这就是底背离。底背离现象一般预示着股价短期内可能将反弹,是短期买入的信号。在 CCI 的背离中,顶背离的研判准确性要高于底背离。

CCI 的曲线形态研判:CCI 曲线出现的各种形态也是判断行情走势、决定买卖时机的一种分析方法。当 CCI 曲线在远离＋100 线上方的高位时,如果 CCI 曲线的走势形成 M 头或三重顶等顶部反转形态,可能预示着股价由强势转为弱势,股价即将大跌,应及时卖出股票。如果股价的曲线也出现同样形态则更可确认。当 CCI 曲线在远离－100 线下方的低位时,如果 CCI 曲线的走势出现 W 底或三重底等底部反转形态,可能预示着股价由弱势转为强势,股价即将反弹向上,可以逢低少量吸纳股票。如果股价曲线也出现同样形态更可确认。CCI 曲线的形态中 M 头和三重顶形态的准确性要大于 W 底和三重底。

## 四、大盘腾落指数

腾落指数或涨跌线指标,其英文全称是“Advance/Decline Line”,缩写为 ADL。它是专门研究股票指数走势的技术分析工具。

### (一)ADL 指标的原理

ADL 指标是以股票每天上涨和下跌的家数作为计算和观察的对象,借此了解股市人气的兴衰,探测大势内在的动量是强势还是弱势,从而研判股市未来动向的技术指标。它是将在该市场上上市交易的所有股票家数中,每日上涨的股票家数减去下跌股票家数所得到的余额的累计。因此,ADL 指标是利用简单的加减法计算每天股票上涨家数和下跌家数的累计结果,与股市大势综合指数相互对比,对股票大势未来进行预测。

在正常情况下,股市大势指数上升,上涨股票的家数必然较多;相反,股市大势指数下降,下跌股票的家数较多。两者之间的关系往往成正比,而股市大势的升降与市场人气的强弱情形也是相同的。但是,当股市大势指数接近高位或低位时,也常有例外发生。这主要是由于股市大势指数的计算一般都是以股市大势高低和股本总额的大小来选样加权计算的,这就使得市场上的高价股和股本流通盘大的股票(即指标股或成分股),其上升或下跌在指数运算中所占的比例甚重,对指数的涨跌影响较大。而市场上的主力为了吸引买盘的兴趣,或诱逼卖方抛售,达到有效控制市场的目的,经常利用股本大或者股市大势高的个股影响股市大势指数的特性,刻意拉抬或者打压指标股,从而间接地影响大盘走势的涨跌。

ADL 指标与股市大势指数比较类似,两者均反映大势的动向和趋势,不对个股的涨跌提供信号。但由于股市大势指数在一定情况下受指标股的影响,这些股票的异常走势(暴涨或暴跌)会对股市大势指数的走势带来影响,从而给投资者提供不真实的信息。为了弥补股市大势指数可能失真这方面的缺点,在对股市大势指数分析中引入了腾落指标来辅助研判股市大势指数,对个股来说没有该指标。

### （二）ADL 指标的计算

ADL 指标的计算比较简单，如前所述，它是将在该市场上上市交易的所有股票家数中，每日上涨的股票家数减去下跌股票家数所得到的余额的累计。先假设知道了上一交易日的 ADL 值，然后来计算当日的 ADL 值。假设当日所有股票中上涨的共有 $A$ 家，下跌的共有 $F$ 家，持平的为 $B$ 家，这里涨跌标准是以当日收盘价与上一日收盘价相比较。这样当日的 ADL 值的计算公式为：

$$当日\ ADL = 上一日\ ADL + A - F \tag{3.26}$$

由上式推出：

$$当日\ ADL = \sum A - \sum F \tag{3.27}$$

式中：$\sum A$ 表示从开始交易的第一天算起每一个交易日的上涨家数的总和；$\sum F$ 表示从开始交易的第一天算起每一个交易日的下跌家数的总和。

ADL 指标既没有周 ADL、月 ADL、年 ADL，也没有分钟 ADL 等各种类型指标，它只有日 ADL 这一种指标。在实际运用中，投资者无须自己动手计算 ADL 值，主要是了解日 ADL 的计算原理和方法，从而熟悉、掌握 ADL 指标的各种分析方法和技巧。

### （三）ADL 指标的一般研判标准

ADL 指标只能用于大盘走势分析，不能用于个股分析，且 ADL 指标只能用于大盘的日走势这一种分析。ADL 的应用重在研判其曲线的走势，并不看重取值的大小。

ADL 曲线与股市大势指数曲线同步上升并创新高，则可以判断大势的上升趋势将继续，大势短期内向下反转的可能性不大。ADL 曲线与股市大势指数曲线同步下跌并创新低，则可以判断大势的下降趋势将继续，大势短期内向上反转的可能性不大。在长期上涨的多头市场里，当 ADL 曲线呈长期上升趋势，其间如果突然出现急速下跌的现象，接着又立即掉头向上，并创下新高，同时股市大势指数曲线也呈相似走势时，则表示多方力量很强大，行情有可能再次向上，再创新高。在长期下跌的空头市场里，当 ADL 曲线呈长期下跌趋势，其间如果突然出现急速上升的现象，接着又立即掉头向下，并创下新低，同时股市大势指数曲线也呈相似走势时，则表示空方力量很强大，行情可能再次向下，再创新低。

在长期上涨的多头行情里，如果股市大势指数已经进入高位时，而 ADL 曲线并没有同步上升，而是开始走平或下降，这是大势的向上趋势可能结束的信号。在长期下跌的空头行情里，如果股市大势指数已经进入低位，而 ADL 曲线并没有同步下跌，而是开始走平或调头上升，这是大势的向下趋势可能进入尾声的信号。股市大势指数从高点回落，整理后再度上涨，并接近前期高点或创新高后，而 ADL 曲线却盘桓不前或无法冲过前期高点时，说明大势随时有向下反转的可能。股市大势指数从低点反弹，反弹后再度下跌，并接近前期低点或创新低后，而 ADL 曲线却无法跌破前期低点并走平或向上掉头时，说明大势的跌势可能已有转机，随时可能向上反弹。

### （四）ADL 指标的特殊分析方法

ADL 指标的特殊分析方法主要集中在 ADL 曲线的背离现象以及当日 ADL 曲线与 $N$ 日 ADL 平均线之间的关系等方面进行研判。

在多头市场里，主力经常会控制一些指标股的走势来维持市场的上升趋势而达到吸引买盘、拉高出货的目的。当市场主力借控制指标股的大涨小回以维持中长期投资者的信心，而对其余股票则采取轮番上涨的节奏上扬时，股市的上升趋势将十分稳定。当多头市场行情持续数月后，股市大势指数仍在缓慢攀升，而此时 ADL 指标却在高位徘徊不前甚至开始掉头下降时，则表示股市大势指数的上升趋势主要是指标股拉动上升所致，并得不到其他股票的配合，市场主力有拉高出货的迹象，此种走势就是 ADL 指标的顶背离现象。当 ADL 指标出现顶背离现象时，通常意味着股市的多头行情已接近尾声，股市大势很可能很快会反转向下。

在空头市场里，主力经常也会控制一些指标股的走势来延长市场的下跌趋势而达到诱逼卖方抛售、低位吸货的目的。在股市下跌初期，市场上人气涣散，投资者争相抛售手头股票，股市的下降走势一波比一波低。当空头市场行情持续数月后，随着卖盘的逐渐减少，成交量极度萎缩，市场上出现惜售股票的迹象，许多股票开始止跌回稳，而此时市场主力并没有收集到足够的廉价筹码。为了达到能有足够的空间和时间逢低吸纳绩优股的目的，市场主力便借控制指标股的再次下跌打击中长期投资者的信心。当股市大势指数再次下跌并创新低，而 ADL 指标却在低位走平甚至开始调头向上时，这表示股市大势指数的下降趋势主要是市场主力打压指标股，以达到逢低吸货的目的所致。此种走势就是 ADL 指标的底背离现象。当 ADL 指标出现底背离现象时，通常意味着市场上主力已开始进场建仓，大盘将很快止跌反弹。

和其他技术分析指标一样，ADL 曲线出现的各种形态也是判断行情走势、决定买卖时机的一种分析方法。当 ADL 曲线在高位形成 M 头或三重顶等顶部反转形态时，可能预示着股市大势由强势转为弱势，股市大势即将大跌，应及时卖出股票。如果股市大势的曲线也出现同样形态则更可确认，其跌幅可以用 M 头或三重顶等形态理论来研判。当 ADL 曲线在低位出现 W 底或三重底等底部反转形态时，可能预示着股市大势由弱势转为强势，股市大势即将反弹向上，可以逢低少量吸纳股票。如果股市大势曲线也出现同样形态更可确认，其涨幅可以用 W 底或三重底形态理论来研判。ADL 曲线的形态中 M 头和三重顶形态的准确性要大于 W 底和三重底。

## 五、大盘涨跌比率

涨跌比率指标又称上升下降比指标，其英文全称是“Advance/Decline Ratio”，缩写为 ADR。和 ADL 指标一样，是专门研究股票指数走势的中长期技术分析工具。

### （一）ADR 指标的原理

ADR 指标是将一定时期内上市交易的全部股票中的上涨家数和下跌家数进行比较，得出上涨和下跌之间的比值，并推断市场上多空力量之间的变化，进而判断市场上的实际情况。和 ADL 一样，是专门研究股票指数的指标，不能用于选股与研究个股的走势。

股票市场是多空双方争斗的战场，这种争斗在一定程度上是自发的，带有较多的自由性和盲目性，其表现为股市上超买超卖的情况比较严重，有时候投资者盲目地追涨会造成股市超买，有时候又会盲目地杀跌造成股市超卖。ADR 指标就是从一个侧面反映整个股票市场是否处于涨跌过度、超买超卖现象严重的情况，从而进行比较理性的投资操作。

ADR 指标的构成基础是“钟摆原理”，即当一方力量过大时，会产生物极必反的效果，向相反方向摆动的拉力越强，反之亦然。该原理表现在股市上，就意味着当股市中人气过于高涨，股市屡创新高以后，接下来可能就会暴发一轮大跌的行情，而当股市中人气低迷，股价指数不断下挫而跌无可跌的时候，可能一轮新的上涨行情即将展开。ADR 指标就是通过一定时期内整个股票市场上的上涨和下跌家数的比率，衡量多空双方的变化来判断未来股票市场整体的走势。

**(二)ADR 指标的计算方法**

由于选用的计算周期不同，ADR 指标包括 $N$ 日 ADR、$N$ 周 ADR、$N$ 月 ADR 和 $N$ 年 ADR 以及 $N$ 分钟 ADR 指标等多种类型。经常被用于股市研判的是日 ADR 和周 ADR 指标。虽然它们计算时取值有所不同，但基本的计算方法一样。以 $N$ 日 ADR 为例，其计算公式为：

$$\text{ADR}(N\text{日})=\frac{P_1}{P_2} \tag{3.28}$$

式中：$P_1$ 为 $N$ 日内股票上涨家数之和；$P_2$ 为 $N$ 日内股票下跌家数之和；$N$ 为选择的天数。

选择一定参数周期内的股票上涨和下跌家数的总和，目的是为了避免由于某一特定时期内股市的特殊表现而误导研判。影响 ADR 取值的因素很多，主要是公式中分子、分母之间的取值和参数选择的大小。一般而言，参数选择小，ADR 值上下变动的空间就比较大，曲线的起伏就比较剧烈；参数选择大，ADR 值上下变动的空间就比较小，曲线的上下起伏就比较平稳。参数的设定没有统一的标准，可根据市场的变化和投资者的偏好来自由设定。目前，市场比较常用的参数为 10、14 等，另外还可以用 5、25、30、60 等。ADR 参数的选择在 ADR 技术指标研判中占有重要的地位，参数的不同选择对行情的研判可能都带来不同的结果。

ADR 值是电脑自动计算，投资者不需自己计算，对于投资者来说更重要的是如何运用指标来研判股票大势的走势情况。

**(三)ADR 指标的一般研判标准**

ADR 是综合一定时期内股市中全部股票的涨跌家数来研判股市总体发展趋势的，其在多头或空头市场中有不同的分析方法。

从 ADR 的计算方法上看，ADR 的取值范围在 0 以上。从理论上来说，ADR 数值可以得到很大值。但在实际中，除了在一个股票市场形成的初期，当上市的股票很少而且所有股票都大幅上涨的情况下，ADR 的数值可能比较大，其他时候 ADR 值大于 3 的情况会极少。

一般而言，由 ADR 的数值大小可以把大势分为几个区域：ADR 数值在0.5～1.5 之间时 ADR 处在正常区域内。当 ADR 处在正常区域内时，表明多空双方势均力敌，大盘的走势波动不大、比较平稳，股市大势属于一种盘整行情。这个区域是 ADR 数值经常出现的区域。当 ADR 数值在 0.3～0.5 之间或 1.5～2 之间时 ADR 处在非正常区域内。当 ADR 处在 1.5～2 之间的非正常区域时，表明多头力量占据优势，大盘开始向上一路上涨，股市大势属于一种多头行情；而当 ADR 处在 0.3～0.5 之间的非正常区域时，表明空头力量占据优势，大盘开始一路下跌，股市大势属于一种空头行情。这两个区域是 ADR 数值比较少出现的区域。当 ADR 值在 0.3 以下或 2 以上时是 ADR 处在极不正常区域内。当 ADR 处在极不正常区域时，主要是突发的利多、利空消息引起股市暴涨暴跌的情况，此时股市大势属于一种大空头或大多头行情。

当 ADR 数值小于 0.5 时，表示大势经过长期下跌，已经出现超卖现象，很多股票价格可能会止跌企稳并出现一轮反弹行情，投资者可以短线少量买入超跌股作反弹。当 ADR 数值大于 1.5 时，表示大势经过长期上涨，已经出现超买现象，很多股票价格可能已经上涨过度，将会出现一轮幅度比较大的下跌行情，投资者应及时卖出股票或持币观望。当 ADR 数值在 0.5～1.5 之间时，表示大势基本处于整理行情之中，没有出现特殊的超买和超卖现象，这时投资者更重要的在于研判个股行情。当 ADR 数值在 0.3 以下时，表示大势处在大空头市场的末期，市场上出现了严重的超卖现象，很多股票的价格已经跌无可跌，此时，投资者可以分批逢低吸纳股票，作中长线的建仓投资。当 ADR 数值在 1.5 以上时，表示大势处在大多头市场的末期，市场上出现了严重的超买现象，很多股票的价格已经涨幅过大，将面临一轮比较大的下跌行情，此时，投资者应及时卖出持有的股票。

对大势而言，ADR 指标具有领先示警作用，尤其是在中短期回调或反弹方面，能比股价综合指数曲线领先出现征兆。若股价综合指数曲线与 ADR 曲线之间出现背离现象，则可能预示着大势即将反转。当 ADR 曲线向上攀升，而股价综合指数曲线也同步上升，则意味着整个股票市场是处于整体上涨的阶段，股市大势将维持向上攀升的态势，市场上人气比较活跃，投资者可积极进行个股的投资决策。当 ADR 曲线继续下跌，而股价综合指数曲线也同步下跌，则意味着整个股票市场是处于整体下跌的阶段，股市大势将维持下跌的态势，市场上人气比较低落，此时，投资者应以持币观望为主。ADR 曲线开始从高位向下回落，而股价综合指数曲线却还在缓慢向上扬升，则意味着股市大势可能出现"顶背离"现象，特别是大盘已经经过了一轮比较长时间的上升行情以后。股价综合指数上升而 ADR 值从高位回落，说明股市一线大盘股领涨，而大多数二、三线小盘股却纷纷下跌，上升行情难以持久。ADR 曲线从底部开始向上攀升，而股价综合指数曲线却继续下跌，则意味着股市大势可能出现"底背离"现象，特别是大盘已经经过了一轮比较长时间的下跌行情以后。股价综合指数下跌而 ADR 值从低位开始向上扬升，说明股价综合指数的下跌是由大盘股下跌引起的，而许多小盘股经过长时间的下跌开始显示出投资价值，已经有主力在开始建仓，整个大势可能将很快止跌反弹。

### (四)ADR 指标的特殊分析方法

当 ADR 曲线在高位形成 M 头或三重顶等顶部反转形态时，可能预示着大盘由强势转为弱势，大盘即将大跌，如果股价综合指数也出现同样形态则更可确认，其跌幅可以用 M 头或三重顶形态理论来研判。当 ADR 曲线在低位出现 W 底或三重底等底部反转形态时，可能预示着大盘由弱势转为强势，大盘即将反弹向上，如果股价综合指数也出现同样形态更可确认，其涨幅可以用 W 底或三重底等形态来判断。相对而言，ADR 指标的高位 M 头或三重顶判断的准确性要比其底部的 W 底或三重底要高。

ADR 指标的研判随着选用研判参数的不同会有一定变化。参数越大，ADR 常态区域的上下限就离 1 越近；参数越小，上下限离 1 越远，因此，ADR 指标参数的选择会影响 ADR 曲线与 1 值线之间的关系，从而直接影响对大盘的研判。

## 六、主力进出指标

### (一)主力进出指标的原理与计算过程

主力进出指标是依据道氏理论的价量关系而构造出的技术指标，它揭示了股价涨跌的真正动因。主力进出指标能先于其他经典的分析指标发出买入或卖出信号,掌握主力进出指标的基本定义、指标介绍、使用方法,从而能更早地把握出市点和入市点。

主力进出指标是由深沪两市交易数据中账户的(资金+市值)高于一定额度的账户买卖股数汇总而来。这和一般的大单成交数据的重要区别就是,主力进出数据统计是以账户的资金实力加以区别,而不是简单地以成交市值作为比较。因为一只股票往往在机构进场吸货时是相当隐蔽的,且主力进货数占当日的成交量比例又很大,根本不会有多大的单笔成交,这使得我们通过一般的大单成交是没法捕捉到该类个股的。但用主力进出数据就不同,哪怕是那些资金实力雄厚的账户开始在小量地买进一些个股,因为统计依据是账户(资金+市值),主力数据也会将他们的成交数量汇总,只要进货数量占当日成交量的25%以上,就可以引起我们的关注了,这使得很多主力隐蔽进货的个股在我们面前也暴露无遗。

主力进出指标有三条线,绿线(JCS)为短期主力运作轨迹(短线),黄线(JCM)为中期主力运作轨迹(中线),白线(JCL)为长期主力运作轨迹(长线)。

其计算过程如下:

$$VAR1=\frac{\text{收盘价}+\text{最低价}+\text{最高价}}{3} \tag{3.29}$$

$$VAR2=\sum\frac{\dfrac{(VAR1-\text{昨日最低价})-(\text{最高价}-VAR1)\times\text{成交量(手)}}{10\ 000}}{\text{最高价}-\text{最低价}} \tag{3.30}$$

$$VAR3=VAR2\text{ 的 1 日指数移动平均} \tag{3.31}$$

JCS 即 $VAR3$;JCM 即 $VAR3$ 的 12 日简单移动平均;JCL 即 $VAR3$ 的 26 日简单移动平均。

**(二)主力进出指标的运用**

当短线与中线及长线相近,并且平行向上时,形成多头排列,表示主力机构在边吸边拉,可以跟进,可能成为黑马。短线上涨过快远离中、长线,出现较大乖离率,表示短线获利筹码较多,宜注意控制风险,可适当卖出。当短线回落至中、长线处受支撑时,而黄、白线发散向上,表示上升趋势未改,前期股价回落仅是途中的回调,可适量跟进。主力进出三线"死亡交叉",盘口呈空头排列,投资者宜尽快出局。主力进出三线相近,并且平行向下时,表示主力机构仍未进场,或部分主力在出货,不可跟进。当中线与长线由上行趋势转向下行趋势,而短线向下行,形成一个断层向下的形态时,可认为主力机构拉高出货已完成,此股一般不会再度炒作,要经过很长一段时间的恢复才有可能启动。当短线向上拉得太急,与中、长线乖离率相差太大时,短线应出货,要等到短线再次向中、长线靠拢时方可逢低吸纳,等待主力再次拉升。如果短线向下行但中、长线仍是向上趋势,此时被套就不用害怕,因为主力仍未出完货,一定还会有自救行为。主力进出指标除了研判个股外,还适用于对大盘的研判。

## 七、散户线

散户主要是指资金实力较小的投资者,其入市的资金一般也就三五万元甚至更低,基本由工薪阶层组成。散户的人数众多,占到股民总数的95%左右,由于资金有限、人数众多,在股市交易中散户的行为带有明显的不规则性和非理性，其情绪极易受市场行情和气氛的左右。由于散户基本都是业余投资者，其力量单薄，时间和精力没有保证，专业知识和投资技能相对较差，所以散户在股市投资中往往都成为机构大户宰割的对象，其亏损的比例要远远高于大户。

**（一）散户线的原理**

散户线并不是散户数量，它只是一个指标。主要是根据对市场交易数据的统计和判断而得出的大约散户持股数，当然这个数据不是精确的，但是却反映了一家股票集中或分散的趋势。一般而言，筹码越集中，意味着庄家实力越雄厚、控盘程度越高；而筹码越分散，意味着越没有市场主力参与，但两者是可以相互转换的，筹码集中到一定程度的时候很可能是股价高风险的时候。

众所周知，股价由低到高的过程，也是股票筹码由分散到集中的过程，散户线正是基于这样一个原理而设计。大智慧散户线是散户评测数的增减变动曲线，通过散户线的上升与下降的趋势，来反映主力资金进出活动。散户线上升，资金离场筹码分散；散户线下降，资金进场，筹码集中。

**（二）散户线的运用**

散户线上升，筹码分散，散户线上升幅度加快，资金离场，容易演变为散户主导性行情。散户线下降，筹码集中，主力持股数上升幅度加快，主力引导性大行情往往产生。如散户线由升开始转降，通常说明主力开始进场收集廉价筹码，大盘可能转好。散户线持续下降，股价也不涨，表明主力在压低建仓。散户线持续下降后突然再次加速下挫，股价却小幅走高后横盘不涨，说明主力洗盘将结束，可能步入拉升阶段。散户线持续下降，股价反而走低，表明主力在悄然接盘。散户线上升幅度开始加快，股价也上涨，说明主力在拉高派发手中的筹码。散户线持续上升，如股价下跌，通常说明主力正在快速派发手中的筹码，出货坚决。

# 模块 2　行情软件基本介绍

## 一、软件菜单介绍

对软件的熟练使用可以帮助我们尽快找到所需的信息，从而对我们的投资决策形成及时可靠的指导。打开行情分析软件，我们可以在菜单栏看到八个菜单键：系统、功能、报价、分析、期货、资讯、工具、帮助，以及四个快捷键：行情、资讯、交易、网站。系统菜单提供了投资品种的选择和数据导出以及维护等系统功能；功能菜单主要涵盖了对证券分析的几个功能，包括即时分析、技术分析和基本资料等；报价菜单从几个不同角度对证券进行报价，包括股票排名、深沪综合排名、热门板块分析等功能；分析菜单涵盖了对证券交易明细分析的功能，包括分时走势、逐笔成交明细等功能；资讯菜单可以为投资者提供很多证券分析的及时资讯；工具菜单为投资者提供行情分析所需要的很多其他辅助工具，比如，用来画趋势线的画线工具、用来记录的截图工具等。四个快捷键主要用于四个项目之间的切换。

接下来，我们按照一般投资者的思路对软件的使用做简单介绍。首先我们要查看的就是大盘走势，即股市的综合反映。我们可以通过对大盘的观察大致了解今天市场的基本涨跌情况。如图 3-1 所示，在分析菜单中，选择“大盘走势”，可以看到上证 180 走势、上证综指走势、深证 100 走势等两市所有的大盘指标，点击进入即可查看。

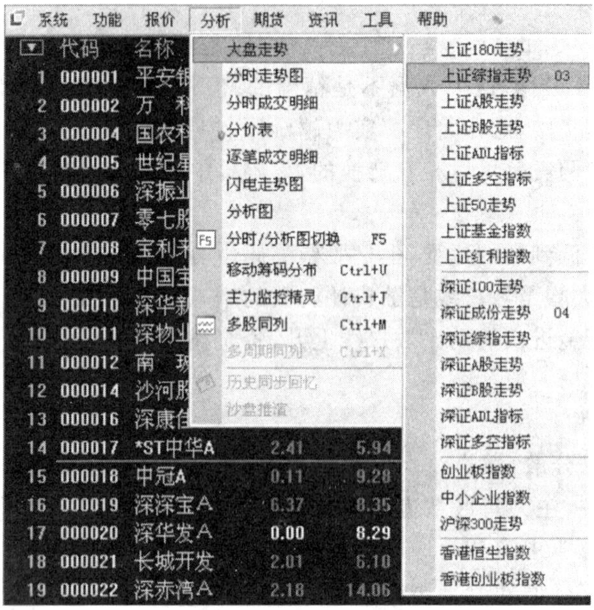

图 3-1　大盘走势下拉菜单

了解大盘基本动态之后，我们需要继续了解如何根据信息找到我们需要的股票，目前行情软件自带的一些证券的分类和排名可以为证券投资分析提供便利。在选择股票时，我们可以利用系统菜单下的“选择品种”对话框。如图 3-2 所示，该对话框对股市按照地区、行业、概念、风格等不同的范畴进行分类，有利于投资者根据热门板块或行业选择股票，进行一定的比较和选择。点击每一个分类，进而单击每一个分类中的选项，即可出现这一类的股票。

功能菜单下的“选股器”也是一个很有用的工具，投资者可以输入自己所要求的条件，软件就会搜索符合条件的股票，为投资者节省时间和精力。打开选股器进行条件选股，如图 3-3 所示，该对话框上方的条件选股公式提供了众多的选股条件，在左边的参数选项进行调整就可以找到符合自己要求的股票。如选择条件“UPN——连涨天数”，并且设定左边的参数是“连涨 3 天”就可以查询到符合条件的股票，并且还可以在右下方对时间段进行设定。

此外，报价菜单也可以得到很多有用的信息，下拉菜单“分类股票”功能对两市的所有的证券品种进行分类。“栏目排名”功能提供了种类丰富的排名，如成交量排名、净资产排名、量比排名等，点击进入即可查看当日股票的各种排名情况。“沪深综合排名”提供一个更加综合的视角，对上证 A 股的“涨幅排名”、“跌幅排名”、“振幅排名”等九类排名进行综合显示，如图 3-4 所示，每个排名之下都给出了前几名的股票。报价菜单上还有一个非常重要的功能——“热门板块分析”，如图 3-5 所示，进入该菜单可以清楚地看到今天的活跃板块，这不管是对今天的行情格局的了解还是对以后的行情判断都是很重要的。

图 3-2　投资品种选择

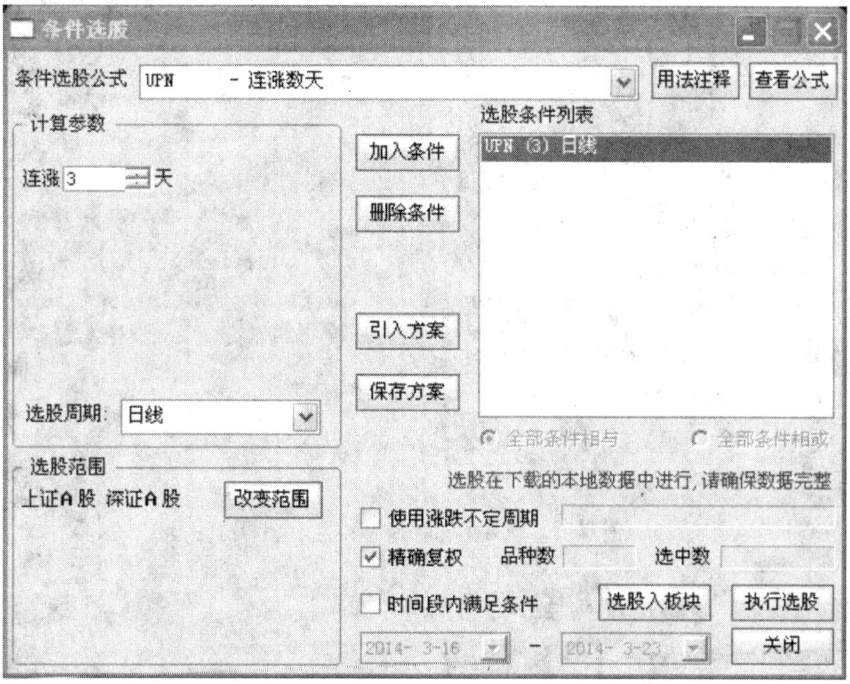


图 3-3　条件选股

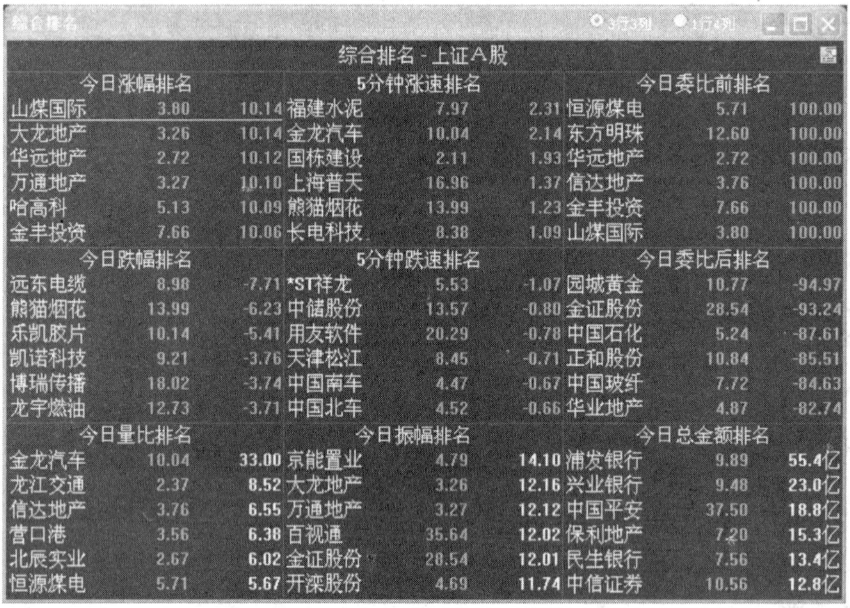

综合排名 - 上证A股

| 今日涨幅排名 | | | 5分钟涨速排名 | | | 今日委比前排名 | | |
|---|---|---|---|---|---|---|---|---|
| 山煤国际 | 3.80 | 10.14 | 福建水泥 | 7.97 | 2.31 | 恒源煤电 | 5.71 | 100.00 |
| 大龙地产 | 3.26 | 10.14 | 金龙汽车 | 10.04 | 2.14 | 东方明珠 | 12.60 | 100.00 |
| 华远地产 | 2.72 | 10.12 | 国栋建设 | 2.11 | 1.93 | 华远地产 | 2.72 | 100.00 |
| 万通地产 | 3.27 | 10.10 | 上海普天 | 16.96 | 1.37 | 信达地产 | 3.76 | 100.00 |
| 哈高科 | 5.13 | 10.09 | 熊猫烟花 | 13.99 | 1.23 | 金丰投资 | 7.66 | 100.00 |
| 金丰投资 | 7.66 | 10.06 | 长电科技 | 8.38 | 1.09 | 山煤国际 | 3.80 | 100.00 |
| **今日跌幅排名** | | | **5分钟跌速排名** | | | **今日委比后排名** | | |
| 远东电缆 | 8.98 | -7.71 | *ST祥龙 | 5.53 | -1.07 | 园城黄金 | 10.77 | -94.97 |
| 熊猫烟花 | 13.99 | -6.23 | 中储股份 | 13.57 | -0.80 | 金证股份 | 28.54 | -93.24 |
| 乐凯胶片 | 10.14 | -5.41 | 用友软件 | 20.29 | -0.78 | 中国石化 | 5.24 | -87.61 |
| 凯诺科技 | 9.21 | -3.76 | 天津松江 | 8.45 | -0.71 | 正和股份 | 10.84 | -85.51 |
| 博瑞传播 | 18.02 | -3.74 | 中国南车 | 4.47 | -0.67 | 中国玻纤 | 7.72 | -84.63 |
| 龙宇燃油 | 12.73 | -3.71 | 中国北车 | 4.52 | -0.66 | 华业地产 | 4.87 | -82.74 |
| **今日量比排名** | | | **今日振幅排名** | | | **今日总金额排名** | | |
| 金龙汽车 | 10.04 | 33.00 | 京能置业 | 4.79 | 14.10 | 浦发银行 | 9.89 | 55.4亿 |
| 龙江交通 | 2.37 | 8.52 | 大龙地产 | 3.26 | 12.16 | 兴业银行 | 9.48 | 23.0亿 |
| 信达地产 | 3.76 | 6.55 | 万通地产 | 3.27 | 12.12 | 中国平安 | 37.50 | 18.8亿 |
| 营口港 | 3.56 | 6.38 | 百视通 | 35.64 | 12.02 | 保利地产 | 7.20 | 15.3亿 |
| 北辰实业 | 2.67 | 6.02 | 金证股份 | 28.54 | 12.01 | 民生银行 | 7.56 | 13.4亿 |
| 恒源煤电 | 5.71 | 5.67 | 开滦股份 | 4.69 | 11.74 | 中信证券 | 10.56 | 12.8亿 |

图 3-4　综合排名—上证 A 股

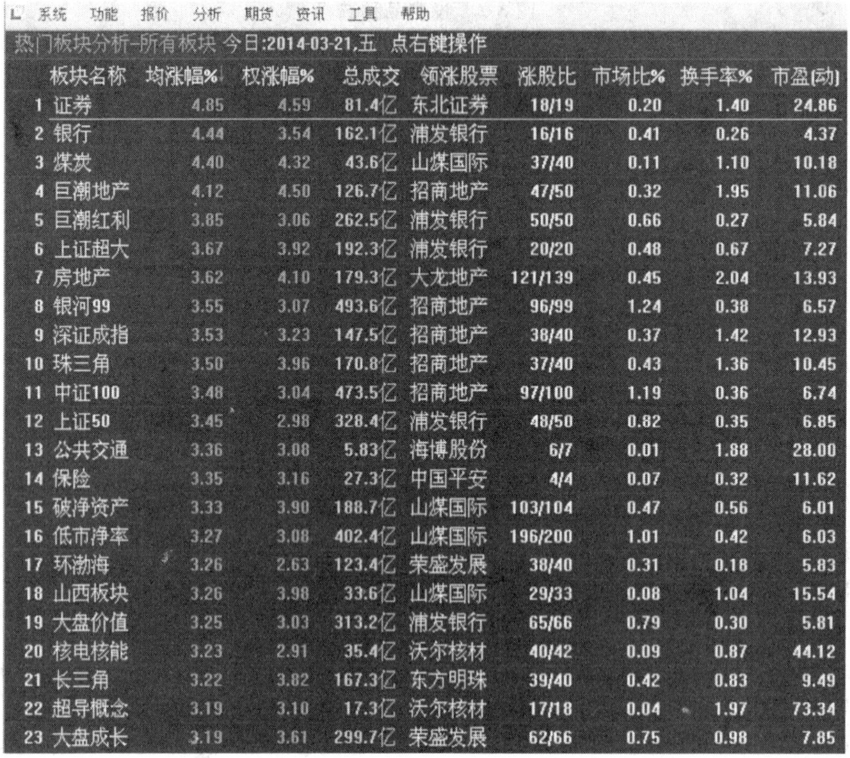

热门板块分析-所有板块 今日:2014-03-21,五 点右键操作

| | 板块名称 | 均涨幅% | 权涨幅% | 总成交 | 领涨股票 | 涨股比 | 市场比% | 换手率% | 市盈(动) |
|---|---|---|---|---|---|---|---|---|---|
| 1 | 证券 | 4.85 | 4.59 | 81.4亿 | 东北证券 | 18/19 | 0.20 | 1.40 | 24.86 |
| 2 | 银行 | 4.44 | 3.54 | 162.1亿 | 浦发银行 | 16/16 | 0.41 | 0.26 | 4.37 |
| 3 | 煤炭 | 4.40 | 4.32 | 43.6亿 | 山煤国际 | 37/40 | 0.11 | 1.10 | 10.18 |
| 4 | 巨潮地产 | 4.12 | 4.50 | 126.7亿 | 招商地产 | 47/50 | 0.32 | 1.95 | 11.06 |
| 5 | 巨潮红利 | 3.85 | 3.06 | 262.5亿 | 浦发银行 | 50/50 | 0.66 | 0.27 | 5.84 |
| 6 | 上证超大 | 3.67 | 3.92 | 192.3亿 | 浦发银行 | 20/20 | 0.48 | 0.67 | 7.27 |
| 7 | 房地产 | 3.62 | 4.10 | 179.3亿 | 大龙地产 | 121/139 | 0.45 | 2.04 | 13.93 |
| 8 | 银河99 | 3.55 | 3.07 | 493.6亿 | 招商地产 | 96/99 | 1.24 | 0.38 | 6.57 |
| 9 | 深证成指 | 3.53 | 3.23 | 147.5亿 | 招商地产 | 38/40 | 0.37 | 1.42 | 12.93 |
| 10 | 珠三角 | 3.50 | 3.96 | 170.8亿 | 招商地产 | 37/40 | 0.43 | 1.36 | 10.45 |
| 11 | 中证100 | 3.48 | 3.04 | 473.5亿 | 招商地产 | 97/100 | 1.19 | 0.36 | 6.74 |
| 12 | 上证50 | 3.45 | 2.98 | 328.4亿 | 浦发银行 | 48/50 | 0.82 | 0.35 | 6.85 |
| 13 | 公共交通 | 3.36 | 3.08 | 5.83亿 | 海博股份 | 6/7 | 0.01 | 1.88 | 28.00 |
| 14 | 保险 | 3.35 | 3.16 | 27.3亿 | 中国平安 | 4/4 | 0.07 | 0.32 | 11.62 |
| 15 | 破净资产 | 3.33 | 3.90 | 188.7亿 | 山煤国际 | 103/104 | 0.47 | 0.56 | 6.01 |
| 16 | 低市净率 | 3.27 | 3.08 | 402.4亿 | 山煤国际 | 196/200 | 1.01 | 0.42 | 6.03 |
| 17 | 环渤海 | 3.26 | 2.63 | 123.4亿 | 荣盛发展 | 38/40 | 0.31 | 0.18 | 5.83 |
| 18 | 山西板块 | 3.26 | 3.98 | 33.6亿 | 山煤国际 | 29/33 | 0.08 | 1.04 | 15.54 |
| 19 | 大盘价值 | 3.25 | 3.03 | 313.2亿 | 浦发银行 | 65/66 | 0.79 | 0.30 | 5.81 |
| 20 | 核电核能 | 3.23 | 2.91 | 35.4亿 | 沃尔核材 | 40/42 | 0.09 | 0.87 | 44.12 |
| 21 | 长三角 | 3.22 | 3.82 | 167.3亿 | 东方明珠 | 39/40 | 0.42 | 0.83 | 9.49 |
| 22 | 超导概念 | 3.19 | 3.10 | 17.3亿 | 沃尔核材 | 17/18 | 0.04 | 1.97 | 73.34 |
| 23 | 大盘成长 | 3.19 | 3.61 | 299.7亿 | 荣盛发展 | 62/66 | 0.75 | 0.98 | 7.85 |

图 3-5　热门板块分析

功能菜单下还有一个有趣的“预警功能”，我们选择功能下拉菜单—预警功能—条件预警功能，如图 3-6 所示，我们可以先设定好我们的条件或要求，当所选股票达到了我们所要求的条件时，软件会对我们发出提示，这可以使我们对所关注的股票进行监控，将大大减少对数只股票的观察需要付出的精力。

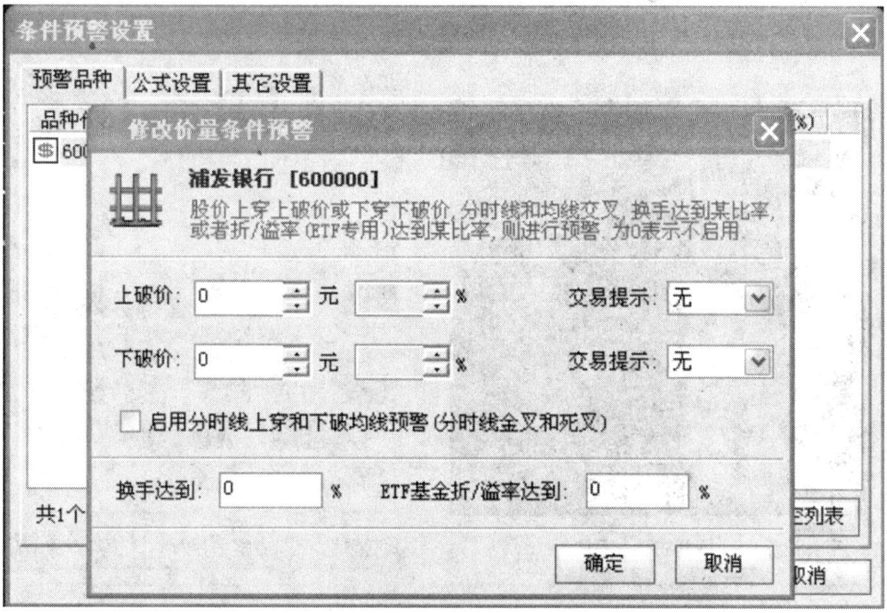


图 3-6 条件预警功能

## 二、软件使用技巧

在 K 线图上，我们可以看到四条股价均线，右击均线，点击“[MA]指标公式参数调整”，会出现如图 3-7 所示的对话框，可以对均线参数进行调整。然后用户可以根据自己的需要调整周期以及设定参数值，系统默认的就是常用的均线周期，分别是 5 日、10 日、20 日、60 日，这四条均线周期越短波动越大。

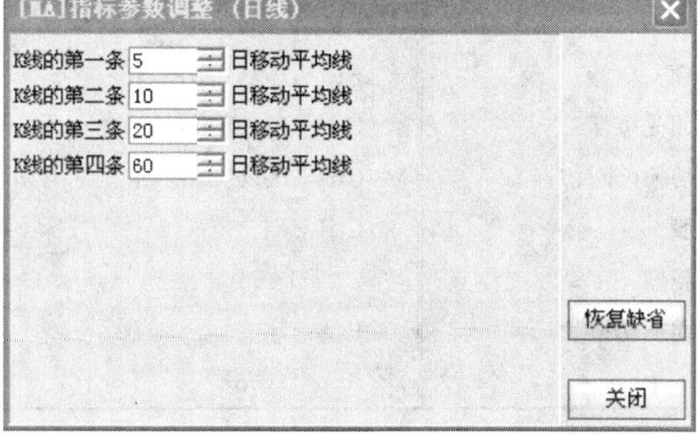


图 3-7 均线参数的调整

软件还提供了更多的调整功能。如图 3-8 所示，在工具菜单下，选择系统设置，可以对系统的外观、标签等依据自己的使用习惯做出调整，比如配色方案、背景颜色、字体颜色、字体、标题等。通过对标签的设置还可以调整不同版的显示顺序。

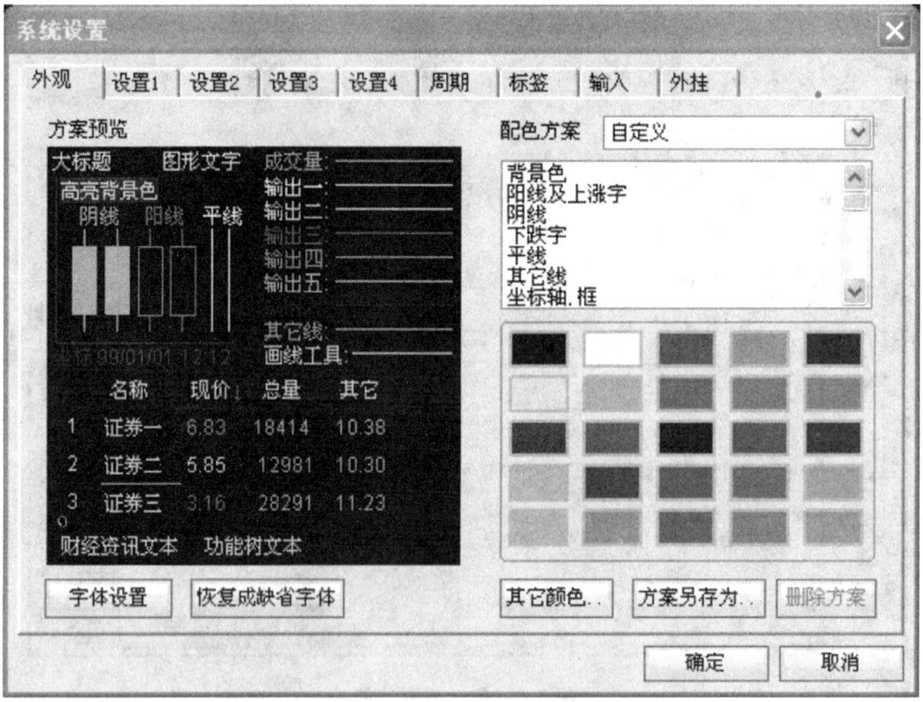


图 3-8　系统设置

除此之外，我们还可以通过对快捷键的设置和使用，使得操作更加便捷。常用的用户可以使用的功能键和快捷键见表 3-10。

表 3-10　系统的主要功能键和快捷键

| 热键 | 功能 | 热键 | 功能 |
|---|---|---|---|
| F1 | 每笔成交明细 | F10 | 个股资料 |
| F2 | 分价表 | F11 | 个人理财 |
| F3 | 上证领先指标 | F12 | 网上交易 |
| F4 | 深证领先指标 | Ctrl+Page Down | 翻页至最后 |
| F5 | 类型切换(分时) | Ctrl+Page Up | 翻页至最前 |
| F6 | 自选股 | Ctrl+F4 | 关闭当前子窗口 |
| F7 | 公告新闻 | Alt+F4 | 退出系统 |
| F8 | K 线周期切换 | Page Up | 向前翻页 |
| F9 | 委托下单 | Page Down | 向后翻页 |

## 小 资 料

### 资料 7：股票风险——弱市中的仓位管理策略

在证券市场中，投资者规避风险的最有力武器是良好的仓位控制技巧。特别是在弱市中，投资者只有重视和提高自己的仓位控制水平，才能有效控制风险，防止亏损的进一步扩大，并且争取把握时机反败为胜。在目前的市场行情中，投资者必须注意掌握以下仓位控制技巧：(1)持仓比例。在熊市中要对持仓的比例做适当压缩，特别是一些仓位较重的甚至是满仓的投资者，要把握住大盘下滑途中的短暂反弹机会，将一些浅套的个股适当清仓卖出。因为，在大盘连续性的破位下跌中，仓位过重的投资者，其资产净值损失必将大于仓位较轻投资者的净值损失。股市的非理性暴跌也会对满仓的投资者构成强大的心理压力，进而影响到投资者的实际操作。而且熊市中不确定因素较多，在大盘发展趋势未明显转好前也不适宜满仓或重仓。所以，对于部分目前浅套而且后市上升空间不大的个股要果断斩仓。只有保持充足的后备资金，才能在熊市中应变自如。(2)仓位结构。熊市中的非理性的连续性破位暴跌恰是调整仓位结构、留强汰弱的有利时机，可以将一些股性不活跃、盘子较大、缺乏题材和想象空间的个股逢高卖出，选择一些有新庄建仓、未来有可能演化成主流的板块和领头羊的个股逢低吸纳。千万不要忽视这种操作方式，它将是决定投资者未来能否反败为胜或跑赢大势的关键因素。**(3)分仓程度。**①根据资金实力的大小，资金多的可以适当分散投资，资金少的采用分散投资操作，容易因为固定交易成本的因素造成交易费率成本的提高。②当大盘在熊市末期，大盘止跌企稳，并出现趋势转好迹象时，对于战略性补仓或铲底型的买入操作，可以适当分散投资，分别在若干个未来最有可能演化成热点的板块中选股买入。③根据选股的思路，如果是从投资价值方面选股，属于长期的战略性建仓的买入，可以运用分散投资策略。如果仅从投机角度选股，用于短线的波段操作或用于针对被套牢个股的盘中“T+0”的超短线操作，不能采用分散投资策略，必须采用集中兵力、各个击破的策略，每次波段操作仅认真做好一只股票。

### 资料 8：股票风险——跟随主力必须掌握的要诀

市场主力操作股票一般以下列法则为依据：市场人气状态决定股价的涨跌；供求关系的变化是股价变动的依据；股价的操作必须灵活，不能一味做多或做空；必须有能力控制筹码；操作必须理性，对散户心理了解必须透彻。市场主力操作股价并不是件轻松的事，因为资金大，又需要考虑散户的心态、大势的走向等。而散户的行动比主力灵活得多，这就为散户赚钱创造了条件。散户的最佳选股策略是选择那些主力吸货完成刚刚开始拉升的股票，然后在主力出货之前或刚出货时卖出。要做到这些，必须注意跟随主力的策略。散户捕捉主力行踪的方法不外乎两种，其一是从成交量分析，从走势看出主力意图。要做到这一点，必须加强看盘功夫的锻炼，全面掌握各种技术分析方法。关于如何从盘面看出庄家的行动，说起来是十分丰富的话题，但无论如何，散户先应该掌握基本的技术分析方法，在此基础上，再练些套路，这些套路可以是庄家主力操盘的常见手法，比如洗盘、拉抬等。练好了套路并非就天下无敌了，应该再向更高的境界冲击。有时你会被庄家的花招陷阱所迷惑，或者，你明明知道庄家在洗盘，却还是因为害怕而抛出股票，这时你面对的问题已不是技术上的了，而是心理上的，关键在于功力不够，信心不够。这时即使你掌握了花拳绣腿，仍然敌不过凶悍庄家的简单招数。这时你面对战胜庄家的第二个境界：即如何加强自己的内功修炼。

散户捕捉主力行踪的另一种方法，是从主力制造的种种市场气氛中看出主力的真实意图，即从市场气氛与庄股实际走势的反差之中发现问题。在主力吸货时，常常会有利空消息传出来，如果你看到股评家极力唱空，但这只股票的走势分明显示有庄家吸货的痕迹，那还有什么疑问呢？在主力出货的时候，往往当天各种股评都会推出该股，似乎一定要在今天买入才能甘心，但该股当天竟冲高回落，成交量巨大，那不是主力出货又是什么呢？

散户平时要加强个股的基本分析及炒作题材分析，借以找出可以被主力介入的个股。除了关注上市公司的各种报道之外，更需多注意筹码归向分析，追踪盘面浮码多少。如果发现浮码日益减少，应密切注意。

散户介入每只股票之前，必须考虑风险与报酬的比例，必须注意到介入该股的价位与长期底部的距离、乖离率的大小等因素。散户跟随主力时选择理想的底部介入才是最佳和最安全的策略。毕竟股价要大涨，必须要有健全而完整的底部图形，筹码安全性高，将来上升的阻力才会小。底部结构不理想的个股，很难有好的表现。投资者千万不要忽视一个完整的底部图形，更不要无视它的威力，嘲弄或不信任完美图形的人，无异与市场作对，逆行情的操作是会受到重创的。

几乎所有的坚实底部，在它的低点或是平台部位都会出现成交量剧减的局面，这种现象表示卖压已经消竭，持股者不再愿意杀跌。如果此后成交量再一路放大，且股价收涨，那就表示有一股新的力量介入，主力进场做多的意图表现无遗，投资者可以大胆跟进，利润必远大于风险。

总的来说，散户操作股票的几大要点是：判断大势；选中好股票；不断换股以应付轮炒。其中判断大势并不难，选股才是制胜的关键，而应付轮炒则是使自己资本迅速扩充的好办法。但是选对股票不一定能赚钱，如果投资者只知道何时买进而不知何时卖出，就会和大多数人一样，眼睁睁地看到股票大涨，又眼睁睁地看着它跌回去，所有的利润都如过眼烟云，白忙一场。长抱着股票未必是一种高明的操作方式，如果死抱着一只毫无希望的股票，是根本不可能赚钱的。当市场的主要趋势发生改变，投资者必须察觉到这种变化，绝不能忽视它而盲目乐观，死抱股票。主力的操作也有着阶段性和节奏感，一旦目标达到，主力会毫不犹豫地出货，这是趋势反转的开始。所以，散户跟随主力必须要清楚判断主力出货的时机，这才是胜利的最后保证。在股市中要迅速赚大钱就必须追踪盯紧主力，涨时应重势，而不必考虑其业绩如何，股票是没有定数的，高了可以更高，低了可以还低。股价只有涨跌之分别。这是股票操作的基本常识，不能以为垃圾股就不会成为黑马。事实上，股票业绩的好坏不是静止不变的，垃圾股也可能因为经营改善而成为绩优股，绩优股也可能经营失败成为垃圾股，这就是股票的魅力所在。一切事情都有可能发生，股票炒的是明天而不是今天。

### 资料 9：股市风险的防范方法

(1)回避市场风险。市场风险来自各种因素，需要综合运用回避方法。一是要掌握趋势。对每种股票价位变动的历史数据进行详细的分析，从中了解其循环变动的规律，了解收益的持续增长能力。二是搭配周期股。有的企业受其自身的经营限制，一年里总有那么一段时间停工停产，其股价在这段时间里大多会下跌，为了避免因股价下跌而造成损失，可策略性地购入另一些开工、停工刚好相反的股票进行组合，互相弥补股价可能下跌所造成的损失。三是选择买卖时机。以股价变化的历史数据为基础，算出标准误差，并以此为选择买卖时机的一般标准，当股价低于标准误差下限时，可以购进股票，当股价高于标准误差上限时，最好把手头的股票卖掉。四是注意投资期。企业的经营状况往往呈一定的周期性，经济气候好时，股市交易活跃；经济气候不好时，股市交易必然凋零。要注意不要把股市淡季作为大宗股票投资期。在西方国家，股市的变化对经济气候的反映更敏感，常常是在经济出现衰退前6个月，股价已开始回落。比如1991年2月，美国经济进入新的一个衰退期的前6个月，著名的道·琼斯工业指数已开始下跌，而在经济开始复苏前半年，股价即已开始回弹。根据历史资料分析，还可知道它的经济繁荣期大多持续48个月。因此，有可能正确地判定当时经济状况在兴衰循环中所处的地位，把握好投资期限。(2)分散系统风险。股市操作有句谚语："不要把鸡蛋都放在一个篮子里。"这话道出了分散风险的哲理。办法之一是"分散投资资金单位"。20世纪60年代末一些研究者发现，如果把资金平均分散到数家乃至许多家任意选出的公司股票上，总的投资风险就会大大降低。他们发现，对任意选出的60种股票的"组合群"进行投资，其风险可降至11.9%左右，即如果把资金平均分散到许多家公司的股票上，总的投资收益率变动，在6个月内变动将达20.5%。如果你手中有一笔暂时不用的、金额又不算大的现金，你又能承受其投资可能带来的损失，那你可选择那些会有高收益的股票进行投资；如果你掌握的是一大笔损失不得的巨额现金，那你最好采取分散投资的方法来降低风险，即使有不测风云，也会"东方不亮西方亮"，不至于"全军覆没"。办法之二是"行业选择分散"。证券投资，尤其是股票投资，不仅要对不同的公司分散投资，而且这些不同的公司也不宜都是同行业的或相邻行业的，最好是有一部分或都是不同行业的，因为共同的经济环境会对同行业的企业和相邻行业的企业带来相同的影响，如果投资选择的是同行业或相邻行业的不同企业，也达不到分散风险的目的。只有不同行业、不相关的企业才有可能此损彼益，从而能有效地分散风险。办法之三是"时间分散"。就股票而言，只要股份公司盈利，股票持有人就会定期收到公司发放的股息与红利，例如香港、台湾的公司通常在每年3月份举行一次股东大会，决定每股的派息数额及公司的一些发展方针和计划，在4月间派息，而美国的企业则都是每半年派息一次。一般临近发息前夕，股市得知公司的派息数后，相应的股票价格会有明显的变动。短期投资宜在发息日之前大批购入该股票，在获得股息和其他好处后，再将所持股票转手；而长期投资者则不宜在这期间购买该股票。因而，证券投资者应根据投资目的的不同而分散自己的投资，以将风险分散在不同阶段上。办法之四是"季节分散"。股票的价格在股市的淡旺季会有较大的差异。由于股市淡季股价会下跌，将造成股票卖出者的额外损失；同样，如果是在股市旺季与淡季交替期贸然一次性买入某股票，由于股市价格将由高位转向低位，也会造成购买者的成本损失。因此，在不能预测股票淡旺程度的情况下，应把投资或收回投资的时间拉长，不急于向股市注入资本或抽回资金，用数月或更长的时间来完成此项购入或卖出计划，以降低风险程度。(3)防范经营风险。在购买股票前，要认真分析有关投资对象，即某企业或公司的财务报告，研究它现在的经营情况以及在竞争中的地位和以往的盈利情况趋势。如果将能保持收益持续增长、发展计划切实可行的企业当作股票投资对象，而和那些经营状况不良的企业或公司保持一定的投资距离，就能较好地防范经营风险。如果能深入分析有关企业或公司的经营材料，并不为表面现象所动，看出它的破绽和隐患，并做出冷静的判断，则可完全回避经营风险。(4)避免利率风险。尽量了解企业营运资金中自有成分的比例，利率升高时，会给借款较多的企业或公司造成较大困难，从而殃及股票价格，而利率的升降对那些借款较少、自有资金较多的企业或公司影响不大。因而，利率趋高时，一般要少买或不买借款较多的企业的股票，利率波动变化难以捉摸时，应优先购买那些自有资金较多企业的股票，这样就可基本上避免利率风险。(5)避开购买力风险。在通货膨胀期内，应留意市场上价格上涨幅度高的商品，从生产该类商品的企业中挑选出获利水平和能力高的企业来。当通货膨胀率异常高时，应把保值作为首要因素，如果能购买到保值产品的股票(如黄金开采公司、金银器制造公司等的股票)，则可避开通货膨胀带来的购买力风险。

# 第四章　证券投资的基本面分析

证券投资的基本面分析就是对影响股票市场走势的一些基础性因素进行分析，以此把握决定股价变动的基本因素，是股票投资分析的基础。基本面分析包括宏观经济分析、行业分析和公司分析。本章即介绍证券投资的宏观经济分析、行业分析及公司分析，模块 3 介绍证券信息及其采集方法。

## 第一节　证券投资的宏观经济分析

宏观经济分析是证券投资分析的关键，宏观经济状况的好坏决定着证券市场的走势，只有正确判断当前宏观经济形势，才能做出正确的投资决策。证券投资的宏观经济分析主要是分析各种宏观基本因素对证券投资的影响，这些宏观因素主要包括国民经济总体运行状况、经济周期循环、财政政策与货币政策、通货膨胀或通货紧缩、国内资本市场等方面。宏观因素影响证券市场的特点在于波及范围广，干扰程度深，它们或是直接通过影响投资者的心理，使证券价格发生向上或向下的波动，或是通过对产业因素和公司因素的影响，间接地作用于投资者的心理，亦使证券市场价格发生波动，从而影响证券投资的收益。

### 一、宏观经济分析的意义

深入分析每次股市的大涨大跌，或者一些股票处于长牛状态，投资者买入之后睡大觉也能获得丰厚的利润，一些股票却一直阴跌不止，其中原因还是离不开基本面的变化，离不开宏观经济面的变化。比亚迪从事锂离子电池以及其他电池、充电器等的生产、销售，从事比亚迪品牌乘用车、电动车及其零部件的营销、批发和出口，提供售后服务，并从事电池管理系统、换流柜、送变柜（器）、储能电机的销售等，在我国政府大力鼓励新能源的背景下，其股票价格从 2012 年 7 月 31 日的收盘价 14.20 元开始一路上涨，到 2014 年 3 月 5 日其收盘价为 56.1 元，这就是在宏观经济影响下的股票走势。又如，2008 年年底以来，医药股走势基本上强于其他行业股票的走势，这个走势既与医药行业本身特点有关，也跟我国不断扩大医保范围，争取全民能享受到医保政策有关。

作为证券投资者，对宏观经济进行分析有以下几个方面的意义：

(1)把握证券市场的总体变动趋势。宏观经济分析对于证券投资来说意义重大，宏观经济的发展变化，决定了证券市场的总体变动趋势，只有把握了经济发展的大方向，才能抓住证券投资的市场时机，做出正确的长期投资决策。在经济繁荣时期，公司经营状况好，盈利多，其股票价格也在上涨。经济不景气时，公司收入减少，利润下降，也将导致其股票价格不断下跌。应注意：股票市场的走势与经济周期在时间上并不是完全一致的。

(2)判断整个证券市场的投资价值。证券市场的投资价值与国民经济整体素质及其结构变动密切相关。证券市场的投资价值是指整个市场的平均投资价值。从一定意义上说,整个证券市场的投资价值就是整个国民经济增长质量与速度的反映,不同部门、不同行业、不同公司相互影响、相互制约,共同影响国民经济发展的速度和质量。宏观经济是个体经济的总和,公司的投资价值必然在宏观经济的总体中综合反映出来,所以宏观经济分析是判断整个证券市场投资价值的关键。

(3)掌握宏观经济政策对证券市场的影响力度和方向。证券市场与国家宏观经济政策息息相关,在市场经济情况下,国家通过财政政策和货币政策来调控经济,或挤出泡沫,或促进经济增长,这些政策将会影响到经济增长速度和公司经济效益,并进一步对证券市场产生影响,因此,证券投资者及分析师必须认真分析宏观经济政策,掌握其对证券市场的影响力度与方向,才能准确把握整个证券市场的运动趋势和不同证券品种的投资价值变动。

## 二、宏观经济分析的基本方法

宏观经济分析方法有经济指标分析法、计量经济模型分析法、概率预测分析法等,在这里我们仅介绍经济指标分析法。经济指标分析法有总量分析法和结构分析法。

(1)总量分析法。总量分析法是对影响宏观经济运行总量指标的因素及其变动规律进行分析,如对 GDP、银行贷款总额的变动规律的分析等。经济总量能概括反映整个社会经济活动的全貌,对更多的衡量宏观经济运行总量指标及其变动趋势分析,从数量特征和数量变化规律方面,可以更清晰地判断整个宏观经济的发展状态。总量分析主要是进行动态分析,因为它主要研究总量指标的变动规律,同时也包括静态分析,因为总量分析包括考察同一时间内各总量指标的相互关系,如投资额、消费额和 GDP 之间关系的研究等。

(2)结构分析法。结构分析法是对经济系统中各组成部分及其对比关系变动规律的分析。如 GDP 中第一、第二和第三产业的结构分析,消费和投资结构分析,经济增长中各因素作用的结构分析等。结构分析主要是一种静态分析,即对一定时间内经济系统中各组成部分变动规律的分析,但也包含动态分析,如对不同时期内经济结构变动进行分析。

总量分析和结构分析是相互联系的。总量分析侧重于总量指标速度的考察,侧重分析经济运行的动态过程;结构分析侧重于对一定时期经济整体中各组成部分相互关系的研究,侧重分析经济现象的相对静止状态。总量分析非常重要,但它需要结构分析来深化和补充,而结构分析要服从于总量分析的目标。为使经济正常运行,需要对经济运行进行全面把握,将总量分析法和结构分析法结合起来使用。

## 三、评价宏观经济形势的相关指标

反映宏观经济形势的指标很多,这里仅介绍以下几个最基本的指标。

### (一)反映宏观经济总体运行的指标

1. GDP

GDP 是指一个国家(或地区)所有常住单位在一定时期内生产并提供给社会最终使用的货物和服务的价值总量。统计时要将出口额计算在内,但不计算进口额。

常住单位是在一国经济领土上具有经济利益中心的经济单位。一国的经济领土是指在一国的地理领土的基础上，加上本国驻外使领馆、科研机构、援助机构和新闻办事处等，再扣除外国驻本国的上述机构以后构成的领土概念。在这个领土上拥有活动场所并长年从事经济活动的单位就是常住单位。

在宏观经济分析中，GDP 指标占有非常重要的地位，具有十分广泛的用途，GDP 的持续稳定增长是政府追求的目标之一。

2. 国民经济发展速度

GDP 只能对国民经济形势有一个大致的判断，要反映一个国家经济发展是否具有一定的活力，需要运用国民经济发展速度这一动态指标。国民经济发展速度也叫 GDP 指数，它是由两个时期不变价 GDP 对比得到的。对于发达国家来说，其经济发展总水平已经达到相当的高度，经济发展速度的提高相对来说比较困难；对经济尚处于较低水平的发展中国家而言，由于发展潜力大，其经济发展速度可能达到高速甚至超高速增长，这时就要警惕由此可能带来的诸如通货膨胀、泡沫经济等问题，以避免造成宏观经济的过热。

3. 失业率

对劳动年龄的界限，联合国推荐的标准是 15 岁以上，我国目前规定的是 16 岁以上，我国劳动年龄区间为 16 岁以上至男 60 岁以下、女 55 岁以下。符合劳动年龄，在一定时期内实际参加或可能参加社会生产劳动的人口称为经济活动人口。失业人数是指符合劳动年龄、有劳动能力、统计期内未从事有收入的社会劳动并正以各种方式寻找工作的人口总数。失业率是指经济活动人口中失业人数所占的百分比。目前，我国统计部门公布的失业率为城镇登记失业率，即城镇登记失业人数占城镇从业人数与城镇登记失业人数之和的百分比。城镇登记失业人数是指拥有非农业户口，在规定的劳动年龄内，有劳动能力，无业而要求就业，并在当地就业服务机构进行求职登记的人员数。低失业率是经济社会追求的一个重要目标，失业率上升与下降是以 GDP 相对于潜在 GDP 的变动为背景的，其本身是现代社会的一个主要问题。当失业率很高时，资源被浪费，人们收入减少，此时，经济问题还可能影响人们的情绪和家庭生活，进而引发一系列的社会问题。但值得注意的是，通常所说的充分就业是指对劳动力的充分利用，但不是完全利用，因为在实际的经济生活中不可能达到失业率为零的状态。在充分就业情况下也会存在一部分正常的失业，如由于劳动力的结构不能适应经济发展对劳动力的需求变动所引起的结构性失业。

4. 通货膨胀率

通货膨胀一般是指物价水平持续、普遍、明显的上涨。对通货膨胀的衡量可以通过某种价格指数的变动进行。常用的价格指标有居民消费价格指数(CPI)、零售商品价格指数、工业生产者出厂价格指数(PPI)、工业生产者购进价格指数、固定资产投资价格指数、GDP 缩减指数等。一般说来，在衡量通货膨胀时，居民消费价格指数使用得最多、最普遍。通货膨胀的高低标志着一国国民经济的综合状况，因此，各国政府都曾为控制通货膨胀煞费苦心。通货膨胀对社会经济产生的影响主要有：收入和财富再分配，扭曲不同商品的相对价格和产量，降低资源配置效率，引发泡沫经济乃至损害一国的经济基础和政权基础。通货膨胀有被预期和未被预期之分，从程度上则有温和的、严重的和恶性的三种。温和的通货膨胀是指年通货膨胀率在 10%以内的通货膨胀；严重的通货膨胀是指年通货膨胀率为两位数的通货膨胀；恶性通货膨胀则是指年通货膨胀率在三位数以上的通货膨胀。各个国家往往不会长期容忍高的通货膨胀率，但为抑制通货膨胀而采取的货币政策和财政政策通常会导致高失业和GDP的低增长，由此而损失的产量和就业数量本身作为抑制通货膨胀的代价是很大的。

正因为通货膨胀对经济运行有这样大的影响，投资者要进行投资就必须对通货膨胀产生的可能及其程度有一个预测。

5.全社会固定资产投资额

投资规模是指一定时期国民经济各部门、各行业在再生产中投入资金的数量。投资规模是否适度是影响经济稳定与增长的一个决定因素。投资规模过小，不利于为经济的进一步发展奠定物质技术基础；投资规模过大，超出了一定时期人力、物力和财力的可能，又会造成国民经济比例的失调，导致经济大起大落。

全社会固定资产投资是衡量投资规模的主要变量。按经济类型划分，全社会固定资产投资包括国有经济单位投资、城乡集体经济单位投资、其他各种经济类型的单位投资和城乡居民个人投资；按我国现行管理体制划分，全社会固定资产投资包括基本建设投资、更新改造投资、房地产开发投资和其他固定资产投资四部分。固定资产投资额是以货币表现的建造和购置固定资产活动的工作量，是反映固定资产投资规模、速度、比例关系和使用方向的综合性指标。随着我国改革开放的不断深入，投资主体呈现出多元化的趋势，主要包括政府投资、公司投资和外商投资。政府投资是政府以财政资金投资于经济建设，其目的是改变长期失衡的经济结构，完成私人部门不能或不愿从事但对国民经济发展却至关重要的投资项目，如大型水利设施、公路建设和生态保护等。政府投资也是扩大投资需求、促进经济增长的重要手段。随着我国现代公司制度的建立，公司逐渐成为投资主体之一，公司投资的规模和方向影响着一国经济未来的走向。外商投资包括外商直接投资和外商间接投资。

6.社会消费品零售总额

社会消费品零售总额是指公司（单位、个体户）通过交易直接售给个人、社会集团非生产、非经营用的实物商品金额，以及提供餐饮服务所取得的收入金额。个人包括城乡居民和入境人员，社会集团包括机关、社会团体、部队、学校、企事业单位、居委会或村委会等。按销售对象不同分为对居民的消费品零售额和对社会集团的消费品零售额。社会消费品零售总额是研究国内零售市场变动情况、反映经济景气程度的重要指标。社会消费品零售总额的大小和增长速度也反映了城乡居民与社会集团消费水平的高低、居民消费意愿的强弱。社会消费品需求是国内需求的重要组成部分，对一国经济增长具有巨大促进作用。

7.国际收支

国际收支一般是一国居民在一定时期内与非本国居民在政治、经济、军事、文化及其他往来中所产生的全部交易的系统记录。这里的居民是指在国内居住一年以上的自然人和法人。国际收支主要反映：一国与他国之间的商品、劳务和收益等交易行为；一国拥有的货币、黄金、特别提款权的变化以及与他国债权、债务关系的变化；无须偿还的单方转移项目和在会计意义上用于平衡未能相互结清的交易或余额变动的对应项目。国际收支中包括经常项目和资本项目。经常项目主要反映一国的贸易和劳务往来状况，包括贸易收支（也就是通常的进出口）、劳务收支（如运输、港口、通讯和旅游等）和单方面转移（如侨民汇款、无偿援助和捐赠等），是最具综合性的对外贸易的指标。资本项目则集中反映一国同国外资金往来的情况，反映着一国利用外资和偿还本金的执行情况。资本项目一般分为长期资本和短期资本。长期资本是指合同规定偿还期超过一年的资本或未定偿还期的资本(如公司股本),其主要形式有直接投资、政府和银行的长期借款及公司信贷等。短期资本指即期付款的资本和合同规定借款期为一年或一年以下的资本。

进口和出口是国际收支中最主要的部分。进口量是指一个国家(或地区)所有常住居民向非常住居民购买或无偿得到的各种货物和服务的价值,出口量则指一个国家(或地区)所有常住居民向非常住居民出售或无偿转让的各种货物和服务的价值。进出口总量及其增长是衡量一国经济开放程度的重要指标,且进口和出口的数量与结构直接对国内总供需产生重大的影响。实现国际收支平衡需要避免国际收支的过度逆差或顺差。

**(二)与宏观经济政策有关的指标**

1.货币供应量

货币供应量是单位和居民个人在银行的各项存款和手持现金之和,其变化反映着中央银行货币政策的变化,对公司生产经营、金融市场尤其是证券市场的运行和居民个人的投资行为有着重大的影响。我国现行货币统计制度将货币供应量划分为 3 个层次:一是流通中的现金(M0),指单位库存现金和居民手持现金之和,"单位"是指银行体系以外的公司、机关、团体、部队、学校等。二是狭义的货币供应量(M1),指 M0 加上单位在银行的可开支票进行支付的活期存款。三是广义的货币供应量(M2),指 M1 加上单位在银行的定期存款和城乡居民个人在银行的各项储蓄存款以及证券公司的客户保证金。

中央银行可以通过对货币供应量的管理来调节信贷供给和利率,从而影响货币需求并使其与货币供给相一致,实现对宏观经济的干预。

2.利率

利率(或称利息率)是指在借贷期内所形成的利息额与本金的比率。利率直接反映的是信用关系中债务人使用资金的代价,也是债权人出让资金使用权的报酬。从宏观经济分析的角度看,利率的波动反映出市场资金供求的变动状况。在经济发展的不同阶段,市场利率有不同的表现。在经济持续繁荣增长时期,资金供不应求,利率上升;当经济萧条市场疲软时,资金需求减少,利率下降。除此之外,利率还受物价上涨幅度的牵制。

除了与整体经济状况密切相关之外,利率影响着人们的储蓄、投资和消费行为,利率结构也影响着居民金融资产的选择,影响着证券市场的持有结构。利率有存款利率、贷款利率、回购利率、再贴现率、同业拆借利率。再贴现率和同业拆借利率是基准利率。随着市场经济的不断发展和政府宏观调控能力的不断加强,利率特别是基准利率已经成为中央银行一项行之有效的货币政策工具。

银行利率的变动不仅对银行存贷款有直接影响,对债券利率也会产生影响,其他货币市场价格也会随利率的变动而发生变动。所以,利率是对市场反应非常灵敏的一个经济变量。在对利率与总供需关系的研究中,应该对存款利率和贷款利率加以区别。存款利率主要调节存款,贷款利率主要调节贷款。一般情况下,两者之间的变动方向是一致的,但是有时候在变动幅度上可以不同,因而,存贷款利率之间的差额也可以成为调节供需关系的一种工具。在其他条件不变时,利率水平上浮引起存款增加和贷款下降,使居民的消费支出减少,使公司生产成本增加,会同时抑制供给和需求;利率水平降低则会引起需求和供给的双向扩大。

3. 财政收支

财政收支包括财政收入和财政支出两个方面。

财政收入指国家财政参与社会产品分配所取得的收入，是国家为了保证政府职能的需要，主要通过税收等渠道集中的公共性资金收入。主要包括：各项税收（包括增值税、营业税、消费税、土地增值税、城市维护建设税、资源税、城市土地使用税、印花税、个人所得税、公司所得税、关税、农牧业税和耕地占用税等）、专项收入（包括征收的排污费收入、征收城市水资源费收入、教育费附加收入等）、其他收入（包括基本建设贷款归还收入、基本建设收入、捐赠收入等）、国有公司计划亏损补贴（这项为负收入，冲减财政收入）。

财政支出是指国家财政将筹集起来的资金进行分配使用，以满足经济建设和各项事业的需要。主要包括：基本建设支出、公司挖潜改造资金、地质勘探费用、科技三项费用、支援农村生产支出、农林水利气象等部门的事业费用、工业交通商业等部门的事业费、文教科学卫生事业费、抚恤和社会福利救济费、国防支出、行政管理费和价格补贴支出。财政支出可分为两部分：一部分是经常性支出，包括政府的日常性支出、公共消费产品的购买、经常性转移等；另一部分是资本性支出，就是政府的公共性投资支出，包括政府在基础设施上的投资、环境改善方面的投资以及政府储备物资的购买等。在财政收支平衡条件下，财政支出的总量并不能扩大和缩小总需求，但财政支出的结构会改变消费需求和投资需求的结构。经常性支出的扩大可以扩大消费需求，资本性支出的扩大则扩大投资需求。在总量不变的条件下，两者是此多彼少的关系。扩大了投资，消费就必须减少；扩大了消费，投资就必须减少。所以在需求结构调整时，适当调整财政的支出结构就能很显著地产生效应。

财政收入与财政支出的差额即为赤字（差值为负时）或结余（差值为正时）。如果财政赤字过大，就会引起社会总需求的膨胀和社会总供求的失衡。财政赤字或结余也是宏观调控中应用最普遍的一个经济变量。财政发生赤字的时候有两种弥补方式：一是通过举债即发行国债来弥补，二是通过向银行借款来弥补。发行国债对国内需求总量是不会产生影响的。财政向银行借款弥补赤字，如果银行不因此而增发货币，只是把本来应该增加贷款的数量借给财政使用，那么财政赤字同样不会使需求总量增加。只有在银行因为财政的借款而增加货币发行量时，财政赤字才会扩大国内需求。值得注意的是，为了更好地发挥财政政策的作用，财政政策应当和货币政策相互结合使用。

4. 汇率

汇率是一国货币与他国货币相互交换的比率。一般来说，国际金融市场上的外汇汇率是由一国货币所代表的实际社会购买力平价和自由市场对外汇的供求关系决定的。

一国的汇率会因该国的国际收支状况、通货膨胀率、利率、经济增长率等的变化而波动；同样，汇率波动也会影响一国的进出口额和资本流动，并影响一国的经济发展。当前国际分工异常发达，各国之间的经济联系日益紧密，汇率的变动对一国的国内经济、对外经济以及国家间的经济联系都产生着重大影响。以外币为基准，当汇率上升时，本币贬值，国外的本币持有人就会抛出本币，或者加快从国内市场购买商品的速度。对于国内来说，一方面是流回国内的本币增多，另一方面是从国内流出的商品增多，出口量扩大，这就形成了国内需求的扩大和供给的减少。当汇率下降时，本币升值，国外对本币的需求增大以及流出增加，对国内的进口增加，这就使国内需求减少，使国内供给增加。总之，提高汇率会扩大国内总需求，降低汇率会缩减国内总需求。

为了防止汇率的过分波动危及一国的经济发展和对外经济关系的协调，各国政府和中央银行都通过在外汇市场抛售或者收购外汇的方式干预外汇市场，以影响外汇供求，进而影响汇率。此外，政府的宏观经济政策发生变化，也会直接或间接影响到一国对外贸易结构、通货膨胀率以及实际利率水平，从而对汇率水平产生影响。

## 四、宏观经济运行与证券市场

### （一）影响证券市场价格的因素

宏观经济因素是影响证券市场长期走势的唯一因素，其他因素可以暂时改变证券市场的中期和短期走势，但改变不了证券市场的长期走势。宏观经济运行主要通过以下几个途径对证券市场价格产生影响。

(1)公司经济效益。无论从长期看还是从短期看，宏观经济环境是影响公司生存、发展的最基本因素。公司的经济效益会随着宏观经济运行周期、宏观经济政策、利率水平等因素的变动而变动。如果宏观经济运行趋好，公司总体盈利水平提高，股价自然上涨；如果政府采取强有力的宏观调控政策，紧缩银根，公司的投资和经营会受到影响，盈利水平下降，股价往往会下跌。

(2)居民收入水平。居民收入水平提高将会在一定程度上拉动消费需求，从而会改善公司的经营环境，也会增加证券市场的需求，促使证券价格上涨。

(3)投资者对股价的预期。投资者对股价的预期，也就是投资者的信心，是宏观经济影响证券市场走势的重要途径。当宏观经济趋好时，投资者预期公司效益和自身的收入水平会上升，投资者的信心增加，证券市场自然人气旺盛，从而推动证券价格上涨；反之，则会令投资者对证券市场信心下降，从而使股价下跌。

(4)资金成本。当国家经济政策发生变化，如采取调整利率水平、征收利息税等政策，居民、单位所持有的资金成本将随之变化。这将促使资金流向改变，影响证券市场的需求，从而影响证券市场的价格走向。如利率水平的降低和征收利息税的政策，将会促使部分资金由银行储蓄变为投资。

### （二）宏观经济变动与证券市场波动的关系

1. GDP变动与证券市场波动的关系

一个国家或地区的社会经济是否能持续稳定地保持一定的发展速度是影响证券市场价格能否稳定上涨的重要因素。分析一个国家的经济增长主要看GDP的增长情况。GDP的持续上升表明国民经济发展良好，制约经济发展的各种矛盾趋于或达到协调，人们有理由对未来经济产生好的预期；相反，如果GDP处于不稳定的非均衡增长状态，暂时的高产出水平并不表示一个好的经济形势，不均衡的发展可能激发各种矛盾，从而最终导致经济衰退。从长期看，在上市公司的行业结构与该国产业结构基本一致的情况下，股票平均价格的变动与GDP的变化趋势是相吻合的。但不能简单地认为GDP增长，证券市场就必将伴之以价格上升的走势，实际走势有时恰恰相反。我们必须将GDP与经济形势结合起来进行考察。

(1)持续、稳定、高速的GDP增长。在这种情况下，社会总需求与总供给协调增长，经济结构逐步合理，趋于平衡，经济增长来源于需求刺激并使得闲置的或利用率不高的资源得以更充分利用，经济发展势头良好。伴随总体经济成长，公司经营环境不断改善，产销两旺，投资风险也越来越小，上市公司利润持续上升，股息、红利不断增长，公司的股票和债券全面得到升值，促使价格上扬。随着 GDP 的持续增长，国民收入和个人收入都不断得到提高，收入增加也将增加证券投资的需求，从而导致证券价格上涨。再说由于人们对经济形势形成了良好的预期，投资积极性得以提高，对证券的需求增加，从而会促使证券价格上涨。

(2)高通货膨胀下的 GDP 增长。当经济处于严重失衡下的高速增长时，总需求大大超过总供给，这将表现为高的通货膨胀率，这是经济形势恶化的征兆，如不采取调控措施，必将导致未来的滞胀(通货膨胀与经济停滞并存)。这时经济中的各种矛盾会突出地表现出来，公司经营将面临困境，居民实际收入也将降低，因而失衡的经济增长必将导致证券市场价格下跌。

(3)宏观调控下的 GDP 减速增长。当 GDP 呈失衡下的高速增长时，政府可采取宏观调控措施以维持经济的稳定增长，这样必然减缓 GDP 的增长速度。如果调控目标得以顺利实现，GDP 仍以适当的速度增长而未导致 GDP 的负增长或低增长，说明宏观调控措施十分有效，经济矛盾逐步得以缓解，并为进一步增长创造了有利条件，这时证券市场亦将反映这种好的形势而呈平稳渐升的态势。

(4)转折性的 GDP 变动。如果 GDP 在一定时期以来呈负增长，当负增长速度逐渐减缓并呈现向正增长转变的趋势时，表明恶化的经济环境逐步得到改善，证券市场走势也将由下跌转为上升。当 GDP 由低速增长转向高速增长时，表明低速增长中经济结构得到调整，经济的瓶颈制约得以改善，新一轮经济高速增长已经来临，证券市场亦将伴之以快速上涨之势。

证券市场一般提前对 GDP 的变动做出反应。也就是说，证券市场是反映预期的 GDP 变动，而 GDP 的实际变动被公布时，证券市场只反映实际变动与预期变动的差别，因而对 GDP 变动进行分析时必须着眼于未来，这是最基本的原则。另外，我们还必须强调指出，以上有关 GDP 与证券市场关系的陈述对分析一国在相当长的时间内的情况比较有价值。由于影响证券市场走势的因素很多，有时一国证券市场与本国 GDP 走势在 2～5 年内都有可能出现背离。中国证券市场是新兴加转轨的市场，具有一定的特殊性，证券市场对宏观经济的反映存在特殊的不确定性，投资者及证券分析师在分析宏观经济与股指运行关系时，既要看到我国证券市场与海外成熟市场的共性，又要看到我国股市的特殊性，才能更加准确地把握证券市场的国民经济晴雨表特征，简单地用成熟市场的标尺衡量我国证券市场，可能会产生偏差。当然，随着市场规模的不断扩大和股权分置的完成，股市流通市值占 GDP 的比重将会逐渐上升，证券市场与宏观经济关联度将逐步提高。

2. 经济周期变动与证券市场波动的关系

国民经济运行经常表现为扩张和收缩的周期性交替。每个周期一般有衰退期、萧条期、复苏期和繁荣期四个景气循环阶段构成。某个时期产品产出、价格、利率、就业率不断上升直至某个高峰，即到达繁荣期，之后可能是经济的衰退，产品的产出、销售、利率、就业率开始下降，直至某个低谷，即到达萧条期。萧条阶段的明显特征是需求严重不足，生产相对严重过剩，销售量下降，价格低落，公司盈利水平极低，生产萎缩，出现大量破产倒闭，失业率增大。接下来则是经济重新复苏，进入一个新的经济周期。经济周期循环对股票市场影响非常显著，从某种程度上说，景气变动从根本上决定了股票价格的长期趋势。

股票市场综合了人们对经济形势的预期，这种预期较全面地反映了人们对经济发展过程中表现出的有关信息，特别是人的切身感受。这种预期又必然反映到投资者的投资行为中，从而影响股票市场的价格。既然股价反映的是对经济形势的预期，因而其表现必定领先于经济的实际表现（除非预期出现偏差，经济形势本身会对股价产生纠错反应）。当经济持续衰退至尾声即萧条时期，百业不振，投资者已远离证券市场，每日成交稀少。此时，那些有眼光而且在不停搜集和分析有关经济形势并做出合理判断的投资者已在默默吸纳优质股票，当更多的投资者意识到这一点时，供求关系改变，股价就会真正地上升，而此时经济萧条并没有结束。当各种媒介开始传播萧条已去、经济日渐复苏时，股价实际上已经升至一定水平。在经济进入繁荣期后，那些有识之士在综合分析经济形势的基础上，认为经济将不会再创热潮时，就悄然抛出股票，股价虽然还在上涨，但供需力量逐渐发生转变。当经济形势逐渐被更多的投资者所认识，供求趋于平衡直至供大于求时，股价便开始下跌。

总之，国民经济总是处在周期性运动中，股价伴随经济周期相应地波动，但股价的波动超前于经济运动，股价波动是永恒的。进行证券投资应收集有关宏观经济资料和政策信息，随时注意经济发展动向。正确把握当前经济发展处于经济周期的何种阶段，对未来做出正确判断。不要被股价的小涨、小跌迷惑而追逐小利或回避小失，这一点对中长期投资者尤为重要。

3. 通货膨胀（或通货紧缩）与证券市场波动的关系

通货是指一个国家的法定货币。它的国内购买力水平是以可比物价变动来衡量的。一般在没有价格管制、价格基本由市场调节的情况下，通货变动与物价总水平是同义语。通货变动包括通货膨胀和通货紧缩。

（1）通货膨胀对证券市场的影响。通货膨胀对证券市场特别是个股的影响，没有一成不变的规律可循，完全可能产生反方向影响。要对这些影响进行分析和比较，必须从该时期通货膨胀的原因、通货膨胀的程度、当时的经济结构和形势、政府可能采取的干预措施等方面的分析入手。第一，温和的、稳定的通货膨胀对股价的影响较小。通货膨胀提高了债券的必要收益率，从而引起债券价格下跌。第二，如果通货膨胀在一定的可容忍范围内增长，而经济处于景气扩张阶段，产量和就业都将持续增长，股价也将持续上升。第三，严重的通货膨胀是很危险的，经济将被严重扭曲，货币加速贬值，这时人们会囤积商品、购买房地产以期对资金保值。这可能从两个方面影响证券价格：一是资金流出金融市场，引起股票价格和债券价格下跌；二是经济扭曲和失去效率，公司筹集不到必需的生产资金，同时原材料、劳务成本等价格飞涨，使公司经营严重受挫，盈利水平下降，股票价格和债券价格下跌。第四，通货膨胀时期，并不是所有价格和工资都按同一比率变动，而是相对价格发生变化。这种相对价格变化引致财富和收入的再分配，产量和就业扭曲，某些公司可能从中获利，其股价就会上涨；而另一些公司可能蒙受损失，其股价就会下跌。第五，政府往往不会长期容忍通货膨胀存在，因而必然会使用某些宏观经济政策工具来抑制通货膨胀，这些政策必然对经济运行造成影响，这种影响将改变资金流向和公司的经营利润，从而影响股票价格。第六，通货膨胀不仅会对经济产生影响，还可能对社会产生影响，影响投资者的心理和预期，从而对股价产生影响。第七，通货膨胀使得各种商品价格具有更大的不确定性，也使得公司未来经营状况具有更大的不确定性，从而影响市场对股息的预期，导致股价下跌。第八，通货膨胀对公司的微观影响表现为：通货膨胀之初，税收效应、负债效应、存货效应等都有可能刺激股价上涨。但长期的通货膨胀，必然使经济环境、社会环境恶化，股价将受大环境影响而下跌，短期效应的表现便不复存在。

(2)通货紧缩对证券市场的影响。通货紧缩将损害消费者和投资者的积极性,造成经济衰退和经济萧条,与通货膨胀一样不利于币值稳定和经济增长。通货紧缩甚至被认为是导致经济衰退的"杀手"。从消费者的角度来说,通货紧缩持续下去,使消费者对物价的预期值下降,而更多地推迟购买。对投资者来说,通货紧缩将使投资产出的产品未来价格低于当前预期,这会促使投资者更加谨慎,或推迟原有投资计划。消费和投资的下降减少了总需求,从而使物价继续下降。从利率角度分析,通货紧缩形成了利率下调的稳定预期,由于真实利率等于名义利率减去通货膨胀率,下调名义利率降低了社会的投资预期收益率,导致有效需求和投资支出进一步减少,工资降低,失业增多,公司的效益下滑,居民收入减少,引致物价更大幅度的下降。在通货紧缩的背景下,股票、债券及房地产等价格大幅下降。

## 五、宏观经济政策与证券市场

### (一)财政政策对证券市场的影响

财政政策是政府依据客观经济规律制定的指导财政工作和处理财政关系的一系列方针、准则和措施的总称。财政政策是当代市场经济条件下国家干预经济、与货币政策并重的一项手段。

1.财政政策工具

财政政策工具主要包括国家预算、税收、国债、财政补贴、财政管理体制、转移支付制度等。这些手段可以单独使用,也可以配合协调使用。

国家预算是财政政策的主要手段。作为国家实行宏观控制的主要调节手段,国家预算能够全面反映国家财力规模和平衡状态,是各种财政政策手段综合运用结果的反映,在宏观调控中具有重要的作用。通过国家预算收支规模和收支平衡状态可以对社会供求的总量平衡发生影响。在一定时期,当其他社会需求总量不变时,财政赤字具有扩张社会总需求的功能。财政结余政策和压缩财政支出具有缩小社会总需求的功能。国家预算的支出方向可以调节社会总供求的结构平衡。财政投资主要运用于能源、交通及重要的基础产业、基础设施的建设,财政投资的多少和投资方向直接影响和制约国民经济的部门结构,因而具有造就未来经济结构框架的功能,也有矫正当期结构失衡状态的功能。

税收是国家凭借政治权力参与社会产品分配的重要形式。税收具有强制性、无偿性和固定性的特征,它既是筹集财政收入的主要工具,又是调节宏观经济的重要手段。税制的设置可以调节和制约公司的税负水平。税收还可以根据消费需求和投资需求的不同对象设置税种或在同一税种中实行差别税率,以控制需求数量和调节供求结构。进口关税政策和出口退税政策对于国际收支平衡具有重要的调节功能。

国债是国家按照有偿信用原则筹集财政资金的一种形式,也是实现政府财政政策、进行宏观调控的重要工具。国债可以调节国民收入的使用结构和产业结构,用于农业、能源、交通和基础设施等国民经济的薄弱部门和瓶颈产业的发展,调整固定资产投资结构,促进经济结构的合理化。国债还可以调节资金供求和货币流通量。国债的发行对证券市场资金的流向格局也有较大影响,如果一段时间内国债发行量较大且具有一定的吸引力,将会分流证券市场的资金。

财政补贴是国家为了某种特定需要,将一部分财政资金无偿补助给公司和居民的一种再分配形式。我国财政补贴主要包括价格补贴、公司亏损补贴、财政贴息、房租补贴、职工生活补贴和外贸补贴等。

财政管理体制是中央与地方、地方各级政府之间以及国家与企事业单位之间资金管理权限和财力划分的一种根本制度，其主要功能是调节各地区、各部门之间的财力分配。

转移支付制度是中央财政将集中的一部分财政资金，按一定的标准拨付给地方财政的一项制度。其主要功能是调整中央政府与地方政府之间的财力纵向不平衡，调整地区间财力横向不平衡。

财政预算政策、税收政策除了通过预算安排的松紧、课税的轻重影响到财政收支的多少，进而影响到整个经济的景气外，更重要的是对某些行业、某些公司带来不同的影响。如果财政预算对能源、交通等行业在支出安排上有所侧重，将促进这些行业的发展。同样，如果国家对某些行业、某些公司实施税收优惠政策，诸如减税、提高出口退税率等措施，那么这些行业及其公司就会处于有利的经营环境，其税后利润增加，该行业及其公司的股票价格也会随之上扬。

2.财政政策的运作对证券市场的影响

财政政策分为扩张性财政政策、紧缩性财政政策和中性财政政策。实施紧缩财政政策时，政府财政在保证各种行政与国防开支外，并不从事大规模的投资。而实施扩张性财政政策时，政府积极投资于能源、交通、房地产等建设，从而刺激相关产业如水泥、钢材、机械等行业的发展。如果政府以发行公债方式增加投资的话，对景气的影响就更为深远。总的来说，紧缩财政政策将使得过热的经济受到控制，证券市场也将走弱，因为这预示着未来经济将减速增长或走向衰退；而扩张性财政政策将刺激经济发展，证券市场则将走强，因为这预示着未来经济将加速增长或进入繁荣阶段。

具体而言，实施扩张性财政政策对证券市场的影响有：第一，降低税率，减少税收，扩大减免税范围。其政策的经济效应是：增加微观经济主体的收入，以刺激经济主体的投资需求，扩大社会供给，增加消费支出。增加收入直接引起证券市场价格上涨，增加投资需求和消费支出又会拉动社会总需求；而总需求增加又反过来刺激投资需求，从而使公司扩大生产规模，增加公司利润；利润增加，又将刺激公司扩大生产规模的积极性，进一步增加利润总额，从而促进股票价格上涨。因市场需求活跃，公司经营环境改善，盈利能力增强，进而降低了还本付息风险，债券价格也将上扬。第二，扩大财政支出，加大财政赤字。其政策效应是：扩大社会总需求，从而刺激投资，扩大就业。政府通过购买和公共支出增加对商品和劳务的需求，激励公司增加投入，提高产出水平，于是公司利润增加，经营风险降低，将使得股票价格和债券价格上升。同时，居民在经济复苏中增加了收入，持有货币量增加，市场景气的趋势更增加了投资者的信心，买气增强，证券市场和债券市场趋于活跃，价格自然上扬。特别是与政府购买和支出相关的公司将最先、最直接从财政政策中获益，有关公司的股票价格和债券价格将率先上涨。但过度使用此项政策，财政收支出现巨额赤字时，虽然进一步扩大了需求，但却增加了经济的不稳定因素。通货膨胀加剧，物价上涨，有可能使投资者对经济的预期不乐观，反而造成股价下跌。第三，减少国债发行(或回购部分短期国债)。国债是证券市场上重要的交易券种，国债发行规模的缩减使市场供给量减少，从而对证券市场原有的供求平衡发生影响，导致更多的资金转向股票、公司债券，推动证券市场价格水平上扬。第四，增加财政补贴。财政补贴往往使财政支出扩大，进而扩大社会总需求并刺激供给增加，从而使整个证券市场价格总体水平趋于上涨。

紧缩财政政策的经济效应及其对证券市场的影响与上述情况相反。

3.分析财政政策对证券市场影响应注意的问题

财政政策对证券市场的影响是十分复杂的。正确地运用财政政策为证券投资决策服务，应把握以下几个方面：第一，关注有关的统计资料信息，认清经济形势。第二，从各种媒介中了解经济界人士对当前经济形势的看法，关心政府有关部门主要负责人的日常讲话，分析其经济观点、主张，从而预见政府可能采取的经济措施和采取措施的时机。第三，分析过去类似形势下的政府行为及其对经济的影响，据此预期政府政策倾向和可能产生的经济影响。第四，关注年度财政预算，从而把握财政收支总量的变化趋势，更重要的是对财政收支结构及其重点做出分析，以便了解政府的财政投资重点和倾斜政策。一般而言，受倾斜的行业业绩较有保障，该行业平均股价因此存在上涨的空间。第五，在预见和分析财政政策的基础上，进一步分析相应政策对经济形势的综合影响（比如通货膨胀、利率等），结合行业分析和公司分析做出投资选择。通常，与政府采购密切相关的行业和公司对财政政策较为敏感。

**（二）货币政策对证券市场的影响**

1.货币政策及其作用

货币政策是指政府为实现一定的宏观经济目标所制定的关于货币供应和货币流通组织管理的基本方针和基本准则。货币政策对宏观经济进行的是总体上和全方位的调控，其调控作用突出表现在以下几个方面：第一，通过调控货币供应量保持社会总供给与总需求的平衡。当总需求膨胀导致供求失衡时，控制货币量可达到对总需求的抑制；货币供给的减少将促使贷款利率上升，从而抑制社会总供给的增加。当总需求不足时，增加货币供应量可以提高社会总需求，使经济继续发展。货币供给的增加有利于贷款利率的降低，减少投资成本，刺激投资增长和生产扩大，从而增加社会总供给。第二，通过调控利率和货币供应总量控制通货膨胀，保持物价总水平的稳定。无论通货膨胀的形成原因多么复杂，从总量上看，都表现为流通中的货币超过社会在不变价格下所能提供的商品和劳务总量。提高利率可使现有货币购买力推迟，减少即期社会需求，同时也使银行贷款需求减少；降低利率的作用则相反。第三，调节国民收入中消费与储蓄的比例。货币政策通过对利率的调节能够影响人们的消费倾向和储蓄倾向。低利率鼓励消费，高利率则有利于吸收储蓄。第四，引导储蓄向投资的转化并实现资源的合理配置。储蓄是投资的来源，但储蓄不能自动转化为投资，储蓄向投资的转化依赖于一定的市场条件。货币政策可以通过利率的变化影响投资成本和投资的边际效率，提高储蓄转化的比重，并通过金融市场有效运作实现资源的合理配置。

2.货币政策工具

货币政策工具是指中央银行为实现货币政策目标所采用的政策手段。货币政策目标是服务于整个宏观经济控制总目标的。我国在1995年明确将货币政策目标定位为：保持货币币值稳定，并以此促进经济增长。货币政策工具可分为一般性政策工具和选择性政策工具。

（1）一般性政策工具。一般性政策工具是指中央银行经常采用的三大政策工具，包括法定存款准备金率、再贴现政策、公开市场业务。

法定存款准备金率是指中央银行规定的金融机构为保证客户提取存款和资金清算需要而准备的在中央银行的存款占其存款总额的比例。当中央银行提高法定存款准备金率时，商业银行可运用的资金减少，贷款能力下降，货币乘数变小，市场货币流通量便会相应减少。所以，在通货膨胀发生时，中央银行可提高法定存款准备金率；反之，则降低法定存款准备金率。一般认为这一货币政策工具效果十分明显，它的调整会在很大程度上影响整个经济和社会心理预期，因此，一般对法定存款准备金率的调整都持谨慎态度。

再贴现政策是指中央银行对商业银行用持有的未到期票据向中央银行融资所做的政策规定。再贴现政策一般包括再贴现率的确定和再贴现的资格条件。再贴现率主要着眼于短期政策效应。中央银行根据市场资金供求状况调整再贴现率，以影响商业银行借入资金成本，进而影响商业银行对社会的信用额度，从而调整货币供给总量。在传导机制上，若商业银行需要以较高的代价才能获得中央银行的贷款，便会提高对客户的贴现率或提高放款利率，其结果就会使信用量收缩，市场货币供应量减少；反之，则相反。中央银行对再贴现资格条件的规定则着眼于长期的政策效用，以发挥抑制或扶持作用。

公开市场业务是指中央银行在金融市场上公开买卖有价证券，以此来调节市场货币供应量的政策行为。当中央银行认为应该增加货币供应量时，就在金融市场上买进有价证券(主要是政府债券)；反之，就出售所持有的有价证券。

(2)选择性货币政策工具。随着中央银行宏观调控作用重要性的加强，货币政策工具也趋向多元化，因而出现了一些供选择使用的新措施，这些措施被称为选择性货币政策工具。选择性货币政策工具包括直接信用控制、间接信用指导。

直接信用控制是指以行政命令或其他方式，直接对金融机构尤其是商业银行的信用活动进行控制。具体手段包括规定利率限额、信用配额、信用条件限制、规定金融机构流动性比率和直接干预等。

间接信用指导是指中央银行通过道义劝告、窗口指导等办法来间接影响商业银行等金融机构行为的做法。

3.货币政策的运作

货币政策的运作主要是指中央银行根据客观经济形势采取适当的政策措施调控货币供应量和信用规模，使之达到预定的货币政策目标，并以此影响整体经济的运行。根据运作方向将货币政策运作分为紧的货币政策和松的货币政策。

紧的货币政策主要包括：减少货币供应量，提高利率，加强信贷控制等。如果市场物价上涨，需求过度，经济过度繁荣，被认为是社会总需求大于总供给，中央银行就会采取紧缩货币的政策以减少需求。

松的货币政策主要包括：增加货币供应量，降低利率，放松信贷控制等。如果市场产品销售不畅，经济运转困难，资金短缺，设备闲置，被认为是社会总需求小于总供给，中央银行则会采取扩大货币供应的办法增加总需求。

4.货币政策对证券市场的影响

不同的货币政策对证券市场产生的影响也是不同的。

(1)调节货币供应量对证券市场的影响。如果中央银行降低法定存款准备金率或降低再贴现率，货币供应量增加，证券市场行情上扬。如果中央银行提高法定存款准备金率或提高再贴现率，货币供应量减少，证券市场价格便趋于下跌。

(2)利率的调整对证券市场的影响。中央银行调整基准利率的高低，对证券价格产生影响。一般来说，利率降低时，证券投资的机会成本降低，上市公司的运营成本也随之降低，业绩趋好，证券价格就上升。而利率提高时，证券投资的机会成本提高，上市公司的运营成本提高，业绩下降，证券价格就下降。利率对股票价格的影响一般比较明显，反应也比较迅速。因此要把握住股票价格的走势，首先要对利率的变化趋势进行全面掌握。利率与股价运动呈反向变化是一般情况，不能将此绝对化。当形势看好、股票行情暴涨的时候，利率的调整对股价的控制作用就不会很大。同样，当股市处于暴跌的时候，即使出现利率下降的调整政策，也可能会使股价回升乏力。

(3)中央银行的公开市场业务对证券价格的影响。当政府倾向于实施较为宽松的货币政策时，中央银行就会大量购进有价证券，从而使市场上货币供给量增加。这会推动利率下调，资金成本降低，从而公司和个人的投资和消费热情高涨，生产扩张，利润增加，这又会推动股票价格上涨；反之，股票价格将下跌。我们之所以强调公开市场业务对证券市场的影响，还在于中央银行公开市场业务的运作是直接以国债为操作对象，从而直接关系到国债市场的供求变动，影响到国债市场的波动。

(4)选择性货币政策工具对证券市场的影响。为了实现国家的产业政策和区域经济政策，我国对不同行业和区域采取区别对待的方针。一般说来，该项政策会对证券市场整体走势产生影响，而且还会因为板块效应对证券市场产生结构性影响。当直接信用控制或间接信用指导降低贷款限额、压缩信贷规模时，从紧的货币政策使证券市场行情呈下跌走势，但如果在从紧的货币政策前提下，实行总量控制，通过直接信用控制或间接信用指导区别对待，紧中有松，那么一些优先发展的产业和国家支柱产业以及农业、能源、交通、通信等基础产业及优先重点发展的地区的证券价格则可能不受影响，甚至逆势而上。

**(三)收入政策对证券市场的影响**

收入政策是国家为实现宏观调控总目标和总任务，针对居民收入水平高低、收入差距大小在分配方面制定的原则和方针。与财政政策、货币政策相比，收入政策具有更高一层次的调节功能，它制约着财政政策和货币政策的作用方向和作用力度，而且收入政策最终也要通过财政政策和货币政策来实现。

收入政策目标包括收入总量目标和收入结构目标。收入总量目标着眼于近期的宏观经济总量平衡，着重处理积累和消费、人们近期生活水平改善和国家长远经济发展的关系以及失业和通货膨胀的问题。收入结构目标则着眼于处理各种收入的比例，以解决公共消费和私人消费、收入差距等问题。收入总量调控政策主要通过财政、货币机制来实施，还可以通过行政干预和法律调整等机制来实施。财政机制通过预算控制、税收控制、补贴调控和国债调控等手段贯彻收入政策。货币机制通过调控货币供应量、调控货币流通量、调控信贷方向和数量、调控利率等贯彻收入政策。因而收入总量调控通过财政政策和货币政策的传导对证券市场产生影响。

**(四)汇率政策对证券市场的影响**

汇率对证券市场的影响是多方面的。一般来讲，一国的经济越开放，证券市场的国际化程度越高，证券市场受汇率的影响越大。一般情况下，以外币为基准，汇率上升，本币贬值，本国产品竞争力强，出口型公司将增加收益，此类公司的股票和债券价格将上涨；相反，依赖于进口的公司成本增加，利润受损，股票和债券的价格将下跌。汇率上升，本币贬值，将导致资本流出本国，资本的流失将使得本国证券市场需求减少，从而使证券价格下跌。反之，证券价格上涨。

汇率上升，本币贬值，以本币表示的进口商品价格提高，进而带动国内物价水平上涨，引起通货膨胀，通货膨胀对证券市场的影响如前所述。汇率上升，本币贬值，为维持汇率稳定，政府可能动用外汇储备，抛售外汇，购进本币，从而减少本币的供应量，使得证券市场价格下跌，直到汇率回落恢复均衡；反之，证券价格回升。如果政府利用债市与汇市联动操作达到既控制汇率的升势又不减少货币供应量，即抛售外汇的同时回购国债，则将使国债市场价格上扬。

我国于 2005 年 7 月 21 日宣布，自即日起，开始实行以市场供求为基础的，参考一篮子货币进行调节的、有管理的浮动汇率制度。人民币汇率不再盯住单一美元，而是形成更富弹性的人民币汇率机制。

从趋势上看，由于中国经济的持续高速发展，人民币渐进升值，其对证券市场的影响主要体现在两个层面：第一，将全面提升人民币资产升值，对内外资投资于中国资本市场都将产生极大的吸引力，特别是伴随金融业的全面开放、QFII 投资额度放宽、市场扩容和金融衍生工具的增加等，我国资本市场正在迎来一个加速发展的时期；第二，拥有人民币资本类的行业或公司将特别受到投资人的青睐，比如零售商业、房地产、金融业等，这类行业在 2006 年和 2007 年伴随人民币升值，成为股指上扬的龙头。人民币升值不仅对 A 股产生影响，对 B 股也会产生影响。

## 第二节　证券投资的行业分析

就一般情况而言，一个公司的增长与其行业的增长是一致的。所以，在进行了总的宏观分析之后，证券投资者及分析师应该进一步考察不同行业的状况，即进行证券投资的行业分析，以期把握各类行业的现状及发展前景，只有这样才能做出对具体公司的选择。行业分析在整个基本面分析中起着承上启下的作用。

### 一、行业分析的意义

行业是介于宏观和微观之间的重要经济范畴。所谓行业，是指从事国民经济中同性质的生产或其他经济社会活动的经营单位和个体等构成的组织结构体系，如林业、汽车业、银行业、房地产业等。一般而言，行业内的公司群体所从事的经济活动具有同质性，其成员由于产品在很大程度上的可相互替代性而处于一种彼此紧密联系的状态，而且由于产品的差异而与其他公司群体相区别。从严格意义上讲，行业与产业有差别。投资者及证券分析师关注的往往都是具有相当规模的行业，特别是含有上市公司的行业，但业内一直约定俗成地把行业分析与产业分析视为同义语。

行业经济活动是介于宏观经济活动和微观经济活动中的经济层面，是中观经济分析的主要对象之一。宏观经济分析主要分析了社会经济的总体状况，但没有对总体经济的各组成部分进行具体分析。宏观经济的发展水平和增长速度反映了各组成部分的平均水平和速度，但各个组成部分的发展却有很大的差别，并非都和总体水平相一致。实际上，总是有些行业的增长快于宏观经济的增长，而有些行业的增长慢于宏观经济的增长。

从证券投资分析的角度看，宏观经济分析是为了掌握证券投资的宏观环境，把握证券市场的总体趋势。但宏观经济分析并不能提供具体的投资领域和投资对象的建议。对于投资者来说，除了要进行宏观经济分析之外，还应该进行深入的行业分析和公司分析。同一时期不同行业的收益率是不同的，通过行业分析可以发现收益率高的行业，并从中选取绩优公司进行投资，这样可能会有获利的机会。从一个高增长的行业选取一家绩优公司要比从一个低增长或负增长的行业选取一家好的公司要容易得多。行业有自己特定的生命周期，处在生命周期不同发展阶段的行业，其投资价值也不一样，所以不能从以往的行业业绩推断其未来，而应该从动态的角度分析其变化趋势。

行业分析是对上市公司进行分析的前提，也是连接宏观经济分析和上市公司分析的桥梁，是基本分析的重要环节。应该指出，即使同属于一个行业，各公司的盈利能力也是不同的。例如，银行业和证券业均属于金融行业，但两者的业务范围和发展状况却存在较大的差别。故在行业分析的基础上，还应进行公司分析。

## 二、行业划分的方法

### （一）道·琼斯分类法

道·琼斯分类法是19世纪末为选取在纽约证券交易所上市的有代表性的股票而对各公司进行的分类，是证券指数统计中最常用的分类法之一。道·琼斯分类法将大多数股票分为三类：工业、运输业和公用事业，然后选取有代表性的股票。虽然入选的股票并不涵盖这类行业中的全部股票，但所选择的这些股票足以表明行业的一种趋势。

在道·琼斯指数中，工业类股票取自工业部门的30家公司，包括采掘业、制造业和商业；运输业类股票取自20家交通运输业公司，包括航空、铁路、汽车运输与航运业；公用事业作为一个行业直到1929年才被确认添加进来，股票取自6家公用事业公司，主要包括电话公司、煤气公司和电力公司等。

### （二）标准行业分类法

为便于汇总各国的统计资料并进行互相对比，联合国国际经济和社会事务部统计处制订了一个《国际标准行业分类》，建议各国采用，2008年第4版《国际标准行业分类》（简称ISIC4）把国民经济划分为21个门类88个大类。21个门类为：A. 农业、林业和渔业；B. 采矿和采石；C. 制造业；D. 电、煤气、蒸汽和空调供应；E. 供水，污水处理、废物管理和补救活动；F. 建筑业；G. 批发和零售贸易，汽车和摩托车的修理；H. 运输和储存；I. 食宿服务活动；J. 信息和通信；K. 金融和保险活动；L. 房地产活动；M. 专业、科学和技术活动；N. 行政和辅助服务活动；O. 公共管理与国防，强制性社会保障；P. 教育；Q. 人体健康和社会工作活动；R. 艺术、娱乐和文娱活动；S. 其他服务活动；T. 家庭作为雇主的活动，家庭自用、未加区分的物品生产及服务的活动；U. 国际组织和机构的活动。门类下划分大类，大类下有中类，中类下又有小类，且对各个类目都进行了编码。

### （三）我国国民经济的行业分类

1985年，我国国家统计局明确将国民经济划分为三大产业。把农业（包括林业、牧业、渔业等）定义为第一产业；把工业（包括采掘业、制造业、自来水、电力、煤气）和建筑业定义为第二产业；把第一、二产业以外的各行业定义为第三产业，主要指向全社会提供各种各样劳务的服务性行业，具体包括交通运输业、邮电通信业、仓储业、金融保险业、餐饮业、房地产业、社会服务业等。其中,第三产业的内涵非常丰富,而且随着生产力的发展,它所包括的细分行业也不断增多,因而是个发展中的概念。

为适应社会主义市场经济的发展,正确反映国民经济内部结构和发展状况,并为国家宏观管理、各级政府部门和行业协会经济管理以及进行科研、教学、新闻宣传、信息咨询等服务,需要一部既能准确反映我国现阶段经济活动状况,又能与国际分类相衔接的国民经济行业分类标准,《国民经济行业分类》国家标准于 1984 年首次发布,分别于 1994 年和 2002 年进行修订,2011 年第三次修订。该标准(GB/T 4754—2011)由国家统计局起草,国家质量监督检验检疫总局、国家标准化管理委员会批准发布,并于 2011 年 11 月 1 日实施。此次修订除参照 ISIC4 外,主要依据我国近年来经济发展状况和趋势,对门类、大类、中类、小类做了调整和修改。共有 20 个门类 96 个大类,基本反映出我国目前行业结构状况。其中门类分别为:A. 农、林、牧、渔业;B. 采矿业;C. 制造业;D. 电力、热力、燃气及水的生产和供应业;E. 建筑业;F. 批发和零售业;G. 交通运输、仓储和邮政业;H. 住宿和餐饮业;I. 信息传输、软件和信息技术服务业;J. 金融业;K. 房地产业;L. 租赁和商务服务业;M. 科学研究和技术服务业;N. 水利、环境和公共设施管理业;O. 居民服务、修理和其他服务业;P. 教育;Q. 卫生和社会工作;R. 文化、体育和娱乐业;S. 公共管理、社会保障和社会组织;T. 国际组织。

**(四)我国证券市场的行业分类**

我国证券市场的行业分类有 SSE 行业分类、深证指数分类法、CSRC 行业分类。

SSE(Shanghai Stock Exchange)就是上海证券交易所,SSE 行业分类就是上证所采用的行业分类。上证所为编制沪市成分指数,将全部上市公司分为五类,即工业、商业、地产业、公用事业和综合,同时计算和公布各分类股价指数。

深圳证券交易所将在深市上市的全部公司分成六类,即工业、商业、金融业、地产业、公用事业、综合类,同时计算和公布各分类股价指数。

CSRC(China Securities Regulatory Commission)就是中国证监会。中国证监会于 2001 年 4 月 4 日公布了《上市公司行业分类指引》(简称《指引》),《指引》是以中国国家统计局《国民经济行业分类与代码》(国家标准 GB/T 4754—94)为主要依据,借鉴联合国国际标准产业分类、北美行业分类体系有关内容的基础上制定而成的。CSRC 行业分类为:A. 农、林、牧、渔业;B. 采掘业;C. 制造业;D. 电力、热力、燃气及水的生产和供应业;E. 建筑业;F. 批发和零售业;G. 交通运输、仓储和邮政业;H. 住宿和餐饮业;I. 信息传输、软件和信息技术服务业;J. 金融业;K. 房地产业;L. 租赁和社会服务业;M. 科学研究和技术服务业;N. 水利、环境和公共设施管理业;O. 居民服务、修理和其他服务业;P. 教育;Q. 卫生和社会工作;R. 文化、体育和娱乐业;S. 综合类。

## 三、行业的一般特征分析

**(一)行业的市场结构分析**

市场结构就是市场竞争或垄断的程度。根据该行业中公司数量的多少、产品的性质、价格的制定情况,行业基本上可分为四种市场结构:完全竞争、垄断竞争、寡头垄断、完全垄断。从竞争程度上看,这四种市场依次递减。一般而言,竞争程度较高的行业,利润较低,公司倒闭的可能性较大,对该行业进行证券投资的风险也较大。

(1)完全竞争型市场。完全竞争型市场是指公司生产同质产品,竞争不受任何阻碍和干扰。其特点是:第一,市场上生产者众多,市场上各种生产资料可以自由流动。没有任何一个公司能够影响产品的价格,公司永远是价格的接受者而不是价格的制定者。第二,产品不论是有形或无形的,都是同质的、无差别的。第三,市场信息对买卖双方都是畅通的,生产者和消费者对市场情况非常了解,不存在相互欺骗。第四,公司的盈利基本上由市场对产品的需求来决定。从上述特点可以看出,完全竞争是一个理论上的假设,在现实经济中,完全竞争的市场类型是少见的,初级产品(如农产品)的市场类型较类似于完全竞争。

(2)垄断竞争型市场。垄断竞争型市场是指许多生产者生产同类但不同质的产品,既有垄断又有竞争。在垄断竞争型市场上,每个公司都在市场上具有一定的垄断力,但它们之间又存在激烈的竞争。其特点是:第一,生产者众多,各种生产资料可以流动。第二,生产的产品同种但不同质,即产品之间存在着差异,由于产品差异性的存在,生产者可以树立自己产品的信誉,从而对其产品的价格有一定的控制能力。由此可以看出,造成垄断现象的原因是产品差别,造成竞争现象的是产品同种,即产品的可替代性。在现实中,制成品(如纺织、服装等轻工业产品)的市场类型一般都属于垄断竞争型。

(3)寡头垄断型市场。寡头垄断型市场是指相对少量的生产者在某种产品的生产中占据很大市场份额,从而控制了这个行业的供给。该市场结构得以形成的原因有:第一,这类行业初始投入资本较大,阻止了大量中小公司的进入。第二,这类产品只有在大规模生产时才能获得好的效益,这就会在竞争中自然淘汰大量的中小公司。在寡头垄断的市场上,由于这些少数生产者的产量非常大,因此他们对市场的价格和交易具有一定的垄断能力。同时,由于只有少量的生产者生产同一种产品,因而每个生产者的价格政策和经营方式及其变化都会对其他生产者产生重要的影响。因此,在这个市场上,通常存在着一个起领导作用的公司,其他公司跟随该公司定价与经营方式的变化而相应地进行某些调整。在现实中钢铁、汽车等重工业以及少数储量集中的矿产品如石油等的市场多属这种类型。

(4)完全垄断型市场。完全垄断型市场是指整个行业处于独家公司生产某种特质产品的情形,特质产品是指那些没有或缺少相近的替代品的产品。完全垄断可分为两种类型:第一,政府完全垄断。通常在公用事业中居多,如国有铁路、邮电等部门。第二,政府特许的私人完全垄断。如根据政府授予的特许专营,或根据专利生产的独家经营以及由于资本雄厚、技术先进而建立的排他性的私人垄断经营。完全垄断型市场结构的特点是:第一,市场被独家公司所控制,其他公司不可以或不可能进入该行业。第二,产品没有或缺少相近的替代品。垄断者能够根据市场的供需情况制定理想的价格和产量,在高价少销和低价多销之间进行选择,以获取最大的利润。第三,垄断者在制定产品的价格与生产数量方面的自由性是有限度的,要受到反垄断法和政府管制的约束。在当前的现实生活中没有真正的完全垄断型市场,每个行业都或多或少地引进了竞争。公用事业(如发电厂、煤气公司、自来水公司和邮电通信等)和某些资本、技术高度密集型或稀有金属矿藏的开采等行业属于接近完全垄断的市场类型。

对市场结构的研究可以用指标进行,如绝对市场集中度、赫希曼·赫菲德尔指数。

绝对市场集中度通常用处于该行业前几位公司的生产额(也可以是销售额、资产额、职工人数)占该行业生产额(也可以是销售额、资产额、职工人数)的比重来表示。绝对市场集中度能够较好地反映行业内生产的集中程度,显示市场的集中和垄断程度,但由于反映的是行业中规模最大的前几位公司的市场集中度,难以把握行业内全部公司的规模分布情况。

赫希曼·赫菲德尔指数(A. O. Hirschman-O. C Herfindahl index)是将每个公司市场占有率的平方相加计算的。设 $X_i$ 为第 $i$ 个公司的规模(可以用生产额、销售额等表示),$X$ 为市场总规模,$\frac{X_i}{X}$就是第 $i$ 个公司的市场占有率,赫希曼·赫菲德尔指数 $HI=\sum_{i=1}^{n}\left(\frac{X_i}{X}\right)^2$。若市场被一家公司独占,则 $HI=1$;若所有公司规模相等,则第 $i$ 个公司的市场占有率为$\frac{1}{n}$。若行业内公司规模很接近,且公司个数很多,则 $HI$ 就接近于 0。$HI$ 对规模较大的前几家公司的市场份额比重变化反映比较敏感,并能较好地反映行业内公司的规模分布,故得到了广泛的应用。

**(二)行业的竞争结构分析**

美国哈佛商学院教授迈克尔·波特认为,一个行业内激烈竞争的局面源于其内在的竞争结构。一个行业内存在着五种基本竞争力量,即潜在进入者、替代品、供方、需方以及行业内现有竞争者。从静态角度看,这五种基本竞争力量的状况及其综合强度决定着行业内的竞争激烈程度,决定着行业内的公司可能获得利润的最终潜力。从动态角度看,这五种竞争力量抗衡的结果共同决定着行业的发展方向,共同决定行业竞争的强度和获利能力。但是,各种力量的作用是不同的,常常是最强的某个力量或某几个力量处于支配地位、起着决定性的作用。例如,一个公司在某行业中处于极为有利的市场地位时,潜在的进入者可能不会对它构成威胁。但如果它遇到了高质量、低成本的替代品的竞争时,可能会失去其有利的市场地位,只能获得低的收益。有时,即使没有替代品和大批的进入者,现有竞争者之间的激烈抗衡也会限制该公司的潜在收益。行业结构是相对稳定的,但又随行业发展的进程而变化。结构变化改变了竞争力量总体的相对强度,从而能够以积极或消极的方式影响行业的盈利能力。

**(三)经济周期与行业分析**

各行业变动时,往往呈现出明显的、可测的增长或衰退的格局。这些变动与国民经济总体的周期变动是有关系的,但关系密切的程度又不一样,这种相关性体现在时间上的同步、滞后、超前性及增长幅度的大小上。

(1)增长型行业。增长型行业的运动状态与经济活动总水平的周期及其振幅并不紧密相关。这些行业收入增长的速度并不会总是随着经济周期的变动而出现同步变动,因为它们主要依靠技术的进步、新产品推出及更优质的服务,从而使其经常呈现出增长形态。投资者对高增长的行业十分感兴趣,主要是因为这些行业对经济周期性波动来说,提供了一种财富套期保值的手段。在经济高涨时,高增长行业的发展速度通常高于平均水平;在经济衰退时期,其所受影响较小甚至仍能保持一定的增长。然而,这种行业增长的形态却使得投资者难以把握精确的购买时机,因为这些行业的股票价格不会明显地随着经济周期的变化而变化。

(2)周期型行业。周期型行业的运动状态与经济周期紧密相关。当经济处于上升时期,这些行业会紧随其扩张;当经济衰退时,这些行业也相应衰落,且该类型行业收益的变化幅度往往会在一定程度上夸大经济的周期性。产生这种现象的原因是,当经济上升时,对这些行业相关产品的购买相应增加;当经济衰退时,对这些行业相关产品的购买被延迟到经济改善之后。例如,消费品业、耐用品制造业、汽车业及其他需求收入弹性较高的行业,就属于典型的周期性行业。

(3)防守型行业。防守型行业的经营状况在经济周期的上升和下降阶段都很稳定。这种运动形态的存在是因为该类行业的产品需求相对稳定,需求弹性小,经济周期处于衰退阶段对这种行业的影响也比较小。甚至有些防守型行业在经济衰退时期还会有一定的实际增长。该类行业的产品往往是生活必需品或是必要的公共服务,公众对其产品有相对稳定的需求,例如,食品业和公用事业就属于防守型行业。也正是因为这个原因,投资于防守型行业一般属于收入型投资,而非资本利得型投资。

**(四)行业生命周期分析**

通常,每个行业都要经历一个由成长到衰退的发展演变过程,这个过程就是行业的生命周期。一般地,行业的生命周期可分为幼稚期、成长期、成熟期和衰退期。

(1)幼稚期。一个行业的萌芽和形成,最基本和最重要的条件是人们的物质文化需求。社会的物质文化需要是行业经济活动的最基本动力。资本的支持与资源的稳定供给是行业形成的基本保证。行业形成的方式有三种:分化、衍生和新生长。分化是指新行业从原行业(母体)中分离出来,分解为一个独立的新行业,比如电子工业从机械工业中分化出来等。衍生是指出现与原有行业相关、相配套的行业,如汽车业衍生出来的汽车修理业等。新生长是指新行业以相对独立的方式进行,并不依附于原有行业。这种行业的生产往往是科学技术产生突破性进步的结果,经常萌芽于实验室或者科技园区,例如生物医药、生物工程等。在这一阶段,由于新行业刚刚诞生或初建不久,只有为数不多的公司投资于这个新兴的行业。其研究和开发费用较高,大众对其产品尚缺乏全面了解,致使产品市场需求狭小,销售收入较低,因此这些公司财务上可能不但没有盈利,反而出现较大亏损。较高的产品成本和价格与较小的市场需求之间的矛盾使得创业公司面临很大的市场风险,还可能因财务困难而引发破产。因此,这类公司更适合投机者。

(2)成长期。在幼稚期后期,随着行业生产技术的成熟、生产成本的降低和市场需求的扩大,新行业便逐步由高风险、低收益的幼稚期迈入高风险、高收益的成长期。在成长期的初期,公司的生产技术逐渐成熟,市场认可并接受了行业的产品,产品的销量迅速增长。市场逐步扩大,然而公司可能仍然处于亏损或者微利状态,需要外部资金注入以增加设备、人员,并着手下一代产品的开发。进入加速成长期后,公司的产品和劳务已为广大消费者接受,销售收入和利润开始加速增长,新的机会不断出现,但公司仍然需要大量资金来实现高速成长。在这一时期,拥有较强研究开发实力、市场营销能力、雄厚资本实力和畅通融资渠道的公司逐渐占领市场。这个时期的行业增长非常迅猛,部分优势公司脱颖而出,投资于这些公司的投资者往往获得极高的投资回报,所以成长期阶段有时被称为投资机会时期。随着市场需求上升,新行业也随之繁荣起来。投资于新行业的厂商大量增加,产品也逐步从单一、低质、高价向多样、优质和低价方向发展,出现了生产厂商之间和产品之间相互竞争的局面,这种状况会持续数年或数十年。进入成长期后期,生产厂商不仅依靠扩大产量和提高市场份额来获得竞争优势,同时还需不断提高生产技术水平,降低成本,研制和开发新产品,从而战胜或紧跟竞争对手、维持公司的生存。这一时期公司的利润虽然增长很快,但所面临的竞争风险也非常大,根据优胜劣汰的规律,市场上生产厂商的数量会在一个阶段后出现大幅度减少,之后开始逐渐稳定下来。由于市场需求趋向饱和,产品的销售增长率减慢,迅速赚取利润的机会减少,整个行业便开始进入成熟期。

(3)成熟期。行业的成熟期是一个相对较长的时期。具体来看,各个行业成熟期的时间长短往往有所区别。一般而言,技术含量高的行业成熟期历时相对较短,而公用事业行业成熟期持续的时间较长。行业处于成熟期的特点有:第一,公司规模空前、地位显赫,产品普及程度高。第二,行业生产能力接近饱和,市场需求也趋于饱和。第三,其生产要素份额、产值、利税份额在国民经济中占有一席之地。但通常在短期内很难识别一个行业何时真正进入成熟期。进入成熟期的行业市场已被少数资本雄厚、技术先进的大厂商控制,各厂商分别占有自己的市场份额。厂商之间的竞争手段逐渐从价格手段转向各种非价格手段,如提高质量、改善性能和加强售后服务等。行业的利润由于一定程度的垄断达到了较高的水平,而风险却因市场结构比较稳定、新公司难以进入而较低。在行业成熟期,行业增长速度降到一个适度水平。在某些情况下,整个行业的增长可能会完全停止,其产出甚至下降。行业的发展很难较好地保持与GDP同步增长。当然,由于技术创新、产业政策、经济全球化等各种原因,某些行业可能会在进入成熟期之后迎来新的增长。

(4)衰退期。衰退期出现在较长的稳定期之后。由于大量替代品的出现,原行业产品的市场需求开始逐渐减少,产品的销售量也开始下降,某些厂商开始向其他更有利可图的行业转移资金,因而原行业出现了厂商数目减少、整个行业的增长速度远低于经济增长速度甚至出现负增长,利润水平停滞不前或不断下降,至此,整个行业便进入了衰退期。但在很多情况下,行业的衰退期往往比行业生命周期的其他三个阶段的总和还要长,大量的行业都是衰而不亡,甚至会与人类社会长期共存。例如,钢铁业、纺织业在衰退,由于市场需求仍然存在,人们是看不到它们消亡的。

在具体判断某个行业所处的实际生命周期阶段的时候,应从以下几个方面进行综合考察:第一,行业规模。随着行业兴衰,行业的市场容量有一个从小到大再到小的过程,行业的资产总规模也经历从小到大再到小的过程。第二,产出增长率。产出增长率在成长期较高,在成熟期以后降低,经验数据一般以15%为界。到了衰退阶段,行业处于低速运行状态,有时甚至处于负增长状态。第三,利润率水平。利润率水平是行业兴衰程度的一个综合反映,一般都有由低到高到稳定再到低甚至严重亏损的过程。第四,技术进步和技术成熟程度。随着行业兴衰,行业的创新能力有一个强增长到逐步衰减的过程,技术成熟程度也有一个从低到高然后进入老化的过程。第五,开工率。长时期的开工充足反映了行业处在成长期或成熟期间的景气状态,衰退期往往伴随着开工不足。第六,从业人员的职业化水平和工资福利收入水平。随着行业的兴衰,从业人员的职业化和工资福利收入水平有一个从低到高再到低的过程。第七,资本进退。行业生命周期中的每个阶段都会有公司的进退发生。在成熟期以前,进入的公司数量及资本量大于退出量;而进入成熟期,则进入的公司数量及资本量与退出量有一个均衡的过程;在衰退期,则退出超过进入,行业规模逐渐萎缩,转产、倒闭多有发生。

综上所述,一个行业生命周期在不同阶段会表现出不同特点,投资者及分析师应当仔细研究公司所处的行业生命周期阶段,跟踪考察该行业的发展趋势,分析行业的投资价值和投资风险。针对不同偏好的投资者,分析师应有不同的投资建议选择。比如,对于收益型的投资者,可以建议优先选择处于成熟期的行业,因为这些行业基础稳定,盈利丰厚,市场风险相对较小。

## 四、影响行业兴衰的主要因素

行业兴衰的实质是行业在整个产业体系中的地位变迁，一个行业的兴衰会受到技术进步、产业政策、社会习惯改变等因素的影响。

### （一）技术进步

以信息通信技术为核心的高新技术成为21世纪国家产业竞争力的决定性因素之一。以微电子、网络技术、计算机和通信为代表的信息产业是迄今为止发展最快、渗透性最强、应用关键技术最广的行业之一。信息技术的扩散与应用引起相关行业的技术革命，并加速改造着传统产业。研发活动的投入强度成为划分高技术群类和衡量产业竞争力的标尺。从技术进步的方式上看，研究与开发的投资强度比以设备更新投资为主要形式的技术改造投资强度更能体现一个国家和一个产业技术进步的实力与潜力。多数国家和组织以R&D（research and development）投入占产业或行业销售收入的比重来划分或定义技术产业群。

技术进步对行业的影响是巨大的，它往往催生了一个新的行业，同时迫使一个旧的行业加速进入衰退期。例如，电灯的出现极大地削减了对煤油灯的需求，蒸汽动力行业则被电力行业逐渐取代，喷气式飞机代替了螺旋桨飞机，大规模集成电路计算机则取代了一般的电子计算机，等等。21世纪，人类社会所处的时代正是科学技术日新月异的时代，不仅新兴学科不断涌现，而且理论科学向实用技术的转化过程也被大大加快。技术引入至高峰生产之间的时间大大缩短，新兴行业能够很快地超过并代替旧行业，或严重地威胁原有行业的生存。当然，新、旧行业并存是未来全球行业发展的基本规律和特点，大部分行业都是国民经济不可缺少的。多数行业都会在竞争中发生变化，以新的增长方式为自己找到生存的空间。投资者必须充分了解欲投资行业技术发展的状况，分析其技术先进性，或被新技术、新产品替代的趋势，才能避免投资于技术落后的行业或公司。

### （二）产业政策

政府对于行业的管理和调控主要是通过产业政策来实现的。产业政策是国家干预或参与经济的一种形式。产业政策包括产业结构政策、产业组织政策、产业技术政策和产业布局政策等。其中，产业结构政策与产业组织政策是产业政策的核心。

产业结构政策是选择行业发展重点的优先顺序的政策措施，其目标是促使行业之间的关系更协调、社会资源配置更合理，使产业结构高级化。产业结构政策是一个政策系统，主要包括：第一，产业结构长期构想。它是根据现阶段发展水平和进一步发展的要求，遵循产业发展演变的规律，提出在较长一段时期内产业发展的目标和方向。第二，对战略产业的保护和扶植。战略产业是指具有较高需求弹性和收入弹性、能够带动国民经济其他部门发展的产业。对战略产业的保护政策包括限制所保护的同类国外产品的进口，限制国外私人直接投资等；对战略产业的扶植政策主要包括财政投资、倾斜金融、倾斜税收以及行政性干预等，其中政府直接投资、差别税率、优惠税、保护性关税、补贴、折旧和成本控制等是较常使用的方式。而对于关系到国计民生和国家安全的基础行业以及战略性行业，政府可能实施较多干预，如钢铁、石油化工、电力、供水、邮电通信、广播电视、铁路、航空、银行、证券公司、保险公司等。公用事业由于投资大、建设周期长、投资回收慢，允许众多厂商投巨资竞相建设是不经济的，因此政府往往通过授予某些厂商在指定地区独家经营某项公用事业特许权的方法来进行管理。被授权的厂商也就因此成为这些行业的合法垄断者。但这些合法的垄断者和一般的垄断者不一样，他们不能任意规定不合理的价格，其定价要受到政府的调节和管制。政府只允许这些厂商获得合理的利润率，且政府的价格管理并不保证这些公司一定能够盈利，成本的增加、管理的不善和需求的变化同样会使这些公司发生亏损。第三，对衰退产业的调整和援助。对衰退产业的调整和援助政策主要包括限制进口、财政补贴、减免税等。对衰退产业及时进行救援和调整，有利于减少经济损失、避免社会动乱。

产业组织政策是调整市场结构和规范市场行为的政策，以"反对垄断、促进竞争、规范大型公司集团、扶持中小公司发展"为主要核心，其目的在于实现同一产业内公司组织形态和公司间关系的合理化。主要包括：第一，市场秩序政策。其目的在于鼓励竞争、限制垄断。第二，产业合理化政策。其目的在于确保规模经济的充分利用，防止过度竞争。第三，产业保护政策。其目的在于减小国外公司对本国幼稚产业的冲击。我国有关外商投资的产业政策中，对外商投资方式的限制规定，在一定程度上起到了对本国部分产业中的现有公司进行保护的作用。

产业技术政策是促进产业技术进步的政策。主要包括：第一，产业技术结构的选择和技术发展政策。主要涉及制定具体的技术标准，规定各产业的技术发展方向，鼓励采用先进技术等方面。第二，促进资源向技术开发领域投入的政策。主要包括技术引进政策、促进技术开发政策和基础技术研究的资助与组织政策。

产业布局是产业存在和发展的空间形式。产业布局政策的目标是实现产业布局的合理化。产业布局政策一般遵循以下原则：第一，经济性原则，即保证那些投资效率高、经济效益好、发展速度快的地区优先发展。第二，合理性原则，即鼓励各地区根据自身资源、经济、技术条件，发展具有相对优势的产业。第三，协调性原则，即促进地区间的经济、技术交流，形成合理的分工协作体系。第四，平衡性原则，即在加快先进地区发展的同时，逐步缩小先进地区与落后地区的差距。

总之，政府的干预极大地支持了某些行业的发展，行业的收益好、回报相对稳定。但由于政府的各种干预措施会随着时间的推移而发生改变，投资者应密切注意这些变化对行业发展所产生的影响。

**（三）社会习惯的改变**

随着人们生活水平和受教育程度的提高，消费心理、消费习惯、文明程度和社会责任感会逐渐改变，从而使某些商品的需求发生变化并进一步影响行业的兴衰。在解决基本温饱之后，人们更注重生活的质量，不受污染的天然食品备受人们青睐；对健康投资从注重保健品转向健身器材；在物质生活丰富后，注重智力投资和丰富的精神生活，旅游等成了新的消费热点；快节奏的现代生活使人们更偏好便捷的交通和通信工具；高度工业化和生活现代化又使人们认识到保护生存环境免受污染的重要，这促进了与环境保护有关的行业和公司的发展。所有这些社会观念、社会习惯、社会趋势的变化对公司的经营活动、生产成本和收益等方面都会产生一定的影响，足以使一些不再适应社会需要的行业在衰退的同时激发新兴行业的产生和发展。

另外经济全球化也会对行业的兴衰产生一定的影响，第一，经济全球化导致产业的全球性转移。发达国家将低端制造技术加速向发展中国家进行产业化转移。随着高新技术行业逐渐成为发达国家的主导产业，传统的劳动密集型甚至是低端技术的资本密集型行业加快向发展中国家转移。发达国家在将发展中国家变成它的加工组装基地和制造工厂的同时，仍然可以掌握传统行业的核心技术,并通过不断向发展中国家转让其技术专利取得市场利益。第二,国际分工出现重要变化。随着经济全球化的日益加深,跨国公司在全球范围内寻求资源的最佳配置,将其产业链的不同环节分别布局在不同的国家,将越来越多的国家纳入跨国公司的全球生产与服务网络之中。

## 五、行业投资的选择

对处于生命周期不同阶段的行业选择上,投资者应选择增长型的行业和在行业生命周期中处于成长阶段和成熟阶段的行业,这些行业有较大的发展潜力,有望得到丰厚而稳定的收益。增长型行业的特点是其增长速度高于整个国民经济的增长速度,投资者选择增长型行业进行投资可以取得快速增长而带来的高收益。特别是高成长行业的高成长公司,公司从小到大,快速发展,其股价也是一路上扬,能给投资者带来巨大的回报,是投资于其他行业或类型的有价证券所无法比拟的。但应注意的是,高成长、高收益的行业也是高风险的行业。投资者也不应排斥增长速度与国民经济同步的行业,这些行业一般发展比较稳定,投资回报虽不及增长型的行业,但投资风险相应较小。投资者一般应避免初创期的行业,这些行业的发展前景难以预料,投资风险较大。

**(一)选择增长型行业的方法**

(1)行业增长比较分析。分析某行业是否属于增长型行业,可利用该行业历年的统计资料与国民经济综合指标进行比较,具体是取得某行业历年的增加值、销售额等指标的可靠数据,并计算出年增长速度,与GDP的增长速度进行比较,通过比较可以进行如下判断:第一,确定该行业是否属于周期性行业。如果GDP连续几年逐年增长,说明国民经济正处于繁荣阶段;反之,则说明国民经济处于衰退阶段。观察同一时期该行业销售额的增长是否与GDP增长同向变化。如果在国民经济繁荣阶段行业的销售额也逐年同步增长,或是在国民经济处于衰退阶段时行业的销售额也同步下降,说明这一行业可能是周期性行业。第二,比较该行业的年增长速度与GDP的年增长速度。如果在大多数年份中该行业的年增长速度都高于GDP的年增长速度,说明这一行业是增长型行业;如果行业年增长速度与GDP年增长速度持平甚至相对较低,则说明这一行业与国民经济增长保持同步或是增长过缓。第三,计算各观察年份该行业增加值或销售额在GDP中所占比重。如果这一比重逐年上升,说明该行业增长比国民经济平均水平快;反之,则较慢。通过以上分析,基本上可以发现和判断是不是增长型行业。但要注意,观察数不可过少,如过少可能会引起判断失误。

(2)行业未来增长速度预测。利用行业历年增加值或销售额与GDP的周期资料进行对比,只是说明过去的情况,研究者还需要了解和分析行业未来的增长变化,因此还需要对行业未来的发展趋势做出预测。预测的方法有多种,使用较多的方法有两种:一种方法是将行业历年增加值或销售额与GDP标在坐标图上,发现两者关系的形态,根据关系形态用最小二乘法拟合最优的趋势方程,根据趋势方程,给定GDP的预计值,便可预测行业的未来增加值或销售额。另一种方法是利用行业历年增加值或销售额的增长速度计算其平均增长速度和标准差,在一定的显著性水平下,估计未来行业增长速度的置信区间。使用这一方法要使用行业在过去较长一段时间的历史数据,预计的结果才较有说服力。

通过行业增长比较分析或行业增长速度预测,投资者或分析师可以选择出处于成长期或稳定期、竞争实力雄厚、有较大发展潜力的行业。但在分析问题时还应该考虑其他一些因素，如消费者的偏好和收入分配的变化，某产品是否有国外竞争者的介入等。只有系统地评估这些因素，才能对一个行业进行正确的分析，从而提出明智的行业投资决策建议。

**(二)行业投资决策**

投资者或分析师通过行业分析可以选择出处于成长期或稳定期、竞争实力雄厚、有较大发展潜力的行业作为投资对象，但并不是该行业股票在任何价位上都可以购买，例如，某行业显示出未来增长潜力大，但是该行业的证券价格相对来说太高，投资该证券的收益率就会降低。相反，有着适度收入的某些行业的证券，如果其价格很低，并且估计未来收入的变动很小，那么这些证券是值得购买的，投资者可以通过市盈率的高低来帮助分析是否处于投资价值区域。经过以上分析，行业投资决策的方法归纳为表 4-1。

**表 4-1　不同类型、不同阶段行业投资要点**

| 项目 | 特点 | 关注重点 | 投资建议 | 注意风险 |
|---|---|---|---|---|
| 初创期 | 低销售，单位成本高，亏损，竞争者极少 | 新产品的市场销售情况 | 前景不明朗、利润低，谨慎对待 | 新产品能否成功 |
| 成长期 | 销售快速上升，单位成本降低，竞争者增加 | 关注利润将要快速增加的公司 | 买入那些利润将要快速增加、股价又处于低位的股票 | 小心热门行业的热门股票，价值可能被高估，风险较大 |
| 成熟期 | 销售高峰，单位成本低，高利润，竞争者稳定并开始减少 | 关注那些市场地位牢固的公司 | 适量买入有较高现金流入、还能稳定发展、股价较低的股票 | 谨防公司利润衰减，若有衰退迹象及早退出 |
| 衰退期 | 销售衰退，利润衰退，竞争者减少 | 有无复苏、重组及被收购的可能 | 一般不介入，除非有重要的收购行为 | 注意公司可能亏损 |
| 稳定性行业 | 多为公用事业类公司，市场稳定，利润稳定 | 关注那些利润稳定增长的公司 | 选择市场需要、能稳定发展、前景明朗的公司进行长期投资 | 防止高价买入 |
| 周期性行业 | 行业利润呈现周期性 | 关注行业何时复苏，关注产品市场价格的变化 | 买入行业将要复苏，股价长期处于低位的股票 | 注意公司利润的周期性 |

## 第三节　公司分析

从经济学角度来看，公司是指依法设立的从事经济活动并以盈利为目的的公司法人。从立法角度而言，我国的公司应指全部资本由股东出资构成，股东以其认缴的出资额或认购的股份为限对公司承担责任，公司以其全部财产对公司债务承担责任的依我国公司法成立的公司法人。按公司股票是否上市流通，可将公司分为上市公司和非上市公司。根据我国公司法的规定，我国的上市公司是指其股票在证券交易所上市交易的股份有限公司。证券投资分析中公司分析的对象主要是指上市公司。

在实际投资活动中，投资者对于上市公司的了解是必要的，否则其收益将面临很大的风险。无论是进行判断投资环境的宏观经济分析，还是进行选择投资领域的中观行业分析，对于具体投资对象的选择最终都将落实在微观层面的上市公司分析上（市场指数投资除外）。

公司分析中最重要的是财务状况分析。财务报表通常被认为是最能够获取有关公司信息的工具。在信息披露规范的前提下，已公布的财务报表是上市公司投资价值预测与证券定价的重要信息来源。分析师对真实、完整、详细的财务报表的分析，是其预测公司股东收益和现金流的各项因素的基础，也是其做出具体投资建议的直接依据之一。此外，就投资者个人而言，宏观面分析与中观面分析难度较大，不具备分析基础，而相对简单、直接且行之有效的就是公司分析。

## 一、公司基本面分析

### （一）公司行业地位分析

行业地位分析的目的是判断公司在所处行业中的竞争地位，如是否为领导公司，在价格上是否具有影响力，是否有竞争优势等。在大多数行业中，无论行业平均盈利能力如何，总有一些公司比其他公司具有更强的获利能力。公司的行业地位决定了其盈利能力是高于还是低于行业平均水平，决定了其在行业内的竞争地位。衡量公司行业竞争地位的最主要指标是行业综合排序。

公司之间的比较，只有放在行业背景下才能得出客观、公正的结果。行业综合排名能够使投资者了解各公司在行业中的竞争地位。行业内公司的综合排序就是运用多指标综合评价方法（如主成分分析、因子分析、功效系数法等）将反映上市公司竞争能力的若干项指标综合起来，根据综合指标值的大小，将公司进行排名。世界上有较大影响的几种公司排名所用的方法和指标各不尽相同，投资者可以根据自己的需要来选择合适的排名方式。处于行业龙头地位的公司，在规模、技术、产品质量上都是领先的，其经营业绩和成长性一般也领先于同行业的公司，投资者应特别关注这类公司。

### （二）公司经济区位分析

经济区位是指地理范畴上的经济增长带或经济增长点及其辐射范围。上市公司的投资价值与区位经济的发展密切相关，如处在经济区位内的上市公司，一般具有较高的投资价值。我们对上市公司进行区位分析，就是将上市公司的价值分析与区位经济的发展联系起来，以便分析上市公司未来发展的前景，判断上市公司的投资价值。具体来讲，可以通过以下几个方面进行上市公司的区位分析：

（1）区位内的自然条件与基础条件。自然和基础条件包括矿产资源、水资源、能源、交通、通信设施等，它们在区位经济发展中起着重要作用，也对区位内上市公司的发展起着重要的限制或促进作用。分析区位内的自然条件和基础条件，有利于分析该区位内上市公司的发展前景。中国的上市公司中有很多这样典型的板块，例如沪自贸区、京津冀概念、西部开发、振兴东北等。

（2）区位内政府的产业政策。为了促进区位经济的发展，当地政府一般都会相应地制定经济发展的战略规划，提出相应的产业政策，确定区位优先发展和扶持的产业，并给予相应的财政、信贷及税收等诸多方面的优惠措施。这些措施有利于引导和推动相应产业的发展,相关产业内的公司将因此受益。如果区位内上市公司的主营业务符合当地政府的产业政策,一般会获得诸多政策支持,对上市公司的进一步发展有利。

(3)区位内的经济特色。区位内的经济特色是指区位内经济与区位外经济的联系和互补性、龙头作用及其发展活力与潜力的比较优势。它包括区位的经济发展环境、条件与水平、经济发展现状等有别于其他区位的特色。特色在某种意义上意味着优势,利用自身的优势发展本区位的经济,无疑在经济发展中找到了很好的切入点。比如,某区位在电脑软件或硬件方面,或在汽车工业方面已经形成了优势和特色,那么该区位内的相关上市公司,在同等条件下比其他区位主营业务相同的上市公司具有更大的竞争优势和发展空间。"产业集群"是区位经济特色的一个典型例子,产业集群中的公司在规模生产成本上有突出的优势,因而具有更强的竞争力。

**(三)公司产品分析**

公司的最终目的就是获得利润,而要获得利润就要把产品卖出去,因此,产品是公司分析非常重要的一个方面。产品分析包括产品的竞争能力分析、产品的市场占有率分析、产品的品牌战略分析等。

1. 产品的竞争能力分析

产品的竞争能力包括成本、技术、质量等几个方面。

(1)成本优势分析。成本优势是指公司的产品依靠低成本获得高于同行业其他公司的盈利能力。在很多行业中,成本优势是决定竞争优势的关键因素,理想的成本优势往往成为同行业价格竞争的抑制力。如果公司能够创造和维持成本领先地位,并创造出与竞争对手价值相等或近似的产品,那么它只要将价格控制在行业平均或接近平均的水平,就能获取优于平均水平的经营业绩。成本优势的来源各不相同,并取决于行业结构。一般来讲,产品的成本优势可以通过规模经济、专有技术、优惠的原材料、低廉的劳动力、科学的管理、发达的营销网络等实现。其中,由资本的集中程度决定的规模效益是决定产品生产成本的基本因素。当公司达到一定的资本投入或生产能力时,根据规模经济的理论,生产成本和管理费用将会得到有效降低。

(2)技术优势分析。技术优势是指公司拥有的比同行业其他竞争对手更强的技术实力及其研究与开发新产品的能力。这种能力主要体现在生产的技术水平和产品的技术含量上。在现代经济中,公司新产品的研究与开发能力是决定公司竞争成败的关键因素,因此,公司一般都确定了占销售额一定比例的研究与开发费用。这一比例的高低往往决定着公司新产品的开发能力。产品的创新包括:通过新核心技术的研制,开发出一种新产品或提高产品的质量;通过新工艺的研究,降低现有的生产成本,开发出一种新的生产流程;根据细分市场进行产品细分,实行产品差别化生产;通过研究产品组成要素的新组合,获得一种原料或半成品新的供给来源等。而技术创新则不仅包括产品技术,而且包括人才创新。

(3)质量优势分析。质量优势是指公司的产品以高于其他公司同类产品的质量赢得市场,从而取得竞争优势。由于公司技术能力及管理等诸多因素的差别,不同公司间相同产品的质量是有差别的。消费者在进行购买选择时,产品的质量始终是影响他们购买倾向的一个重要因素。当一个公司的产品价格溢价超过了其为追求产品的质量优势而附加的额外成本时,该公司就能获得高于其所属行业平均水平的盈利。换句话说，在与竞争对手成本相等或成本近似的情况下，具有质量优势的公司往往在该行业中占据领先地位。

2.产品的市场占有率分析

市场占有率是指一个公司的产品销售量占该类产品整个市场销售总量的比例。市场占有率越高，表示公司的经营能力和竞争力越强。效益好并能长期存在的公司，其市场占有率必是长期稳定并呈增长趋势的。如果公司产品在市场上供不应求，产品的市场占有率就高，公司股价也会不断上涨；反之，公司产品积压，会使公司股价下跌。通常可以从两个方面考察公司产品的市场占有率：①公司产品销售市场的地域分布情况；②公司产品在同类产品市场上的占有率。如果公司产品的销售市场波及全国或全世界且产品销售量占该类产品整个市场销售量的比例高，则公司产品的竞争力就强。如果公司产品的销售市场只是区域性的且产品销售量占该类产品整个市场销售量的比例低，其竞争能力就弱。市场占有率是对公司实力和经营能力较精确的估计。市场占有率是公司生命之本，而高的市场占有率是依赖于强大的市场开拓能力来实现的。不断挖掘现有市场潜力，并不断开拓新的市场甚至进军全球市场是大多数公司奋斗的目标。

市场占有率是个动态概念，分析时不仅要关注当前的市场占有率，还应关注以前各年的市场占有率，了解其变化趋势，客观、科学地预测以后市场占有率的变化，从总体上判断公司的行业地位及竞争地位。

3.产品的品牌战略分析

品牌是一个商品名称和商标的总称，可以用来识别一个卖者或卖者集团的货物或劳务，以便同竞争者的产品相区别。一个品牌不仅是一种产品的标识，而且是产品质量、性能、满足消费者效用可靠程度的综合体现。品牌竞争是产品竞争的深化和延伸，当产业发展进入成熟阶段，产业竞争充分展开时，品牌就成为产品及公司竞争的一个越来越重要的因素。如果公司有知名的品牌，其产品的竞争力就会相对强一些，会更有利于公司快速的发展。品牌具有产品所不具有的开拓市场的多种功能：一是品牌具有创造市场的功能；二是品牌具有联合市场的功能；三是品牌具有巩固市场的功能。

**(四)公司经营能力分析**

公司经营管理能力的高低直接影响其盈利能力，进而影响投资者对上市公司的投资信心和收益预期。经营能力强的公司更容易获得投资者的青睐，可以比较容易地以较低成本筹集到较大数额的资金，从而能够较快地发展自己。公司的经营管理能力分析包括以下三方面。

1.公司法人治理结构分析

公司法人治理结构有狭义和广义两种定义。狭义上的公司法人治理结构是指有关公司董事会的功能、结构和股东的权利等方面的制度安排。广义上的法人治理结构是指有关公司控制权和剩余索取权分配的一整套法律、文化和制度安排，包括人力资源管理、收益分配和激励机制、财务制度、内部制度和管理等等。健全的公司法人治理机制至少体现在以下7个方面：

(1)规范的股权结构。股权结构是公司法人治理结构的基础，许多上市公司的治理结构出现问题都与不规范的股权结构有关。规范的股权结构包括3层含义：一是降低股权集中度，改变“一股独大”局面；二是流通股股权适度集中，发展机构投资者、战略投资者，发挥他们在公司治理中的积极作用；三是股权的流通性。

(2)有效的股东大会制度。股东大会制度是确保股东充分行使权力的最基础的制度安排,能否建立有效的股东大会制度是上市公司建立健全公司法人治理机制的关键。有效的股东大会制度应包括:具备规范的召开与表决程序,股东大会应给予每个提案合理的讨论时间,对董事会的授权原则、授权内容应明确具体,股东大会会议时间、地点的选择应有利于让尽可能多的股东参加会议,充分运用现代信息技术手段扩大股东参与股东大会的比例等。

(3)董事会权力的合理界定与约束。董事会作为公司的决策机构,对于公司法人治理机制的完善具有重要作用。股东大会应赋予董事会合理充分的权力,但也要建立对董事会权力的约束机制。合理的董事会制度应制定规范、透明的董事选聘程序;在董事的选举过程中,应充分反映中小股东的意见,并积极推进累积投票制度;董事应根据公司和全体股东的最大利益,忠实、诚信、勤勉地履行职责;上市公司治理结构应确保董事会能够按照法律法规和公司章程的规定行使职权,公平对待所有股东,并关注公司其他利益相关者的利益;董事会授权董事长在董事会闭会期间行使董事会部分职权,上市公司应在公司章程中明确规定授权原则和授权内容,凡涉及公司重大利益的事项应由董事会集体决策等。

(4)完善的独立董事制度。在董事会中引入独立董事制度,可以加强公司董事会的独立性,有利于董事会对公司的经营决策做出独立判断。

(5)监事会的独立性和监督责任。一方面应该加强监事会的地位和作用,增强监事会的独立性和加强监督的力度,限制大股东提名监事候选人和作为监事会召集人;另一方面应该加大监事会的监督责任。

(6)优秀的职业经理层。优秀的职业经理层是保证公司治理结构规范化、高效化的人才基础。形成高效运作的职业经理层的前提条件是上市公司必须建立和形成一套科学的、市场化、制度化的选聘制度和激励制度。

(7)相关利益者的共同治理。相关利益者包括员工、债权人、供应商和客户等主要利益相关者。相关利益者共同参与的共同治理机制可以有效地建立公司外部治理机制,弥补公司内部治理机制的不足。

2.公司管理层的素质分析

素质是指一个人的品质、性格、学识、能力、体质等方面特性的总和。在现代公司里,管理人员不仅担负着公司生产经营活动等各项管理职能,而且还要负责或参与对各类非管理人员的选择、使用与培训工作。因此,管理人员的素质是决定公司能否取得成功的一个重要因素。对经理人员的素质分析是公司分析的重要组成部分。一般而言,公司的管理人员应该具备如下素质:较高的公司管理能力、丰富的工作经验、较强的专业技术能力、良好的道德品质修养、较强的人际关系协调能力等。

3.公司业务人员的素质和创新能力分析

业务人员是公司最基本的成员单位,其素质对公司发展起着重要作用。公司业务人员应该具有如下的素质:必要的专业技术能力、对公司的忠诚度、责任感、团队合作精神等。对业务人员的素质进行分析,可以判断该公司发展的持久力和创新能力。

**(五)公司盈利能力和公司扩张潜力分析**

(1)公司盈利能力分析与预测。公司的盈利水平和盈利能力是影响公司利润和股票价格的重要因素,因此,它是投资者关心的重要指标。衡量公司的盈利能力以及通过分析各种资料对公司将来的盈利能力进行预测是投资者要掌握的一项重要方法。衡量公司盈利能力的指标有净资产收益率、总资产报酬率、资产利润率、销售利润率、每股收益率等。对公司盈利进行预测,是判断公司估值水平及投资价值的重要基础。盈利预测是建立在对公司深入了解和判断之上的,通过对公司基本面进行分析,进而对公司的预测做出假设。所做假设应该与公司、行业和宏观经济环境相符,且与以往年度各项经济指标比率的变化相符。包括销售收入预测、生产成本预测、管理和销售费用预测、财务费用预测等。

(2)公司规模变动特征及扩张潜力分析。公司规模变动特征和扩张潜力一般与其所处的行业发展阶段、市场结构、经营战略密切相关,它是从微观方面具体考察公司的成长性。可以从以下几个方面进行分析:第一,公司规模的扩张是由供给推动还是由市场需求拉动所致,是通过公司的产品创造市场需求还是生产产品去满足市场需求,是依靠技术进步还是依靠其他生产要素等等,以此找出公司发展的内在规律。第二,纵向比较公司历年的销售、利润、资产规模等数据,把握公司的发展趋势是加速发展、稳步扩张,还是停滞不前。第三,将公司销售、利润、资产规模等数据及其增长率与行业平均水平及主要竞争对手的数据进行比较,了解其行业地位的变化。第四,分析预测公司主要产品的市场前景及公司未来的市场份额,分析公司的投资项目,预计其销售和利润水平。第五,分析公司的财务状况以及公司的投资和筹资潜力。

## 二、公司财务报表

上市公司必须遵守财务公开的原则,定期公开自己的财务状况,提供有关财务资料,便于投资者查询。上市公司公布的财务资料主要是一些财务报表。财务报表是公司资金运转和财务状况的定量描述,是公司经营好坏的晴雨表。财务报表是投资者了解上市公司生产经营状况的最为重要的信息来源,也是投资者对公司未来发展趋势做出预测的重要依据。因此,对投资者而言,学会如何利用上市公司提供的财务报表获得有用的信息是极为重要的。

财务报表主要有资产负债表、利润分配表和现金流量表。

1.资产负债表

资产负债表是反映公司某一特定日期(如某一年度 12 月 31 日或 6 月 30 日)财务状况的会计报表,是静态会计报表。它是根据资产、负债和所有者权益之间的相互关系,按照一定的分类标准和一定的顺序,把公司一定日期的资产、负债和所有者权益各项目予以适当排列,并对日常工作中形成的大量数据进行高度浓缩整理后编制而成的。它表明公司在某一特定日期所拥有或控制的经济资源、所承担的现有义务和所有者对净资产的要求权。

资产负债表的基本结构是“资产＝负债＋所有者权益”。不论公司处于怎样的状态,这个会计平衡式永远是成立的。

2.利润及利润分配表

利润表是反映公司一定期间(如一年、半年)生产经营成果的会计报表。利润表把一定期间的营业收入与同一会计期间相关的营业费用进行配比,进而计算出公司一定时期的净利润(或净亏损)。利润表中的收入、费用等情况反映了公司生产经营的收益和成本耗费情况,表明公司生产经营成果,利润表提供的不同时期的比较数字(本月数、本年累计数、上年数),可用于分析公司今后利润的发展趋势。利润分配表是反映公司一定期间对实现净利润的分配或亏损弥补的会计报表,是利润表的附表,说明利润表上反映的净利润的分配去向。利润及利润分配表包含营业总收入、营业总成本、其他经营收益、营业利润、利润总额、净利润、每股收益 7 个项目。利润及利润分配表更直接地揭示了公司取得利润的能力的大小，这对投资者分析评价公司实力具有十分重要的意义。

3. 现金流量表

现金流量表是反映公司在一定会计期间现金和现金等价物流入和流出的报表。现金等价物是指公司持有的期限短、流动性强、易于转换为已知金额现金、价值变动风险很小的投资。现金流量表包含经营活动产生的现金流量、投资活动产生的现金流量、筹资活动产生的现金流量、现金及现金等价物净增加额 4 个项目。公司日常运作的好坏可从现金流量表中进行初步判断，因为从其他财务报表中投资者只能掌握公司现金的静态情况，而现金流量表却反映了公司现金流动的动态情况。通过单独反映经营活动产生的现金流量，可以了解公司在不动用公司外部筹得资金的情况下，凭借经营活动产生的现金流量是否足以偿还负债、支付股利和对外投资。通过单独反映投资活动产生的现金流量，可以了解为获得未来收益和现金流量而导致现金流出的程度，以及以前资源转出带来的现金流入的信息。现金流量表中的投资活动比通常所指的短期投资和长期投资范围要广。通过单独反映筹资活动的现金流量，可以帮助投资者和债权人预计对公司未来现金流量的要求权以及获得前期现金流入需付出的代价。

## 三、分析公司财务报表的目的、方法和原则

### (一)分析公司财务报表的目的

分析公司财务报表的目的是为有关各方提供可以用来做出决策的信息。由于使用公司财务报表主体不同，其分析的目的也不完全相同。

(1)对于公司的经营管理人员来说，通过分析财务报表判断公司的现状、可能存在的问题，以便进一步改善公司的经营管理。

(2)对于公司的现有投资者及潜在投资者来说，主要关心公司的财务状况、盈利能力。通过对财务报表所传递的信息进行分析、加工，得到反映公司发展趋势、竞争能力等方面的信息；比较该公司和其他公司的风险和收益，决定自己的投资策略。

(3)对于公司的债权人来说，主要关心自己的债权能否收回，通过分析财务报表，得出对公司短期偿债能力和长期偿债能力的判断，以决定是否需要追加抵押和担保、是否提前收回债权等。

(4)对于分析师来说，专业的财务分析人员(或机构)作为公司财务报表使用人中的特殊群体，不同程度地承担了为各类报表使用人提供专业咨询服务的任务，也逐渐成为推动财务报表分析领域不断扩展的中坚力量。

此外，公司财务报表的使用主体还包括供应商、政府、雇员和工会、中介机构等。

总而言之，通过对公司财务报表的分析，可以评价公司过去的经营业绩，衡量现在的财务状况，预测未来的发展趋势。

### (二)分析公司财务报表的方法

(1)比较分析法。财务报表的比较分析法是指对两个或几个有关的可比数据进行对比，揭示财务指标的差异和变动关系，是财务报表分析中最基本的方法。最常用的比较分析方法有单个年度财务比率分析、对公司不同时期的财务指标比较分析、与同行业其他公司之间的财务

指标比较分析三种。单个年度的财务比率分析是指对公司一个财务年度内的财务报表各项目之间进行比较，计算比率，判断年度内公司的偿债能力、经营效率、盈利能力等情况。对公司不同时期的财务指标进行比较分析，实际上就是利用时间序列进行分析，通过分析可以对公司持续经营能力、财务状况变动趋势、盈利能力变动趋势做出分析，从一个较长的时期来动态地分析公司状况。与同行业其他公司之间的财务指标进行比较分析，可以了解公司各种指标的优劣，判断公司在行业中的竞争地位等。与同行业其他公司比较时常选用行业平均水平或行业标准水平作为比较的标准，通过比较得出公司在行业中的地位，认识优势与不足，正确进行公司的定位。

(2)因素分析法。因素分析法是依据分析指标和影响因素的关系，从数量上确定各因素对财务指标的影响程度。

**(三)分析公司财务报表的原则**

(1)坚持全面原则。财务分析可以得出很多比率指标，每个比率指标都从某个角度、某一方面揭示了公司的状况，但任何一个比率都不能为评价公司提供全面的信息，需要多个指标相互补充。因此，分析财务报表要坚持全面原则，从多个角度出发，选取多个指标，将多个指标综合在一起就可对公司进行全面客观的评价。

(2)坚持考虑个性原则。一个行业的财务平均状况是行业内各公司的共性，但一个行业的各公司在具体经营管理活动中又会有自己的特性，这会在财务报表数据中体现出来。比如，某公司的销售方式以分期收款为主，会使其应收账款周转率表现出差异。又如，某公司本年度后期进行增资扩股，会使本公司的资产收益率、股东权益收益率指标下降，但这并不表示公司经营真正滑坡，这是由于资本变动而非经营变动带来的。所以，在对公司进行财务分析时，要考虑公司的特殊性，不能简单地与同行业公司直接比较。

## 四、公司财务比率分析

财务比率是比较分析的结果，但同时财务比率分析也是对公司财务报表进行更深层次的比较分析或因素分析的基础。分析财务报表所使用的比率，因使用者的着眼点、目标和用途不同而异。例如，一家银行在考虑是否给一个公司提供短期贷款时，它关心的是该公司的资产流动性比率；长期债权人则不然，他们着眼于公司的获利能力和经营效率，对资产的流动性则较少注意；投资者的目的在于考虑公司的获利能力和经营趋势，以便取得理想的报酬；至于公司的管理当局，则需要关心财务分析的一切方面，既要保证公司具有偿还长、短期债务的能力，又要替投资者赢得尽可能多的利润。

不同资料使用者对同一比率的解释和评价，基本上应该一致，但有时候可能发生矛盾。例如，反映短期偿债能力的流动比率对短期债权人来说越大越好，但对公司管理层来说可能被认为是没有充分利用资金。比率分析涉及公司管理的各个方面，所涉及的指标多，大致可归为以下几大类：偿债能力分析、营运能力分析、盈利能力分析、投资收益分析、成长性分析等。

**(一)偿债能力分析**

偿债能力是公司偿还到期债务本息的能力。按到期时间，公司债务可分为短期债务(到期时间不超过一年的负债)和长期债务(到期时间超过一年的负债)。因此，偿债能力分析分为短期偿债能力分析和长期偿债能力分析。

1.短期偿债能力分析

短期偿债能力分析又叫流动性分析。短期偿债能力的高低对公司的生产经营和财务状况有重要的影响。一个公司虽然拥有良好的营运能力和盈利能力,如果短期偿债能力不足,可能就要被迫出售长期资产以偿还债务,这将直接影响到公司的正常生产经营活动,甚至会出现资不抵债的情况,从而导致公司破产。衡量公司短期偿债能力主要有以下几个指标:

(1)流动比率。流动比率是流动资产与流动负债的比值,反映流动资产支付流动负债的能力。一般来说,流动比率越高,说明公司的流动性越强,流动负债的安全程度越高。但从公司角度看,流动比率不是越高越好,流动比率太高,就要注意分析公司的资产结构和负债结构是否存在以下问题:一是流动负债低,即公司没有充分利用商业信用和现有的借款能力,可能更多的用长期负债解决流动资产需求,从而不当地提高了筹资成本;二是流动资产高,可能是由于存货大量积压、大量应收账款迟迟不能收回等原因所致,表明公司的资产管理效率较低,盈利能力较差。根据经验,通常认为流动资产是流动负债的两倍比较合理,但这个经验数据不是绝对的,不同的环境、不同的时期、不同的行业,情况不尽相同。例如,商业的流动比率往往大大地高于服务行业的流动比率,因为商业公司有大量的存货等流动资产,而服务行业的流动资产相对较少。实际上,由于各个公司的经营能力和筹措短期资金的能力不同,对流动比率的要求也有所不同,对于一个信誉良好、很容易筹措到短期资金的公司来说,即使流动比率较低也不会影响其资产的安全性和流动性。

计算出来的流动比率,只有和同行业平均流动比率、本公司历史流动比率进行比较,才能知道这个比率是高还是低。这种比较通常并不能说明流动比率为什么这么高或这么低,要找出过高或过低的原因,还必须分析流动资产与流动负债所包括的内容以及经营上的因素。一般情况下,营业周期、流动资产中的应收账款数额和存货的周转速度是影响流动比率的主要因素。

(2)速动比率。流动比率虽然可以用来评价流动资产总体的变现能力,但人们尤其是短期债权人还是希望获得比流动比率更进一步的有关变现能力的比率指标,即速动比率。速动比率是速动资产(流动资产扣除存货)与流动负债的比值。把存货从流动资产中剔除的主要原因是:在流动资产中存货的变现能力最差;由于某种原因,部分存货可能已损失报废但还没做处理;部分存货已抵押给某债权人;存货估价还存在着成本与合理市价相差悬殊的问题。综合上述原因,在不希望公司用变卖存货的办法还债以及排除使人产生种种误解因素的情况下,把存货从流动资产总额中减去而计算出的速动比率反映的短期偿债能力更加令人可信。

一般来说,速动比率越高,说明公司的流动性越强,流动负债的安全程度越高。但从公司角度看,速动比率也不是越高越好。根据经验,通常认为正常的速动比率为1或100%,低于1或100%的速动比率被认为是短期偿债能力偏低,过高的速动比率表示公司有过多的资金以不生息的现金或应收账款的状态存在。

(3)超速动比率。由于各行业之间的差别,在计算速动比率时,除扣除存货以外,还可以从流动资产中去掉其他一些可能与当期现金流量无关的项目(如待摊费用等),以计算更进一步的变现能力。超速动比率(也称保守速动比率)是现金、短期证券投资和应收账款净额三项之和,再除以流动负债的比值。

(4)现金流动负债比率。现金流动负债比率是经营现金净流入与流动负债的比值。如果用流动比率，流动资产中的存货和应收账款比较多，那么这个比率会比较高，说明流动性好，可是实际上这个公司的流动性是有限的。用经营现金净流入代替流动资产，就能更真实地反映这个公司的流动性。之所以选择经营活动产生的现金流量净额，而没有选择公司所有活动带来的现金流量净额，是因为经营活动在各个期间具有一定的稳定性，而各个期间的投资活动和筹资活动则相差较大，不易预测。

一般来说，现金流动负债比率越高，说明公司的流动性越强，流动负债的安全程度越高。将流动比率、速动比率和现金流动负债比率这三个指标放在一起分析，可以更好地反映公司的短期偿债能力。

(5)已获利息倍数。已获利息倍数是息税前利润与利息支出的比值，用以衡量公司偿付借款利息的能力，也叫利息保障倍数。已获利息倍数越大，说明公司支付利息的能力越强，反之亦然。若此比率低于1，说明公司的经营收益还不足以支付当期的利息费用，这意味着公司支付利息的能力非常低，财务风险高，需要引起重视。当然，要合理评价公司的已获利息倍数，还需要与其他公司以及本行业平均水平进行比较，而且还要从稳健性角度出发，分析、比较本公司连续几年该指标的水平，并选择指标最低年度的数据作为标准，采用指标最低年度的数据，可反映最低的偿债能力。如果一个很高的已获利息倍数不是由高利润带来的，而是由低利息导致的，则说明公司的财务杠杆程度很低，没有充分利用举债经营的优势。若息税前利润或者财务费用为负数，则计算出来的已获利息倍数是没有意义的。

2.长期偿债能力分析

长期偿债能力是指公司偿还到期长期债务的能力。公司的长期资产如固定资产、无形资产等变现能力弱，因此，衡量公司长期偿债能力的指标除了考虑公司的总资产外，还应特别注意公司的盈利指标。衡量公司长期偿债能力主要有以下指标。

(1)资产负债率。资产负债率是负债总额与资产总额的比值，反映在公司的总资产中有多大比例是通过借债来筹资的，也可以衡量公司在清算时保护债权人利益的程度，也称为举债经营比率。资产负债率越低，长期偿债能力就越强，但从公司角度看，并非资产负债率越低越好。由于债务资本成本低于权益资本成本，负债筹资具有财务杠杆作用，可以提高公司的盈利能力，只是财务杠杆在被运用的同时，也会给公司带来财务风险，影响公司的长期偿债能力。因此，在评价公司的资产负债率时，需要在收益与风险之间权衡利弊，充分考虑公司内部各种因素和外部市场环境，做出合理正确的判断。一般认为，金融类的公司资产负债率可以高达90%以上，而一般实业性公司的资产负债率大多以不超过50%为好。公司应根据自身情况确定一个适当的标准，当公司债务负担持续增长并超过这一标准时，作为内部分析则应进一步查找原因，看看是由资产规模下降导致的，还是大量借债引起的，并及时调整，不能只顾获取财务杠杆利益，而不考虑面临的财务风险。

(2)股东权益比率。股东权益比率是指股东权益总额与资产总额的比值。股东权益比率反映了在公司全部资产中，有多少是所有者提供的。由于一个公司的资金要么是所有者提供的，要么是债权人提供的，因此股东权益比率与资产负债率之和必然是100%。因此，股东权益比率越高，资产负债率就越低，说明所有者投入的资金在全部资金中所占的比例越大，那么债权人投入的资金所占的比例越小。

### (二)营运能力分析

营运能力是指公司经营管理中利用资金运营的能力,一般通过公司资产管理比率来衡量,主要表现为资产管理及资产利用的效率。因此,资产管理比率通常又称为运营效率比率,主要包括存货周转率(存货周转天数)、应收账款周转率(应收账款周转天数)、流动资产周转率和总资产周转率等。

1. 存货周转率和存货周转天数

存货的流动性直接影响着公司的流动比率,存货的流动性一般用存货的周转速度指标来反映,即存货周转率或存货周转天数。存货周转率是营业成本与平均存货的比值,即存货的周转次数,反映年度内存货转为现金或应收账款的平均次数,是衡量和评价公司购入原材料、投入生产、销售收回等各环节管理状况的综合性指标。一般来讲,存货周转速度越快,存货的占用水平越低,流动性越强,存货转换为现金或应收账款的速度也就越快,提高存货周转率可以提高公司的变现能力,而存货周转速度越慢则变现能力越差。但是,如果一个公司的存货周转率过高,则有可能是公司的存货水平太低所致,要防止存货水平太低导致缺货,影响公司的正常生产。投资者还可以对存货的结构以及影响存货周转速度的重要项目进行分析,如分别计算原材料周转率或某种存货的周转率。存货周转分析的目的是从不同的角度和环节上找出存货管理中的问题,使存货管理在保证生产经营连续性的同时,尽可能少占用经营资金,提高资金的使用效率。

存货周转天数等于 360 天除以存货周转率。周转天数越少,表明资金的使用效率越高,公司的资金营运能力越强。

2. 应收账款周转率和应收账款周转天数

应收账款和存货一样,在流动资产中有着举足轻重的地位。应收账款周转率是营业收入与平均应收账款的比值,反映年度内应收账款转为现金的平均次数,说明应收账款流动的速度。及时收回应收账款,不仅可以增强公司的短期偿债能力,也反映出公司在管理应收账款方面具有较高的效率。一般来说,应收账款周转率越高,平均收账期越短,说明应收账款的收回越快。否则,公司的营运资金会过多地呆滞在应收账款上,影响正常的资金周转。但如果一个公司的应收账款周转率过高,则可能是由于公司的信用政策过于苛刻所致,这样可能会限制公司销售规模的扩大,影响公司长远的盈利能力。因此,对应收账款周转率不能片面分析,应结合公司具体情况深入了解原因,以便做出正确的决策。

存在一些影响该指标正确计算的因素:季节性经营的公司使用这个指标时不能反映实际情况;大量使用分期付款结算方式;大量使用现金结算的销售;年末大量销售或年末销售大幅度下降。这些因素都会对计算结果产生较大的影响。财务报表的外部使用人可以将计算出的指标与该公司前期指标、行业平均水平等相比较,判断该指标的高低。

应收账款周转天数等于 360 天除以应收账款周转率,表示公司从取得应收账款的权利到收回款项、转换为现金所需要的时间,是用时间表示的应收账款周转速度。周转天数越少,公司的资金营运能力越强。

营业周期是指从取得存货开始到销售存货并收回现金为止的这段时间。营业周期是用存货周转天数加应收账款周转天数计算的。把存货周转天数和应收账款周转天数加在一起计算出来的营业周期,指的是取得的存货需要多长时间能变为现金。一般情况下,营业周期短,说明资金周转速度快；营业周期长，说明资金周转速度慢。

3.流动资产周转率

流动资产周转率是营业收入与平均流动资产的比值。流动资产周转率反映流动资产的周转速度，周转速度越快，会相对节约流动资产，相当于扩大资产的投入，增强公司的盈利能力；而延缓周转速度，需补充流动资产参加周转，形成资产的浪费，降低公司的盈利能力。当然，如果流动资产周转过快，还需要结合公司具体情况分析原因，看是不是由于流动资产不合理等原因造成的。一般公司设置的标准值为1，对流动资产周转率应结合存货、应收账款一并进行分析，和反映盈利能力的指标结合在一起使用，可全面评价公司的盈利能力，这样才能真正分析透彻，找到根源。

4.总资产周转率

总资产周转率是营业收入与平均资产总额的比值。总资产周转率反映总资产的周转速度，周转越快，说明销售能力越强。公司可以采用薄利多销的方法，加速资产周转，带来利润绝对额的增加。总资产周转率指标用于衡量公司运用资产赚取利润的能力，经常和反映盈利能力的指标一起使用，以全面评价公司的盈利能力。

**(三)盈利能力分析**

盈利能力就是公司赚取利润的能力。盈利是公司存在的根本目的，不论是投资人、债权人还是公司管理人员，都日益重视和关心公司的盈利能力。衡量公司盈利能力主要有以下指标：

(1)销售净利率。销售净利率是指净利润与营业收入的百分比。该指标反映每一元营业收入带来的净利润是多少，表示营业收入的收益水平。公司在增加销售收入的同时，必须要相应获取更多的净利润才能使其利润率保持不变或有所提高。

(2)资产净利率。资产净利率是公司净利润与平均总资产的百分比。把公司一定期间的净利润与公司的资产相比较，表明公司资产利用的综合效果，该指标值越高，表明资产的利用效率越高，说明公司在增加收入和节约资金使用等方面取得了良好的效果，否则相反。公司的资产是由投资人投入或举债形成的，资产净利率的高低与公司资产的多少、资产的结构、经营管理水平有着密切的关系。为评价公司经济效益的高低，可以用该指标与公司前期、与计划、与同行业平均水平和行业内先进公司进行对比，分析形成差异的原因。影响资产净利率高低的因素主要有产品的价格、单位成本的高低、产品的产量和销售的数量、资金占用量的大小等。

(3)净资产收益率。净资产收益率又称为股东报酬率，是净利润与净资产的百分比。一般来讲，如果所考察的公司不是股份制公司，该公式中的分母可以使用“平均净资产”。而作为主要分析对象的上市公司基于股份制公司的特征，可采用年末净资产或年末股东权益为分母，这样可与上市公司每股收益、每股净资产等按“年末股份数”计算保持一致。

净资产收益率反映公司所有者的投资报酬率，具有很强的综合性。美国杜邦公司最先采用的杜邦财务分析法就是以净资产收益率为主线，将公司在某一时期的主营业务成果以及资产营运状况全面联系在一起，层层分解，逐步深入，构成了一个完整的分析体系。

**(四)投资收益分析**

投资收益分析是将公司财务报表中公布的数据与公司发行在外的股票数、股票市场价格等资料结合起来进行分析，以便投资者对不同上市公司股票的优劣做出评估和判断。对公司投资收益分析主要有以下指标。

1. 每股收益

在对公司的财务状况进行研究时，投资者最关心的一个数字是每股收益。每股收益是净利润与发行在外的年末普通股总数的比值，反映了公司每一股所具有的当前获利能力。考察每股收益历年的变化，是研究公司经营业绩变化最简单明了的方法。当普通股发生增减变化时，应使用按月计算的“加权平均发行在外的普通股总数”，“发行在外月份数”指发行已满 1 个月的月份数，即发行当月不计入“发行在外月份数”。计算公式为：

$$每股收益=\frac{净利润}{\sum(发行在外的年末普通股总数\times发行在外月份数)/12} \tag{4.1}$$

当公司发行了不可转换优先股时，计算时要扣除优先股股数及其分享的股利，已作部分扣除的净利润通常被称为“盈余”，扣除优先股股利后计算出的每股收益又称为“每股盈余”。

当公司具有复杂的股权结构，即除了普通股和不可转换的优先股以外，还有可转换优先股、可转换债券、认股权证等的时候，由于可转换债券持有者可以通过转股使自己成为普通股股东，认股权证持有者可以按预定价格购买普通股，其行为的选择有可能造成公司普通股增加，使得每股收益变小，通常称这种情况为“稀释”。由于我国目前绝大多数上市公司属于简单股权结构，中国证监会目前还未对复杂结构下每股收益的具体计算方法做出规定，只原则性地规定发行普通股以外的其他种类股票的公司应按照国际惯例计算该指标，并未说明计算方法和参照依据。

对投资者而言，每股收益的高低，比公司财务状况的好坏或其他获利能力指标更为重要，也更为直观，因为它反映普通股的获利水平。但是投资者要注意不应以每股收益直接衡量上市公司的盈利水平和资金利用效果，因为公司通过生产经营活动所获利润，是利用了所筹集的全部资本，基于同样的理由，以每股收益进行不同公司股票投资价值的对比时，也必须注意其局限性。另外，每股收益多，不一定意味着分红多，还要看公司股利分配政策。每股收益不反映股票所含有的风险。

2. 每股净资产

每股净资产又称每股权益，是指净资产与普通股份总数的比值，该指标反映发行在外的每股普通股所代表的净资产成本即账面净资产。在投资分析时，只能有限地使用这个指标，因为它是使用历史成本计量的，既不反映净资产的变现价值，也不反映净资产的产出能力。例如，某公司的资产只有一块前几年购买的土地，并且没有负债，公司的净资产是土地的原始成本。现在土地的价格比过去翻了几番，引起股票价格上升，而其账面价值不变。这个账面价值既不说明土地现在可以卖多少钱，也不说明公司使用该土地能获得什么。每股净资产在理论上提供了股票的最低价值。如果公司的股票价格低于每股净资产的成本，成本又接近变现价值，说明公司已无存在价值，清算是股东最好的选择。

3. 每股经营现金流量净额

每股经营现金流量净额是经营活动产生的现金流量净额与发行在外普通股的股数对比的结果，用以反映公司支付股利和资本支出的能力。注重股利分配的投资者应当注意，每股收益的高低虽然与股利分配有着密切的关系，但它不是决定股利分配的唯一因素。如果每股收益很高，但是缺乏现金，那么也无法分配现金股利。因此，还必须分析公司的每股现金流量。一般而言，每股经营现金流量净额越大，证明公司支付股息的能力及资本支出的能力越强。对投资者来说，如果公司支付能力很强，每年都能在满足各项开支后支付一定量的股息，那么投资者就能在较短的时间内收回投资成本，对公司的信心就会增强；反之，如果公司支付能力不强，即使账面上获利颇丰，前景良好，部分投资者仍会对公司失去信心，他们或者将资金投向别处，或者要求公司延缓投资项目而发放股息，这将会影响公司的发展前景。

市盈率、市净率等也是分析投资收益的指标，在第三章已有所述，这里从略。

**(五)成长性分析**

成长性分析是财务分析中的重要组成部分，它一般反映公司的扩展经营能力。反映成长性的指标主要有：

(1)主营业务收入增长率。主营业务收入增长率就是本期的主营业务收入减去上期的主营业务收入之差再除以上期主营业务收入而得到的比值。通常具有成长性的公司多数都是主营业务突出、经营比较单一的公司。因此，利用主营业务收入增长率这一指标可以较好地考查公司的成长性。主营业务收入增长率高，表明公司产品的市场需求大，业务扩张能力强。如果公司的主营业务单一，可以用主营业务收入增长率来衡量公司的产品生命周期，判断公司发展所处的阶段。一般来说，如果该比率超过10%，说明公司产品处于成长期，将继续保持较好的增长势头，尚未面临产品更新的风险，属于成长型公司。如果该比率在5%～10%之间，说明公司产品已进入稳定期，不久将进入衰退期，需要着手开发新产品。如果该比率低于5%，说明公司产品已进入衰退期，保持市场份额已经很困难，主营业务利润开始滑坡，如果没有已开发好的新产品，将步入衰落。

(2)主营利润增长率。主营利润增长率就是本期主营业务利润减去上期主营业务利润之差再除以上期主营业务利润的比值。一般来说，主营利润稳定增长且占利润总额的比例呈增长趋势的公司正处在成长期。一些公司尽管利润总额有较大幅度的增加，但主营业务利润却未相应增加，甚至大幅下降，这样的公司质量不高，投资这样的公司，尤其需要警惕，这里可能蕴藏着巨大的风险。

(3)净利润增长率。净利润增长率就是本期净利润减去上期净利润之差再除以上期净利润的比值。净利润是公司经营业绩的最终结果。净利润的增长是公司成长性的基本特征，净利润增幅较大，表明公司经营业绩突出，市场竞争能力强。反之，净利润增幅小甚至出现负增长也就谈不上具有成长性。

## 五、财务分析中应注意的问题

**(一)财务报表数据的客观性、真实性与完整性**

财务报告的客观性是指财务报告是否准确地反应实际情况。财务报表的编制合乎规范，但不一定反映该公司的客观实际。例如，报表数据未按通货膨胀或物价水平调整；非流动资产的余额是按历史成本减折旧或摊销计算的，不代表现行成本或变现价值；有许多项目，如科研开发支出和广告支出，从理论上看是资本支出，但发生时已列作了当期费用；有些数据基本上是估计的，如无形资产摊销和开办费摊销，但这种估计未必正确；发生了非常的或偶然的事项，如财产盘盈或坏账损失，可能歪曲本期的净收益，使之不能反映盈利的正常水平。

财务报告的真实性是指财务报告是否有虚假信息。上市公司为达到特殊的利益，通常利用如下形式欺骗投资者:虚增利润;账面资产与实际资产价格严重背离;管理层对公司经营情况的讨论与分析不够中肯,往往对公司的前景预测乐观,隐瞒公司发展的重大隐患;扭曲公司募集资金的使用状况,或虚报募集资金投资回报;利用有失公允的关联交易,粉饰报表。

财务报告的完整性是指财务报告是否有重大遗漏。只要上市公司在披露信息时有“重大遗漏”,即使已披露的各个信息具有个别的真实性,也会在已公开信息的总体上造成整体的虚假性。信息披露的完整性不足主要表现在以下几个方面:隐瞒大股东占用、挪用上市公司资金;隐瞒对大股东的贷款担保;以保护商业秘密为借口,隐瞒公司投资项目亏损、失败的情况;隐瞒对公司不利的重大诉讼、行政处罚、重大损失等。

对财务报告进行客观性、真实性与完整性分析时,要充分考虑注册会计师发表的审计意见。注册会计师按独立审计准则提供的审计报告,已替投资者就年报中财务报告的质量做出了专业的评判。会计师提出的审计意见有四种,即无保留意见、保留意见、否定意见、拒绝表示意见,审计报告中的意见类型有助于投资者鉴别财务报告中的数据是否真实、可信。

**(二)根据经济环境和经营条件的变化及时调整财务分析结果**

公司的经济环境和经营条件发生变化后,原有的财务数据与新情况下的财务数据不具有直接可比性。比如,某公司由批发销售为主转为以零售为主的经营方式,其应收账款数额会大幅下降,应收账款周转率加快,但这并不意味着公司应收账款的管理发生了突破性的改变。因此,在对公司财务指标进行比率分析后对公司的财务情况下结论时,必须注意公司经济环境和经营条件的变化,以便对财务分析结果进行调整。

**(三)公司增资行为对财务结构的影响**

公司的增资行为一般会改变负债和所有者权益在公司资本总额中的相对比重,因此,公司的资产负债率和权益负债比率会相应地受到影响。比如,公司通过配股融资或增发新股后,由于净资产增加,而负债总额和负债结构都不会发生变化,因此公司的资产负债率和权益负债比率将降低,减少了债权人承担的风险,而股东所承担的风险将增加。发行债券或向银行等金融机构以及向其他单位借款后,公司的负债总额将增加,同时总资产也增加,资产负债率将提高。所以在对公司进行财务分析时,要考虑公司的特殊性,不能简单地与同行业直接比较。

**(四)仔细阅读会计报表附注**

会计报表附注是会计报表的补充,主要对会计报表不能包括的内容或者披露不详尽的内容做进一步的解释说明。通过阅读和分析会计报表附注,能更深入地理解和使用会计信息,帮助报告使用者进一步了解公司动态,从这些附注中找出公司目前存在的问题和发展潜力,从而做出投资决策。

## 六、公司重大事项分析

**(一)利润分配**

公司的利润分配有广义和狭义两种,广义的利润分配是指对公司收入和利润进行分配的过程,狭义的利润分配则指对公司净利润的分配。股利分配在公司财务决策中,始终占有重要地位。这是因为股利的发放,既关系到公司股东的经济利益,又关系到公司的未来发展。通常较高的股利,一方面可使股东获取可观的投资收益,另一方面还会引起公司股票市价上涨,从而使股东除股利收入外还获得了资本利得。但是过高的股利必将使公司留存收益大量减少,影响公司未来发展，最终影响公司未来收益，进而降低股东权益。而较低的股利，虽然使公司有较多的发展资金，但与公司股东的愿望相背离，股票市价可能下降，公司形象将受到损害。因而对公司管理层而言，如何均衡股利发放与公司的未来发展，并使公司股票价格稳中有升，便成为公司经营管理层孜孜以求的目标。

1.股利的形式

公司可以多种形式发放股利，一般有现金股利、股票股利、财产股利和债权股利等，最常见的是现金股利和股票股利。我国股票上市公司分配股东的有现金股利和股票股利两种形式。

现金股利是指公司以现金的方式向股东支付股利，也称为红利。现金股利是公司最常见的、也是最易被投资者接受的股利支付方式。公司支付现金股利，除了要有累计的未分配利润外，还要有足够的现金。因此，公司在支付现金前，必须做好财务上的安排，以便有充足的现金支付股利。因为，公司一旦向股东宣告发放股利，就对股东承担了支付的责任，必须如期履约，否则，不仅会丧失公司信誉，而且会带来不必要的麻烦。

股票股利是指应分给股东的股利以额外增发股票形式来发放。以股票作为股利，一般都是按在册股东持有股份的一定比例来发放，对于不满一股的股利仍采用现金发放。股票股利最大的优点就是节约现金支出，因而常被现金短缺的公司所采用。发放股票股利是一种增资行为，需经股东大会同意，并按法定程序办理增资手续。发放股票股利与其他的增资行为不同的是，它不增加股东财富，公司的财产价值和股东的股权结构也不会改变，改变的只是股东权益内部各项目的金额。尽管股票股利不直接增加股东的财富，也不增加公司的价值，但对股东和公司都有好处。对股东的意义在于：如果公司在发放股票股利后同时发放现金股利，股东会因为持股数的增加而得到更多的现金；有时公司发行股票股利后，股价并不成同比例下降，这样便增加了股东的财富。因为股票股利通常为成长中的公司所采用，投资者可能会认为，公司的盈余将会有大幅度增长，并能抵消增发股票所带来的消极影响，从而使股价稳定不变或略有上升；在股东需要现金时，可以将分得的股票股利出售，从中获得纳税上的好处。对公司的意义在于：能达到节约现金的目的。公司采用股票股利或股票股利与现金股利相互配合的政策，既能使股东满意，又能使公司留存一定现金，便于进行再投资，有利于公司长期发展；在盈余和现金股利不变的情况下，发放股票股利可以降低每股价值，从而吸引更多的投资者。

2.股票的除息处理

当股份公司给股东发放现金红利后，就要对股价进行除息处理。除息的大致过程是：当某家股票上市公司于年度决算完成后宣布上年度红利分派为现金红利时，则在发放红利前，该种股票是含息股票，即当时其市价已包含了要发放的红利股息。想办理除息手续的发行公司应事先公布除息日期，让投资者有充分的时间办理过户手续，凡在过户截止日期前办好手续的，就可以作为该公司的股东享受领取红利的权利。停止过户前一日通常称为除息交易日，除息日当天又叫除息基准日。除息基准日当天会出现除息报价，即用除息交易日的交易所收盘价减去该公司应发放的现金红利，就是除息报价。它是除息基准日当天交易所开盘价的参考价。除息后，若股价上升，就会将除息后的价位缺口填满或超出，这叫填息，但如果发行公司的红利分配政策不尽人意，除息后的股价可能就会下跌。下面用例子来说明除息过程。

例如，云南白药(000538)股份公司 2013 年初召开董事会，决定 2012 年每股现金红利为

0.45 元，并决定于 6 月 14 日除息。除权登记日为 6 月 13 日，除息基准日为 6 月 14 日，除息报价则是以 6 月 13 日的收盘价 84.19 元扣除 0.45 元，为 83.74 元。而 6 月 13 日以前买进股票的可以过户，享有配息权利。该股 6 月 14 日除息日当天除息报价为 83.74 元，作为当天开盘价的参考价，实际当天开盘价为 84.00 元开盘，并以 83.90 元收盘，这说明除息后的价位缺口填满并已超出。

3.股票的除权处理

股票上市公司公布除权日期，凡在除权日前买入股票并办好过户手续的股东都享有领取股票股利的权利。除权日当天又称为除权基准日。除权基准日确定后，除权当天会出现除权报价，以除权基准日前一天的收盘价格，除以当天所含有的股权，就是除权报价。除权不像除息那样简单，除权报价的计算因无偿配股和有偿配股而不同。

在无偿配股的情况下，除权公式为：

$$\text{除权报价}=\frac{\text{除权日前一天的收盘价}}{1+\text{无偿配股率}} \tag{4.2}$$

例如：海虹控股(000503)2010 年的分配方案为每 10 股转增 2 股，2011 年 6 月 10 日除权，6 月 9 日的收盘价为 11.09 元，则 6 月 10 日的除权报价为 11.09/(1+0.2)=9.24(元)。

在有偿配股即现金增资认股的情况下，除权公式为：

$$\text{除权报价}=\frac{\text{除权日前一天的收盘价}+\text{新股每股应缴纳股款}\times\text{新股认股率}}{1+\text{新股认股率}} \tag{4.3}$$

在无偿配股和现金增资认股同时进行时，除权公式为：

$$\text{除权报价}=\frac{\text{除权日前一天的收盘价}+\text{新股每股应缴纳股款}\times\text{新股认股率}}{1+\text{无偿配股率}+\text{有偿配股率}} \tag{4.4}$$

除了单独除息或除权外，有些股份公司为求简便，将除息日和除权日合并在一天进行，现金红利和无偿配股同时进行，除息除权的公式为：

$$\text{除权报价}=\frac{\text{除权日前一天的收盘价}-\text{现金红利}}{1+\text{无偿配股率}} \tag{4.5}$$

例如：上海梅林(600073)2012 年的分配方案为每 10 股转送 1 股派 0.7 元，2013 年 6 月 5 日除权除息，6 月 4 日的收盘价为 8.11 元，则除权报价为(8.11−0.07)/(1+0.1)=7.31(元)

**(二)公司的资产重组**

资产重组是通过不同法人主体的法人财产权、出资人所有权及债权人债权进行符合资本最大增值目的的相互调整与改变，对实业资本、金融资本、产权资本和无形资本的重新组合。

1.资产重组方式

资产重组方式有扩张型公司重组、调整型公司重组和控制权变更型公司重组。

(1)扩张型公司重组。扩张型公司重组主要有购买资产、收购公司、收购股份、合资或联营组建子公司和公司合并这几种方式。购买资产是指购买房地产、债券、业务部门、生产线、商标等有形或无形资产，其特点是收购方不必承担与该部分资产有关联的债务和义务。收购公司是指获取目标公司全部(大部分)股权使其成为全资子公司，或取得绝对或相对控股地位的重组行为。收购公司是所有因契约而产生的权利和义务的转让，因此不仅可获得目标公司某些专有权利，更能快速获得公司特有组织资本产生的核心能力。收购股份是指获取参股地位而非目标公司控制权的股权收购行为。收购股份通常是试探性多元化经营的开始和策略性的投资，或是为强化与上、下游公司间的协作关联。合资或联营组建子公司是合作战略最基本的手段，适合缺少某些特定能力或资源的公司，可以将公司与具有互补技能和资源的公司联系起来获取共同竞争优势。公司合并是指两家以上的公司结合成一家公司，原有公司的资产、负债、权利和义务由新设或存续公司承担。

(2)调整型公司重组。调整型公司重组包括不改变控制权的股权置换、股权-资产置换、不改变公司资产规模的资产置换，以及缩小公司规模的资产出售或剥离、公司分立、资产配负债剥离等几种方式。不改变控制权的股权置换的目的是引入战略投资者或合作伙伴，实现公司控股股东与战略伙伴间交叉持股，建立利益关联。股权-资产置换是指由公司原股东以出让部分股权(或增发新股)为代价，使公司获得其他公司或股东的优质资产，其最大优点是公司不用支付现金便可获得优质资产扩大公司规模。不改变公司资产规模的资产置换是为使资产处于最佳配置状态或其他目的对资产进行交换，获得与自己核心能力相协调、相匹配的资产。资产出售或剥离是公司将拥有的某些资产出售给其他经济主体，由于出售这些资产可以获得现金回报，因此从某种意义上来讲，资产剥离只是公司资产形式的转化，从实物资产转化到货币资产。公司分立是指公司将其资产与负债转移给新建立的公司，把新公司的股票按比例分配给母公司的股东，从而在法律上和组织上将部分业务从母公司中分离出去，形成一个与母公司有着相同股东的新公司。通过这种资产运作方式，新分立出来的公司管理权和控股权也同时会发生变化。资产配负债剥离是将公司资产配上等额负债一并剥离出公司母体，接受主体一般为其控股母公司。资产配负债剥离能甩掉劣质资产，同时能迅速减小公司总资产规模，降低负债率，公司净资产不会发生改变。对资产接受方来说，由于在获得资产所有权的同时也承担了偿债的义务，其实质也是一种以承担债务为支付手段的收购行为。

(3)控制权变更型公司重组。公司的所有权与控制权变更是公司重组的最高形式。控制权变更型公司重组主要有国有股的无偿划拨、股权协议转让、公司股权托管与公司托管、表决权信托与委托书、股份回购和交叉控股这几种。国有股的无偿划拨是证券市场上公司重组的一种常见方式，通常发生在同属一级财政范围或同一级国有资本运营主体的国有公司和政府机构之间。国有股的受让方一定为国有独资公司，其实质是公司控制权转移和管理层重组，目的是调整、理顺国有资本运营体系，利用优势公司管理经验重振处于困境中的上市公司。股权协议转让是场外交易，场外协议转让案例产生的主要原因是处于控股地位的大量非流通股存在。这些交易往往出于一些特定的目的，如引入战略合作者或被有较强实力的对手善意收购等。公司股权托管与公司托管是指公司大股东将其持有的股权以契约的形式，在一定条件和期限内委托给其他法人或自然人，由其代为行使表决权和控制权。当委托人为公司的控股股东时，公司股权托管就演化为公司的控制权托管，使受托人介入公司的管理和运作，成为整个公司的托管。表决权信托是指许多分散股东集合在一起设定信托，将自己拥有的表决权集中于受托人，使受托人可以通过集中原本分散的股权来实现对公司的控制。表决权委托书是指中小股东通过征集其他股东的委托书来召集临时股东大会，以达到改组公司董事会控制公司目的的一种方式。股份回购是指公司用现金或债权换股权，或以优先股换普通股的方式，购回流通在外的普通股的行为。股份回购会导致公司股权结构变化，我国公司法对此有严格限制，只有在注销股本或公司合并时方能回购本公司股份。交叉控股是指母、子公司之间互相持有绝对或相对控股权，可互相控制运作。交叉控股产生的原因是母公司增资扩股时，子公司收购母公司新增发的股份。

2.资产重组对公司的影响

从理论上讲，资产重组可以促进资源的优化配置，有利于产业结构的调整，增强公司的市场竞争力，从而使一批上市公司由小变大、由弱变强。但在实践中，许多上市公司进行资产重组后，其经营和业绩并没有得到持续、显著的改善。究其原因，最关键的是重组后的整合不成功。重组后的整合主要包括公司资产的整合、人力资源配置和公司文化的融合、公司组织的重构。

不同类型的重组对公司业绩和经营的影响也是不一样的。对于扩张型资产重组而言，通过收购、兼并以及对外进行股权投资，公司可以拓展产品市场份额，或进入其他经营领域。但这种重组方式的特点之一，就是其效果受被收购兼并方生产及经营现状影响较大，磨合期较长，因而见效可能较慢。对于调整型资产重组而言，首先需鉴别“报表性重组”和“实质性重组”。关键是看有没有进行大规模的资产置换或合并。实质性重组一般要将被并购公司50%以上的资产与并购公司资产进行置换，或双方资产合并；报表性重组一般都不进行大规模的资产置换或合并。对于公司控制权变更型资产重组，控制权变更后必须进行相应的经营重组，才会对公司经营和业绩产生显著效果。

陷入困境的上市公司，通过资产重组，可以改变上市公司的资产质量，提高上市公司的经营业绩。资产重组实际上是给上市公司输血，或者给上市公司送红包。作为大股东或者后来的大股东，给上市公司输血是有目的的，现在给上市公司输血，是为了将来利用上市公司。

3.资产重组存在的问题

我国上市公司资产重组的主要问题是虚假重组盛行，短期“炒作”特征和“年末效应”明显。一些上市公司重组的目的不是改善公司的经营效率，提高上市公司整体实力，而是将操纵利润和股票价格放在首位。这种上市公司进行虚假重组的行为不仅浪费社会资源，也不利于上市公司法人治理结构的优化改善，不利于产业结构的调整，形成清晰的优势主导产业，提高核心竞争力。同时，这种没有实质性的资产重组会极大地破坏市场的信用。

资产重组本是通过资产置换和股权置换来优化公司资本结构、调整业务结构和实现战略转移的一种方法，但因资产重组需要将公司某些以历史成本记账的资产转换为现时价值，所以，给原资产升值留下了想象空间，导致资产重组被广泛滥用。近年来，不少公司通过资产重组，将原以历史成本法记账的资产转化为现时价值，从而产生出巨额利润。典型做法是：凭借关联交易，将上市公司的劣质或闲置资产以大大高于账面值的金额与其国有控股母公司的优质资产相交换，或者直接出售，从而获取巨额利润。识别这种操纵利润的方法并不难，可从利润表的营业外收入、投资收益、其他业务利润等项目及其明细表中查出虚增的利润金额，也可以从资产负债表有关长期资产项目及其明细表中查出其置换资产的性质和金额，还可以从财务报表附注的说明中了解资产置换的其他情况。掌握了这些信息，就可调减这部分人为虚增的利润和相应的净资产。

**(三)债务重组**

债务重组是指在债务人发生财务困难的情况下，债权人按照其与债务人达成的协议或者法院的裁定做出让步的事项。债务重组和资产重组是密切相关的，实际上不少上市公司进行资产重组的前提条件是先进行债务重组。一般陷入困境的上市公司，往往会有很大一块债务，负债率很高，很高的负债率使得上市公司每天支付很高的利息，以至于陷入困境。所以重组方要重组上市公司，首先会提出债务重组的计划，要求上市公司的债权人，通常是银行，减免或者豁免一部分债务，只有在债务降低的情况下，才愿意重组上市公司。

1. 债务重组的方式

债务重组的方式主要有以资产清偿债务、债务转为资本、修改其他债务条件及混合重组等。

以资产清偿债务就是债务人转让其资产给债权人以清偿债务。债务人常用于偿债的资产主要有存货、短期投资、固定资产、长期投资、无形资产等。

债务转为资本是站在债务人的角度看的，如从债权人的角度看，则为债权转为股权。债务转为资本实质上是增加债务人的资本，债务人以债务转为资本方式进行债务重组时，必须严格遵照国家有关法律的规定。债务转为资本时，对股份有限公司而言，即将债务转为股本；对其他公司而言，即将债务转为实收资本。债务转为资本的结果是，债务人因此而增加股本(或实收资本)，债权人因此而增加长期股权投资。

修改其他债务条件包括：减少债务本金、减少债务利息，延长债务偿还期限、延长债务偿还期限并加收利息，延长债务偿还期限并减少债务本金或债务利息等。其中对债务的减免最为重要，因为陷入困境的公司，减少其债务才会使重组顺利进行，债务重组是资产重组的前提条件。

混合重组就是指以上两种或两种以上方式的组合。例如，以转让资产、债务转为资本等方式的组合清偿某项债务。再如，以转让资产清偿某项债务的一部分，并对该项债务的另一部分以修改其他债务条件进行债务重组。

2. 债务重组对公司的影响

债务重组对公司的影响主要有两个方面：一是债务负担减轻以后，公司的资产由负变正；二是上市公司负债减少，利息支出减少，利润也就由负变正，使上市公司保住上市资格。

债务重组与资产重组一样，都是给上市公司输血，对上市公司发展是有利的。债务重组当中，利益相关者之间所发生的交易，从市场公平交易的角度看，显然是一种不公平的交易。也就是，上市公司是得到利益的，而作为重组方是要做出牺牲的。

**(四)公司的关联交易**

随着经济的不断发展，我国公司经营逐步由单一的产品经营向资本经营转化，通过收购兼并、参股、控股、重组等形式，快速扩展经营规模和经营领域，提高抗御风险的能力，因此产生大量的关联交易。一方控制、共同控制另一方或对另一方施加重大影响，以及两方或两方以上同受一方控制、共同控制或重大影响的，构成关联方。控制，是指有权决定一个公司的财务和经营政策，并能据以从该公司的经营活动中获取利益。共同控制，是指按照合同约定对某项经济活动所共有的控制，仅在与该项经济活动相关的重要财务和经营决策需要分享控制权的投资方一致同意时存在。重大影响，是指对一个公司的财务和经营政策有参与决策的权力，但并不能够控制或者与其他方一起共同控制这些政策的制定。关联方之间的交易就是所谓的关联交易。

1.关联交易方式

关联交易是指关联方之间转移资源、劳务或义务的行为,而不论是否收取价款。我国上市公司的关联交易具有形式繁多、关系错综复杂、市场透明度较低的特点。按照交易的性质划分,关联交易主要可划分为经营往来中的关联交易和资产重组中的关联交易。前者符合一般意义上的关联交易概念;而后者则具有鲜明的中国特色,是在目前现实法律、法规环境下使用频率较高的形式。常见的关联交易主要有关联购销商品、资产租赁、担保、托管经营、承包经营等管理方面的合同、关联方共同投资等。

关联购销商品是关联方交易较常见的交易事项,例如,公司集团成员之间互相购买或销售商品,从而形成了关联方交易,此类关联交易在众多上市公司中或多或少的存在,交易量在各类关联交易中居首位。

由于非整体上市,上市公司与其集团公司之间普遍存在着资产租赁关系,包括土地使用权、商标等无形资产的租赁和厂房、设备等固定资产的租赁。

担保包括在借贷、买卖、货物运输、加工承揽等经济活动中,为了保障其债权实现而实行的保证、抵押等。上市公司与集团公司或者各个关联公司可以相互提供信用担保。关联公司之间相互提供信用担保虽能有效解决各公司的资金问题,但也会增加上市公司的财务风险,有可能引起经济纠纷。

绝大多数的托管经营和承包经营属于关联交易,关联方大多是控股股东,托管方或是上市公司,或是关联公司。所托管的资产要么质量一般,要么是上市公司没有能力进行经营和管理的资产。但自己的资产被关联公司托管或承包经营以后,可以获得比较稳定的托管费用和承包费用。另外,关联托管和承包经营往往是进行关联收购的第一步。因为在托管期间,可以对所托管或承包的公司进行深入细致的了解,考察公司的发展潜力以降低收购的风险。

共同投资形式的关联交易通常指的是上市公司与关联公司就某一具体项目联合出资,并按事前确定的比例分配收益。这种投资方式因关联关系的存在达成交易的概率较高,但操作透明度较低。

2.关联交易对公司影响

从理论上说,关联交易属于中性交易,它既不属于单纯的市场行为,也不属于内幕交易的范畴,其主要作用是降低交易成本,促进生产经营渠道的畅通,提供扩张所需的优质资产,有利于实现利润的最大化等。但是,关联交易毕竟是关联方之间的交易,受利益的驱动,在交易中难免存在不公平的交易。

在我国,由于对关联交易的监管制度还不完善,上市公司中出现了许多不公平关联交易的情况,并借此恶意操纵利润,造成严重的后果。现有的法律法规对关联交易只重披露,而对其交易的公允性不作评判,也不予干预,这使得滥用关联交易的情况不断发展,妨碍了证券市场和上市公司的健康发展。

利用关联交易将关联交易一方的利润转移至另一方,从而使其利润增加。这种操纵利润常见于国有公司改制而成的上市公司,其目的在于利用上市公司的壳资源从股市上筹措资金。这与跨国公司通行的利用关联交易,将高税区的利润转移至低税区以降低税负,或将资金从外汇管制严的地区转移至外汇管制松的地区以逃避外汇管制等做法正好相反。利用关联交易虚增利润的方式多种多样，既可利用产品和原材料的转移价格调节收入和成本，也可利用资产重组定价获取资产增值收益，利用高回报率的委托经营方式虚增业绩，利用利率差异降低财务费用，利用管理费收支、共同费用分摊等方式调节利润等。上述调节利润的方法，除转移价格和管理费用分摊之外，其余所产生的利润基本上都体现在"其他业务利润"、"投资收益"、"营业外收入"、"财务费用"等具体项目之中，其识别相对容易。

如果说资产重组和债务重组是大股东或潜在大股东利用关联交易给上市公司输血，那么担保、产品购销等关联交易往往是大股东掏空上市公司的手段。因此，财务信息使用者必须对公司关联及其交易给予足够的重视。当然，在关联方的交易中，也有相当一部分属于正常交易。关联交易是否正常，应当通过公司在报表附注中披露的交易内容、特别是定价政策等信息来判断。

## 模块3　证券信息及采集

信息是证券行情判断的基础，信息是否准确、全面将影响到后续行情的判断精确度。因此，如何有效搜集证券信息并做出判断非常重要。证券信息包括了很多方面，比如国家的宏观经济政策、相关法律法规、上市公司的基础资料等各类信息。我们需要通过各种方式来寻找信息，并在海量的信息中筛选到我们所需要的信息，这是一项基本功。

如今我们可以有很多途径得到证券信息，比如，通过《中国证券报》、收看财经新闻、通过互联网等，均可以便捷地获得我们所需要的海量信息。

不同来源的信息对信息的侧重点也不一样，《中国证券报》、《上海证券报》、《证券时报》的主要内容是国际国内经济大势、宏观政策，金融、证券信息，金融、证券市场评估，上市公司有关信息。深交所和上交所网站主要为上市公司信息，包括季报、半年报、年报等。东方财富网、新浪财经等一些财经门户媒体则信息更为广泛，集中在全球市场、宏观经济、证券要闻、今日导读、大盘评述等方方面面。此外我们要尤为关注管理层的最新宏观政策、统计信息，而这些具体信息通常会首先公布在统计局网站、中国宏观经济信息网这些官方网站。投资者可以针对自己的使用习惯和偏好，把一些权威网站收藏到浏览器的收藏夹，以方便查看。

我们的软件也会为我们提供各种各样的汇总信息供大家参考，在交易软件中按F10，大家可以找到上市公司发布的各种定期报告和股东会、董事会、监事会等会议决议、各种临时性重大事项报告以及公司的经营管理状况的报告。

此外，一些专门性的研究咨询机构或者证券公司的研究部门也会根据各种信息，利用自己的专业知识背景和丰富的经验制作一些研究报告，也具有较强的参考价值，但是这些研究报告大部分都是要收费的。

如果你愿意付出足够多的精力，你也可以到上市公司实地调研——这是基金经理或者机构投资者在投资前一般要做的事，但是对于普通投资者，恐怕还较少使用这种方式。但是对于敏锐的投资者而言，对上市公司还有许多多维的评价方法，比如对公司产品的体验和评价等，美国著名的投资大师彼得·林奇就常使用这种方法来判断一个公司的前景,但只能作为一个参考。

还有一个不能回避的话题就是内幕消息,是通过亲朋好友、同事、邻居介绍的信息。此类信息存在着较大的不确定性,尤其是现在的互联网时代,这种态势大大加剧。各种各样的离奇的消息充斥着报纸、媒体、杂志、网站,甚至有很多媒体都开辟了谣传专栏,公开地散布小道消息,许多人热衷于打探小道消息,作为自己投机的依据。这些小道消息使一些投资者赚了一些钱,但是鉴于它的不确定性,它们使更多的投资者损失惨重,甚至股神巴菲特也曾说:"想要在股市上迅速赔钱的方法就是听小道消息。"但是消息本身是中性的,取决于你如何使用它,有一点无可否认的是,对于这些小道消息,绝对不要轻信。

## 小 资 料

### 资料10:炒股必然被套的十大缘由

当你坚信股评的时候,你最易被专家套住!

当你又信权威的时候,你可知他是庄家的工具,被套的还是你!

当你肯信技术的时候,你肯定被骗线套住!

当你只认大盘的时候,你又会被个股套住!

当你买绩优股的时候,垃圾股摇身一变,以资产重组股的题材猛涨,你还是被套!

当你挥泪斩仓买重组股的时候,你又接了最后一棒!

当你信消息的时候,你怎知消息只是谣言!

当你信上市公司的时候,它的股票却偏偏不争气!

当你骑上黑马的时候,你却没有把握住逃顶时机!

当你终于只相信自己的时候,你自己也是错的!

总结起来就两条,有股心慌,没股手痒!!! 结果就是导致一年到头在里面忙不停,神仙都出错啦。

### 资料11:交易习惯值多少钱?

成功是一种习惯。成功并不需要你去做多么惊天动地的大事,而是需要把好的小事坚定不移、乐此不疲地做下去,形成好习惯,成功就离你不远了。同样,股民的亏钱与赚钱也是来源于自己的交易习惯。下面各提供四种亏钱与赚钱的习惯,看看它们价值多少钱。

**亏钱的习惯** ①不割肉。不怕开水烫的一定就是死猪肉,越不割,越套你,直到肉烫烂成了人家的美味。情况不对,立即撤退,这才是生存之本。这条习惯带来的收益是−20%。②勤割肉。周一买了周二割,还恨不能做T+0交易,真想时刻做交易。这类股民的笔记本上是血淋淋的誓言:割出去的是肉,下次买进来的是金子。结果是金子也真买到过,不过也给割了,肉嘛割得更多。这条习惯带来的收益是−30%。③常满仓。在股市里最大的风险就是时刻满仓,没有树立空仓几个月的意识,甚至没有空仓几周的经历。亏损者对满仓尤其是一年365天满仓更是情有独钟。要知道，在中国股市只有做多才能赚钱，但也只有满仓才能导致最大的风险。这条习惯带来的收益是－20％。④过多的接受股票信息。坐在交易大厅里或者是电脑前面，每天4小时交易时间要盯盘240分钟，舍不得喝水，舍不得上厕所，更舍不得午休。还不时地查看几分钟涨幅排名。而平时更是看电视股评，与股友探讨股票小道消息，过多的信息让自己没有了主见，亏损就成了家常便饭。这条习惯带来的收益是－10％。

**赚钱的习惯** ①空仓。空仓最大的好处有两点，一是不会赔钱；二是用钱的时候随便你取钱。也就是说，那账户上的钱是真正属于你的。无论是否是股民，都要记住中国老百姓那句名谚语："饭到口，钱到手。"何况，在"一赚二平七亏"的股市里，只要不亏损你就位居前三啊。这条习惯带来的收益是30％。②盈利才加仓。买一只股票，第一笔交易赚了钱，才能加仓，这说明你对趋势的判断是正确的，加仓也就顺理成章。第三笔交易如果亏损，连同前面的交易一同卖出。不要相信直觉，要相信现实，一旦交易亏损，要么是市场出了问题，要么是你出了问题，都需要你清仓。这条习惯带来的收益是20％。③独来独往。少数人赚钱的定律让我们不得不保持与众不同的思路。买别人不屑于买的股票或者是不敢买的股票才能成为赢家，大众情人成不了明星。④休息。休息不一定就是睡觉啊，但休息一定是要你卖出股票停止交易，远离股市一个阶段，可以去学习，可以去娱乐，也可以去做别的事业。要知道，距离产生的不仅仅是美，还有冷静和理智。一个成功的股民的角色绝对不仅仅是个股民，在别的舞台上你也一定翩翩起舞啊。这条习惯带来的收益是20％左右。

数一数你有亏钱的习惯多少条，有赚钱的习惯多少条，再计算一下，看看是否与你的实际收益相关联。

## 资料12：止损技巧——止损的误区何在

在金融投机操作中，STOPLOSS（止损）是最常见又最不受欢迎的词汇之一。止损是在金融投机中长期生存的最重要的基本功，但出于对损失的本能逃避，大多数投机者对止损的认识是混乱甚至错误的，或者处于无知的状态，对止损的认识误区也是最多的。**误区之一：不止损。**不止损为什么是错误的呢？只要操作就会有对有错。做对了盈利是理所当然，做错了又怎么办呢？在外汇市场上做错之后的唯一选择是马上承认错误和改正错误，而止损正是承认错误和改正错误的主要手段。任何一笔交易都不应该看作是孤注一掷的赌博，而是概率游戏中的一个分子。不执行止损操作，意味着不愿或没有勇气承认错误，潜意识里或者认为自己不会犯错，或者抱有侥幸心理。而根据墨菲定律，"如果某件事有可能变坏的话，那么这种可能性将成为现实"，小错误会变成大错误，小损失会变成大损失，最终变得一发不可收拾。换个角度讲，每个投资者都不会长寿到500岁，并用其中的大部分时间等待一个亏损头寸变成盈利；每个投资者的资本金都是有限的，不能支撑无限的亏损可能。而面对错误不改正的投资者，显然是已经做好了"真想再活500年"的准备，也已经挖好了通往诺克斯堡（美国储备黄金之地）的地道。止损可能是一个新的错误，只是可能而已，但不止损肯定是一个错误。两害相权取其轻，尽管大多数人都不愿承担确定的损失，但考虑到时间和资金有限，以局部的小损失换取全局的主动，显然是明智之举。**误区之二：乱止损。**大多数初涉投机的新手，在因为不止损而遭受巨大损失之后，一般都会吸取教训，把止损当作一条严明的纪律，从而又走向另一个极端，陷入了一个新的误区：乱止损。乱止损的后果是显而易见的，没有哪个账户经得起长期持续的止损。面对越止越瘦的账户净值，投资者往往会再次回到不止损的老路上，并在止损和不止损之间反复摇摆。投资者要跳出止损和不止损的思维藩篱才能找到问题的答案。止损的目的是什么？止损的目的是控制风险，但是必须认清的是：止损并不是控制风险的唯一手段。投机迷宫里的陷阱是各种各样的，我们所犯的错误和所面临的风险也是各种各样的，唯有正本清源，从根本上少犯错误，少冒风险，才能降低止损的次数，才能使每一次止损是必要的和值得的，而不是无谓的和自我伤害的。**误区之三：有时止损有时不止损。**在意识到止损的必要性，同时也尝到了乱止损的苦果之后，投资者还有一个死胡同可走，那就是有时止损有时不止损。当损失在自己可接受的范围之内时，比如亏30点的情况下就选择止损，但止损一旦扩大到100点就不止损了。这实际上是在根据损失的大小决定是否止损，而正确的做法是根据自己是否做错了决定是否止损。止损并非灵丹妙药，它只是投资路上的安全带和降落伞。不系安全带并不意味着肯定撞车，系上安全带却会使投资更加稳健。止损是必要的，但只能作为防备万一的手段，对止损的滥用和误用只会造成伤害。对大多数投资者而言，少犯错误，降低频率，小仓操作，一贯的执行操作纪律，才能从业余升级为专业，走上长期稳定盈利之道。

### 资料13：套牢后该怎样操作之真情奉献版

能否正确地处理好被套牢的股票，是鉴别投资者技能水平的最重要标志。相信职业投资者怎样处理被套的股票会对读者有非常大的启发。被套之后需要做的第一件事情就是分析股票被套的原因。

**因为大盘原因被套：**判断大盘涨跌趋势的重要标准就是成交量变化与重要均线方向变化。如果大盘的运行趋势有系统性风险的征兆，应该果断地认赔卖出股票，如果因为个股原因你出现犹豫状态，也应该设立止损价格与止损征兆。如果大盘的运行趋势尚处于上涨或者横盘状态，则要重新分析个股的状态。

**因为个股原因被套：**在大盘处于非系统风险状态下，则需要分析个股的现时状态。第一步判断个股的中线趋势，方法是参考个股的重要均线和庄家行为意图。如果是中线波段趋势变坏，应该考虑换股或者卖出；如果中线趋势还可以，则需要判断短线趋势。如果技术指标和大盘背景处于强势状态，被套的个股明显表现较弱，需要换出部分仓位，这样可以提高效率。

**因为选股错误被套：**职业投资者选股的最重要标准是：①市场即时热点：要判断正在进行的行情性质，所选择的个股要与当时的行情性质配合。不能以自己的个人喜好否定市场，甚至与市场逆反。②筹码主力动能：筹码集中，远离密集区的股票动能较足。在这个基础上要熟悉股票的股性、主力的股性以及趋势的必然性。③股票未来题材：题材是非常重要的，题材的排序是主题题材、个股独特题材、市场常规题材、其他影响股价的题材。④股票基本质地：考虑股票质地的时候，还要考虑主力资金的喜好。如果被套的个股选股不符合上述标准，应该考虑卖一部分，换进合乎标准的股票。

**因为买股时机不对被套：**盈利是选股技术与选择时机技术的组合，最佳的时机有：①大盘处于系统获利阶段：沪市的成交金额在1 000亿元以上，且指数趋势转好或者上涨的情况被称为系统获利阶段。②个股处于量能活跃阶段：介入某只股票或者持有某只股票，必须要求股票是活的，最好的股票是独立活跃，次之是跟随活跃，不能考虑死股票。

**错误发生后补救措施：**在上述的判断标准不能运用的基础时，应考虑下面的补救措施。①忘掉成本，设立止损价，设立反弹时的减仓信号。②要有做空的思维，用“倒做差价”，就是在相对高位把套牢的股票抛掉，然后在适当的低位再把它买回来。③一定要建立适合自己的阶段盈利模式，坚持按照阶段盈利模式操作，不能用那种听天由命的侥幸心理进行赌博，控制好操作节奏。

# 第五章　股票价格指数

指数的编制是从物价的变动产生的。18 世纪中叶，由于金银大量流入欧洲，欧洲的物价飞涨，引起社会不安，于是产生了反映物价变动的要求，这就是物价指数产生的根源。有些指数，如消费品价格指数、生活费用价格指数，同人们的日常生活休戚相关；有些指数，如生产资料价格指数、股票价格指数等，则直接影响人们的投资活动，成为社会经济的晴雨表。本章主要内容有统计指数的一般问题、股票价格指数的一般问题、国外证券市场股票价格指数、中国证券市场股票价格指数和证券市场中的其他指数，模块 4 介绍如何看懂大盘。

## 第一节　统计指数的一般问题

### 一、统计指数的概念

统计指数，简称指数，起源于人们对价格变动的研究，有广义和狭义两种定义。

广义的统计指数是指一切说明社会经济现象数量变动或差异程度的相对数，如动态相对数、比较相对数、计划完成情况相对数、发展速度等。

狭义的统计指数是一种特殊的相对数，即用来说明不能直接相加和对比的复杂社会现象综合变动程度的相对数，如零售物价指数、工业产品产量指数等。

狭义指数具有三个性质：

(1)相对性，指数反映现象的相对变动程度。

(2)平均性，指数反映现象的平均变动水平。

(3)综合性，指数反映现象的综合变动水平。

### 二、统计指数的作用

(1)可以分析复杂经济现象总体的变动方向和变动程度。

(2)可以分析复杂经济现象总体变动中各个构成要素的变动，以及它们的变动对总体变动的影响程度。

(3)在对现象的总平均数进行动态分析时，利用指数法，可以测定各组平均水平的变动和各组在总量中所占比重的变动，以及它们对总平均水平变动的影响程度。

(4)利用连续编制的指数数列，可以对复杂现象长时间发展变化趋势进行分析。

### 三、统计指数的分类

(1)按指数反映的时间状态的不同，可分为：

①动态指数：又称时间指数(time index number)，反映现象在时间上的变化程度。例如零

售物价指数、职工人数指数、股票价格指数、单位成本指数等。

动态指数按其采用基期的不同又可分为定基指数和环比指数：

定基指数：以某一个固定时期作为对比基期。

环比指数：以前一期作为对比基期。

②静态指数：反映同一时期的同类现象在不同空间的差异程度或实际与计划的差异程度，包括地区性指数（空间指数）和计划完成情况指数两种。

（2）按指数所反映的现象特征的不同，可分为：

数量指标指数：是反映现象的总规模、总水平或工作总量变动的相对数。如产品产量指数、商品销售量指数、职工人数指数等。

质量指标指数：是反映事物内涵数量变动水平的指数，如单位成本指数、商品销售价格指数、平均工资指数等。

（3）按指数所反映的对象范围和计算方法的不同，可分为：

个体指数：反映总体中个别项目的数量对比关系的指数。

总指数：反映复杂现象总体综合变动情况的指数。

（4）按指数的计算形式的不同，可分为：

简单指数：又称不加权指数，它把记入指数的各个项目的重要性视为相同。

加权指数：对记入指数的项目依据重要程度赋予不同的权数，而后再进行计算。

（5）按指数编制方法的不同，可分为：

综合指数：应用综合法，由两个总量指标对比形成。

平均数指数：以个体指数为基础，采取加权平均法形成（加权算术平均数指数和加权调和平均数指数）。

## 四、总指数的编制方法

### （一）简单指数法

按照简单指数法计算指数时，把记入指数的各个项目的重要性视为相同。符号含义如下：

$p_{1i}$—第 $i$ 种商品报告期的销售价格（$i=1,2,\cdots,n$）；

$p_{0i}$—第 $i$ 种商品基期的销售价格（$i=1,2,\cdots,n$）；

$q_{1i}$—第 $i$ 种商品报告期的销售量（$i=1,2,\cdots,n$）；

$q_{0i}$—第 $i$ 种商品基期的销售量（$i=1,2,\cdots,n$）；

$I_p$—销售价格总指数；

$I_q$—销售量总指数。

1. 简单综合法

$$I_p=\frac{\sum_{i=1}^{n}p_{1i}}{\sum_{i=1}^{n}p_{0i}}\qquad I_q=\frac{\sum_{i=1}^{n}q_{1i}}{\sum_{i=1}^{n}q_{0i}}\tag{5.1}$$

2. 简单算术平均法

$$I_p = \frac{\sum_{i=1}^{n} \frac{p_{1i}}{p_{0i}}}{n} \qquad I_q = \frac{\sum_{i=1}^{n} \frac{q_{1i}}{q_{0i}}}{n} \tag{5.2}$$

**(二)加权指数法**

按照加权指数法计算总指数时，对记入指数的各个项目依据其重要程度赋予不同的权数。

1. 加权综合指数的编制原理

统计研究的对象主要是总体现象，编制指数主要是指总指数，综合指数就是总指数的基本形式。编制综合指数，首先计算复杂现象总体的总量，然后进行不同时期的对比，即先综合后对比。

加权综合指数的编制原理(图 5-1)：

第一步，通过同度量因素的引入，将不能直接加总的复杂现象总体，过渡到可以相加的价值总量形式。

第二步，将所加入的同度量因素固定在同一时期的水平上，只允许指数化因素变动，这样，对比得出的总指数就是指数化因素综合变动的结果。

指数化指标：指在指数分析中被研究的指标。

同度量因素：指把不同度量的现象过渡成可以同度量的媒介因素，同时起到同度量和权数的作用。

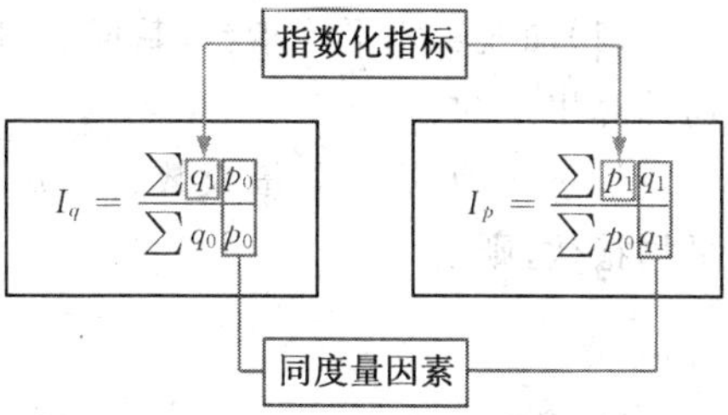


**图 5-1 指数计算示例**

加权综合指数的类型有两种：拉氏指数和帕氏指数。

(1)拉氏指数。拉氏指数是指同度量因素固定在基期(基期加权综合指数)的综合指数。

以 $p$ 表示质量指标，$q$ 表示数量指标，下标 0 表示基期，下标 1 表示报告期，则

拉氏物量指数
$$L_q = \frac{\sum p_0 q_1}{\sum p_0 q_0} \tag{5.3}$$

拉氏物价指数
$$L_p = \frac{\sum p_1 q_0}{\sum p_0 q_0} \tag{5.4}$$

(2)帕氏指数。帕氏指数是将同度量因素固定在报告期(报告期加权综合指数)的综合指数。

帕氏物量指数
$$P_q = \frac{\sum p_1 q_1}{\sum p_1 q_0} \tag{5.5}$$

帕氏物价指数
$$P_p = \frac{\sum p_1 q_1}{\sum p_0 q_1} \tag{5.6}$$

(3)拉氏指数与帕氏指数的比较。拉氏指数以基期变量值为权数，可以消除权数变动对指数的影响，从而使不同时期的指数具有可比性。拉氏物量指数反映的是假定价格水平不变，消费者为了维持报告期的生活水准，由于消费量变化将会增减多少开支，现实意义强，实际中应

用得较多;拉氏物价指数反映的是消费者为了维持基期的生活水准,由于价格变化将会增减多少开支,现实意义不强,实际中应用得较少。

帕氏指数以报告期变量值为权数,不能消除权数变动对指数的影响,因而不同时期的指数缺乏可比性。帕氏物价指数可以同时反映出价格和消费结构的变化,具有比较明确的经济意义,实际中应用得较多;帕氏物量指数由于包含了价格的变动,意味着是按调整后的价格来测定物量的综合变动,这本身不符合计算物量指数的目的,因此在实际中应用得较少。

2. 加权平均指数的编制原理

第一步,对构成复杂现象的各个项目计算个体指数。

第二步,以个体指数为变量,以某一时期的总量为权数对个体指数加权平均求得总指数。

加权平均指数是以某一时期的总量为权数对个体指数加权平均计算出来的,有加权算术平均指数和加权调和平均指数两种。

(1)加权算术平均指数(基期总量加权)。该指数是以基期总量为权数对个体指数加权平均计算出来的。

设 $p_0q_0$ 为基期总量权数,$p_1/p_0$ 为个体质量指数,$q_1/q_0$ 为个体数量指数,$A$ 为加权算术平均指数,则

数量指标指数
$$A_q=\frac{\sum\frac{q_1}{q_0}p_0q_0}{\sum p_0q_0} \tag{5.7}$$

质量指标指数
$$A_p=\frac{\sum\frac{p_1}{p_0}p_0q_0}{\sum p_0q_0} \tag{5.8}$$

(2)加权调和平均指数(报告期总量加权)。该指数是以报告期总量为权数对个体指数加权平均计算出来的。

设 $p_1q_1$ 为报告期总量权数,$p_1/p_0$ 为个体质量指数,$q_1/q_0$ 为个体数量指数,$H$ 为加权调和平均指数,则

数量指标指数
$$H_q=\frac{\sum p_1q_1}{\sum\frac{q_0}{q_1}p_1q_1}=\frac{\sum p_1q_1}{\sum\frac{1}{q_1/q_0}p_1q_1} \tag{5.9}$$

质量指标指数
$$H_p=\frac{\sum p_1q_1}{\sum\frac{p_0}{p_1}p_1q_1}=\frac{\sum p_1q_1}{\sum\frac{1}{p_1/p_0}p_1q_1} \tag{5.10}$$

3. 平均指数与综合指数的联系与区别

联系:一定条件下,公式存在变形关系。

区别:出发点不同。

综合指数从现象总量出发,固定同度量因素,观察指数化指标的变动;平均数指数从独立的经济现象出发,对个体比率加权平均,以观察总体的平均变化。

统计指数包括生产指数、产品成本指数、居民消费价格指数、空间价格指数、零售物价指

数、股票价格指数、工业生产指数等,下节主要介绍与证券投资相关的经济指数,即股票价格指数。

## 第二节 股票价格指数的一般问题

### 一、股票价格指数的定义

股票价格指数是用以表示多种股票平均价格水平及其变动并衡量股市行情的指标。

股票价格指数一般由证券交易所、金融服务机构、咨询研究机构和新闻单位编制和发布。其编制的步骤如下:

(1)根据上市公司的行业分布、经济实力、资信等级等因素,选取适当数量的有代表性的股票作为编制指数的样本股票。样本股票可以随时更换或做数量上的增减,以保持良好的代表性。

(2)按期到股票市场上采集样本股票的价格。

(3)利用科学的方法和先进的手段计算出指数值。

(4)通过新闻媒体向公众公布。

为保持股价的连续性,使各个时期计算出来的股票指数相互可比,有时还需要对指数值作相应的调整。

### 二、解读股票价格指数

每一位投资股票交易的人都十分关心股票市场的趋势,是看涨?还是看跌?在股票市场上,同一时间里,各种股票的价格各不相同,它们随着时间在不断变化,有的股票价格上涨,有的股票价格下跌。在如此纷繁变化的市场中,如果单凭某一种股票的价格变化来衡量整个股市的变化情况,显然是不正确的。那么怎样才能既迅速又准确地把握整个股市的变化情况呢?这就要会读股票价格指数。股票价格指数一般都选定过去某一时期作为基期,以后每一期的平均价格同基期平均价格相比的百分数即是每期的股票价格指数。当今世界上影响最大的具有权威性的股票价格指数——道·琼斯股票价格平均指数,是以 1928 年 10 月 1 日为基期,基期的平均指数定为 100,以后各期的股票价格平均数同基期平均数比较计算出的百分比,就成为各期的股价指数。现在股市上公布的道·琼斯价格指数为 2 500,表明现在股票的平均价是 1928 年 10 月 1 日的 25 倍。这样,通过股票价格指数的变动,就可以了解股票价格的变化趋势。除此之外,还可以通过股票价格指数变动,了解当天或几天里股票平均价格变动的具体情况。如果说,今天开盘时价格指数为 2 500,到中午为 2 525,到收盘时为 2 550,表明包括在平均数中的股票平均价格,中午较开盘时上涨了 1%[(2 525－2 500)/2 500＝1%];收盘时较开盘时上涨了 2%[(2 550－2 500)/2 500＝2%]。如果当天开盘时每股平均价格为 100 元,那么,中午时每股平均价格为 101 元,收盘时则为 102 元。

## 三、股票价格指数的基本功能

股价指数在证券交易活动中应运而生，它不仅是反映股票市场行情变动的重要指标，而且是观测经济形势和周期状况的参考指标，被视为股市行情的“指示器”和经济景气变化的“晴雨表”。股价指数主要有以下基本功能：

(1)综合反映一定时期内某一证券市场上股票价格的变动方向和变动程度。

(2)为投资者和分析家研究、判断股市动态提供信息，便于对股票市场大势走向做出分析。

(3)作为投资业绩评价的标尺，提供一个股市投资的“基准回报”。

(4)作为指数衍生产品和其他金融创新的基础。

## 四、股票价格指数的编制方法

计算股票指数时，往往把股票指数和股价平均数分开计算。按定义，股票指数即股价平均数，但从两者对股市的实际作用而言，股价平均数是反映多种股票价格变动的一般水平，通常以算术平均数表示。人们通过对不同时期股价平均数的比较，可以认识多种股票价格变动水平。而股票指数是反映不同时期的股价变动情况的相对指标，也就是将第一时期的股价平均数作为另一时期股价平均数基准的百分数。通过股票指数，人们可以了解报告期的股价比基期的股价上升或下降的百分比。由于股票指数是一个相对指标，因此就一个较长的时期来说，股票指数比股价平均数能更为精确地衡量股价的变动。

### (一)股价平均数的计算

股票价格平均数反映一定时点上市股票价格的平均水平，它可分为简单算术股价平均数、修正股价平均数、加权股价平均数三类。人们通过对不同时点股价平均数的比较，可以看出股票价格的变动情况及趋势。

1. 简单算术股价平均数

简单算术股价平均数是将样本股票每日收盘价之和除以样本数得出的，即：

$$\text{简单算术股价平均数}=\frac{p_1+p_2+\cdots+p_n}{n} \tag{5.11}$$

世界上第一个股票价格平均数——道·琼斯股价平均数在 1928 年 10 月 1 日前就是使用简单算术平均法计算的。

假设从某一股市采样的股票为 A、B、C、D 四种，在某一交易日的收盘价分别为 10 元、16 元、24 元和 30 元，则该市场简单算术股价平均数为：

$$\text{简单算术股价平均数}=\frac{p_1+p_2+p_3+p_4}{n}=\frac{10+16+24+30}{4}=20(\text{元})$$

简单算术股价平均数计算简便，但它有两个缺点：一是它未考虑各种样本股票的权数，从而不能区分重要性不同的样本股票对股价平均数的不同影响。二是当样本股票发生股票分割派发红股、增资等情况时，股价平均数会产生断层而失去连续性，使时间序列前后的比较发生困难。例如，上述 D 股票以 1 股分割为 3 股时，股价势必从 30 元下调为 10 元，这时平均数就不是按上面计算得出的 20 元，而是(10＋16＋24＋10)/4＝15(元)。这就是说，由于 D 股分割技术上的变化，导致股价平均数从 20 元下跌为 15 元（这还未考虑其他影响股价变动的因素），显然不符合平均数作为反映股价变动指标的要求。

2. 修正的股价平均数

修正的股价平均数有两种。

一种是除数修正法，又称道式修正法。这是美国道·琼斯公司在 1928 年创造的一种计算股价平均数的方法。该法的核心是求出一个常数除数，以修正因股票分割、增资、发放红股等因素造成股价平均数的变化，以保持股价平均数的连续性和可比性。具体做法是以新股价总额除以旧股价平均数，求出新的除数，再以报告期的股价总额除以新除数，就得出修正的股价平均数。即：

$$\text{新除数}=\frac{\text{变动后的新股价总额}}{\text{旧的股价平均数}} \tag{5.12}$$

$$\text{修正的股价平均数}=\frac{\text{报告期股价总额}}{\text{新除数}} \tag{5.13}$$

前面的例子除数是 4，经调整后的新的除数应是：

$$\text{新的除数}=\frac{10+16+24+10}{20}=3$$

将新的除数代入修正股价平均数式中，则：

$$\text{修正的股价平均数}=\frac{10+16+24+10}{3}=20(\text{元})$$

这样得出的股价平均数与未分割时计算的一样，股价水平也不会因股票分割而变动。

另一种是股价修正法。股价修正法就是将股票分割等变动后的股价还原为变动前的股价，使股价平均数不会因此变动。美国《纽约时报》编制的 500 种股价平均数就采用股价修正法来计算股价平均数。

3. 加权股价平均数

加权股价平均数是根据各种样本股票的相对重要性进行加权平均计算的股价平均数，其权数可以是成交股数、股票总市值、股票发行量等。

**（二）编制股票价格指数的几种主要方法**

1. 总和法

总和法就是将报告期的股价总和与基期股价总和直接对比计算的股价指数。其计算公式为：

$$\text{总和股价指数}=\frac{\sum p_1}{\sum p_0} \tag{5.14}$$

式中：$p_1$ 为报告期某种样本股票的价格；$p_0$ 为基期某种样本股票的价格。

著名的美国道·琼斯指数就是采用这种方法编制的。

2. 简单平均法

简单平均法是对所有样本股票的个体股价指数按简单算术平均法求得总体股价指数。其计算公式为：

$$简单平均股价指数=\frac{1}{n}\sum\frac{p_1}{p_0} \tag{5.15}$$

用此方法求出的股价指数可以灵敏地反映股价的波动。英国“经济学家杂志普通股股价指数”就是采用此法编制。

3. 加权综合法

加权综合法是以样本股票的发行量或交易量为同度量因素来计算的股价指数。其计算公式按同度量因素所属时期不同分为两种：

$$基期加权综合股价指数=\frac{\sum p_1q_0}{\sum p_0q_0} \tag{5.16}$$

$$报告期加权综合股价指数=\frac{\sum p_1q_1}{\sum p_0q_1} \tag{5.17}$$

式中：$p_0$、$p_1$ 分别为基期、报告期股价；$q_0$、$q_1$ 分别为基期、报告期的发行量或交易量。

以发行量加权的综合股价指数称市价总指数，以交易量加权的综合股价指数称为成交总额指数。香港恒生指数和美国的 SP500 指数等，都是采用综合指数编制的。

## 第三节　国外证券市场股票价格指数

### 一、美国证券市场股票价格指数

#### (一)道·琼斯平均价格指数

1. 道·琼斯平均价格指数的定义和计算

道·琼斯平均价格指数简称道·琼斯平均指数，全称为道·琼斯股票价格平均指数，它是在 1884 年由道·琼斯公司的创始人查理斯·道开始编制的，是目前人们最熟悉、历史最悠久、最具权威性的一种股票指数，其最初的股票价格平均指数是根据 11 种具有代表性的铁路公司的股票，采用算术平均法进行计算编制而成的，在查理斯·道自己编辑出版的《每日通讯》上发表。计算公式为：

$$股票价格平均指数=\frac{入选股票的价格之和}{入选股票的数量} \tag{5.18}$$

基期为 1928 年 10 月 1 日，基期指数为 100。道·琼斯平均价格指数的计算方法几经调整，现采用除数修正法，即不是直接用基期的股票指数做除数，而是先根据成分股的变动情况计算出一个新除数，然后用该除数除报告期股价总额，得出新的股票指数。

自 1887 年起，道·琼斯股票价格平均指数开始分成工业与运输业两大类，其中工业股票价格平均指数包括 12 种股票，运输业股票价格平均指数则包括 20 种股票，并且开始在道·琼斯公司出版的《华尔街日报》上公布。

1929 年，道·琼斯股票价格平均指数又增加了公用事业类股票，使其所包含的股票达到 65 种，并一直延续至今。现在的道·琼斯股票价格平均指数是以 1928 年 10 月 1 日为基日，因为这一天收盘时的道·琼斯股票价格平均指数约为 100，所以就将其定为基准日。而以后股票价格同基期相比计算出的百分数，就成为各期的股票价格指数，所以现在的股票指数普遍用点来做单位，而股票指数每一点的涨跌就是相对于基期的涨跌百分数。

道·琼斯股票价格平均指数最初的计算方法是简单算术平均法，当遇到股票除权除息时，股票指数将发生不连续的现象。1928 年后，道·琼斯股票价格平均指数采用了新的计算方法，即在计点的股票除权或除息时采用连接技术，以保证股票指数的连续，从而使股票指数计算方法得到了完善，并逐渐推广到全世界。

目前，道·琼斯股票价格平均指数共分四组：

第一组是工业股票价格平均指数，它由 30 种有代表性的大工商业公司的股票组成，且随经济变化而发展，大致上反映了各个时期美国整个工商业股票的价格水平，这也就是人们通常所引用的道·琼斯工业股票价格平均数。

第二组是交通运输业股票价格平均指数，它包括 20 种有代表性的运输业公司的股票，即 8 家铁路运输公司、8 家航空公司和 4 家公路货运公司。

第三组是公用事业股票价格平均指数，由代表着美国公用事业的 15 家煤气公司和电力公司的股票所组成。

第四组是平均价格综合指数，它是综合前三组股票价格平均指数所选用的共 65 种股票而得出的综合指数，这组综合指数虽然为优等股票提供了直接的股票市场状况参数，但现在通常引用的是第一组——工业股票价格平均指数。

2.道·琼斯平均价格指数影响广泛的原因

(1)道·琼斯股票价格平均指数所选用的股票都具有代表性，这些股票的发行公司都是在本行业中具有重要影响的著名公司，其股票行情为世界股票市场所瞩目，各国投资者都极为重视。为了保持这一特点，道·琼斯公司对其编制的股票价格平均指数所选用的股票经常予以调整，不断地用具有活力的更富有代表性的公司股票去替代那些失去代表性的公司股票。自 1928 年以来，用于计算道·琼斯工业股票价格平均指数的 30 种工商业公司股票已有 30 次更换，几乎每两年就要有一个新公司的股票代替老公司的股票。

(2)公布道·琼斯股票价格平均指数的新闻载体《华尔街日报》是世界金融界最有影响力的报纸。该报每天详尽报道其每个小时计算一次的采样股票平均指数、百分比变动率以及每种采样股票的成交数额等，并注意对股票分股后的股票价格平均指数进行校正。而在纽约证券交易所的营业时间里，则每隔半小时公布一次道·琼斯股票价格平均指数。

(3)这一股票价格平均指数自编制以来从未间断，可以用来比较不同时期的股票行情和经济发展情况，成为反映美国股市行情变化最敏感的股票价格平均指数之一，是观察市场动态和从事股票投资的投资者的主要参考。

当然，由于道·琼斯股票价格平均指数是一种成分股指数，它包括的公司仅占目前 2 500 多家上市公司的极少部分，而且多是热门股票，且未将近年来发展迅速的服务性行业和金融业的公司包括在内，所以它的代表性也一直受人们的质疑和批评。

### (二)标准·普尔股票价格指数

1. 标准·普尔股票价格指数定义和计算

除了道·琼斯股票价格指数外，标准·普尔股票价格指数在美国也很有影响，它是由美国最大的证券研究机构——标准·普尔公司编制的股票价格指数。

该公司于1923年开始编制发表股票价格指数。最初采选了230种股票，编制两种股票价格指数。到1957年，这一股票价格指数的范围扩大到500种股票，分成95种组合。其中最重要的四种组合是工业股票组、铁路股票组、公用事业股票组和500种股票混合组。从1976年7月1日开始，改为40种工业股票、20种运输业股票、40种公用事业类股票和40种金融业股票。几十年来，虽然有股票更迭，但始终保持为500种。

标准·普尔股票价格指数以1941—1943年为基期，用每种股票的价格乘以已发行的数量的总和为分子，以基期的股价乘以股票发行数量的总和为分母相除后的百分数来表示。

2. 标准·普尔股票价格指数推广的原因

由于该指数是根据纽约证券交易所上市股票的绝大多数普通股票的价格计算而得，能够灵活地对认购新股权、股份分红和股票分割等引起的价格变动做出调节，指数数值较精确，并且具有很好的连续性，所以往往比道·琼斯指数具有更好的代表性。

### (三)纳斯达克综合指数

1. 纳斯达克综合指数定义

NASDAQ(National Association of Securities Dealers Automated Quotation)即全国证券商自动报价系统，简称纳斯达克。纳斯达克综合指数(NASDAQ Composite Index)，简单地说，是衡量包括所有在纳斯达克证券市场上上市的美国国内和国外企业的股票每日涨跌的一个指标，是衡量纳斯达克证券市场上上市的美国国内和国外企业的市场价值的一个指标。目前纳斯达克综合指数大约包含4 700个企业的股票，这些企业股票的起伏都对纳斯达克综合指数的涨跌造成影响。纳斯达克综合指数的组成股就是在纳斯达克证券市场上交易的所有企业的股票。这和道·琼斯工业平均指数只有30个组成股相比是一个很不同的地方。

纳斯达克综合指数里的组成股包含了很多世界上最具领导地位的高科技公司的股票。比方说思科系统公司、微软公司、英特尔公司、世界通讯公司等知名的大型高科技企业。值得注意的是，纳斯达克综合指数里的组成股并不只有高科技公司的股票。比方说咖啡连锁店STARBUCKS和西北航空公司等，虽然不是高科技企业，但也是纳斯达克综合指数里的组成股。

2. 纳斯达克证券市场的历史回顾

(1)纳斯达克证券市场的历史。1961年，美国国会要求美国证券交易委员会(SEC)对全国证券市场进行调查研究。店头市场(over-the-counter market)也就是OTC市场，也翻译为柜台买卖中心或者柜台买卖市场，在店头市场或柜台买卖中心交易的股票是还没有达到上市标准但是已经达到所谓上柜标准的股票，通常是默默无闻、获利不稳定但是可能极具发展潜力的股票。1963年，证券交易委员会发现当时店头市场的交易模糊不清后，便提出了一个解决方案，就是采取自动化报价系统。证券交易委员会请成立于1939年的全国证券商协会落实这个计划。1968年，他们开始着手建立这个自动报价系统，这个系统就叫作全国证券商自动报价系统，缩写为NASDAQ，这就是纳斯达克的由来。1971年2月8日，这个自动报价系统开始进行运作，当时这个系统可以标识超过 2 500 个店头市场股票的交易价格，也就是现在的纳斯达克证券市场的前身。1975 年，纳斯达克成立了新的挂牌条件，要求所有在这个系统交易的股票必须达到这个条件，于是在纳斯达克交易的股票又和其他店头市场交易的股票区分开来了。1982 年，纳斯达克市场上表现最好的公司又进一步从纳斯达克市场上分离出去，形成纳斯达克全国市场，要在这个市场上挂牌的股票必须通过更严格的标准。纳斯达克证券市场目前有两个市场，一个是全国市场，一个是小型资本市场。1990 年，纳斯达克正式把其名称改成纳斯达克证券市场，与此同时，店头市场告示牌（over-the-counter bulliten board，简称 OTCBB）同时成立，使投资人能够投资没有在纳斯达克上市的股票，并且能够轻易取得相关信息。1994 年对纳斯达克证券市场是具有标志意义的一年，这一年纳斯达克证券市场的年交易量首次超过纽约证券交易所。1998 年，全国证券商协会和美国证券交易所（American Stock Exchange）合并，形成了纳斯达克-美国证券交易所集团。现在负责管理纳斯达克证券市场的就是这个机构。所以纳斯达克市场和店头市场是不同的。

（2）纳斯达克证券市场和历史悠久的纽约证券交易所的比较。纽约证券交易所的成立时间可以追溯到 1792 年。当时 24 名证券交易商达成协议，于纽约成立第一个有组织的证券市场，就是现在的纽约证券交易所。纽约证券交易所位于华尔街，我们在电视上看到的有许多交易员在一个交易大厅里比手画脚的就是纽约证券交易所每天的交易情况。纳斯达克证券市场则成立于 1971 年，坐落于纽约的时代广场，是全世界第一个利用电子交易方式进行交易的证券市场。要注意的是，这个成立刚 30 多年的纳斯达克证券市场和历史最悠久的纽约证券交易所最明显的不同点，就是纳斯达克并没有一个有型的交易市场，没有一个公开的交易大厅，所有的买卖都是通过电脑自动报价系统进行。

纳斯达克证券市场是全世界第一个利用电子交易方式进行交易的证券市场，它已经成为世界其他国家仿效的对象。纳斯达克市场是一个非集中化的市场，不像纽约证券交易有一个交易大厅，大厅里有交易员控制股票的交易价格。在纳斯达克市场上，股票买卖的方式是通过数百名交易员利用竞价交易的方式争取投资人，进行股票买卖。

3. 纳斯达克综合指数和道·琼斯工业平均指数的比较

（1）组成成分股的数目不同。道·琼斯工业平均指数的组成股为 30 家美国知名企业的股票，比如麦当劳公司、可口可乐公司、通用电器公司等，这些企业的股票就是所谓的蓝筹股。纳斯达克综合指数的组成股则包含所有在纳斯达克证券市场上市的企业股票（表 5-1 至表 5-4）。除了大型的思科系统公司、英特尔公司等大型高科技企业的股票之外，还包含了中小型高科技企业或者保险业、银行业、生化业等部门的企业股票。纳斯达克综合指数包含了 4 700 多个企业的股票，这些企业代表了美国大部分部门的企业，甚至其他国家的部分产业部门，因此纳斯达克综合指数对道·琼斯工业平均指数或者标准·普尔 500 种股票价格指数来说是一个包含范围比较广泛的指数。

（2）计算方式不同。道·琼斯工业平均指数是利用所谓的价格加权（price weighted）的方法计算出来的，就是把 30 个股票的价格加起来，除以一个除数，最后产生一个数，就是道·琼斯工业平均指数。纳斯达克综合指数则是利用衡量组成股市场价值（market capitalization）的变化的方法计算出来的。很多其他指数也是利用这种方法。市场价值指的是股票价格乘以所有股东手上的持股数量。由于在股票交易的时候，投资人会不断进行股票买卖，因此每一个组成股的市场价值会不断发生变化。而每一个纳斯达克综合指数里的组成股依照其市场价值的大小，不同程度地影响纳斯达克综合指数每日的起伏。

**表 5-1 纳斯达克著名上市公司**

| | | | | | | |
|---|---|---|---|---|---|---|
| 雅虎公司 | 微软 | 思科系统 | 苹果电脑 | 亚马逊公司 | 阿波罗集团 | 柯尼卡 |
| 戴尔公司 | 世通公司 | 英特尔 | 泰乐公司 | 新思科技 | 斯特普公司 | 星巴克咖啡 |
| 甲骨文公司 | 千禧制药 | 拉玛广告 | 英杰公司 | 德信无线 | | |

资料来源：http://cn.biz.yahoo.com/stock/hk.html。

**表 5-2 纳斯达克中国上市公司**

| | | | | | | |
|---|---|---|---|---|---|---|
| 中华网 | 新浪网 | 搜狐网 | 网易 | TOM 网 | 盛大网络 | 侨兴电话 |
| 空中网 | 前程无忧 | 金融界 | 携程网 | 亚信科技 | 掌上灵通 | UT 斯达康 |
| 九城关贸 | 第九城市 | e 龙 | 华友世纪 | 汽车系统 | 太平洋商业 | 分众传媒 |
| 百度 | 德信无线 | 杨凌博迪森 | 美东生物 | 北京科兴 | | |

资料来源：http://cn.biz.yahoo.com/stock/hk.html。

**表 5-3 纳斯达克著名科技公司**

| | | | | | | |
|---|---|---|---|---|---|---|
| 硬件业 | 苹果电脑 | 戴尔电脑 | 太阳 | 创新科技 | 罗技电子 | NEC |
| 软件业 | 微软公司 | 阿德宝软件 | 甲骨文 | 计算机软件 | 希柏 | 诺发系统 |
| 半导体业 | 应用材料 | 科磊公司 | 英特矽尔 | 英特尔 | 博康公司 | |
| 网络业 | 雅虎 | GOOGLE | 罗宾逊 | 瞻博网络 | 亚马逊公司 | |
| 通讯设备 | 思科系统 | 3COM | XM 卫星 | Sirius 卫星 | 世通公司 | 高通公司 |

资料来源：http://cn.biz.yahoo.com/stock/hk.html。

**表 5-4 纳斯达克其他行业上市公司**

| | | | | | | | |
|---|---|---|---|---|---|---|---|
| 金融类 | 三五银行 | 北方信托 | 亨廷顿银行 | 锡鞍山银行 | 联合银行 | 哈得逊银行 | 康柏斯银行 |
| 保险类 | 辛辛那提 | 俄亥俄损伤 | 思福克公司 | 伊利赔偿 | 国家保险 | 持有有限 | 费城统一 |
| 工业类 | 阿波罗集团 | 巴克公司 | 新德斯公司 | 国际华盛顿 | 美国能源 | 摩莱斯联合 | 罗宾逊国际 |
| 公共交通 | 亨特交通 | 赖安持有 | 金色大道 | UTI 国际 | 捷蓝航空 | 罗宾逊国际 | 国际华盛顿 |
| 电信服务 | Nextel 电信 | MCI 公司 | NTL 联合 | 西方电信 | NII 持有 | Nextel 合作 | 西方无线 |
| 生化科技 | 安静公司 | 致力科学 | 基美公司 | 百真伊黛克 | 凯龙集团 | 缅易公司 | 赛济公司 |

资料来源：http://cn.biz.yahoo.com/stock/hk.html。

## 二、日经 225 指数和日经道·琼斯股票指数

### 1. 日经 225 指数

日经 225 指数是由日本经济新闻推出的东京证券交易所 225 种股票的股价指数，因为此

种指数延续时间较长，具有很好的可比性，成为考察日本股票市场股价长期演变及最新变动最常用和最可靠的指标。该指数的编制始于1949年，它由东京股票交易所第一组挂牌的225种股票的价格所组成。该指数主要通过国际价格报道媒体加以传播，并且被各国广泛用来作为代表日本股市的参照物。日经225指数代表日本股票市场的股指指数，由日本经济新闻社每天公布数据，它是日本各股指指数中历史最悠久(基期为1947年)且为日本国内外投资人及股市相关者最熟悉的指数。在东证一部上市股票中，以成交量最活跃、市场流通性最高的225只股票的股指为基础，以修正式算术平均计算出来的。日经225指数选取的股票虽只占东京证券交易所第一类股中20%的股数，但该股指指数却代表第一类股中近60%的交易量，以及近50%的总市值。自1991年10月起，将每年流通性较低的股票以流通性高的股票替代。为使市场的流通性及产业结构的变化能进一步反映到股指上，2000年4月24日制定出新的股票构成选定标准，更换了30种股票。现在构成股票包括松下电工、日产汽车、丰田汽车、野村证券、资生堂、花王等知名企业。

2. 日经道·琼斯股票指数

日经道·琼斯股票指数是由日本经济新闻社编制并公布的反映日本股票市场价格变动的股票价格平均数。该指数从1950年9月开始编制。最初根据东京证券交易所第一市场上市的225家公司的股票算出修正平均股价，当时称为“东证修正平均股价”。1975年5月1日，日本经济新闻社向道·琼斯公司买进商标，采用美国道·琼斯公司的修正法计算，这种股票指数也就改称为“日经道·琼斯平均股价”。1985年5月1日在合同期满10年时，经两家商议，将名称改为“日经平均股价”。按计算对象的采样数目不同，该指数分为两种，一种是日经225种平均股价。其所选样本均为在东京证券交易所第一市场上市的股票，样本选定后原则上不再更改。由于日经225种平均股价从1950年一直延续下来，因而其连续性及可比性较好，成为考察和分析日本股票市场长期演变及动态的最常用和最可靠的指标。另一种是日经500种平均股价。这是从1982年1月4日起开始编制的。由于其采样包括有500种股票，其代表性就相对广泛，但它的样本是不固定的，每年4月份要根据上市公司的经营状况、成交量和成交金额、市价总值等因素对样本进行更换。

## 三、金融时报股票价格指数

伦敦金融时报指数是伦敦《金融时报》工商业普通股票平均价格指数的简称。由英国最著名的报纸——《金融时报》编制和公布，用以反映英国伦敦证券交易所的行情变动。该指数分三种：一是由30种股票组成的价格指数，二是由100种股票组成的价格指数，三是由500种股票组成的价格指数。通常所说英国金融时报指数指的是第一种，即由30种有代表性的工商业股票组成并采用加权算术平均法计算出来的价格指数。该指数以1935年7月1日为基期日，以该日股价指数为100点，以后各期股价与其比较，所得数值即为各期指数。表5-5和表5-6为在伦敦证交所上市的一些公司。

表 5-5 伦敦证交所著名上市公司

| | | | | | | |
|---|---|---|---|---|---|---|
| 英国石油 | 汇丰控股 | 保诚保险 | 特斯科 | 英国电信 | 苏格兰银行 | 葛兰素史克 |
| 太阳保险 | 桑斯博里 | 巴克莱银行 | 劳埃德 | 沃达丰 | 英美烟草 | 翠丰集团 |
| 迪阿吉奥 | 英国航空 | 帝国化学 | 大东电报局 | 川崎制铁 | | |

资料来源:http://cn.biz.yahoo.com/stock/l.html。

表 5-6 伦敦证交所中国上市公司

| | | | | | | |
|---|---|---|---|---|---|---|
| 中国石化 | 沪杭甬 | 中国国航 | 江西铜业 | 大唐发电 | 东南电力 | 中国石油 |
| 中国电信 | 中国联通 | 华能国际 | 上海石化 | 华润置业 | 中国钢铁 | 中国移动 |

资料来源:http://cn.biz.yahoo.com/stock/l.html。

## 四、德国 DAX30 指数

德国 DAX30 股票指数(德语:Der Dax,最早来源于 Deutscher Aktienindex,Xetra DAX,一般称之为法兰克福 DAX 指数)是由德意志交易所集团推出的一个蓝筹股指数。该指数中包含有 30 家主要的德国公司。DAX 指数是全欧洲与英国伦敦金融时报指数齐名的重要证券指数,也是世界证券市场中的重要指数之一。DAX30 指数于 1987 年推出。1988 年 7 月 1 日起开始正式起用,基准点为 1 000 点。指数以“整体回报法”进行计算,即在考虑公司股价的同时考虑预期的股息回报。

DAX30 指数是德国最受重视的股价指数,但该指数仅由 30 种蓝筹股组成。DAX30 与美国标准·普尔、法国 CAC40 及英国富时 100 股价指数一样是以市值加权的股价平均指数,而不是简单平均的股价平均指数。但与其他指数不同的是,DAX30 指数试图反映德国股市的总收益情况,而其他指数则只反映市场价格的变化。DAX30 指数考虑到股息收入,名义上将所有股息收入(按成分股的比重)再投资在股票上。即便德国股票价格没有变动,DAX30 指数仍可能因股息收入而上涨。

## 五、法国 CAC40 指数

法国 CAC40 股价指数(法语:Cotation Assistée en Continu 40)是法国重要的股价指数,由 40 只法国股票构成。CAC 40 由巴黎证券交易所(PSE)以其前 40 大上市公司的股价来编制,基期为 1987 年底。该指数从 1988 年 6 月 5 日开始发布,反映法国证券市场的价格波动。较新的 CAC-General 指数由 100 只法国股票构成,使用更广泛,但 CAC40 指数仍被视为基准指数。

CAC40 股价指数计算方式为市值加权(market capitalization-weighted),即以公司的市值为基础加权平均,因此大公司的小幅价格波动即会显著影响指数。CAC40 指数的成分股每季都会受到审核,以确保这 40 个成员公司的蓝筹股地位、在法国股市有一定的影响力、有一定的交易量以及能反映出法国股票市场的整体状况。

这 40 家公司由法国注册的公司组成,但这 40 家公司的股票中有约 45%为外国投资者所有,比例高于任何其他欧洲主要股票指数。这 45%的外国投资者主要来自德国、日本、美国和英国。截至 2009 年 9 月 21 日,CAC40 中权数最高的 5 只股票分别是赛诺菲-安万特制药集团

(Sanofi-Aventis)、法国巴黎银行(BNP Paribas)、法国燃气苏伊士集团(ST microelectronics)、法国电信(Francetélécom)和法国兴业银行(Société Générale)。此外,像阿尔卡特、家乐福、欧莱雅、米其林和雷诺汽车等一大批中国市场耳熟能详的知名企业,亦在法国CAC40股票指数成员公司范围内,如表5-7所示。表5-8为在巴黎证交所上市的著名公司。

**表5-7 法国CAC40指数成分股**

| | | | | | | | |
|---|---|---|---|---|---|---|---|
| 雅高集团 | 法航荷航集团 | 法液空集团 | 阿尔卡特朗讯 | 阿尔斯通 | 阿赛洛米塔尔 | 安盛集团 | 巴黎银行 |
| 布依格集团 | 凯捷集团 | 家乐福集团 | 法国农业信贷银行 | Dexia集团 | 欧洲航空防务航天公司 | 法国电力集团 | 依视路 |
| 法国电信集团 | 法国燃气苏伊士集团 | 达能集团 | 欧莱雅集团 | 拉法基集团 | 拉加代尔集团 | LVMH集团 | 米其林集团 |
| 保乐力加集团 | 标致汽车公司 | 巴黎春天百货集团 | 雷诺汽车公司 | 圣戈班集团 | 赛诺菲安万特集团 | 施耐德电气公司 | 法国兴业银行 |
| 意法半导体 | 苏伊士环境集团 | 道达尔公司 | 尤尼百洛当科 | 瓦卢雷克 | 威立雅集团 | 万喜集团 | 威望迪集团 |

资料来源:http://cn.biz.yahoo.com/stock/pa.html。

**表5-8 巴黎证交所著名上市公司**

| | | | | | | | |
|---|---|---|---|---|---|---|---|
| 道达尔 | 安盛保险 | 巴黎银行 | 布依格 | 家乐福 | 阿尔卡特 | 达能食品 | 威望迪环球 |
| 法国电信 | 拉卡德尔 | 威立雅 | 精品集团 | 里昂水务 | 米其林 | 欧莱雅 | 标致汽车 |
| 雷诺汽车 | 圣戈班玻璃 | 兴业银行 | 意法半导体 | 欧洲航空 | 国防电子 | 商业电视 | 汤姆森 |

资料来源:http://cn.biz.yahoo.com/stock/pa.html。

## 六、新加坡海峡时报指数

新加坡海峡时报指数(Straits Times Index)又名海峡时报指数,简称海峡指数,由新加坡海峡时报所整理,为市值加权平均指数,包含45只在新加坡证券交易所挂牌上市的最活跃及重要的个别股。海峡时报指数为新加坡主要的证券指数,一般市场上所听到的星股指数指的就是海峡时报指数,也是全球投资新加坡股市观察的最佳指标。目前海峡时报指数的成分股有50档,市值约占整个股市总值的六成。海峡时报指数由海峡时报于1998年8月28日公布,而其所选的标的以权值高、流动性高的优质公司为主,指数以市值加权平均编制,而指数基期为885.26。表5-9和表5-10分别为在新加坡上市的著名公司和龙筹股,表5-11为新加坡海峡时报指数部分成分股。

**表5-9 新加坡著名上市公司**

| | | | | | | |
|---|---|---|---|---|---|---|
| 德华工业 | 华侨银行 | 益启发 | 环球石油 | 亚洲药业 | 远朋国际 | 澳通集团 |
| 全美世界 | 承包制造 | 宜康医疗 | 余仁生 | 集益国际 | 联邦国际 | 奂鑫控股 |
| 聚速 | 源光亚明 | 庆源企业 | 金声科技 | NH瓷砖 | 美德医疗 | MFS科技 |
| 多元科技 | 罗敏娜 | 傲胜国际 | 达成包装 | | | |

资料来源:http://cn.biz.yahoo.com/gainiangu/index.html。

表 5-10 新加坡上市公司龙筹股

| | | | | | | |
|---|---|---|---|---|---|---|
| 亚细亚集团 | 亚洲创建 | 亚洲电力 | 威雅利电子 | 中国航油 | 招商局亚太 | 捷荣国际 |
| 润迅通信 | 联合食品 | 奇胜工业 | 彩菱动画 | 鹰牌控股 | 中远投资 | 牛奶国际 |
| 达科亚洲 | 龙置地 | 东亚科技 | 永义国际 | 依利安达 | 耀科国际 | 金山电池 |
| 金山电子 | 越秀投资 | 香港置地 | 和通投资 | 奂鑫控股 | 万威控股 | 业高国际 |
| 怡和控股 | 冠捷科技 | 源光亚明 | 建滔铜箔 | 连康电子 | 旺旺控股 | 万利合 |
| 文华东方 | 来宝集团 | 太平洋恩利 | 盈科亚洲 | 百嘉力科技 | 大众食品 | 华盛国际 |
| 全威国际 | 香格里拉 | 胜狮货柜 | 新威国际 | 新进科技 | 瑞盈传媒 | 中新药业 |

资料来源：http://cn.biz.yahoo.com/gainiangu/index.html。

表 5-11 新加坡海峡时报指数成分股

| | | | | | | | |
|---|---|---|---|---|---|---|---|
| 华侨银行 | 凯发集团 | 长春产业 | 腾飞房产 | BIL 国际 | 怡和合发 | 城市发展 | 东方海皇 |
| 中远投资 | 特许半导体 | 嘉德置地 | 嘉茂商产 | 康福德高 | 创新科技 | 牛奶国际 | 来宝集团 |
| 发展银行 | 集益国际 | 大东方控股 | 虎豹公司 | 裕廊科技 | 吉宝企业 | 吉宝置地 | |

资料来源：http://cn.biz.yahoo.com/gainiangu/index.html。

# 第四节 中国证券市场股票价格指数

## 一、上海证券交易所股票价格指数

### (一)上海证券交易所股价指数数列

由上海证券交易所编制并发布的上证指数系列包括上证 180 指数、上证 50 指数、上证红利指数、上证综合指数、A 股指数、B 股指数、分类指数、债券指数、基金指数等，其中最早编制的为上证综合指数。上证指数系列从总体上和各个不同侧面反映了上海证券交易所上市证券品种价格的变动情况，可以反映不同行业的景气状况及其价格整体变动状况，从而给投资者提供不同的投资组合分析参照系，随着证券市场在国民经济中的地位日渐重要，上证指数也将逐步成为观察中国经济运行的“晴雨表”。

上海证券交易所股价指数系列共包括 4 类 15 个指数，见表 5-12。

### (二)指数的编制范围及样本股的选样方法

1. 上证 180 指数

为推动长远证券市场基础建设和规范化进程，2002 年 6 月，上海证券交易所对原上证 30 指数进行了调整并更名为上证成分指数(简称上证 180 指数)，目的在于通过科学客观的方法挑选出最具代表性的样本股票，建立一个反映上海证券市场的概貌和运行状况、能够作为投资评价尺度及金融衍生产品基础的基准指数。

**表 5-12 上海证券交易所股价指数系列**

| 指数名称 | 基准日期 | 基准点数 | 成分股数量 | 成分股总股本数/亿股 |
|---|---|---|---|---|
| **成分指数类** | | | | |
| 沪深 300 | 2004-12-31 | 1 000 | 300 | 4 158.36 |
| 上证 180 | 2002-07-01 | 3 299.508 | 180 | 2 286.75 |
| 上证 50 | 2003-12-31 | 1 000 | 50 | 2 209.16 |
| 红利指数 | 2004-12-31 | | | |
| **综合指数类** | | | | |
| 上证指数 | 1990-12-19 | 100 | 772 | 3 843.32 |
| **分类指数类** | | | | |
| A 股指数 | 1990-12-19 | 100 | 719 | 3 750.96 |
| B 股指数 | 1992-02-21 | 100 | 53 | 92.35 |
| 工业指数 | 1993-04-30 | 1 358.78 | 486 | 2 405.36 |
| 商业指数 | 1993-04-30 | 1 358.78 | 57 | 134.08 |
| 地产指数 | 1993-04-30 | 1 358.78 | 20 | 69.69 |
| 公用指数 | 1993-04-30 | 1 358.78 | 74 | 681.31 |
| 综合指数 | 1993-04-30 | 1 358.78 | 127 | 552.88 |
| **其他指数类** | | | | |
| 基金指数 | 2000-05-08 | 1 000 | 25 | 398 |
| 国债指数 | 2002-12-31 | 100 | 16 | 3 793.81 |
| 企债指数 | 2002-12-31 | 100 | 28 | — |

资料来源:上海证券交易所网站。

上证 180 指数的样本股是在上海证券交易所上市的所有 A 股股票中最具市场代表性的 180 种股票。对于中小投资者来说,上证 180 指数主要的作用有两方面:一方面,通过上证 180 指数了解上海市场的运行状况,投资者完全可以像使用上证指数一样,利用上证 180 指数了解上海市场的涨落,或利用上证 180 指数的走势图进行趋势分析、形态分析、周期分析及其他技术指标分析。投资者应注意,上证 180 指数以流通股为权重且不含 B 股、新股,它的走势不受 B 股、新股和低流通率的杠杆股的影响,能够比上证指数更好地反映上海 A 股市场的运行。由于中石化等大盘指标股在上证 180 指数中占的份额比在上证综指还大,因此指标股对指数的影响会更加突出。另一方面,投资者利用上证 180 指数的样本股更加方便建立中长线投资组合。

样本空间:剔除下列股票后的所有在上海证券交易所上市的 A 股股票:上市时间不足一个季度的股票,暂停上市的股票,经营状况异常或最近财务报告严重亏损的股票,股价波动较大、市场表现明显受到操纵的股票,其他经专家委员会认定的应该剔除的股票。

选样标准:行业内的代表性、规模、流动性。

选样方法:根据总市值、流通市值、成交金额和换手率对股票进行综合排名;按照各行业的流通市值比例分配样本只数;按照行业上市公司家数分配样本只数,在行业内选取排名靠前的股票;对各行业选取的样本作进一步调整,使成分股总数为 180 家。

样本股的调整：上证成分指数依据样本稳定性和动态跟踪相结合的原则，每半年调整一次成分股，每次调整比例一般不超过10%。特殊情况时也可能对样本进行临时调整。

2. 上证50指数

上证50指数是根据科学客观的方法，在上证180指数的成分股中选取规模大、流动性强的最具代表性的50只股票组成样本股(表5-13)，以便综合反映上海证券市场最具市场影响力的一批龙头企业的整体状况。

上证50指数的成分股的样本空间是上证180指数样本股。

样本数量：50只股票。

选样标准：规模、流动性。

选样方法：根据流通市值、成交金额对股票进行综合排名，取排名前50位的股票组成样本，但市场表现异常并经专家委员会认定不宜作为样本的股票除外。

**表5-13　上证50指数样本股名单**

| 股票代码 | 股票名称 | 股票代码 | 股票名称 |
|---|---|---|---|
| 600000 | 浦发银行 | 600210 | 紫江企业 |
| 600002 | 齐鲁石化 | 600320 | 振华港机 |
| 600004 | 白云机场 | 600500 | 中化国际 |
| 600005 | 武钢股份 | 600519 | 贵州茅台 |
| 600009 | 上海机场 | 600569 | 安阳钢铁 |
| 600011 | 华能国际 | 600591 | 上海航空 |
| 600015 | 华夏银行 | 600601 | 方正科技 |
| 600016 | 民生银行 | 600602 | 广电电子 |
| 600018 | 上港集箱 | 600642 | 申能股份 |
| 600019 | 宝钢股份 | 600643 | 爱建股份 |
| 600020 | 中原高速 | 600649 | 原水股份 |
| 600021 | 上海电力 | 600660 | 福耀玻璃 |
| 600026 | 中海发展 | 600688 | 上海石化 |
| 600028 | 中国石化 | 600717 | 天津港 |
| 600029 | 南方航空 | 600780 | 通宝能源 |
| 600030 | 中信证券 | 600795 | 国电电力 |
| 600033 | 福建高速 | 600797 | 浙大网新 |
| 600036 | 招商银行 | 600808 | 马钢股份 |
| 600050 | 中国联通 | 600812 | 华北制药 |
| 600098 | 广州控股 | 600832 | 东方明珠 |
| 600100 | 清华同方 | 600839 | 四川长虹 |
| 600104 | 上海汽车 | 600879 | 火箭股份 |
| 600171 | 上海贝岭 | 600887 | 伊利股份 |
| 600188 | 兖州煤业 | 600895 | 张江高科 |
| 600205 | 山东铝业 | 600900 | 长江电力 |

资料来源：上海证券交易所网站。

3. 上证红利指数

上证红利指数挑选在上海证券交易所上市的现金股息率高、分红比较稳定、具有一定规模及流动性的50只股票作为样本，以反映上海证券市场高红利股票的整体状况和走势。

样本空间：满足以下三个条件的上海A股股票构成上证红利指数的样本空间：

(1)过去两年内连续现金分红而且每年的现金股息率(税后)均大于0；

(2)过去一年内日均流通市值排名在上海A股的前50%；

(3)过去一年内日均成交金额排名在上海A股的前50%。

样本数量：50只股票。

选样标准：过去两年的平均现金股息率(税后)。

选样方法：对样本空间的股票，按照过去两年的平均现金股息率(税后)进行排名，挑选排名最前的50只股票组成样本股，但市场表现异常并经专家委员会认定不宜作为样本的股票除外。

4. 上证综合指数

上证综合指数是上海证券交易所编制的以上海证券交易所挂牌上市的全部股票为计算范围，以发行量为权数的加权综合股价指数。该指数综合反映上交所全部A股、B股上市股票的股份走势。

5. 分类指数

上证A股指数的样本股是全部上市A股，上证B股指数的样本股是全部上市B股。

上海证券交易所对上市公司按其所属行业分成五大类别：工业类、商业类、房地产业类、公用事业类、综合类，行业分类指数的样本股是该行业全部上市股票(A股和B股)。

**(三)计算公式**

上证指数系列均采用帕氏加权综合价格指数公式计算。

1. 上证180指数

上证成分指数以成分股的调整股本数为权数进行加权计算，计算公式为：

$$\text{报告期指数}=\frac{\text{报告期成分股的调整市值}}{\text{基期成分股的调整市值}}\times 1\,000 \tag{5.19}$$

其中，调整市值$=\sum$(市价×调整股本数)，基期成分股的调整市值亦称为除数，调整股本数采用分级靠档的方法对成分股股本进行调整。根据国际惯例和专家委员会意见，上证成分指数的分级靠档方法如表5-14所示。如，某股票流通股比例(流通股本/总股本)为7%，低于10%，则采用流通股本为权数；某股票流通比例为35%，落在区间(30,40]内，对应的加权比例为40%，则将总股本的40%作为权数。

**表5-14 调整股本数的分级靠档比例(上证)**

| 流通比例/% | ≤10 | (10,20] | (20,30] | (30,40] | (40,50] | (50,60] | (60,70] | (70,80] | >80 |
|---|---|---|---|---|---|---|---|---|---|
| 加权比例/% | 流通比例 | 20 | 30 | 40 | 50 | 60 | 70 | 80 | 100 |

2. 上证50指数

上证50指数采用帕氏加权方法，以样本股的调整股本数为权数进行加权计算。计算公式为：

$$报告期指数=\frac{报告期成分股的调整市值}{基期成分股的调整市值}\times 1\ 000 \tag{5.20}$$

调整股本数的分级靠档方法如表 5-14 所示。

3.上证综合指数与分类指数

上证综合指数与分类指数是以成分股的发行量为权数的加权综合股价指数。计算公式为：

$$报告期指数=\frac{报告期成分股的总市值}{基期成分股的总市值}\times 基期指数 \tag{5.21}$$

其中总市值$=\sum$(市价×发行股数)。

4.基金指数

基金指数以基金发行份额为权数进行加权计算，计算公式为：

$$报告期指数=\frac{报告期基金的总市值}{基期基金的总市值}\times 基期指数 \tag{5.22}$$

其中总市值$=\sum$(市价×发行份额)。

## 二、深圳证券交易所股票价格指数

### (一)指数种类

深圳证券交易所股价指数见表 5-15。

(1)综合指数，包括深证综合指数、深证 A 股指数、深证 B 股指数。

(2)成分股指数，包括深证成分指数、成分 A 股指数、成分 B 股指数、工业类指数、商业类指数、金融类指数、地产类指数、公用事业类指数、综合企业类指数。

(3)深证基金指数。

### (二)基日与基日指数

(1)深证综合指数以 1991 年 4 月 3 日为基日，1991 年 4 月 4 日开始发布。基日指数定为 100。

(2)深证 A 股指数以 1991 年 4 月 3 日为基日，1992 年 10 月 4 日开始发布。基日指数定为 100。

(3)深证 B 股指数以 1992 年 2 月 28 日为基日，1992 年 10 月 6 日开始发布。基日指数定为 100。

(4)深证成分股指数类以 1994 年 7 月 20 日为基日，1995 年 1 月 23 日开始发布。基日指数定为 1 000。

(5)深证基金指数以 2000 年 6 月 30 日为基日，2000 年 7 月 3 日开始发布。基日指数定为 1 000。

表 5-15 2014 年 2 月 7 日深交所指数一览表

| 指数代码 | 指数名称 | 指数值 |
|---|---|---|
| 399001. SZ | 深证成分股指数 | 7 616. 57 |
| 399002. SZ | 成分 A 股指数 | 8 627. 00 |
| 399003. SZ | 成分 B 股指数 | 5 373. 55 |
| 399004. SZ | 深证 100 指数 | 3 033. 11 |
| 399106. SZ | 深证综合指数 | 1 098. 69 |
| 399107. SZ | 深证 A 股指数 | 1 147. 44 |
| 399108. SZ | 深证 B 股指数 | 837. 57 |
| 399231. SZ | 农林指数 | 747. 53 |
| 399232. SZ | 采矿指数 | 1 757. 28 |
| 399233. SZ | 制造指数 | 1 140. 81 |
| 399234. SZ | 水电指数 | 624. 09 |
| 399235. SZ | 建筑指数 | 1 199. 41 |
| 399236. SZ | 批零指数 | 1 306. 65 |
| 399237. SZ | 运输指数 | 889. 27 |
| 399238. SZ | 餐饮指数 | 1 015. 18 |
| 399239. SZ | IT 指数 | 1 331. 46 |
| 399240. SZ | 金融指数 | 641. 30 |
| 399241. SZ | 地产指数 | 1 147. 89 |
| 399242. SZ | 商务指数 | 1 639. 47 |
| 399243. SZ | 科研指数 | 1 347. 40 |
| 399244. SZ | 公共指数 | 1 028. 68 |
| 399248. SZ | 文化指数 | 1 680. 86 |
| 399249. SZ | 综企指数 | 567. 62 |
| 399305. SZ | 深市基金指数 | 5 047. 66 |
| 399300. SZ | 沪深 300 指数 | 2 212. 48 |
| 399005. SZ | 中小企业板指数 | 5 111. 62 |

资料来源：http://cn.finance.yahoo.com/chiindices。

### (三)计算范围

(1)纳入指数计算范围的股票称为指数股。

(2)综合指数类的指数股是深圳证券交易所上市的全部股票。全部股票均用于计算深证综合指数，其中的 A 股用于计算深证 A 股指数，B 股用于计算深证 B 股指数。

(3)成分股指数类的指数股(即成分股)是从上市公司中挑选出来的 40 家成分股。成分股中 A 股和 B 股全部用于计算深证成分指数，其中的 A 股用于计算成分 A 股指数，B 股用于计算成分B股指数。成分股按其行业归类，其A股用于计算行业分类指数。

**(四)计算方法**

(1)综合指数类和成分股指数类均以帕氏加权价格指数公式进行计算，即以指数股的计算日股份数作为权数加权计算。综合指数类的权数为:股份数=全部上市公司的总股本数;成分股指数类的权数为:股份数=成分股的可流通股本数。

(2)指数的计算公式为

$$即日指数=\frac{即日指数股总市值}{基日指数股总市值}\times 基日指数 \tag{5.23}$$

(3)指数股中的B股用上周外汇调剂平均汇率将港币换算为人民币，用于计算深证综合指数和深证成分指数。深证B股指数和成分B股指数仍采用港币计算。

(4)每一交易日集合竞价结束后，用集合竞价产生的股票开市价(无成交者取昨日收市价)计算开市指数，然后用连锁方式计算即时指数，直至收市。

每日连锁计算公式为:

$$今日即时指数=上日收市指数\times\frac{今日即时指数股总市值}{经调整上日指数股收市总市值} \tag{5.24}$$

$$指数股总市值=指数股\ A\ 股总市值+指数股\ B\ 股总市值 \tag{5.25}$$

$$指数股\ A\ 股总市值=\sum(指数股\ A\ 股股价\times 指数股\ A\ 股之股份数) \tag{5.26}$$

$$指数股\ B\ 股总市值=\sum(指数股\ B\ 股股价\times 指数股\ B\ 股之股份数)\times 上周外汇调剂平均汇率$$

(5)基金指数的计算方法与成分股指数计算方法相同，以在深交所直接上市新基金单位数(即可流通基金单位数)为权数。

**(五)具体指数介绍**

1.深证成分股指数

为保证成分股样本的客观性和公正性，成分股不搞终身制，深交所定期考察成分股的代表性，及时更换代表性降低的公司，选入更有代表性的公司。当然，变动不会太频繁，考察时间为每年的1、5、9月份。

根据调整成分股的基本原则，参照国际惯例，深交所制定了科学的标准和分步骤选取成分股样本的方法，即先根据初选标准从所有上市公司中确定入围公司，再从入围公司中确定入选的成分股样本。

(1)确定入围公司。确定入围公司的标准包括上市时间、市场规模、流动性三方面。

第一，有一定的上市交易时间，一般应当在三个月以上。

第二，有一定的上市规模。将上市公司的流通市值占市场比重(三个月平均数)按照从大到小的顺序排列并累加，入围公司居于90%之列。

第三，有一定的市场流动性。将上市公司的成交金额占市场比重(三个月平均数)按照从大到小的顺序排列并累加，入围公司居于90%之列。

(2)确定成分股样本。根据以上标准确定入围公司后，再结合以下各项因素确定入选的成分股样本：

第一，公司的流通市值及成交额；

第二，公司的行业代表性及其成长性；

第三，公司的财务状况和经营业绩（考察过去三年）；

第四，公司两年内的规范运作情况。

对以上各项因素赋予科学的权重，进行量化，就选择出了各行业的成分股样本。

2. 深证 100 指数

深圳证券信息有限公司从 2003 年起正式对外发布深证 100 指数。

（1）深证 100 指数的特点。深证 100 指数选取在深交所上市的 100 只 A 股作为成分股，以成分股的可流通 A 股数为权数，采用帕氏综合指数法编制。深证 100 指数的编制借鉴了国际惯例，吸取了深证成分指数的编制经验，成分股选取主要考察 A 股上市公司流通市值和成交金额份额两项重要指标。根据市场动态跟踪和成分股稳定性的原则，深证 100 指数将每半年调整一次成分股。

深证 100 指数选股原则客观简明，编制方法科学公开，具有较高的权威性和较强的市场适应性，具体表现在：

第一，市场覆盖率高。深证 100 指数成分股的流通市值和成交金额分别占深圳股票市场总流通市值和总成交金额的 37.6％和 40.1％。成分股具有流通市值大且交易活跃的特点，市场代表性较高。

第二，成分股的领先性。深证 100 指数成分股税后利润总额占深市上市公司的 61％，主营业务收入占深市上市公司的 43％，平均每股收益达 0.187 元，比深市平均每股收益 0.113 元高出 65％。

统计分析结果还表明，当市场出现明显波动时，深证 100 指数成分股中最活跃的 6～10 只股票率先出现持续同向运动，走势往往领先于市场大盘。

第三，收益性好。从指数内部试运行的结果看，无论是阶段性收益对比还是长期收益比较，深证 100 指数收益特征均强于深圳市场现有的指数，具有很高的可投资性。

第四，稳定性高。模拟测试数据表明，深证 100 指数的波动性小于深证综合指数及深证成分指数。此外，深证 100 指数在进行定期调整时采用样本缓冲区技术，提高了深证 100 指数内部结构的稳定性和指数前后的可比性。深证 100 指数以 2002 年 12 月 31 日为基准日，基日指数定为 1 000 点，从 2003 年第一个交易日开始编制和发布。

（2）选股原则。深证 100 指数成分股由在深圳证券交易所上市的 100 只 A 股组成，是按照下列原则选取的。

入围标准：在深圳证券交易所上市交易且满足下列条件的所有 A 股：有一定上市交易时间（一般为六个月）；非 ST、＊ST 股票；公司最近一年无重大违规、财务报告无重大问题；一段时期内股价无异常波动。

选样方法：成分股样本选样指标为一段时期（一般为前六个月）平均流通市值的比重和平均成交金额的比重。选样时先计算入围个股平均流通市值占市场比重和平均成交金额占市场比重，再将上述指标按 2∶1 的权重加权平均，然后将计算结果从高到低排序，选取排名在前 100 名的股票，构成深证 100 指数初始成分股。

定期调整方法：成分股的定期调整定于每年 5 月和 11 月进行，通常在第一周最后一个交易日后公布调整方案，第四周第一个交易日起开始实施。

成分股样本定期调整方法是先对入围股票进行综合排名，再按下列原则选股：排名在第 130 名之前的原成分股按顺序优先保留，数量不超过 90 只；排名在第 70 名之前的非原成分股股票按顺序入选成分股；按原成分股优先的原则，用剩余股票补足成分股数量。

(3)计算方法。

基日：深证 100 指数以 2002 年 12 月 31 日为基日，基日指数为 1 000。深证 100 指数采用帕氏加权法编制，逐日连锁实时计算。

调整计算：深证 100 指数的调整计算是根据不同情况，在开市前对指数实时计算公式中的有关数据项分别或同时进行调整。

调整成分股的范围：即调整子项和母项中 $\sum$ 的汇总范围，将某股票纳入(或剔出)指数的计算，包括：成分股样本定期调整；成分股暂停或终止上市的，从暂停或终止上市之日起，将相应成分股从指数计算中剔除。

调整母项中某成分股的上一交易日收市价：在某成分股的市场价格出现除权现象，包括上市公司进行权益分配或配股、转增时，在除权除息日将母项中该成分股的股权登记日收市价更新为除权参考价(除权参考价以深圳证券交易所计算为准)。

调整子项和母项中某成分股的权数即 A 股可流通股数：成分股公司进行权益分配，在送股、转增上市当日，根据实际送股、转增数量对相应成分股的权数进行修正；出现公司国有股或法人股直接上市交易或经配售后上市交易、成分股公司增资发行新股、成分股公司回购股份、成分股公司配股及导致成分股流通股数变化的其他情况的，在股份实际变动日对相应成分股权数进行修正。

(4)深证 100 指数样本调整情况。深圳证券信息有限公司于 2005 年 5 月 26 日对深证 100 指数样本进行调整。本次调整方案为：增加吉电股份、韶钢松山、长丰通信、华东科技、晨鸣纸业、草原兴发、贵糖股份、金融街、经纬纺机，剔除中关村、ST 夏利、ST 鸿基、海王生物、ST 星源、秦川发展、ST 美雅、丰乐种业、ST 珠江。

3. 深证综合指数

深证综合指数是深圳证券交易所从 1991 年 4 月 3 日开始编制并公开发表的一种股价指数，该指数规定 1991 年 4 月 3 日为基日，基日指数为 100 点。

综合指数以在深圳证交所上市的所有股票为计算范围，以发行量为权数进行加权综合计算，其基本计算公式为：

$$\text{即日综合指数}=\frac{\text{即日指数股总市值}}{\text{基日指数股总市值}}\times\text{基日指数} \qquad (5.27)$$

深证综合指数因编制采用的是先进的加权指数法，且抽样广泛，代表性强，不仅具有长期可比性，而且能正确反映股价运动的总趋向。

4. 沪深 300 指数

简称沪深 300(SHSE-SZSE300)，上海行情使用代码为 000300，深圳行情使用代码为 399300。

(1)指数编制目标。沪深 300 指数的编制目标是反映中国证券市场股票价格变动的概貌和运行状况,并能够作为投资业绩的评价标准,为指数衍生产品创新提供基础条件。

(2)指数基日和基点。以 2004 年 12 月 31 日为基日,基点为 1 000 点。

(3)指数选样。指数成分股的数量为 300 只。

选样空间:上市交易时间超过一个季度;非 ST、*ST 股票,非暂停上市股票;公司经营状况良好,最近一年无重大违法违规事件、财务报告无重大问题;股票价格无明显的异常波动或市场操纵;剔除其他经专家认定不能进入指数计算的股票。

选样标准:选取规模大、流动性好的股票作为样本股。

选样方法:先计算样本空间股票在最近一年(新股为上市以来)的日均总市值、日均流通市值、日均流通股份数、日均成交金额和日均成交股份数五个指标,再将上述指标的比重按 2∶2∶2∶1∶1 进行加权平均,然后将计算结果从高到低排序,选取排名在前 300 的股票。

(4)指数计算。指数以调整股本为权重,采用帕氏加权综合价格指数公式进行计算。其中调整股本根据分级靠档方法获得。分级靠档方法如表 5-16 所示。

**表 5-16 调整股本的分级靠档比例(深证)**

| 流通比例/% | ≤20 | (20,30] | (30,40] | (40,50] | (50,60] | (60,70] | (70,80] | >80 |
|---|---|---|---|---|---|---|---|---|
| 加权比例/% | 流通比例 | 30 | 40 | 50 | 60 | 70 | 80 | 100 |

某股票流通股比例(流通股本/总股本)为 7%,低于 20%,则采用流通股本为权数;某股票流通比例为 35%,落在区间(30,40]内,对应的加权比例为 40%,则将总股本的 40%作为权数。

(5)成分股的定期调整。

①指数成分股原则上每半年调整一次,一般为 1 月初和 7 月初实施调整,调整方案提前两周公布。

②每次调整的比例不超过 10%。样本调整设置缓冲区,排名在 240 名内的新样本优先进入,排名在 360 名之前的老样本优先保留。

③最近一次财务报告亏损的股票原则上不进入新选样本,除非该股票影响指数的代表性。

## 三、香港恒生指数

### (一)简介

恒生指数(Hang Seng Index,HIS)是由香港恒生银行全资附属的恒生指数服务公司编制的指数。入选样本股为香港股票市场 33 家上市公司,是以发行量为权数的加权平均股价指数,是反映香港股价变动趋势最有影响的一种股价指数。该指数于 1969 年 11 月 24 日首次公开发布,基期为 1964 年 7 月 31 日,基期指数定为 100。

国企指数又称 H 股指数,全称是恒生中国企业指数,也是由香港恒生指数服务有限公司编制和发布的。该指数以所有在香港交易所上市的中国 H 股公司股票为成分股计算得出加权平均股价指数。国企指数在 1994 年 8 月 8 日首次公布,以上市 H 股公司数目达到 10 家的日期，即1994年7月8日为基期，当日收市指数定为1 000点。

**（二）大事记**

恒生指数以1964年7月31日为基期，基期点数为100点，并选出33家上市公司股票为成分股，仅供恒生银行内部参阅，直至1969年11月24日才正式向外发报，开始点数是150点。

1967年8月31日，创下历史最低收市点数58.61点，原因是六七暴动引发的股灾。

1985年1月2日，恒生指数增加4个分类指数，把33只成分股以行业分为4个分类：恒生金融分类指数、恒生公用事业分类指数、恒生地产分类指数、恒生工商分类指数。

1986年5月6日，香港期货交易所推出恒生指数期货合约，1993年3月推出恒生指数期权合约，为投资者提供套期保值方式，分散投资风险。

1992年8月4日，中信泰富成为首只晋升恒生指数成分股的红筹股。

1993年12月10日，恒生指数首次冲破10 000点并以10 228.10点收市。

1993年12月24日，恒生指数首次冲破11 000点并以11 039.80点收市。

1994年1月3日，恒生指数首次突破12 000点。

1996年11月18日，恒生指数首次突破13 000点。

1997年5月14日，恒生指数首次冲破14 000点并以14 153.60点收市。

1997年6月20日，恒生指数首次冲破15 000点并以15 154.40点收市。

1997年7月31日，恒生指数首次冲破16 000点并以16 365.70点收市。

2000年1月3日，恒生指数首次冲破17 000点并以17 369.63点收市。

2000年3月27日，恒生指数首次突破18 000点。

2000年3月28日，创下新高是18 397.57点，当时主要受到泡沫化的科网股热潮所带动。

2001年10月3日，恒生综合指数设立，提供更具广泛代表性的股市指标，综合指数包括在香港股市市值前200位的上市公司，共代表香港交易所上市公司的97%市值，取代1998年4月20日设立的恒生100指数。

2006年9月11日，中国建设银行成为首只晋升恒生指数成分股的国企股。

2006年11月7日，恒生指数创下历史最高点是19 161.38点，当日的升幅主要因汇丰银行突然宣布减息，升势主要由中国移动、汇丰银行及地产股上升带动。然而在收市前半小时，市场传出中国移动将进行配股筹集资金，中国移动随即下跌3元，使恒生指数在15分钟内急跌超过250点，一度倒跌超过80点，然后大市再度上升超过30点，最终恒指收市升2.76点，香港交易所总成交金额急增至超过517亿元。

2006年11月9日，创下历史最高收市点数18 952.86点，升幅主要由汇丰控股、中国移动上升带动。

2006年11月15日，恒生指数首次冲破19 000点并以19 093.00点收市。

2006年12月28日，恒生指数首次冲破20 000点并以20 001.91点收市。

2007年10月18日，恒生指数首次冲破30 000点，但不能在30 000点以上收市，直至10月26日才以30 405.22点收市，随后于10月30日收报31 638.22点，创历史新高。

2008年5月9日，恒生指数公司收市后公布季度检讨，中国铝业(02600)及腾讯控股(00700)成为成分股取代长江基建(01038)及电讯盈科(00008)，在2008年6月10日生效。

2010 年 2 月 5 日，恒生指数公司收市后公布季度检讨，华润置地(01109)成为成分股，在 2010 年 3 月 8 日生效。

2010 年 8 月 13 日，恒生指数公司收市后公布季度检讨，百丽国际(01880)及中煤能源(01898)成为成分股，在 2010 年 9 月 6 日生效。

2011 年 11 月 11 日，恒生指数公司收市后公布季度检讨，康师傅(00322)及中国旺旺(00151)成为成分股，这次检讨没有剔除任何成分股，恒指成分股数目由现时的 46 只进一步增加至 48 只，在 2011 年 12 月 5 日生效。

2012 年 5 月 10 日，进一步增加至 49 只，金沙中国(01928)成为恒生指数成分股。

2012 年 11 月 17 日，恒生指数公司收市后公布季度检讨，昆仑能源(00135)成为成分股，增至 50 只的上限，在 2012 年 12 月 10 日生效。

2013 年 2 月 6 日，恒生指数公司收市后公布季度检讨，联想集团(00992)成为成分股，中国铝业(02600)被剔出，恒指成分股数目维持在 50 只不变，在 2013 年 6 月 17 日生效。

2013 年 5 月 10 日，恒生指数公司收市后公布季度检讨，银河娱乐(00027)成为成分股，思捷环球(00330)被剔出，恒指成分股数目维持在 50 只不变，在 2013 年 3 月 4 日生效。

**(三)历史之最**

历史最高点数为 2007 年 10 月 30 日，恒生指数突破 31 900 点，升至 31 958.41 点。

历史最高收市点数为 2007 年 10 月 30 日，恒生指数突破 31 600 点，以 31 638.22 点收市。

历史最低收市点数则是 1967 年 8 月 31 日的 58.61 点，原因是六七暴动引发的股灾。

历史单日最大跌幅(以百分率计)是 1987 年 10 月 26 日，当日收市报 2 241.69 点，下跌 1 120.7 点，跌幅达 33.33%，原因是 1987 年黑色星期一引发的 87 股灾。

历史单日最大跌幅(以点数计)则是 2008 年 1 月 22 日，当日收市报 21 757.63 点，跌 2 061.2 点，跌幅达 8.65%。这次大跌的主因为美国次贷风暴无法控制而引发的全球股灾，恒生指数曾一度下跌 2 109.23 点，报 21 709.63 点。该日虽以历史最大单日点数跌幅收市，翌日却以历史最大单日点数升幅收市。

历史单日最小跌幅(以点数、百分率计)则是 2002 年 10 月 9 日，当日收市报 8 977.35 点，跌 0.06 点，跌幅只有 0.000 67%。

历史单日最大升幅(以百分率计)是 1997 年 10 月 29 日，当日的升幅 18.82%(1 705.41 点)，报 10 765.3 点，主要是对冲基金活动以及前一日暴跌后的反弹所致。之前一日因泰铢被狙击，对冲基金炒作港股，恒生指数下跌 1 438.31 点，报 9 059.89 点，当日最大曾下跌 1 722.32 点。

历史单日最大升幅(以点数计)是 2008 年 1 月 23 日，当日收市升 2 332.54 点，报 24 090.17 点，恒生指数曾一度上升 2 482.35 点，报 24 239.98 点，重上 250 天移动平均线，主要是因为美国突然减息四分三厘救市及前一日暴跌后的反弹引致。

历史单日最小升幅(以点数、百分率计)则是 2012 年 3 月 26 日，当日收市报 20 668.86 点，升 0.06 点，升幅只有 0.000 29%。

在 2007 年 10 月 3 日证券市场创下单日最大成交量，有 1 201 263 宗；同时也创下历史单日最大成交金额，成交金额首次突破 2 000 亿元，达到 2 098.08 亿元。

**（四）计算**

恒生指数的计算公式为：

$$CI = \frac{\sum[P(t) \times IS \times FAF \times CF]}{\sum[P(t-1) \times IS \times FAF \times CF]} \times YCI \tag{5.28}$$

式中：$CI$ 为现时指数；$P(t)$ 为现时股价；$P(t-1)$ 为前一日收市股价；$IS$ 为已发行股票数量；$FAF$ 为流通系数；$CF$ 为比重上限系数；$YCI$ 为前一日收市指数。

恒生指数计算公式说明：

现时指数＝（现时成分股的总市值）/（前一日收市时成分股的总市值）×前一日收市指数

基准日是1964年7月31日，基准日指数是100点。

四个分类指数的计算方法及公式与恒生指数相同。

2006年6月30日恒指服务有限公司宣布更改恒生指数加入H股后的计算方法和成分股的数目。

恒生指数分三阶段更改成分股与指数比重上限：第一阶段由2006年9月8日开始，恒生指数的计算方法改为以流通市值调整计算。每只成分股的比重上限为25%。第二阶段由2007年3月9日开始，实施2/3的流通调整。第三阶段由2007年9月7日开始，实施全流通调整。此举主要是为了避免指数受个别大市值成分股（如汇丰控股）所左右而失去代表性。

目前对恒生指数影响最大的成分股是汇丰控股（15%），其次是中国建设银行（7.46%）、中国移动（6.97%）、友邦保险（5.79%）。

**（五）交易时间**

恒生指数是香港交易所股票指数，随香港交易所开盘而开盘，香港交易所每天交易的开盘时间是固定的，原先交易时间为10:00—12:30，14:30—16:00，自2011年3月7日起，恒生指数的交易时段将分阶段与内地接通，第一阶段将开市时间提早至9:30，12:00休市1小时30分钟，13:30交易开始，照旧16:00收盘。2012年3月5日起，进一步将下午开市时间提早至13:00，正式与内地同步交易。

**（六）成分股**

1. 简介

恒生指数的成分股具有广泛的市场代表性，其总市值占香港交易所市场资本额总和的90%左右。为了进一步反映市场中各类股票的价格走势，恒生指数于1985年开始公布四个分类指数，把33种成分股分别纳入工商业、金融、地产和公用事业四个分类指数中。

2. 选取原则

（1）按股票市值大小选择，必须属于占香港交易所上市所有普通股份总市值90%的排榜股票之列（市值指过去12个月的平均值）。

（2）按成交额大小选择，必须属于占香港交易所上市所有普通股份成交额90%的排榜股票之列（成交额乃指过去24个月的成交总额）。

（3）必须在香港交易所上市满24个月以上。

根据以上标准初选出合格股票后，再按以下准则最终选定样本股：

(1)公司市值及成交额之排名。
(2)四个分类指数在恒生指数内各占的比重需大体反映市场情况。
(3)公司在香港有庞大业务。
(4)公司的财政状况。

## 第五节 证券市场中的其他指数

### 一、中信系列指数

中信系列指数是中信证券股份有限公司在广泛借鉴国内外证券市场指数编制经验的基础上,紧密结合我国当前实际情况设计而成的从不同角度全面地刻画中国证券市场的指数体系。中信系列指数如图 5-2 所示。

### 二、证券分析师指数

证券分析师指数是湘财研发中心与中央电视台《中国证券》栏目组合作开发的一个基于行为金融理论的市场预测工具。证券分析师指数借鉴了 Merrill Lynch 的首席美国投资战略分析师和数量战略分析师(chief U. S. strategist and chief quantitative strategist)Bernstein 设计的“卖方指标”(the sell-side indicator),利用《中国证券》栏目采集的中国 60 家券商的分析师的市场预测数据,运用统计分析的方法,设计出中国证券分析师系列指数,用于市场趋势的预测。

$$中国证券分析师指数=看涨比率\times 1\ 000-看跌比率\times 1\ 000 \tag{5.29}$$

当所有分析师都看涨时分析师指数为 1 000,都看平时分析师指数为 0,都看跌时分析师指数为−1 000。

行为金融理论将人类心理与行为纳入金融的研究框架,不仅在理论上对许多难以解释的金融学难题有了新的解释,在实践中也衍生出了一系列对实际投资和金融管理有很大帮助的方法和工具,产生了一系列在市场实践中被证明行之有效的行为金融策略,其中最著名的就是反向操作策略和一些证券市场上的反向指标。Merrill Lynch 的首席美国投资战略分析师和数量战略分析师 Bernstein 提出了 sell-side indicator,就是最著名的一个反向指标,它根据华尔街的分析师们的阶段性市场预测数据和资产配置建议的数据提炼而成,从问世以来几乎从未出过错误,这已经成为华尔街的传奇。湘财研发中心与中央电视台合作,利用《中国证券》栏目的《央视看盘》统计的中国 60 家券商及咨询机构的分析师市场预测数据,构建了一个类似 sell-side indicator 的行为金融指标——中国证券分析师指数。中国证券分析师指数提供了一个根据市场心理分析来进行趋势预测的工具,具有实用价值,同时为证券市场研究提供了一个分析投资者心理与行为模式的工具。《央视看盘》分析师市场预测调查是从 2001 年下半年开展的,目前参与统计的有国内 60 家主要券商和证券咨询机构,主要有交易日预测和周市场预测两种,中国证券分析师指数也相应分为日分析师指数和周分析师指数两个系列。通过对中

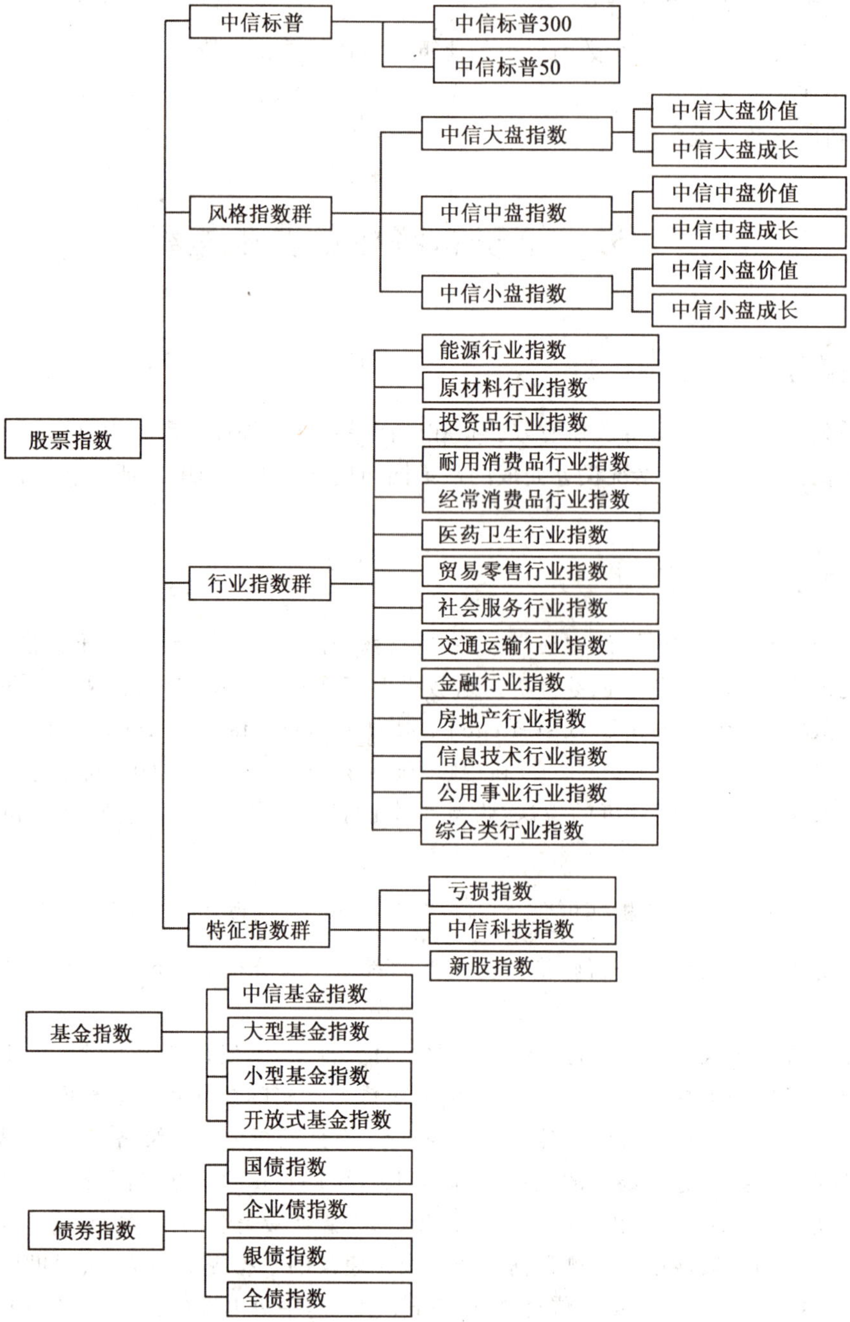


图 5-2　中信系列指数体系

国证券分析师指数与沪 A 指数涨跌的统计相关性进行分析发现,中国证券分析师日指数与沪 A 指数涨跌之间的相关系数为－0.65,中国证券分析师周指数与沪 A 指数涨跌的相关系数为－0.68。也就是说,中国证券分析师指数与沪 A 指数涨跌之间存在着较明显的负的相关性,即两者间有明显的反向关系。中国证券分析师指数还可以用来预测市场转折点。中国证券分析师指数的预测与实际市场涨跌之间的吻合程度则是个衡量投资者心态与实际市场走势偏离程度的量，通过统计分析发现，这个量的突然变化是一个预测股市转折点的有效信号。中国证券分析师指数从2002年11月开始试运行，到2003年3月11日，总计分析师日指数预测85组，准确预测55组，准确率64%；分析师周指数预测17组，准确预测10组，准确率59%。期间的一些比较重大点位预测相当准确，例如2002年11月8日，分析师日指数880点，预测下跌概率68%，实际沪A指数下跌33.19点，并由此开始了新一轮连续探底的行情。2003年1月4日是最新一轮行情的开始，对于这个转折点中国证券分析师指数提前一周左右就给出了信号。中国证券分析师指数的实际运行结果表明，该指数有很大的实际投资参考价值，不仅可以提供实际股市短期趋势预测参考，还为股市转折点的研判提供了一个新的分析工具。

## 模块4 如何看懂大盘

股票价格指数是由证券交易所和金融服务机构编制的表明股价变动的一种供参考的指示数字。股市变幻无常，投资者必然面临许多市场价格风险。如今股市的规模日益扩大，面对几千种股票，投资者要逐一了解清楚，并非一件易事，需要付出很多的时间和精力，这个时候，我们就需要金融机构所发布的各种指数来为我们提供信息，帮助我们迅速地对整个市场的动向有一个基本了解。股票指数的编制是以股价为基础的，反映了市场的平均价格变动，它是以某个时间为基期，以这个基期的价格为100，用以后的价格和基期的价格相比较，我们就可以看出市场的涨跌。

股票价格的计算主要有算术平均和加权平均两种方法。算术平均数法是将股票的股价相加而后除以采样股票种类数，计算得出股票价格的平均数。即：

$$\text{股票价格算术平均数}=\frac{\text{采样股票每股价格的总和}}{\text{采样股票的种类数}}\times 100\% \tag{5.30}$$

然后将计算出来的平均数和同法得出的基期平均数进行相比而后求百分比，得出当期的股票价格指数，即：

$$\text{股票价格指数}=\frac{\text{当期股价算术平均数}}{\text{基期股价算术平均数}}\times 100\% \tag{5.31}$$

加权平均数法是以当期采样股票的每种股票的价格乘以当期发行数量的总和作为分子，以基期采样股票每股价格乘以基期发行数量的总和作为分母，所得的百分比即为当期股票价格指数。

$$\text{股票价格指数}=\frac{\sum \text{当期每种采样股票价格}\times\text{已发行数量}}{\sum \text{基期每种采样股票价格}\times\text{已发行数量}}\times 100\% \tag{5.32}$$

股价指数的计算一般采用的是加权平均的方法，但是由于市场不断在扩大，综合指数不同于上证180等标的股票数量不变的指数，采取了更为复杂的算法。比如上证指数和深证综指，一开始两市共有13只股票，现在已经扩容至几千只股票，因为股票数量的变化，又必须对基期市价总值进行修正，从而真实反映市场价格的变动。

我们经常接触到的指数有哪些呢？我们做一个简单介绍，如表 5-17 所示。

**表 5-17　常用股价指数**

| 常用指数 | 简　　介 |
|---|---|
| 上证指数 | 上证综合指数的样本股是全部上市股票，包括 A 股和 B 股，从总体上反映了上海证券交易所上市的股票价格的变动情况，自 1991 年 7 月 15 日起开始发布 |
| 上证 180 | 上证成分指数原来只有 30 只股票，后来上交所进行了调整，样本股票抽取了沪市最具有代表性的 180 只样本股票，自 2002 年 7 月 1 日起正式发布 |
| 新证综指 | 新证综指当前由沪市所有已完成股权分置改革的股票组成；此后，实施股权分置改革的股票方案实施后的第二个交易日纳入指数；指数以总股本加权计算；新证综指于 2006 年 1 月 4 日发布 |
| 深圳成分指数 | 深圳成分指数是指在深交所挂牌的全部股票中抽取最具有代表性的 40 家上市公司为计算对象，以流通股权为权数计算得出的加权股价指数 |
| 深圳综合指数 | 该指数以 1991 年 4 月 3 日为基期。其计算方法与上证指数相同，其样本为在深交所挂牌上市的所有股票，权数为股票的总股本 |
| 中小板指数 | 深交所于 2005 年 12 月 1 日正式推出中小板指数，中小板指数是以在中小板上市的全部正常交易的股票作为计算范围，以最新自由流通股为权数计算的加权综合指数 |
| 沪深 300 指数 | 沪深 300 指数由沪深 A 股中规模大、流动性好、最具代表性的 300 只股票组成，于 2005 年 4 月 8 日发布，以综合反映沪深 A 股市场的整体表现，而且它还是我国股指期货的标的指数 |

怎样在软件上看懂指数的各个信息呢？下面我们打开软件，以上证指数为例做介绍。如图 5-3 所示，我们为各个信息标上数字。

(1)K 线图，由阴线和阳线组成的走势图，单个 K 线由箱体和上下影线构成，如果当天的收盘价大于开盘价，K 线是红色的阳线，箱体的下端代表开盘价，上端代表收盘价。如果当天的收盘价小于开盘价，K 线是绿色的阴线，箱体的下端代表收盘价，上端代表开盘价。上下影线分别代表的是当天波动的最高价和最低价。

(2)价格均线，根据周期的不同，可以设置不同周期长短的均线，这个我们已经在前面做过介绍。

(3)当天即时的价格信息。

(4)当天的成交量明细图。

(5)当天的成交量，如果设置成其他 K 线周期，则表示此周期的成交量，其颜色和上面的 K 线颜色是一致的，单位是手，柱子越高就表示成交量越大。

(6)技术指标线，可以用来分析股票未来的价格走势。

我们不但要能看懂 K 线图，而且还要看懂分时图，它是每分钟的价格，用来反映当天的价格走势，如图 5-4 所示。

(1)白色曲线代表大盘加权指数，也是我们常用的公布的指数(书中不显示颜色，以软件显示图片为准)。

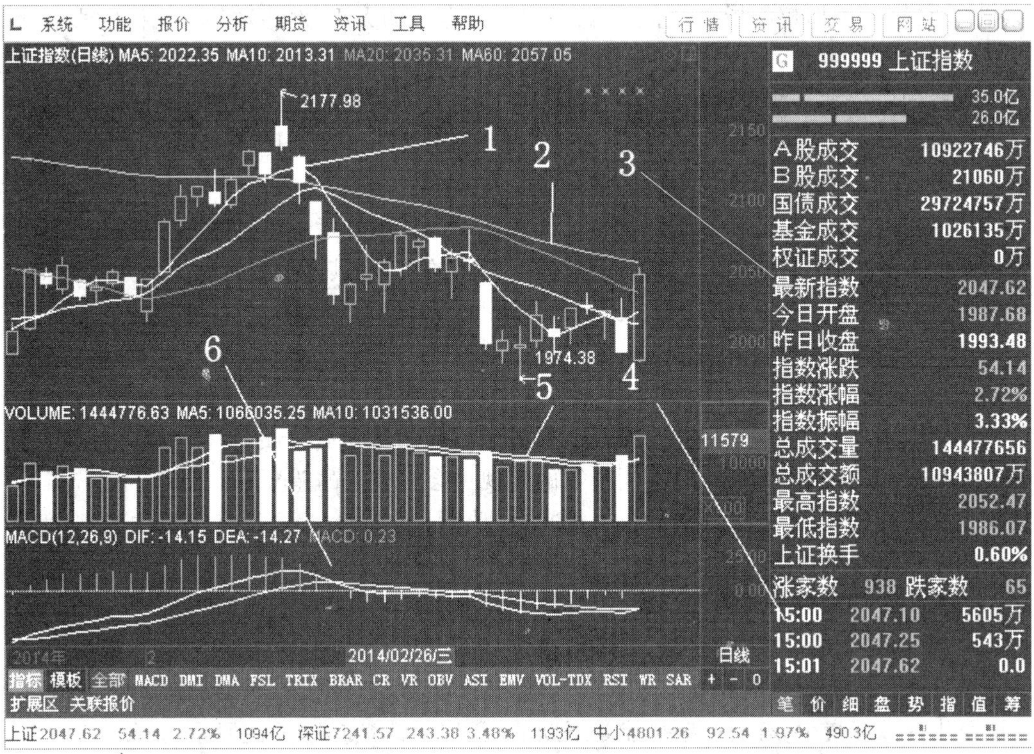


图 5-3 上证指数 K 线图

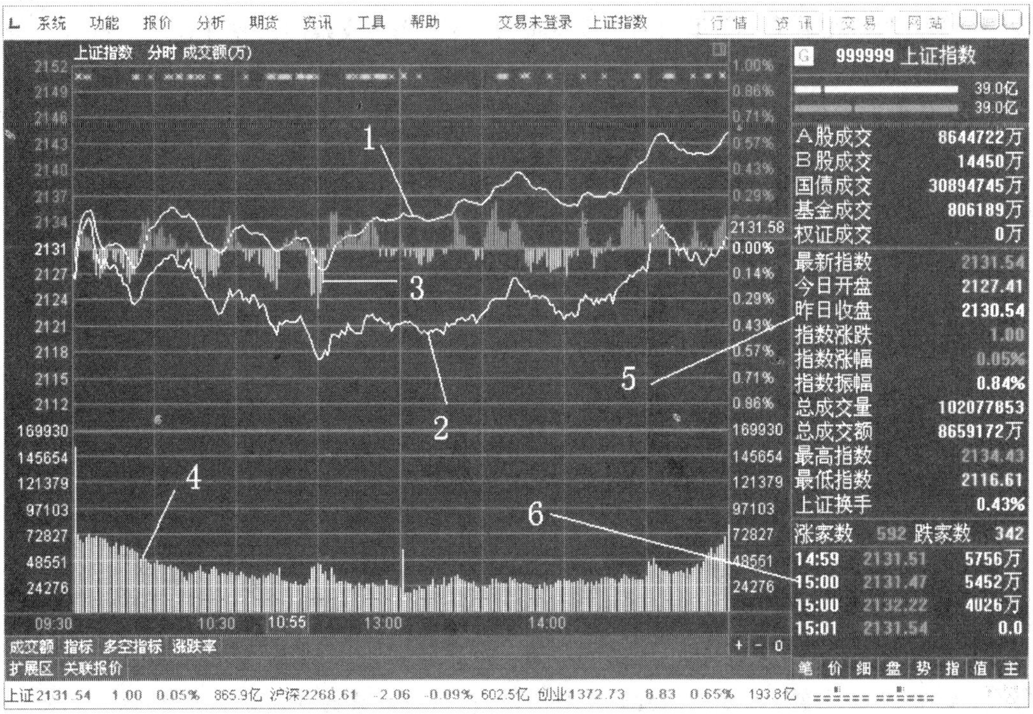


图 5-4 上证指数分时图

(2)黄线表示不加权的指数,它不考虑每只股票盘子的大小,对指数都有相同的影响。

我们可以参考黄线和白线的位置得出一些相关结论:当指数上涨时,黄线若在白线之上,表示小盘股的涨幅大于权重股的涨幅;黄线若在白线之下,表示小盘股的涨幅小于权重股的涨幅。当指数下跌时,黄线若在白线之上,表示小盘股的跌幅小于权重股的跌幅;黄线若在白线之下,表示小盘股的跌幅大于权重股的跌幅。

(3)红绿柱线表示买盘和卖盘在数量上的比率。红柱线的增长表示买方力量的增加,其降低表示买方力量的降低;蓝柱线的增长表示卖方力量的增加,其降低表示卖方力量的降低。

(4)黄色柱线表示每一分钟的成交量,单位是手。

(5)即时报价以及成交情况。

(6)即时成交明细,表示即时成交额。

指数应用中还应注意一些问题。首先,要清楚不同指数所代表的样本。不同的指数其代表的样本有很大的区别,所以有时不同指数的表现也会有较大的差异。比如对于成分指数,如果其权重股票涨幅较大,那么其指数也表现较好,此时可能其他股票没有较好的表现,那么综合指数的涨幅就要小得多。我们只有了解各种指数的成分股票,再观察这些股票的表现,才能清楚知道股票涨跌背后的原因。

其次,要清楚个股与指数的关系。一般来讲,个股与指数的走势是正相关的,即指数涨,大部分个股也涨。但个股之间往往有较大的区别,比如指数涨的时候,有的股票比指数涨得多,有的股票比指数涨得少,有的股票可能是下跌的,我们要清楚自己关注股票与指数的关系,才可以根据指数做出正确的操作。

最后,要留意所谓的"指数陷阱"。现在的很多指数样本里面往往有权重特别大的股票,如工商银行等大盘股在上证指数里面的权重就很大,那么这些股票的涨跌往往会对指数有较大的影响。有时指数上涨了,但大多数的股票是下跌的,那么指数的上涨就是因为权重股的上涨而引起的,对于大多数投资者来说,可能是"赚了指数没赚钱"。所以我们要看指数上涨的真实性,以免指数失真带来错误的判断。

## 小 资 料

### 资料14:换手率应用分析

主力吸筹往往在筹码分布上留下一个低位密集区。在大多数情况下,主力完成低位吸筹之后并不急于拉抬,甚至主力要把股价故意再做回到低位密集区的下方,因为这个地方市场基本没有抛压,所有投资者处在浅套状态,护盘相对容易一些。一旦时机成熟,主力从低位密集区的下方首先将股价拉抬到密集区的上方,形成对筹码密集区的向上穿越,这个穿越过程的难易决定于主力的持仓状况,如果主力巨量持仓的话,盘面上就不会出现太多的解套抛压,即股价上穿密集区而呈现无量状况,这个时候我们就知道该股已由主力高度持仓了。

技术上我们必须对"无量"这个市场特征给出较明确的参考标准,即用换手率来精确估计成交量。通常我们不单纯使用成交量这个技术参数,因为股票的流通盘有大有小,同样的绝对成交量并不能说明这只股票是换手巨大还是基本没有换手。如每天900万股的交易,对于中国石化来说仅占其流通盘的5.8‰，而对于只有900万股流通股的个股来说已经是它流通盘的全部了。用放量与缩量来监控获利抛压也不是一个好主意，而换手率则本质得多。

我们可以把换手率分成如下级别：

绝对地量：小于1%

成交低迷：1%～2%

成交温和：2%～3%

成交活跃：3%～5%

带量：5%～8%

放量：8%～15%

巨量：15%～25%

成交怪异：大于25%

我们常使用3%以下这个标准，并将小于3%的换手率称为“无量”，这个标准得到广泛认同。更为严格的标准是2%。

## 资料15：庄家进驻个股的19大信号

(1)股价大幅下跌后，进入横向整理的同时，间断性地出现宽幅震荡。(2)当股价处于底位时，如果多次出现大买单，而股价并未出现明显的上涨。(3)分时图上忽上忽下，委买、委卖价格差距非常大。(4)委卖大于成交，大于委买，价格上涨。(5)近期每笔成交股数超过市场平均每笔成交股数。(6)小盘股中经常出现100手的买盘，中盘股300手，大盘股500手。(7)3～5个月内，换手累计达到200%。(8)换手呈增加趋势。(9)原先成交极度萎靡，某天起成交量逐步放大。(10)股价在低位整理时出现逐渐放量。(11)股价尾盘跳水，次日低开高走。(12)在5分钟走势图上经常出现连串的小阳线。(13)股价低位盘整时，经常出现小十字线。(14)遇利空，股价反涨。(15)大盘急跌它盘跌，大盘下跌它盘跌，大盘横盘它微升。(16)大盘反弹时，它强劲反弹，且成交量放大。(17)股价每次回落的幅度明显小于大盘。(18)股价比同类股的价格坚挺。(19)日K线成缩量上升走势。

## 资料16：跟庄技巧——主力试盘手法

主力吸货完毕之后，并不是马上进入拉升状态。虽然此时拉升的心情十分急切，但还要最后一次对盘口进行全面的试验，称作“试盘”。

一般主力持有的基本筹码占流通盘的45%～50%，剩余的55%～50%在市场中。在较长的吸货阶段，主力并不能肯定在此期间没有其他的主力介入，通常集中的“非盘”如果在10%～15%以上，就会给主力造成不小的麻烦。在操作过程中这种情况十分常见。经常两个主力几乎在同时介入，持仓比例都差不多，吸货阶段都十分吃力。常常到最后这只股不错，但就是不涨，上下震荡，成交量时大时小。这类股多半是几个主力碰了头，彼此相互制约。如1998年2月两个主力同时看好南京某股票，当时该股只有3 000万股的流通盘，双方在吸货之后，都已持仓近千万股，这可进退两难了。由于大主力之间进行“合作”几乎不可能，所以该股上下震荡，不能顺利上攻，成了一块“鸡肋”，食之无味，弃之可惜。所以必须“试盘”。试盘的方法一般是主力用几笔大买单，把股价推高，看看市场的反应。主力将大买单放在买二或买三上，推动股价上扬，此时看看有没有人在买一上抢货，如果无人理，就说明盘面较轻，但股性较差；如果有人抢盘，而且盘子较重，就成功了一半。紧接着主力在拉升到一定的价位时，忽然撤掉下面托盘的买单，股价突然地回落。而后，主力再在卖一上压下一个大卖单，这时股价轻易下挫，这说明无其他主力吃货。在推升过程中，盘中有较大的抛压，这时主力大多先将买盘托至阻力价位之前，然后忽然撤掉托盘买单，使股价下挫。如此往复，高点不断降低，该股的持有者会以为反弹即将结束。突然主力打出一个新高之后，又急转直下，此时比前期高点高，眼看很快要跌回原地，非盘再不敢不减仓了，于是集中的抛单被拆散了。比如：某大户的持股成本在 10 元左右（与主力的成本相近），共 15 万股，主力在 11 元左右开始试盘，连续几日从 11 元多下触 10 元，有一天突然破位下行到 9.8 元，此时大户减磅 3 万，紧接着又猛地拉起到 10.80 元，大户认为应该拿回筹码，于是买回 1 万股。而后股价又拉至 11.80 元，大户还未来得及高兴，就又跌到 10 元。大户感到抛压太大，又减磅 4 万，至此，大户持仓是 15－3＋1－4＝9 万的筹码，而且平均成本比过去高多了。这样在 11 元的抛盘由 15 万变成了零。试盘的种种情况探明了市场中的持仓情况。股性死板没有关系，在大盘弱势中逞强，强势中压盘就能很快地活跃起来。

# 第六章　证券投资技术分析

技术分析的历史与证券市场一样久远，众多分析大师不间断的贡献丰富了这个宝库，并长久地为投资者服务。种类繁多的K线组合将提供局部的最佳介入点。作用巨大的黄金分割线可以判断价格趋势的起始点。十几种产生于实战的反转和持续形态可以准确地描述价格的“处境”。神秘莫测的波浪理论曾经做出一些在开始被认为是难以置信后来却成为现实的上佳表现。为数众多且不断增加的技术指标从各个方面表现出市场行为和投资者的心理变动过程。本章主要介绍技术分析的理论基础和基本图形以及如何利用技术指标进行分析和操作，模块5介绍证券投资基本方法与应用。

## 第一节　技术分析的理论基础

### 一、技术分析的定义及特点

股票价格指数和平均数仅仅为人们提供了一种衡量股票价格变动历史的工具，然而，人们更关心的是如何预测股票价格的未来趋势以及买卖股票的适当时机。多少年来人们不断地对股价走势进行研究，产生了种种方法。现在大多数人采用技术分析法或基本分析法预测股市的走势。

所谓股价的技术分析，是相对于基本分析而言的。基本分析法着重于对一般经济情况以及各个公司的经营管理状况、行业动态等因素进行分析，以此来研究股票的价值，衡量股价的高低。而技术分析则是透过图表或技术指标的记录，研究市场过去及现在的行为反应，以推测未来价格的变动趋势。其依据的技术指标的主要内容是由股价、成交量或涨跌指数等数据计算而得的，由此可知：技术分析只关心证券市场本身的变化，而不考虑会对其产生某种影响的经济方面、政治方面等各种外部的因素。

基本分析的目的是为了判断股票现行股价的价位是否合理并描绘出它长远的发展空间，而技术分析主要是预测短期内股价涨跌的趋势。通过基本分析我们可以了解应购买何种股票，而技术分析则让我们把握具体购买的时机。在时间上，技术分析法注重短期分析，在预测旧趋势结束和新趋势开始方面优于基本分析法，但在预测较长期趋势方面则不如后者。大多数成功的股票投资者都是把两种分析方法结合起来加以运用。他们用基本分析法估计较长期趋势，而用技术分析法判断短期走势和确定买卖的时机。

股价技术分析和基本分析都认为股价是由供求关系所决定。基本分析主要是根据对影响供需关系种种因素的分析来预测股价走势，而技术分析则是根据股价本身的变化来预测股价走势。技术分析的基本观点是：所有股票的实际供需量及其背后起引导作用的种种因素，包括股票市场上每个人对未来的希望、担心、恐惧等，都集中反映在股票的价格和交易量上。

技术分析的理论基础是空中楼阁理论。空中楼阁理论是美国著名经济学家凯恩斯于1936年提出的，该理论完全抛开股票的内在价值，强调心理构造出来的空中楼阁。投资者之所以要以一定的价格购买某种股票，是因为他相信有人将以更高的价格向他购买这种股票。至于股价的高低，这并不重要，重要的是存在更大的“笨蛋”愿以更高的价格向你购买。精明的投资者无须去计算股票的内在价值，他所须做的只是抢在最大“笨蛋”之前成交，即股价达到最高点之前买进股票，而在股价达到最高点之后将其卖出。

## 二、技术分析的假设

**市场行为能反映一切：**这构成了技术分析的基础。除非您已经完全理解和接受这个前提条件，否则学习技术分析就毫无意义。技术分析者认为，能够影响某种股票价格的任何因素——基础的、政治的、心理的或任何其他方面的——实际上都反映在其价格之中。由此推论，我们必须做的事情就是研究价格变化。事实上，这个假设也是合理的，股市上的各种信息会联合对市场的供求产生影响，都会反映在价格上。

**价格呈趋势移动：**“趋势”概念是技术分析的核心。研究价格图表的全部意义，就是要在一个趋势发生发展的早期，及时准确地把它揭示出来，从而达到顺着趋势交易的目的。事实上，技术分析在本质上就是顺应趋势，即以判定和追随既成趋势为目的。股价有保持原有运动的惯性。股票价格在一定时期内会呈趋势变动，如果没有重大的影响股价变动的外在因素，提倡顺势而为的投资理念。

**历史会重演：**技术分析和市场行为学与人类心理学有着千丝万缕的联系。比如价格形态，它们通过一些特定的价格图表形状表现出来，而这些图形表示了人们对某市场看好或看淡的心理。其实这些图形在过去早已广为人知并被分门别类了。既然它们在过去很管用，就不妨认为它们在未来同样有效，因为它们是以人类心理为根据的，而人们在逐利的过程中表现出的各种情绪从来都是相似的。再者，正因为这些技术形态在过去广为人知，形态图形也会促使人们做出相似的决策。

## 三、技术分析的意义

直接对股票市场上过去和现在的市场行为进行分析，通过研究由历史数据所形成的图形和技术指标，推测未来价格的变动趋势，以此作为投资决策的依据。

市场行为包括价格、数量、时间和空间四个方面。

技术分析不在乎股价变动的理由，只重视过去与现在的市场行为反应，只关心股市本身的变化。

技术分析着眼于短期分析，提供证券买卖的时点，让投资者把握买卖的时机。

技术分析在预测原有趋势结束与未来趋势开始方面优于基本分析，但在预测长期趋势方面不如基本分析，结合两种分析方法是最好的选择。

## 四、技术分析的操作原则

由技术分析定义得知，其主要内容有图表解析与技术指标两大类。事实上早期的技术分析只是单纯的图表解析，亦即透过市场行为所构成的图表形态，来推测未来的股价变动趋势，但这种方法在实际运用上，易受个人主观意识影响而有不同的判断。这也就是为什么许多人戏称图表解析是一项艺术工作，九个人可能产生十种结论的原因。为减少图表判断的主观性，市场逐渐发展一些可运用数据计算的方式，来辅助个人对图形形态的知觉与辨认，使分析更具客观性。从事技术分析时，有下述 11 项基本操作原则可供遵循：

(1)股价的涨跌情况呈一种不规则的变化，但整个走势却有明显的趋势，也就是说，虽然在图表上看不出第二天或下周的股价是涨是跌，但在整个长期的趋势上，仍有明显的轨迹可循。

(2)一种趋势一旦开始，即难以制止或转变。这个原则意指当一种股票呈现上涨或下跌趋势后，不会于短期内产生一百八十度的转弯，但须注意，这个原则是指纯粹的市场心理而言，并不适用于重大利空或利多消息出现时。

(3)除非有肯定的技术确认指标出现，否则应认为原来趋势仍会持续发展。

(4)未来的趋势可由线本身推论出来。基于这个原则，我们可在线路图上依整个头部或底部的延伸线明确画出往后行情可能发展的趋势。

(5)任何特定方向的主要趋势经常遭反方向力量阻挡而改变，但 1/3 或 2/3 幅度的波动对整个延伸趋势的预测影响不会太大。也就是说，当个别股票在一段上涨幅度为三元的行情中回档一元甚至二元时，仍不应视为上涨趋势已经反转，只要不超过 2/3 的幅度，仍应认为整个趋势属于上升行情中。

(6)股价横向发展数天甚至数周时，可能有效地抵消反方向的力量。这种持续横向整理的形态有可辨认的特性。

(7)趋势线的背离现象伴随线路的正式反转而产生，但这并不具有必然性。换句话说，这个原则具有相当的可靠性，但并非没有例外。

(8)依据道氏理论的推断，股价趋势产生关键性变化之前，必然有可以辨认的形态出现。例如，头肩顶出现时，行情可能反转；头肩底形成时，走势会向上突破。

(9)在线路产生变化的关键时刻，个别股票的成交量必定含有特定意义。例如，线路向上挺升的最初一段时间，成交量必定配合扩增；线路反转时，成交量必定随着萎缩。

(10)市场上的强势股票有可能有持续的优良表现，而弱势股票的疲态也可能持续一段时间。我们不必从是否有主力介入的因素来探讨这个问题，只从最单纯的追涨心理即可印证此项原则。

(11)在个别股票的日线图或周线图中，可清楚分辨出支撑区及抵抗区。这两种区域可用来确认趋势将持续发展或是完全反转。假设线路已向上突破抵抗区，那么股价可能继续上扬，一旦向下突破支撑区，则股价可能再现低潮。

## 五、技术分析的理论基础——道氏理论

### (一)道氏理论的主要原理

(1)市场价格平均指数可以解释和反映市场的大部分行为。收盘价是最重要的价格。收盘价用来计算平均价格指数。

(2)市场波动具有某种趋势。价格波动尽管表现形式不同，但最终可分为三种趋势：主要

趋势(持续1年或1年以上的趋势,看似大潮)、次要趋势(持续3周到3个月的趋势,看似波浪)和短暂趋势(持续时间不超过3周,看似波纹)。

(3)主要趋势有三个阶段(以上升趋势为例):

第1个阶段:累积阶段。股价横向盘整。

第2个阶段:上涨阶段。尽管趋势上升,但存在股价修正和回落。

第3个阶段:市场价格达到顶峰后出现的又一个累积期。结束标志是下降趋势,并又回到累积期。

(4)两种平均价格指数必须相互加强。工业平均指数和运输业平均指数必须在同一方向上运行才可确认某一市场趋势形成。

(5)趋势必须得到交易量的确认(主要趋势方向上的放大)。

(6)一个趋势形成后将持续,直到趋势出现明显的反转信号。

**(二)道氏理论应用中的不足**

(1)道氏理论对大形势判断有较大作用,但对小波动无能为力,甚至对次要趋势判断作用也不大。道氏理论确定趋势的反转不太容易。

(2)可操作性较差。结论落后于价格变化,信号太迟;理论本身存在不足,信号不明确。

## 六、其他主要理论

**(一)随机漫步理论**

随机漫步(random walk)理论认为,证券价格的波动是随机的,像一个大广场上行走的人一样,价格的下一步将走向哪里,是没有规律的。

**(二)循环周期理论**

循环周期理论认为,无论什么样的价格活动,都不会向一个方向永远走下去。价格的波动过程必然产生局部的高点和低点,这些高低点的出现,在时间上有一定的规律。

**(三)波浪理论**

波浪理论是由Nalph Nelson Eilliott在1938年所提出的,他将市场上的价格趋势形态归纳为几个不断反复出现的形态。Eilliott归纳整个市场的价格波动形态,发现不论趋势的层级大小,均遵循着一种五波上升三波下降的基本节奏,五波的上升趋势可分为三个推动波(impulse wave)以及二个修正波(corrective wave),三个推动波分别为第1、第3及第5波,而修正波则为第2及第4波;下降趋势波则分为a、b、c三波。这上升及下降的八波形成一个八个波动的完整周期,这样的周期将不断地反复持续,并且这八个波动的完整周期的现象普遍存在于各种时间刻度,形成各种大小的波浪,每一个波都可包含更小规模的波动,并且每一个波也都为另一个更大刻度的波所包含。如图6-1所示。

**(四)相反理论**

相反理论的出发点是基于这样一个原则:证券市场本身并不创造新的价值,没有增值,甚至可以说是减值的。正因为如此,不可能多数人获利。所以,要获得大的利益,一定要同大多数人的行动不一致。

**(五)K线理论**

K线的画法:K线是一条柱状的线条,由影线和实体组成。影线在实体上方的部分叫上

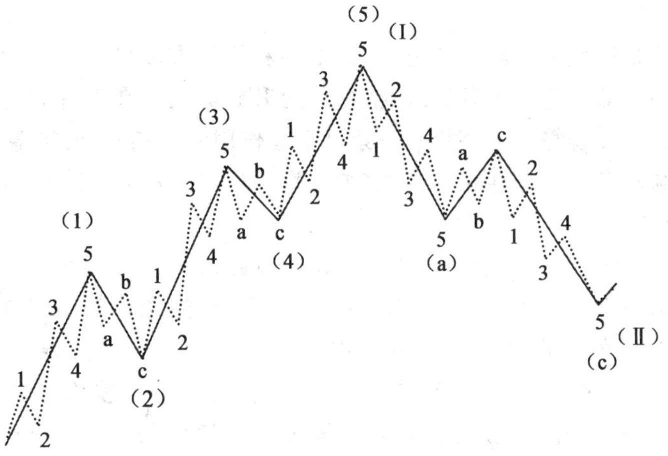


图 6-1 波浪理论经典图解

影线,下方的部分叫下影线。实体分阳线和阴线两种。K 线理论就是专门以研究 K 线的形状和组合为基础的。将每天的 K 线按时间顺序排列在一起,就组成这只股票自上市以来的每天的价格变动情况,这就叫日 K 线图。

K 线的组合应用:由 K 线组合得出的结论都是相对的,不是绝对的;尽量使用根数多的 K 线组合的结论。

**(六)切线理论**

1. 趋势分析

简单地说,趋势就是股票价格的波动方向,或者说是股票市场运动的方向。趋势的方向有 3 个:上升方向;下降方向;水平方向,也就是无趋势方向。按道氏理论的分类,趋势分为 3 个类型:主要趋势、次要趋势和短暂趋势。

2. 支撑线和压力线

支撑线(support line)又称为抵抗线。当股价跌到某个价位附近时,股价停止下跌,甚至有可能还有回升。这个起着阻止股价继续下跌或暂时阻止股价继续下跌的价格就是支撑线所在的位置。

压力线(resistance line)又称为阻力线。当股价上涨到某价位附近时,股价会停止上涨,甚至回落。这个起着阻止或暂时阻止股价继续上升的价位就是压力线所在的位置。

支撑线和压力线的作用是阻止或暂时阻止股价向一个方向继续运动。同时,支撑线和压力线又有彻底阻止股价按原方向变动的可能。

支撑线与压力线相互转化:一条支撑线如果被跌破,那么这个支撑线将成为压力线;同理,一条压力线被突破,这个压力线将成为支撑线。这说明支撑线和压力线的地位不是一成不变的,而是可以改变的,条件是它被有效的足够强大的股价变动突破。

支撑线和压力线的确认和印证:一般来说,一条支撑线或压力线对当前影响的重要性从三个方面考虑,一是股价在这个区域停留时间的长短;二是股价在这个区域伴随的成交量大小;三是这个支撑区域或压力区域发生的时间距离当前这个时期的远近。

3. 趋势线和轨道线

趋势线：趋势线是衡量价格波动的方向的，由趋势线的方向可以明确地看出股价的趋势。在上升趋势中，将两个低点连成一条直线，就得到上升趋势线。在下降趋势中，将两个高点连成一条直线，就得到下降趋势线。要得到一条真正起作用的趋势线，要经多方面的验证才能最终确认。首先，必须确实有趋势存在。其次，画出直线后，还应得到第三个点的验证才能确认这条趋势线是有效的。

轨道线：轨道线又称通道线或管道线，是基于趋势线的一种方法。在已经得到了趋势线后，通过第一个峰和谷可以作出这条趋势线的平行线，这条平行线就是轨道线。两条平行线组成一个轨道，这就是常说的上升和下降轨道。轨道的作用是限制股价的变动范围。对上面的或下面的直线的突破将意味着有一个大的变化。与突破趋势线不同，对轨道线的突破并不是趋势反向的开始，而是趋势加速的开始。轨道线的另一个作用是提出趋势转向的警报。

4. 黄金分割线和百分比线

黄金分割线：画黄金分割线的第一步是记住若干个特殊的数字，这些数字中 0.382、0.618、1.382 和 1.618 最为重要，股价极容易在由这四个数产生的黄金分割线处产生支撑和压力。第二步是找到一个点。某个趋势的转折点就可以作为进行黄金分割的点，这个点一经选定，我们就可以画出黄金分割线了。

百分比线：百分比线考虑问题的出发点是人们的心理因素和一些整数位的分界点。1/2、1/3、2/3 这三条线最为重要。

5. 扇形原理、速度线和甘氏线

扇形原理(fan principle)：扇形线丰富了趋势线的内容，明确给出了趋势反转(不是局部短暂的反弹和回落)的信号。扇形原理依据三次突破的原则。

速度线(speed line)：速度线最为重要的功能是判断一个趋势是被暂时突破还是长久突破(转势)。

甘氏线(Gann line)：甘氏线是从一个点出发，依一定的角度向后画出的多条射线。

6. 应用切线理论应注意的问题

支撑线、压力线有被突破的可能，在应用时会有一些令人困惑的现象。往往要等到价格已经离开很远时，才发现突破的有效和无效。影响价格波动的因素很多，支撑线、压力线只是其中的一方面。多方面考虑才能提高正确的概率。

**(七)形态理论**

形态理论是通过研究股价所走过的轨迹，分析和挖掘出曲线的一些多空双方力量的对比结果，采取行动。

(1)股价的移动规律。股价的移动是由多空双方力量对比大小和所占优势的大小而决定的。

股价的移动遵循这样的规律：股价应在多空双方取得均衡的位置上下来回波动；原有的平衡被打破后，股价将寻找新的平衡位置。即持续整理，保持平衡→打破平衡→寻找新的平衡→再打破平衡→再寻找新的平衡。

(2)股价移动的两种形态类型。股价曲线的形态分成两个大的类型：持续整理形态和反转突破形态，前者保持平衡，后者打破平衡。

(3)应用形态理论应该注意的问题。站在不同的角度，对同一形态可能产生不同的解释；进行实际操作时，形态理论要求形态完全明朗后才行动，得到的利益不充分，从某种意义上讲，有损失机会之嫌。

证券投资技术分析就是通过对市场行为本身的分析来预测市场价格变动的方向，即根据证券价格的历史数据，运用图表归纳分析研究，以推测未来价格的趋势。技术分析方法一般可以分为 K 线分析、均线分析、形态分析和指标分析等方法。

## 第二节　技术分析的基本图形

### 一、K 线图及常见的 K 线形态

K 线图的起源是日本米市的商人表示米价的波动的一种方法，其构造为上影线、下影线以及实体，是以单位时间的开盘价、收盘价、最高价和最低价用蜡烛形连接起来的图形。在 K 线图上，横轴表示时间，纵轴表示证券的价格，收盘价大于开盘价就是阳线，开盘价大于收盘价就是阴线。如图 6-2 所示。

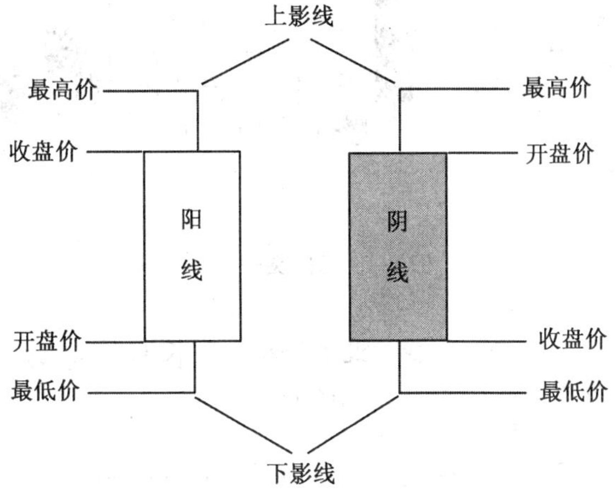


图 6-2　K 线

1. 两阳夹一阴

形态特征是上升途中两根阳线夹一根阴线，阴线被包含在里面。上升趋势中出现两阳夹一阴，短线后市看涨。见图 6-3。

2. 两阴夹一阳

形态特征是下跌途中两根阴线夹一根阳线，阳线被包含在里面。下跌趋势中出现两阴夹一阳，短线看跌。见图 6-4。

3. 早晨之星

由三根 K 线组成，代表可能见底回升。第一日在跌势中出现一支长阴线，第二日是 K 线

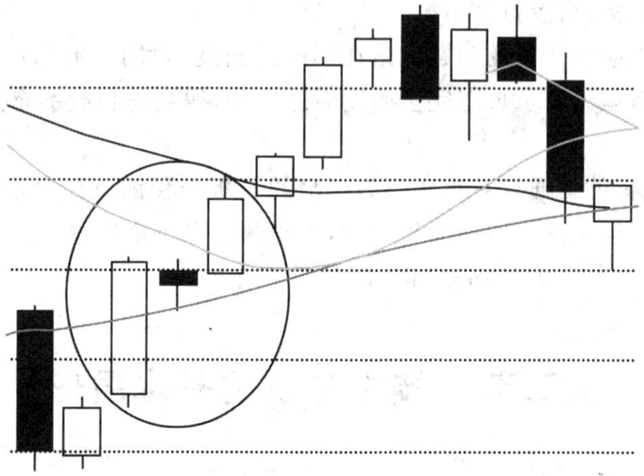

图 6-3 两阳夹一阴

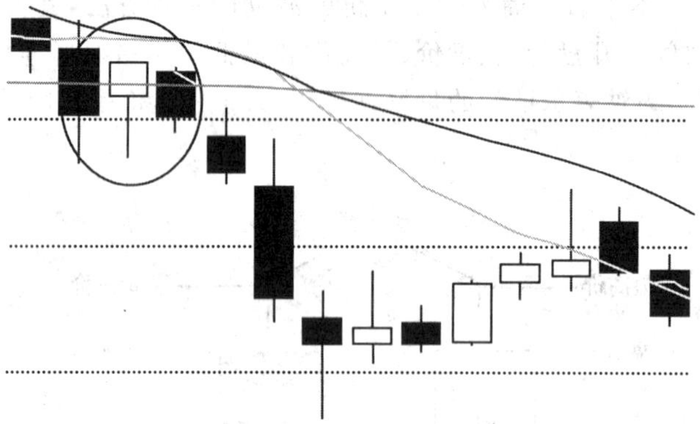

图 6-4 两阴夹一阳

实体较小的阴线或阳线，第三日是中阳线。此形态出现在长期下跌之后成交量温和放大，反转的概率较高，是一种行情见底转势的形态。见图 6-5。

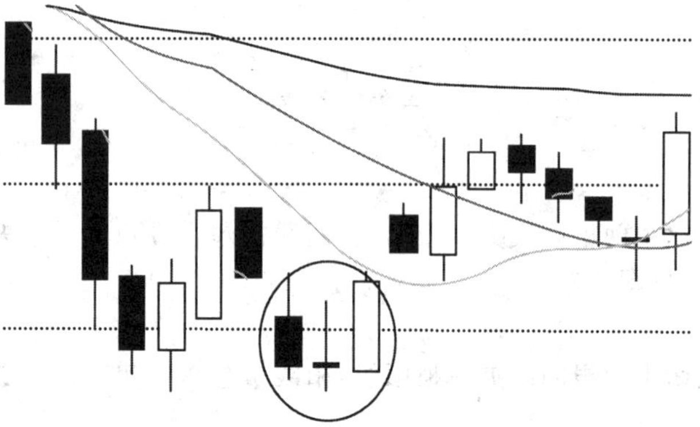

图 6-5 早晨之星

4. 黄昏之星

黄昏之星的特征是由三支K线组成,刚好与早晨之星相反,代表可能出现见顶回落。在股价上升途中先是出现了一根较长的阳线,第二天出现一根实体较短的K线(十字星),第三根是实体较长的阴线,深入第一根K线。黄昏之星为重要的见顶信号,如果第三日出现向下跳空或阴包阳,转势效果更明显。见图6-6。

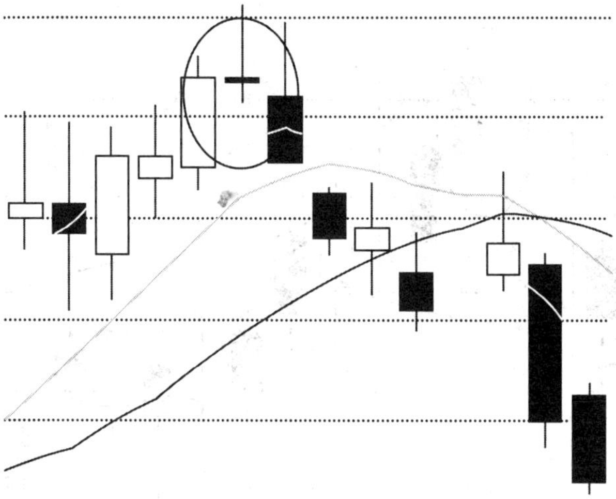

图6-6　黄昏之星

5. 乌云盖顶

由两根K线组成,是一种见顶回落的形态。第一日一根强劲的阳线,第二日开盘价(往往为当日最高价)高于第一日最高价,收市于当日底部且深入第一根阳线的内部。此阴线深入幅度越大信号越强烈,并伴有放大的成交量,说明市场主力高位派发的意识已经很强烈。见图6-7。

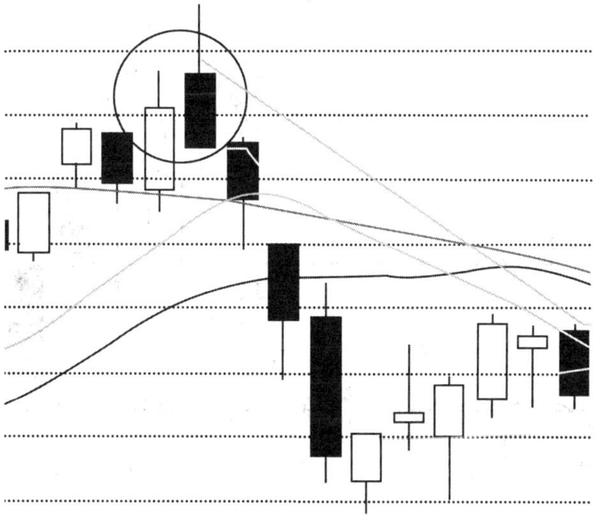

图6-7　乌云盖顶

6. 穿头破脚

由两根 K 线组成，表示行情转向。第二根 K 线实体部分长于第一根 K 线且 K 线颜色相反；若是上升行情第一根 K 线为阳线，若是下跌行情第一根 K 线为阴线。穿头破脚实体部分必须完全包含前一根 K 线的实体部分；伴随着成交量的放大，反转的可能性很大；穿头破脚包含的 K 线数目越多，反转越强烈。见图 6-8。

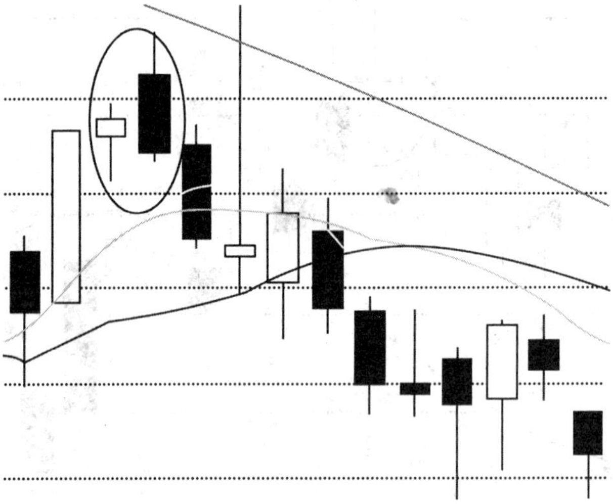

**图 6-8　穿头破脚**

7. 红三兵

由三根 K 线组成，表示可能见底回升。红三兵由三根阳线组成，且每日收市价都上移，成交量温和放大。红三兵一般出现在市场见底回升初期，因而升幅不大，动作缓慢，但升势相当稳定。此阶段逢低建仓风险不大。见图 6-9。

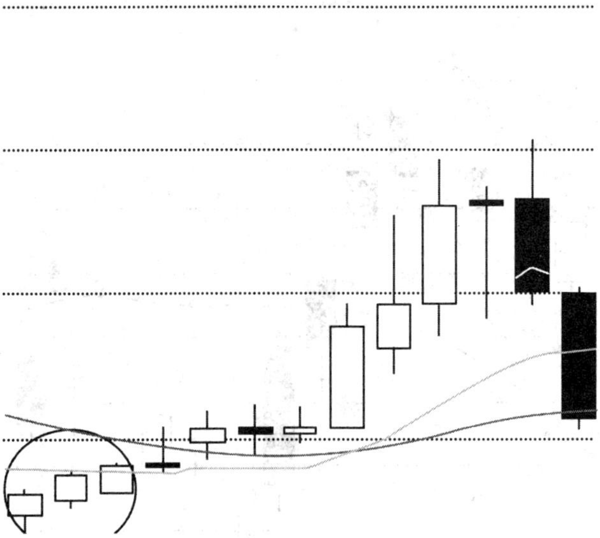

**图 6-9　红三兵**

8. 三乌鸦

由三根K线组成，出现在上升末端，表示可能见顶回落。由三支阴线组成且每日收市价都下移，表明多方已经实力不支；每日的开盘价等于或高于前一日的开盘价，但是收盘价接近每日最低价，下跌节奏较为缓和；成交量温和放大，市场杀跌能量开始有节制释放，表明随后可能加速下滑。见图6-10。

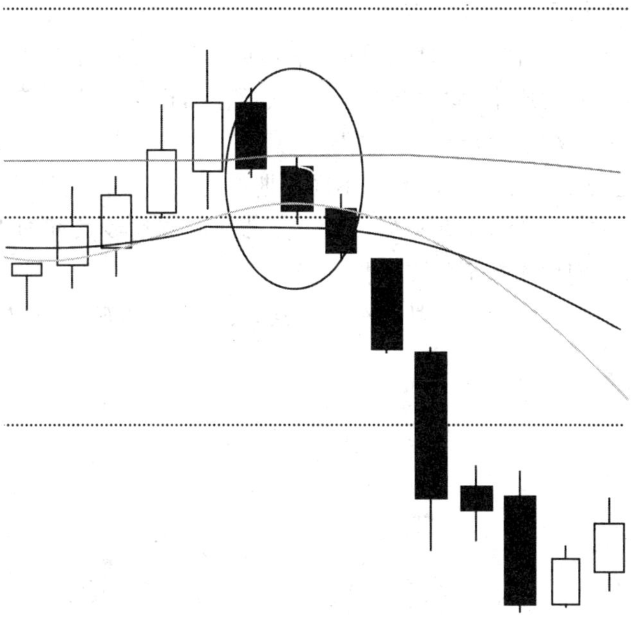

图 6-10 三只乌鸦

K线组合分析还要注意：K线组合分析要注意成交量的配合，还要关注K线所处的位置，K线位置有相对高位、中间部位和相对低位三种情况，如果在相对低位出现买入信号时，成交量越大则做多的把握越大；在相对高位出现卖出信号，成交量较大也说明做空的把握较大。见表6-1。

表 6-1 K线图及其所处位置操作策略表

| 所处位置 | K线形态含义 | 操作 |
| --- | --- | --- |
| 相对高位 | 买进信号 | 适当做空 |
| | 卖出信号 | 坚决做空 |
| 中间部位 | 买进信号 | 谨慎观望 |
| | 卖出信号 | 谨慎观望 |
| 相对低位 | 买进信号 | 坚决做多 |
| | 卖出信号 | 适当做多 |

## 二、均线分析及操作

均线(MA)是用统计的方法将若干日($N$)的证券价格加以平均绘制而成的曲线,用于观察证券价格的未来走势。$N$ 可以取不同的数值,如 5、10、15、20、30 等,于是便有了不同价格均线。一般而言,5～10 日的短期均线用于分析短期价格走势,10～30 日的均线用于分析中期走势,30 日以上的 MA 用于分析长期走势。

从统计学角度来讲,MA 代表的是交易的"平均成本"。因而当收盘价位于 MA 之上时,意味着交易价格超过了平均成本,此时会产生"赚钱效应",市场转入强势状态,会吸引更多的投资者进入这个市场;当收盘价位于 MA 之下时,意味着之前的交易被套牢了,此时即会产生"亏损效应",从而促进证券价格的看跌性。不同周期的均线对股价的敏感性不同,例如短期的上涨只会对短期 MA 的影响较大,持续性的上涨会带动所有均线共同向上,形成短期均线在上、中期均线在中间、长期均线在下的多头排列。

葛兰碧八大买卖法则就是很好的技术分析方法,投资者可以研究使用,反过来做空也是一样的。见图 6-11。

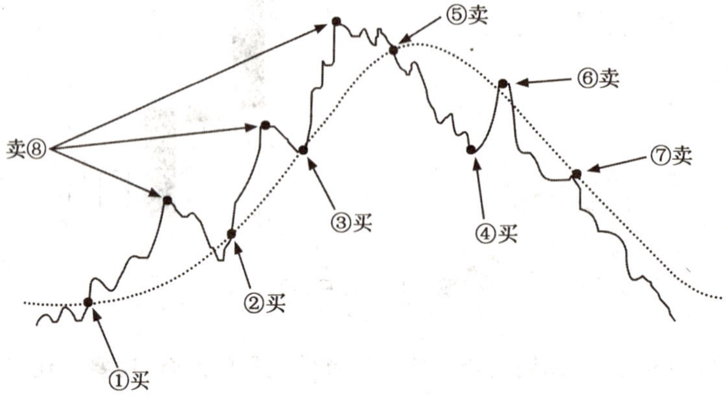


**图 6-11　葛兰碧移动平均线八大法则**

### (一)短期均线组合分析

以(5,10,20)均线组合为例,一般要满足以下条件方可买进目标证券:三条均线高度黏合一段时间;其中最长期的均线(20 日均线)开始走平向上;成交量开始放大。见图 6-12。

### (二)中期均线组合分析

以(20,40,60)均线组合为例,一般要满足以下条件方可买进目标证券:三均线都已经形成了小均线上穿大均线的金叉点,三个金叉点以构成标准的三角形为佳,如图 6-13 所示;其中最长期的均线(60 日均线)趋势开始走平向上;成交量开始放大。

同时可以以一个中期均线(比如 20 日)作为一个辅助性指标,在均线向上的过程中,当 K 线穿过均线时,遇到回踩的阴线但是没有跌破均线,可以买入;当 K 线跌破均线,遇到反抽的阳线可以卖出。严格地设定这个交易规则进行操作,可以增大成功的概率。

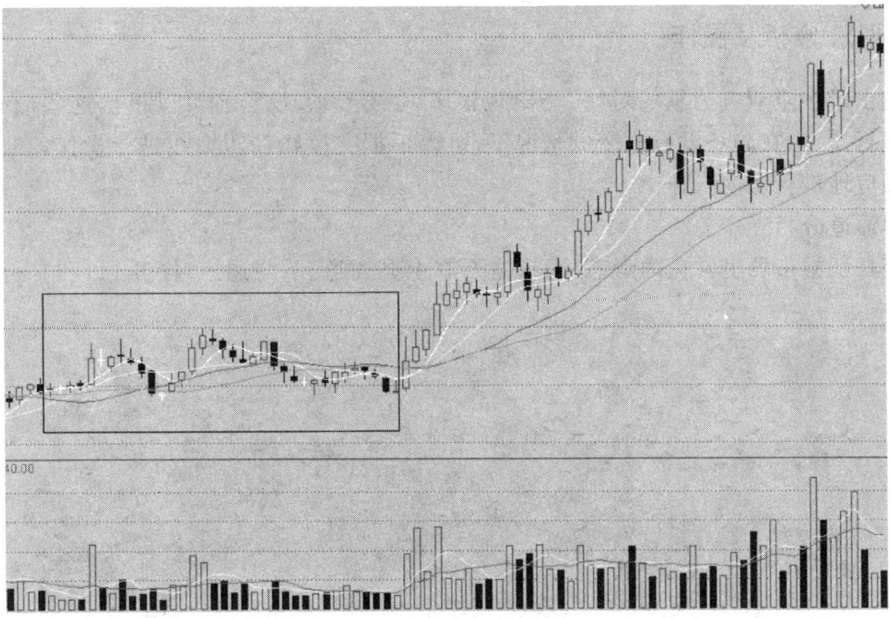

图 6-12 短期均线组合分析

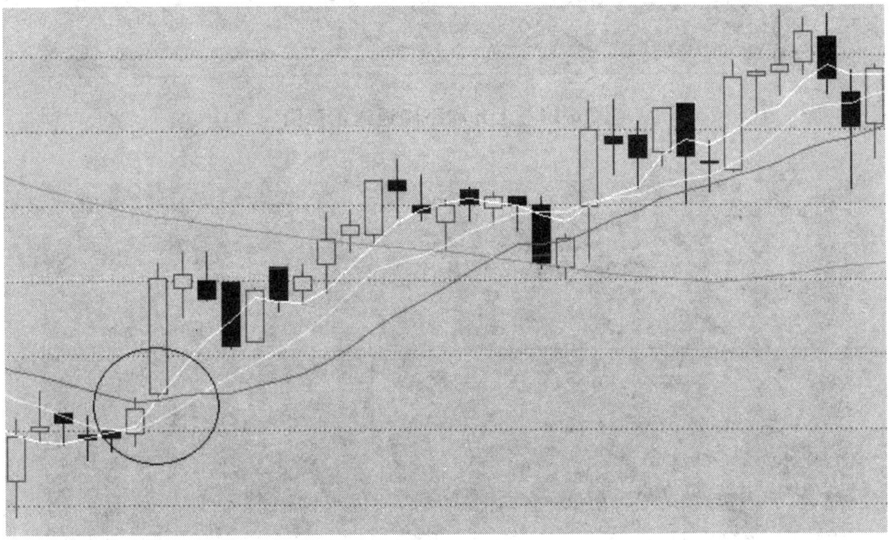

图 6-13 中期均线组合分析

(三)长期均线分析

长期均线以年线为多,年线趋势开始走平向上,表示行情看好;此时如果股价能在成交量的配合下,上穿年线(如果是第四次上穿年线更佳),则是买进信号。长期均线也是判断牛熊市的一个指标。当然,使用较长期移动平均线分析,由于移动平均线变动缓慢,不易把握股价趋势的高峰与低谷,使分析者失去短线交易的机会。

## 三、形态分析及操作

市场由于多空双方力量的对峙，会出现很多K线形态，投资者可以根据这些形态表现出的趋势进行操作，在趋势没有改变的情况下，可以根据支撑线和压力线进行操作，在趋势改变后也可相应地进行反向操作。

### (一)通道分析

通道是证券市场里常见的形态，通道主要有上升通道、下降通道(图6-14)和平行通道(图6-15)三种。

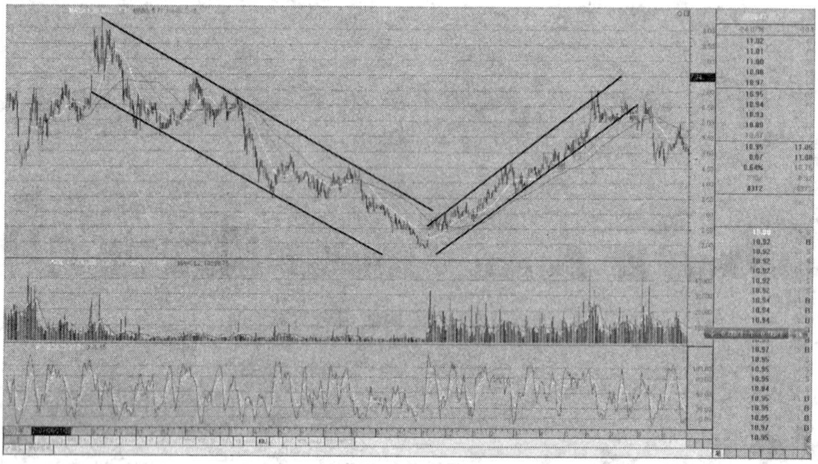

图6-14　上升和下降通道示意图

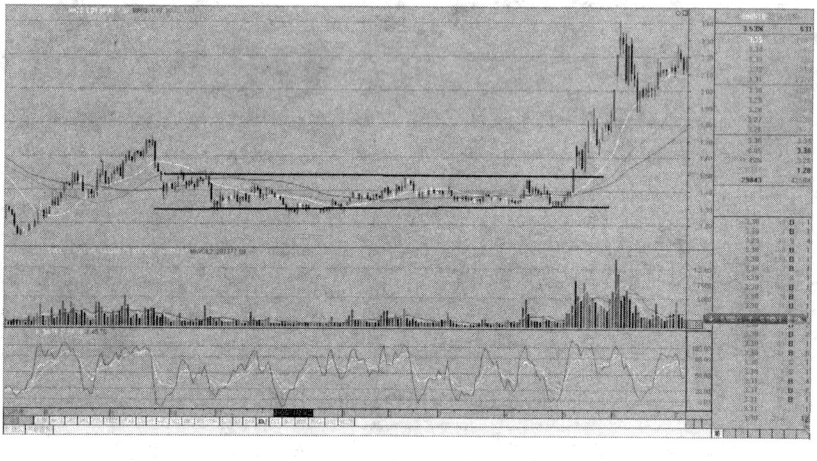

图6-15　平行通道示意图

对于上升通道，投资者的操作策略是：

(1)在通道的下轨附近买进为主；

(2)当股价跌破通道的下轨才可以考虑卖出。

对于下降通道，投资者的操作策略是：

(1) 在通道的上轨附近卖出为主；

(2) 当股价上升冲出轨道的上轨可以考虑买进。

对于平行通道，投资者的操作策略是：

(1)在通道的上轨附近卖出，在通道的下轨附近买入；

(2)当股价上升冲出通道的上轨可以考虑买进，当股价下降跌破通道的下轨要考虑卖出。

**(二)常见形态的分析方法**

1. 旗形

旗形是上涨或下跌中的持续形态，经过调整，股价继续沿着原来的趋势上涨或下跌。可分为上升旗形与下降旗形，前者通常是看涨形态，后者则是看跌形态。旗形必须在急升或急跌之后出现，并且成交量在形态构成期间不断地显著减少。上升旗形突破时必须有成交量激增的配合。见图 6-16。

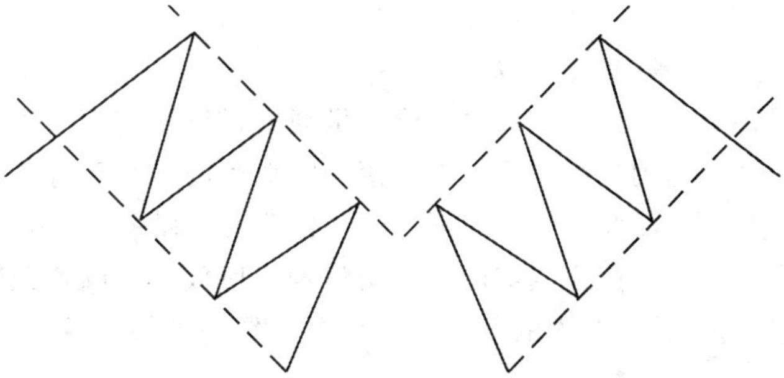

**图 6-16 下降旗形(左)和上升旗形(右)**

2. 双重形态

双重形态又分为双重顶(M 头)和双重底(W 底)两种形态。双重顶和双重底的出现频率较高，是反转形态。一只股票上升到某一价格水平时，出现大成交量，股价随之下跌，成交量减少。接着股价又升至与前一个价格几乎相等之顶点，成交量再随之增加却不能达到上一个高峰的成交量，再第二次下跌，股价的移动轨迹就像字母 M，这就是双重顶。股价持续上升为投资者带来了相当的利润，于是他们沽售，这一股沽售力量令上升的行情转为下跌。当股价回落到某水平，吸引了短期投资者的兴趣，另外较早前沽出获利的亦可能在这水平再次买入补回，于是行情开始回复上升。一只股票持续下跌到某一平后出现技术性反弹，但回升幅度不大，时间亦不长，股价又再下跌，当跌至上次低点时却获得支持，再一次回升，这次回升时成交量要大于前次反弹时成交量。股价在这段时间的移动轨迹就像字母 W，这就是双重底。见图 6-17。

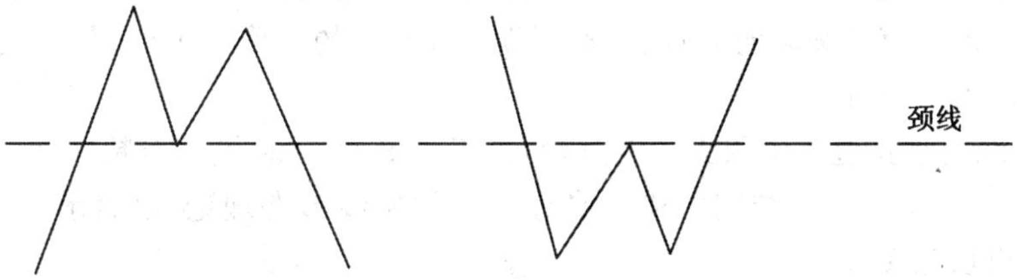


**图 6-17 双重顶(左)和双重底(右)**

3. 头肩形

这是最基本的反转形态，其他绝大多数反转形态都仅仅是头肩形的变体。头肩形又分为头肩顶和头肩底。头肩形的突出特征是有中间一个高的顶点或低点，另外两个高点相对较高或两个低点相对较低，形成两个肩，如图 6-18 所示。头肩形是长期性趋势的转向形态，头肩顶经常出现在牛市的尽头，而头肩底常出现在熊市的尽头。

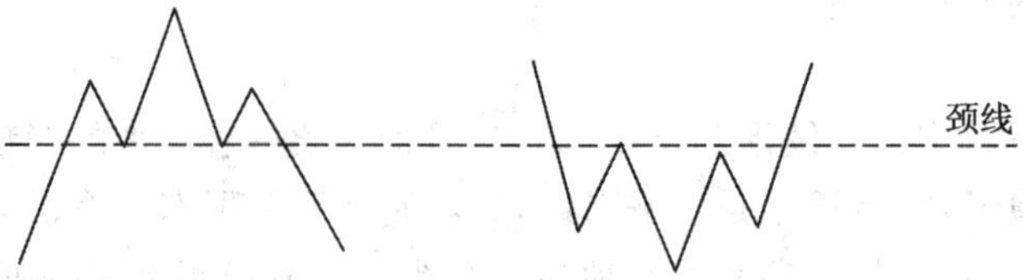


图 6-18　头肩顶(左)和头肩底(右)

4. 圆弧形

圆弧形分为圆弧顶和圆弧底。圆弧顶的价格呈现出弧形上升而后下降，即价格虽然不断升高，但是每次涨幅不大，达到最高点又缓慢下落。圆弧底的走势正好相反，价格首先缓慢下跌，至最低点又缓慢攀升，形成圆弧底。圆弧底的左边下跌过程中表现为 K 线实体较小，成交量萎缩，变为右边的上升过程时，K 线实体和成交量均有所放大。圆弧顶和圆弧底形成后，会经过一定时间的盘整，形成较大幅度的上升或下跌。见图 6-19。

图 6-19　圆弧底和圆弧顶

5. 三角形

三角形是常见的整理形态，可以分为对称三角形、上升三角形及下降三角形。见图 6-20。对称三角形具有两条逐渐聚拢的趋势线。当价格上涨或下跌过速时，它将达到一个前进趋势完全耗尽的点，这时股价要么反转趋势回撤到一个较强的支持价位处，要么“巩固”它的位置，以由细小波动组成的“横向”图形形式存在，直到继续延续前期走势。三角形形态在实际走势中常出现于各个时间段，且大多数时候属于中继形态，所以在实战中的操作价值较高，有时也作为反转形态出现。有假突破时，应随时重划界限找出新的对称三角形。

**(三)K 线图形态分析**

单根的 K 线图本身包含了很大的信息量，由于单 K 线有时候不能精准地说明问题，最后人们为了囊括千万，又继续总结完善和归纳出了组合 K 线形态理论，以表示和分析不同 K 线组合后形成的市场意义。

1. 上升线势行情

二颗星：上升行情中出现极线的情形即称为二颗星、三颗星，此时股价上涨若再配合成交

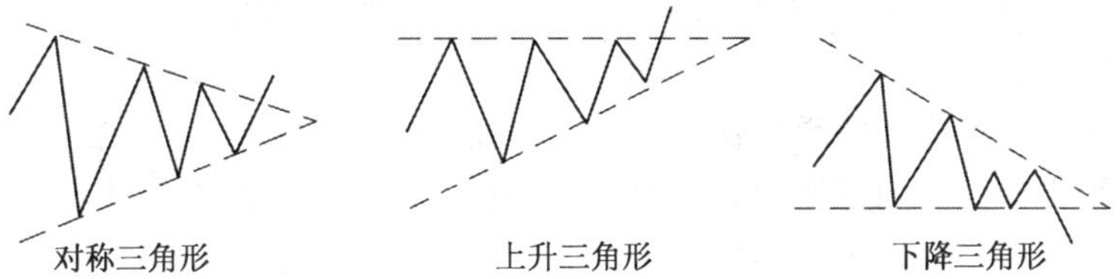


图 6-20 三角形

量放大，即为可信度极高的买进时机，股价势必再出现另一波涨升行情。

跳空上扬：在上涨行情中，某日跳空拉出一根阳线后，即刻出现一根下降阴线，此为加速股价上涨的前兆，投资人无须惊慌抛出持股，股价必将持续前一波涨势继续上升。

下降阴线：在涨升的途中，出现三根连续下跌阴线，为逢低承接的大好时机。当第四天的阳线超越前一天的开盘价时，表示买盘强于卖盘，应立刻买进以期股价扬升。

上档盘旋：股价随着强而有力的大阳线往上涨升，在高档将稍做整理，也就是等待大量换手，随着成交量的扩大，即可判断另一波涨势的出现。上档盘整期间约 6～11 日，若期间过长则表示上涨无力。

并排阳线：持续涨势中，某日跳空现阳线，隔日又出现一根与其几乎并排的阳线，如果隔日开高盘，则可期待大行情的出现。

超越覆盖线：行情上涨途中若是出现覆盖线，表示已达天价区，此后若是出现创新天价的阳线，代表行情有转为买盘的迹象，股价会继续上涨。

上涨插入线：在行情震荡走高之际，出现覆盖阴线的隔日，拉出一根下降阳线，这是短期的回档，股价必上涨。

三根大阴线：在下跌行情中出现三根连续大阴线，是股价隐入谷底的征兆，行情将转为买盘，股价上扬。

上升三法：行情上涨中，大阳线之后出现三根连续小阴线，这是蓄势待发的征兆，股价将上升。

向上跳空阴线：此图形虽不代表将有大行情出现，但可持续 7 日左右的涨势，为买进时机。

2. 反弹线势行情

反弹线：在底价圈内，行情出现长长的下影线时，往往即为买进时机，出现买进信号之后，投资人即可买进，或为了安全起见，可待行情反弹回升之后再买进，若无重大利空出现，行情必定反弹。

舍子线：在大跌行情中，跳空出现十字线，这暗示着筑底已经完成，为反弹之征兆。

阴线孕育阳线：在下跌行情中，出现大阴线的次日行情呈现一根完全包容在大阴线内的小阴线，显示卖盘出尽，有转盘的迹象，股价将反弹。

五根阴线后一根大阴线：当阴阳交错拉出五根阴线后，出现一根长长的大阴线，可判断“已到底部”，如果隔日开高盘，则可视为反弹的开始。

最后包容线：在连续的下跌行情中出现小阳线，隔日即刻出现包容的大阴线，这代表筑底完成，行情即将反弹。虽然图形看起来呈现弱势，但该杀出的浮码均已出尽，股价必将反弹而上。

下档五根阳线：在底价圈内出现五根阳线，暗示逢低接手力道不弱，底部形成，股价将反弹。

反弹阳线：确认股价已经跌得很深，某一天，行情出现阳线，即"反弹阳线"时，即为买进信号，若反弹阳线附带着长长的下影线，表示低档已有主力大量承接，股价将反弹而上。

三空阴线：当行情出现连续三根跳空下降阴线，则为强烈的买进信号，股价即将反弹。

连续下降三颗星：确认股价已跌深，于低档盘整时跳空出现连续三根小阴线(极线)，这是探底的前兆，如果第四天出现十字线，第五天出现大阳线，则可确认底部已筑成，股价将反转直上。

3. 下跌线势行情

覆盖线：股价连续数日扬升之后，隔日以高盘开出，随后买盘不愿追高，大势持续滑落，收盘价跌到前一日阳线之内。这是超买之后所形成的卖压涌现，获利了结股票大量释出之故，股价将下跌。

十字线：在高价圈出现十字线(开盘收盘等价线)，并留下上下影线，其中上影线较长。此情形表示股价经过一段时日后已涨得相当高，欲振乏力，开始要走下坡，这是明显的卖出信号。

阴线孕育于较长阳线内：经过连日飙涨后，当日的开收盘价完全孕育在前一日的大阳线之中，并出现一根阴线，这也代表上涨力道不足，是股价下跌的前兆，若隔天再拉出一根上影阴线，更可判断为股价暴跌的征兆。

阳线孕育在较长阳线内：股价连续数日扬升之后，隔日出现一根小阳线，并完全孕育在前日之大阳线之中，表示上升乏力，是暴跌的前兆。

孕育十字线：亦即今日的十字线完全包含在前一日的大阳线之中的情况。此状态代表买盘力道减弱，行情即将回软转变成卖盘，股价下跌。

最后包容线：当股价持续数日涨势后出现一根阴线，隔日又开低走高拉出一根大阳线，将前一日的阴线完全包住。这种现象看来似乎买盘增强，但只要隔日行情出现比大阳线的收盘价低，则投资人应该断然释出持股。若是隔日行情高于大阳线的收盘价，也很有可能成为"覆盖阴线"，投资者应慎防。

跳空：所谓跳空即两根阴阳线之间不互相接触，中间有空格的意思。连续出现三根跳空阳线后，卖压必现。一般投资人在第二根跳空阳线出现后，即应先行获利了结，以防回档惨遭套牢。

下影线过长：股价于高档开盘，先前的买盘因获利了结而杀出，使得大势随之滑落，低档又逢有力承接，股价再度攀升，形成下影线为实线的三倍以上。此图形看起来似乎买盘转强，但应慎防主力拉高出货，空手者不宜贸然介入，持股者宜逢高抛售。

尽头线：持续涨升的行情一旦出现此图形，表示上涨力道即将不足，行情将回档盘整，投资人宜先行获利了结。这也是一种"障眼线"，小阳线并没有超越前一日的最高点，证明上涨乏力，股价下跌。

反击顺沿线：此处所称之顺沿线为自高档顺次而下出现的两根阴线。为了打击此两根阴线所出现的一大根阳线，看起来似乎买盘力道增强了，但投资人须留意这只不过是根"障眼线"，主力正在拉高出货，也是投资人难得的逃命线，宜抛出持股。

掌握和精通 K 线理论必须记住一句话，所有的技术分析都是源自 K 线上的数据，当哪一天你可以只看K线,而不借助任何技术指标即可成功操盘时,你就进入了真正高手的殿堂了。同时要明白一点,任何理论和分析都是存在陷阱并且需要完善的,尤其主力庄家同时也是习惯通过K线和其他技术指标做市来诱骗散户、获取利益的。总之,所有的理论都要活学活用,K线理论也是如此。

## 四、缺口分析及操作

缺口是指证券价格在快速大幅度变动中有一段区域内没有任何交易或指在K线图上没有发生交易的区域,出现在证券价格走势图上是一个空白,这个区域称为缺口。缺口经过几天的变动,反转过来回到原来缺口的价位,称缺口的封闭或补空。缺口分普通缺口、突破缺口、持续性缺口和消耗性缺口四种(图6-21)。

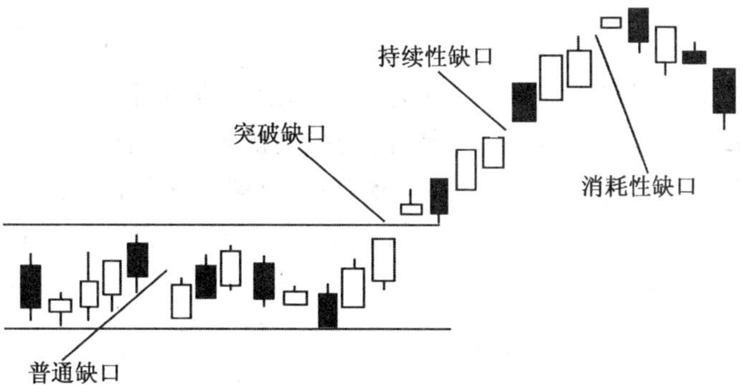


图6-21 缺口示意图

普通缺口:通常在密集的交易区域中出现,在四种类型中预测价值最低,通常发生在交易量极小的市场情况下,或者在横向交易区间的中间阶段。

突破缺口:突破缺口在市场的底部或者顶部通常会发生,在重要的价格变动完成之后,或新的重要价格变动发生之初,突破缺口常常在较大的成交量下完成,且不易被回补。一旦突破跳空形成,将成为支撑或者阻挡。当股价以一个很大的缺口跳空远离形态时,这表示真正的突破已经形成。

持续性缺口:也叫逃逸缺口或中继缺口。当新的市场变动发生发展过一段之后,约在整个变动的中间阶段,价格将再度跳跃前进,形成一个或一系列缺口。这种缺口出现在上升趋势中,表现市场坚挺;而在下降趋势中,显示市场疲软。空头见行情跌不下来,纷纷补仓;多头见行情还有上涨空间,继续追高,使得行情继续延续。这种缺口常用来测算获利的空间,其度量方法是从持续性缺口开始证券价格继续上涨或下跌的幅度等于突破口到持续性缺口的垂直距离。

消耗性缺口:在市场运动接近尾声,伴随快而大幅的证券价格波动而出现。行情大幅上涨或下跌,使得大多数交易者一路追高或杀跌,导致跳空高开或低开的超强态势。此时的跳空缺口是消耗性的,往往是趋势的最后阶段,伴有巨量的成交。

对于各类缺口,我们可以采取相应的策略,具体见表6-2。

表 6-2　各类缺口简要操作表

| 缺口类型 | 特　征 | 操　作 |
|---|---|---|
| 普通缺口 | 发生在区域内，缺口很快回补，成交量较小 | 无太大操作意义 |
| 突破缺口 | 跳出原区域，缺口难以回补，成交量急剧放大 | 坚决买进 |
| 持续性缺口 | 创新高，缺口可能近期回补，成交量继续放大 | 谨慎持有 |
| 消耗性缺口 | 行情末端，缺口很快回补，伴随巨大的成交量 | 坚决卖出 |

## 第三节　技术指标分析及操作

股票软件中为投资者提供了许多统计指标，这些统计指标基于历史股价制成，投资者可以根据历史的走势来归纳推理出后市的走势情况，为投资决策作辅助。常用的指标有指数平滑异同移动平均线、随机指标、相对强弱指标、布林指标、威廉指标等，投资者如果善于利用这些指标，将提高投资的正确率。尤其是当各种指标指向同一个投资决策的时候，这些指标产生"共振"，分析效果更为明显。

### 一、指数平滑异同移动平均线指标分析

#### (一)指数平滑异同移动平均线指标的原理

指数平滑异同移动平均线(MACD)，是由查拉尔·阿佩尔(Gerald Apple)创造的一种研判股票买卖时机、跟踪股价运行趋势的技术分析工具。MACD 指标运用快速(短期)和慢速(长期)移动平均线及其聚合与分离的征兆，对股票价格的收盘价进行平滑处理，求出算术平均值以后再进行计算。根据移动平均线原理发展出来的 MACD，一则去除了移动平均线频繁发出假信号的缺陷，二则保留了移动平均线的效果，因此，MACD 指标具有均线趋势性、稳重性、安定性等特点。

#### (二)MACD 的计算方法

在计算 MACD 时，首先计算出快速移动平均线($EMA1$)和慢速移动平均线($EMA2$)，以此两个数值作为测量两者(快、慢速线)间的离差值(DIF)的依据，然后再求 DIF 的 $N$ 周期的平滑移动平均线 DEA(也叫 MACD 或 DEM)线。以快速移动平均线的参数为 12 日，慢速移动平均线的参数为 26 日，DIF 的参数为 9 日为例来说明 MACD 的计算过程：

$$EMA1(12)=\text{前一日 } EMA1(12)\times\frac{11}{13}+\text{今日收盘价}\times\frac{2}{13} \tag{6.1}$$

$$EMA2(26)=\text{前一日 } EMA2(26)\times\frac{25}{27}+\text{今日收盘价}\times\frac{2}{27} \tag{6.2}$$

$$DIF=\text{今日 } EMA1(12)-\text{今日 } EMA2(26) \tag{6.3}$$

根据离差值计算其 9 日的 EMA，即离差平均值，是所求的 MACD 值。为了不与指标原名相混淆，此值又名 DEA 或 DEM。

$$今日\ DEA(MACD)=前一日\ DEA\times\frac{8}{10}+今日\ DIF\times\frac{2}{10} \tag{6.4}$$

理论上，在持续的涨势中，12 日 EMA 线在 26 日 EMA 线之上，其间的正离差值（+DIF）会越来越大；反之，在跌势中离差值可能变为负数（-DIF），也会越来越大，而在行情开始好转时，正负离差值将会缩小。指标 MACD 正是利用正负的离差值（±DIF）与离差值的 $N$ 日平均线（$N$ 日 EMA）的交叉信号作为买卖信号的依据，即再度以快慢速移动线的交叉原理来分析买卖信号。

另外，MACD 指标在股市软件上还有个辅助指标——BAR 柱状线，其公式为：

$$BAR=2\times(DIF-DEA) \tag{6.5}$$

我们还可以利用 BAR 柱状线的收缩来决定买卖时机。

离差值 DIF 和离差平均值 DEA 是研判 MACD 的主要工具。在实践中，将各点的 DIF 和 DEA（MACD）连接起来就会形成在零轴上下移动的两条快速（短期）和慢速（长期）线，此即为 MACD 图。如图 6-22 所示。

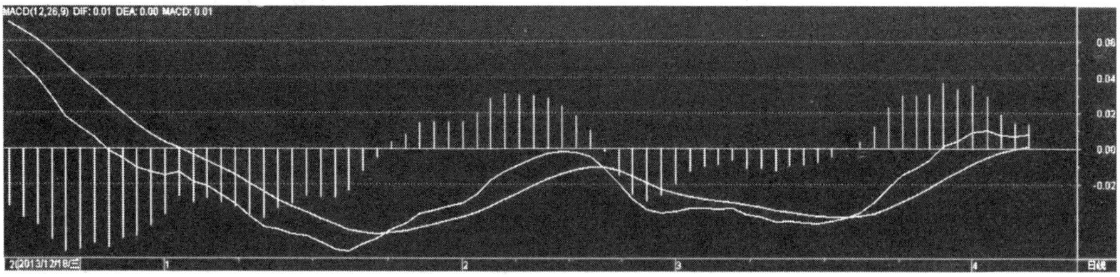


**图 6-22　MACD 指标**

### （三）MACD 指标的一般研判标准

MACD 指标的一般研判标准主要是围绕快速和慢速两条均线及红、绿柱状况和它们的形态展开。一般分析方法主要包括 DIF 和 MACD 值及它们所处的位置、DIF 和 MACD 的交叉情况、红柱的收缩情况和 MACD 图形的形态这四个大的方面分析。

当 DIF 和 MACD 均大于 0（即在图形上表示为它们处于零线以上）并向上移动时，一般表示为股市处于多头行情中，可以买入或持股。当 DIF 和 MACD 均小于 0（即在图形上表示为它们处于零线以下）并向下移动时，一般表示为股市处于空头行情中，可以卖出股票或观望。当 DIF 和 MACD 均大于 0（即在图形上表示为它们处于零线以上）但都向下移动时，一般表示为股票行情处于退潮阶段，股票将下跌，可以卖出股票和观望。当 DIF 和 MACD 均小于 0 时（即在图形上表示为它们处于零线以下）但向上移动时，一般表示为行情即将启动，股票将上涨，可以买进股票或持股待涨。

当 DIF 与 MACD 都在零线以上，而 DIF 向上突破 MACD 时，表明股市处于一种强势之中，股价将再次上涨，可以加码买进股票或持股待涨。当 DIF 和 MACD 都在零线以下，而 DIF 向上突破 MACD 时，表明股市即将转强，股价跌势已将止跌朝上，可以开始买进股票或持股。当 DIF 与 MACD 都在零线以上，而 DIF 却向下突破 MACD 时，表明股市即将由强势转为弱势，股价将大跌，这时应卖出大部分股票而不能买股票。当 DIF 和 MACD 都在零线以上，而

DIF 向下突破 MACD 时，表明股市将再次进入极度弱市中，股价还将下跌，可以卖出股票或观望。

在股市电脑分析软件中（如钱龙软件）通常采用 DIF 值减 DEA（即 MACD、DEM）值而绘制成柱状图，用红柱和绿柱表示，红柱表示正值，绿柱表示负值。用红绿柱来分析行情，既直观明了又实用可靠。当红柱持续放大时，表明股市处于牛市行情中，股价将继续上涨，这时应持股待涨或短线买入股票，直到红柱无法再放大时才考虑卖出。当绿柱持续放大时，表明股市处于熊市行情之中，股价将继续下跌，这时应持币观望或卖出股票，直到绿柱开始缩小时才可以考虑少量买入股票。当红柱开始缩小时，表明股市牛市即将结束（或要进入调整期），股价将大幅下跌，这时应卖出大部分股票而不能买入股票。当绿柱开始收缩时，表明股市的大跌行情即将结束，股价将止跌向上（或进入盘整），这时可以少量进行长期战略建仓而不要轻易卖出股票。当红柱开始消失、绿柱开始放出时，这是股市转市信号之一，表明股市的上涨行情（或高位盘整行情）即将结束，股价将开始加速下跌，这时应开始卖出大部分股票而不能买入股票。当绿柱开始消失、红柱开始放出时，这也是股市转市信号之一，表明股市的下跌行情（或低位盘整）已经结束，股价将开始加速上升，这时应开始加码买入股票或持股待涨。

#### （四）MACD 的特殊分析方法

如股价 K 线图上的股票走势一峰比一峰高，股价一直在向上涨，而 MACD 指标图形上由红柱构成的图形的走势是一峰比一峰低，即股价的高点比前一次的高点高而 MACD 指标的高点比指标的前一次高点低，这叫顶背离现象。顶背离现象一般是股价在高位即将反转转势的信号，表明股价短期内即将下跌，是卖出股票的信号。如股价 K 线图上的股票走势一波比一波低，股价还在下跌，而 MACD 指标图形上由绿柱构成的图形的走势是一底比一底高，即股价的低点比前一次低点底而指标的低点却比前一次的低点高，这叫底背离现象。底背离现象一般是预示股价在低位可能反转向上的信号，表明股价短期内可能反弹向上，是短期买入股票的信号。在实践中，MACD 指标的背离一般出现在强势行情中比较可靠，股价在高价位时，通常只要出现一次背离的形态即可确认为股价即将反转，而股价在低位时，一般要反复出现几次背离后才能确认。因此，MACD 指标的顶背离研判的准确性要高于底背离，这点投资者要加以留意。

绿柱间隔时间越长，未来上涨力度越大和时间越长；红柱维持时间越长，未来下跌空间和力度越大，时间越长。

### 二、随机指标的分析

#### （一）随机指标的原理

随机指标（KDJ）最早起源于期货市场，由乔治·莱恩（George Lane）首创。KDJ 最早是以 KD 指标的形式出现，而 KD 指标是在威廉指标的基础上发展起来的。不过 KD 指标只判断股票的超买超卖的现象，KDJ 指标则融合了移动平均线速度上的观念，形成比较准确的买卖信号依据，能够比较迅速、快捷、直观地研判行情，被广泛用于股市的中短期趋势分析。

KDJ 是根据统计学的原理，通过一个特定的周期（常为 9 日、9 周等）内出现过的最高价、最低价及最后一个计算周期的收盘价及这三者之间的比例关系，来计算最后一个计算周期的未成熟随机指标值 RSV，然后根据平滑移动平均线的方法来计算 $K$ 值、$D$ 值与 $J$ 值，得出的

$K$ 值、$D$ 值和 $J$ 值分别在指标的坐标上形成一个点，连接无数个这样的点位，就形成一个完整的、能反映价格波动趋势的 KDJ 指标(图 6-23)。它主要是利用价格波动的真实波幅来反映价格走势的强弱和超买超卖现象，在价格尚未上升或下降之前发出买卖信号。它在设计过程中主要是研究最高价、最低价和收盘价之间的关系，同时也融合了动量观念、强弱指标和移动平均线的一些优点，因此，能够比较迅速、快捷、直观地研判行情。

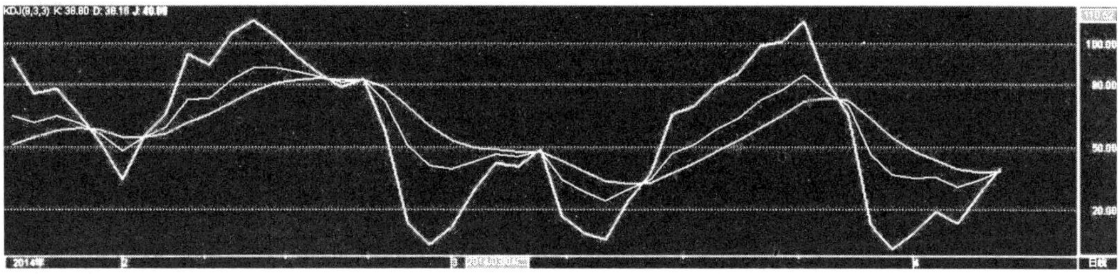


**图 6-23 KDJ 指标**

### (二)KDJ 的计算方法

KDJ 指标包括日 KDJ、周 KDJ、月 KDJ、年 KDJ 以及分钟 KDJ 等各种类型。经常被用于股市分析的是日 KDJ 和周 KDJ。虽然它们计算时的取值有所不同，但基本计算方法一样。KDJ 的计算比较复杂，首先要计算周期($n$ 日、$n$ 周等)的 RSV 值，即未成熟随机指标值，然后再计算 $K$ 值、$D$ 值、$J$ 值等。以日 $K$、$D$、$J$ 数值计算为例，其计算公式为：

$$n\text{ 日 }RSV=\frac{C_n-L_n}{H_n-L_n}\times 100 \tag{6.6}$$

式中：$C_n$ 为第 $n$ 日收盘价；$L_n$ 为 $n$ 日内的最低价；$H_n$ 为 $n$ 日内的最高价。RSV 值始终在 1～100 间波动。

$$\text{当日 }K\text{ 值}=\frac{2}{3}\times\text{前一日 }K\text{ 值}+\frac{1}{3}\times\text{当日 }RSV \tag{6.7}$$

$$\text{当日 }D\text{ 值}=\frac{2}{3}\times\text{前一日 }D\text{ 值}+\frac{1}{3}\times\text{当日 }K\text{ 值} \tag{6.8}$$

若无前一日 $K$ 值与 $D$ 值，则可分别用 50 来代替。

需要说明的是，式中的平滑因子 1/3 和 2/3 是可以人为选定的，不过目前已经约定俗成，固定为 1/3 和 2/3。

$$J=3D-2K \tag{6.9}$$

$J$ 指标是个辅助指标，实质是反映 $K$ 值与 $D$ 值的乖离程度，从而领先 $K$、$D$ 值找出头部或底部。$J$ 值范围可超过 100。随着股市软件分析技术的发展，投资者只需掌握 KDJ 形成的基本原理和计算方法，无须去计算 $K$、$D$、$J$ 的值，更为重要的是利用 KDJ 分析股票行情。

### (三)KDJ 的一般分析标准

KDJ 是市场上绝大多数投资者熟知的分析工具，但具体运用时，投资者可能会发现 KDJ 的分析结果和实际走势存在着较大的差别，有时还会得出相反的结论，这其中原因主要是绝大多数投资者只知道 KDJ 的一般分析原理和方法，而对 KDJ 分析指标的一些内涵和特定的分析技巧知之甚少。

KDJ 指标中，$K$ 值和 $D$ 值的取值范围都是 0～100，而 $J$ 值的取值范围可以超过 100 和低于 0，但在分析软件上 $K$、$D$、$J$ 的分析范围都是 0～100。通常就敏感性而言，$J$ 值最强，$K$ 值次之，$D$ 值最慢，而就安全性而言，$J$ 值最差，$K$ 值次之，$D$ 值最稳。根据 $K$、$D$、$J$ 的取值，可将其划分为几个区域，即超买区、超卖区和徘徊区。按一般划分标准，$K$、$D$、$J$ 这三值在 20 以下为超卖区，是买入信号；$K$、$D$、$J$ 这三值在 80 以上为超买区，是卖出信号；$K$、$D$、$J$ 这三值在 20～80 之间为徘徊区，宜观望。

一般而言，当 $K$、$D$、$J$ 三值在 50 附近时，表示多空双方力量均衡；当 $K$、$D$、$J$ 三值都大于 50 时，表示多方力量占优；当 $K$、$D$、$J$ 三值都小于 50 时，表示空方力量占优。

KDJ 的分析还可以从 KDJ 曲线的形态来分析。当 KDJ 指针曲线图形形成头肩顶底、双重顶底（即 M 头、W 底）及三重顶底等形态时，也可以按照形态理论的分析方法加以分析。当 KDJ 曲线在 50 上方的高位时，如果 KDJ 曲线的走势形成 M 头或三重顶等顶部反转形态，预示着股价由强势转为弱势，股价即将大跌，应及时卖出股票。如果股价的曲线也出现同样形态则更可确认，其跌幅可以用 M 头或三重顶等形态理论来分析。当 KDJ 曲线在 50 下方的低位时，如果 KDJ 曲线的走势出现 W 底或三重底等底部反转形态，可能预示着股价由弱势转为强势，股价即将反弹向上，可以逢低少量吸纳股票。如果股价曲线也出现同样形态更可确认，其涨幅可以用 W 底或三重底形态理论来分析。KDJ 曲线的形态中 M 头和三重顶形态的准确性要大于 W 底和三重底。

KDJ 曲线的交叉分为黄金交叉和死亡交叉两种形式。一般而言，在一个股票的完整的升势和跌势过程中，KDJ 指标中的 K、D、J 线会出现两次或以上的“黄金交叉”和“死亡交叉”情况。当股价经过一段很长时间的低位盘整行情，并且 K、D、J 三线都处于 50 线以下时，一旦 J 线和 K 线几乎同时向上突破 D 线，表明股市即将转强，股价跌势已经结束，将止跌朝上，可以开始买进股票，进行中长线建仓。当股价经过一段时间的上升过程中的盘整行情，并且 K、D、J 线都处于 50 线附近徘徊时，一旦 J 线和 K 线几乎同时再次向上突破 D 线，成交量再度放出时，表明股市处于一种强势之中，股价将再次上涨，可以加码买进股票或持股待涨。当股价经过前期一段很长时间的上升行情后，股价涨幅已经很大的情况下，一旦 J 线和 K 线在高位（80 以上）几乎同时向下突破 D 线时，表明股市即将由强势转为弱势，股价将大跌，这时应卖出大部分股票而不能买股票。当股价经过一段时间的下跌后，而股价向上反弹的动力缺乏，各种均线对股价形成较强的压力时，KDJ 曲线在经过短暂的反弹到 80 线附近，但未能重返 80 线以上时，一旦 J 线和 K 线再次向下突破 D 线时，表明股市将再次进入极度弱市中，股价还将下跌，可以再卖出股票或观望。

**（四）KDJ 的特殊分析方法**

如股价 K 线图上的股票走势一峰比一峰高，股价在一直向上涨，而 KDJ 曲线图上的 KDJ 的走势是在高位一峰比一峰低，这叫顶背离现象。顶背离现象一般是股价将高位反转的信号，表明股价中短期内即将下跌，是卖出的信号。如股价 K 线图上的股票走势一峰比一峰低，股价在向下跌，而 KDJ 曲线图上的 KDJ 指针的走势是在低位一底比一底高，这叫底背离现象。底背离现象一般是股价将低位反转的信号，表明股价中短期内即将上涨，是买入的信号。与其他技术指标的背离现象分析一样，KDJ 的背离中，顶背离的分析准确性要高于底背离。当股价在高位，KDJ 在 80 以上出现顶背离时，可以认为股价即将反转向下，投资者可以及时卖出股票；而股价在低位，KDJ 也在低位（50 以下）出现底背离时，一般要反复出现几次底背离才能确认，并且投资者只能做战略建仓或做短期投资。

当 J 线开始在底部（50 以下）向上突破 K 线时，说明股价的弱势整理格局可能被打破，股价短期将向上运动，投资者可以考虑少量长线建仓。当 J 线向上突破 K 线并迅速向上运动，同时曲线也向上突破 D 线，说明股价的中长期上涨行情已经开始，投资者可以加大买入股票的力度。当 K、D、J 线开始摆脱前期窄幅盘整的区间并同时向上快速运动时，说明股价已经进入短线强势拉升行情，投资者应坚决持股待涨。当 J 线经过一段快速向上运动的过程后开始在高位（80 以上）向下掉头时，说明股价短期上涨过快，将开始短线调整，投资者可以短线卖出股票。当 D 线也开始在高位向下掉头时，说明股价的短期上涨行情可能结束，投资者应中线卖出股票。当 K 线也开始在高位向下掉头时，说明股价的中短期上涨行情已经结束，投资者应全部清仓离场。当 K、D、J 线从高位同时向下运动时，说明股价的下跌趋势已经形成，投资者应坚决持币观望。

## 三、相对强弱指标的分析

### （一）相对强弱指标的原理

相对强弱指标（RSI）是根据股票市场上供求关系平衡的原理，通过比较一段时期内单个股票价格涨跌的幅度或整个市场指数涨跌的大小来分析判断市场上多空双方买卖力量的强弱程度，从而判断未来市场走势的一种技术指标。如图 6-24 所示。

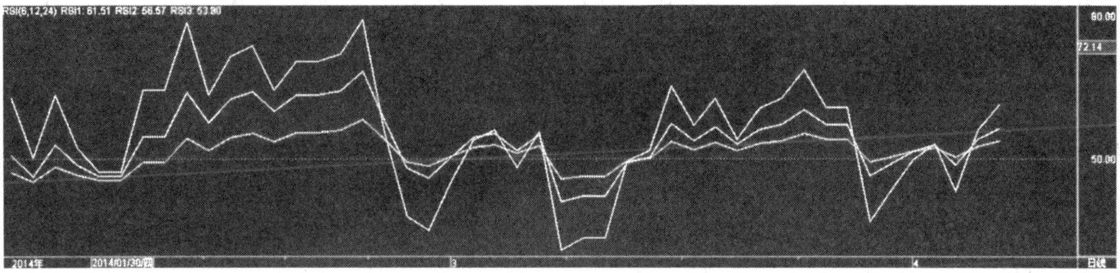


图 6-24 RSI 指标

从它构造的原理来看，与 MACD 等趋向类指标相同的是，RSI 指标同样可以对单个股票或整个市场指数的基本变化趋势做出分析；与 MACD 等不同的是，RSI 指标不是直接对股票的收盘价或股票市场指数进行平滑处理。

相对强弱指标 RSI 是一定时期内市场的涨幅与涨幅加上跌幅的比值。它是买卖力量在数量上和图形上的体现，投资者可根据其所反映的行情变动情况及轨迹来预测未来股价走势。在实践中，人们通常将其与移动平均线相配合使用，借以提高行情预测的准确性。

### （二）RSI 指标的计算方法

相对强弱指标 RSI 的计算方法有两种，但计算结果是一样的，我们仅介绍其中一种。

假设 $A$ 为 $N$ 日内收盘价中用当日收盘价与前一日收盘价差的正数之和，$B$ 为 $N$ 日内用当日收盘价与前一日收盘价差的负数之和乘以 $-1$，这样，$A$ 和 $B$ 均为正，则：

$$RSI(N)=\frac{A}{A+B}\times 100 \quad (6.10)$$

以 14 日 RSI 指标为例，从当日起算，倒推包括当日在内的 15 个收盘价，以每一日的收盘价减去前一日的收盘价，得到 14 个数值，这些数值有正有负。这样，RSI 指标的计算公式中，$A$=14 个数字中正数之和，表示 14 日中股价向上波动的大小；$B$=14 个数字中负数之和乘以 −1，表示 14 日中股价向下波动的大小，$A+B$ 为股价总的波动大小。

RSI 的计算公式实际上就是反映了某一阶段价格上涨所产生的波动占总的波动的百分比率，百分比越大，强势越明显；百分比越小，弱势越明显。RSI 的取值介于 0～100 之间。在计算出某一日的 RSI 值以后，可采用平滑运算法计算以后的 RSI 值，根据 RSI 值在坐标图上连成的曲线，即为 RSI 线。

以日为计算周期为例，计算 RSI 值一般是以 5 日、10 日、14 日为一周期。另外也有以 6 日、12 日、24 日为计算周期。一般而言，周期日数短，RSI 指标反应可能比较敏感；日数较长，可能反应迟钝。目前，沪深股市中 RSI 所选用的基准周期为 6 日和 12 日。

另外，和其他指标的计算一样，由于选用的计算周期的不同，RSI 指标也包括日 RSI、周 RSI、月 RSI、年 RSI 以及分钟 RSI 等各种类型。经常被用于股市研判的是日 RSI 和周 RSI。虽然它们计算时的取值有所不同，但基本的计算方法一样。随着股市软件分析技术的发展，投资者只需掌握 RSI 形成的基本原理和计算方法，无须去计算指标的数值，更为重要的是利用 RSI 指标去分析、研判股票行情。

**(三)RSI 指标的一般研判标准**

RSI 的研判主要是围绕 RSI 的取值、长期 RSI 和短期 RSI 的交叉状况及 RSI 的曲线形状等展开的。

RSI 的变动范围在 0～100 之间。一般而言，80 和 20 为超买和超卖区的分界线。当 RSI 值超过 80 时，则表示整个市场力度过强，多方力量远大于空方力量，双方力量对比悬殊，多方大胜，市场处于超买状态，后续行情有可能出现回调或转势，此时，投资者可卖出股票。当 RSI 值低于 20 时，则表示市场上卖盘多于买盘，空方力量强于多方力量，空方大举进攻后，市场下跌的幅度过大，已处于超卖状态，股价可能出现反弹或转势，投资者可适量建仓、买入股票。当 RSI 值处于 50 左右时，说明市场处于整理状态，投资者可观望。对于超买、超卖区的界定，投资者应根据市场的具体情况而定。一般情况下，RSI 数值在 80 以上就可以称为超买区，20 以下就可以称为超卖区。但有时在特殊的涨跌行情中，RSI 的超卖、超买区的划分要视具体情况而定。比如，在牛市中或对于牛股，超买区可定为 90 以上，而在熊市中或对于熊股，超卖区可定为 10 以下。

长短期 RSI 线的交叉情况可以作为研判行情的方法。短期 RSI 是指参数相对小的 RSI，长期 RSI 是指参数相对较大的 RSI。比如，6 日 RSI 和 12 日 RSI 中，6 日 RSI 即为短期 RSI，12 日 RSI 即为长期 RSI。当短期 RSI 大于长期 RSI 时，市场则属于多头市场。当短期 RSI 小于长期 RSI 时，市场则属于空头市场。当短期 RSI 线在低位向上突破长期 RSI 线时，一般为 RIS 指标的“黄金交叉”，为买入信号。当短期 RSI 线在高位向下突破长期 RSI 线时，一般为 RSI 指标的“死亡交叉”，为卖出信号。

### (四)RSI指标的特殊分析方法

RSI指标在高位盘整或低位横盘时所出现的各种形态也是判断行情、决定买卖行动的一种分析方法。当RSI曲线在高位(50以上)形成M头或三重顶等高位反转形态时,意味着股价的上升动能已经衰竭,股价有可能出现长期反转行情,投资者应及时地卖出股票。如果股价走势曲线也先后出现同样形态则更可确认,股价下跌的幅度和过程可参照M头或三重顶等顶部反转形态的研判。当RSI曲线在低位(50以下)形成W底或三重底等低位反转形态时,意味着股价的下跌动能已经减弱,股价有可能构筑中长期底部,投资者可逢低分批建仓。如果股价走势曲线也先后出现同样形态则更可确认,股价的上涨幅度及过程可参照W底或三重底等底部反转形态的研判。RSI曲线顶部反转形态对行情判断的准确性要高于底部形态。

当RSI处于高位,但在创出RSI近期新高后,反而形成一峰比一峰低的走势,如果此时K线图上的股价却再次创出新高,形成一峰比一峰高的走势,这就是顶背离。顶背离现象一般是股价在高位即将反转的信号,表明股价短期内即将下跌,是卖出信号。在实际走势中,RSI指标出现顶背离是指股价在进入拉升过程中,先创出一个高点,RSI指标也相应在80以上创出新的高点,之后,股价出现一定幅度的回落调整,RSI也随着股价回落走势出现调整。但是,如果股价再度向上并超越前期高点创出新的高点,而RSI随着股价上扬也反身向上但没有冲过前期高点就开始回落,这就形成RSI指标的顶背离。RSI出现顶背离后,股价见顶回落的可能性较大,是比较强烈的卖出信号。RSI的底背离一般是出现在20以下的低位区。如K线图上的股价一路下跌,形成一波比一波低的走势,而RSI线在低位却率先止跌企稳,并形成一底比一底高的走势,这就是底背离。底背离现象一般预示着股价短期内可能将反弹,是短期买入的信号。与MACD等指标的背离现象研判一样,RSI的背离中,顶背离的研判准确性要高于底背离。当股价在高位,RSI在80以上出现顶背离时,可以认为股价即将反转向下,投资者可以及时卖出股票;而股价在低位,RSI也在低位出现底背离时,一般要反复出现几次底背离才能确认,并且投资者只能做战略建仓或做短期投资。

## 四、布林指标的分析

### (一)布林指标的原理

布林(BOLL)指标是美国股市分析家约翰·布林根据统计学中的标准差原理设计出来的一种非常简单实用的技术分析指标。一般而言,股价的运动总是围绕某一价值中枢(如均线、成本线等)在一定范围内变动,BOLL指标正是在上述条件的基础上,引进了“股价通道”的概念,认为股价通道的宽窄随着股价波动幅度的大小而变化,而且股价通道又具有变异性,它会随着股价的变化而自动调整。正是由于它具有灵活性、直观性和趋势性的特点,BOLL指标渐渐成为投资者广为应用于市场上的热门指标。

在众多技术分析指标中,BOLL指标属于比较特殊的一类指标。绝大多数技术分析指标都是通过数量的方法构造出来的,它们本身不依赖趋势分析和形态分析,而BOLL指标却与股价的形态和趋势有着密不可分的联系。BOLL指标中的“股价通道”概念正是股价趋势理论的直观表现形式。BOLL是利用“股价通道”来显示股价的各种价位,当股价波动很小,处于盘整时,股价通道就会变窄,这可能预示着股价的波动处于暂时的平静期;当股价波动超出狭窄的股价通道的上轨时,预示着股价异常激烈的向上波动即将开始;当股价波动超出狭窄的股价通道的下轨时，同样也预示着股价异常激烈的向下波动将开始。

投资者常常会遇到两种最常见的交易陷阱，一是买低陷阱，投资者在所谓的低位买进之后，股价不仅没有止跌反而不断下跌；二是卖高陷阱，股票在所谓的高点卖出后，股价却一路上涨。BOLL 指标特别运用了爱因斯坦的相对论，认为各类市场间都是互动的，市场内和市场间的各种变化都是相对性的，股价的高低亦是相对的，股价在上轨线以上或在下轨线以下只反映该股股价相对较高或较低，投资者做出投资判断前还须综合参考其他技术指标，包括价量配合，市场间的关联数据等。

总之，BOLL 指标中的股价通道对预测未来行情的走势起着重要的参考作用。

**（二）BOLL 指标的计算方法**

在所有的指标计算中，BOLL 指标的计算是最复杂者之一，其中引进了统计学中的标准差概念，涉及中轨线（MB）、上轨线（UP）和下轨线（DN）的计算。另外，和其他指标的计算一样，由于选用的计算周期不同，BOLL 指标也包括日、周、月、年以及分钟 BOLL 指标等各种类型。经常被用于股市研判的是日和周 BOLL 指标。虽然它们计算时的取值有所不同，但基本计算方法一样。

1. 日 BOLL 指标的计算公式

$$中轨线=N\text{ 日的移动平均线} \tag{6.11}$$

$$上轨线=中轨线+两倍的标准差 \tag{6.12}$$

$$下轨线=中轨线-两倍的标准差 \tag{6.13}$$

2. 日 BOLL 指标的计算过程

首先计算 $MA$，即 $N$ 日内收盘价的平均数：

$$MA=N\text{ 日内的收盘价之和}\div N \tag{6.14}$$

其次计算收盘价的标准差 $MD$：

$$MD=\sqrt{\frac{\sum(C-MA)^2}{N}} \tag{6.15}$$

再次计算 $MB$、$UP$、$DN$ 值：

$$MB=(N-1)\text{日的 }MA \tag{6.16}$$

$$UP=MB+K\times MD \tag{6.17}$$

$$DN=MB-K\times MD \tag{6.18}$$

式中：$K$ 为参数，可根据股票的特性来做相应的调整，一般默认为 2。

在股市分析软件中，BOLL 指标一共由四条线组成，即上轨线 UP 、中轨线 MB、下轨线 DN（图 6-25）和价格线。其中上轨线 UP 是 UP 数值的连线，用黄色线表示；中轨线 MB 是 MB 数值的连线，用白色线表示；下轨线 DN 是 DN 数值的连线，用紫色线表示；价格线以美国线（美国线介绍见后文）表示，颜色为浅蓝色。和其他技术指标一样，在实战中，投资者不需要进行 BOLL 指标的计算，主要是了解其计算方法和过程，以便更加深入地掌握 BOLL 指标的实质，为运用指标打下基础。

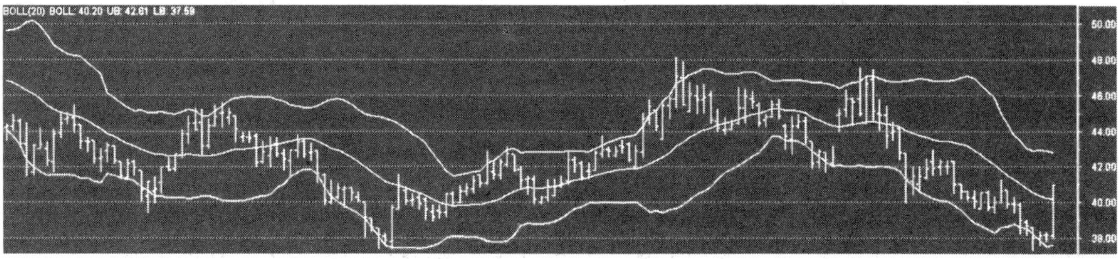


图 6-25 布林指标

(三)BOLL 指标的一般研判标准

BOLL 指标中的上、中、下轨线所形成的股价通道的移动范围是不确定的,通道的上下限随着股价的上下波动而变化。在正常情况下,股价应始终处于股价通道内运行。如果股价脱离股价通道运行,则意味着行情处于极端的状态下。在 BOLL 指标中,股价通道的上、下轨是显示股价安全运行的最高价位和最低价位。上轨线、中轨线和下轨线都可以对股价的运行起到支撑作用,而上轨线和中轨线有时则会对股价的运行起到压力作用。一般而言,当股价在中轨线上方运行时,表明股价处于强势趋势;当股价在中轨线下方运行时,表明股价处于弱势趋势。

当上、中、下轨线同时向上运行时,表明股价强势特征非常明显,股价短期内将继续上涨,投资者应坚决持股待涨或逢低买入。当上、中、下轨线同时向下运行时,表明股价的弱势特征非常明显,股价短期内将继续下跌,投资者应坚决持币观望或逢高卖出。当上轨线向下运行,而中轨线和下轨线却还在向上运行时,表明股价处于整理态势之中。如果股价是处于长期上升趋势时,则表明股价是上涨途中的强势整理,投资者可以持股观望或逢低短线买入;如果股价是处于长期下跌趋势时,则表明股价是下跌途中的弱势整理,投资者应以持币观望或逢高减仓为主。上轨线向上运行,而中轨线和下轨线同时向下运行的可能性非常小,这里就不作研判。当上、中、下轨线几乎同时处于水平方向横向运行时,则要看股价目前的走势处于什么样的情况下来判断:当股价前期一直处于长时间的下跌行情后开始出现三条线横向移动时,表明股价是处于构筑底部阶段,投资者可以开始分批少量建仓。一旦三条线向上发散,则可加大买入力度;当股价前期是处于小幅的上涨行情后开始出现三条线横向移动,表明股价是处于上升阶段的整理行情,投资者可以持股待涨或逢低短线吸纳,一旦三条线向上发散则可短线加码买入。当股价刚刚经历一轮大跌行情时开始出现三条线横向移动,表明股价是处于下跌阶段的整理行情,投资者应以持币观望和逢高减磅为主,一旦三条线向下发散则坚决清仓离场;三条线在顶部横向运动的可能极小,这里也不作研判。

(四)BOLL 指标的特殊分析方法

布林线“喇叭口”的研判是 BOLL 指标所独有的研判手段。所谓布林线“喇叭口”是指在股价运行的过程中,上轨线和下轨线分别从两个相反的方向与中轨线大幅扩张或靠拢而形成的类似于喇叭口的特殊形状。根据上轨线和下轨线运行方向和所处的位置的不同,我们又可以将“喇叭口”分为开口型喇叭口、收口型喇叭口和紧口型喇叭口等三种类型。开口型喇叭口形态常出现在股票短期内暴涨行情的初期,收口型喇叭口形态常出现在股票暴跌行情的初期,紧口型喇叭口形态则常出现在股价大幅下跌的末期。

当股价经过长时间的底部整理后，上轨线和下轨线逐渐收缩，上、下轨线之间的距离越来越小，随着成交量的逐渐放大，股价突然出现向上急速飙升的行情，此时上轨线也同时急速向上扬升，而下轨线却加速向下运动，这样上、下轨之间的形状就形成了一个类似于大喇叭的特殊形态，我们把布林线的这种喇叭口称为开口型喇叭口。开口型喇叭口是一种显示股价短线大幅向上突破的形态。它是形成于股价经过长时间的低位横盘筑底后、面临着向上变盘时所出现的一种走势。上、下轨线出现方向截然相反而力度却很大的走势，预示着多头力量逐渐强大而空头力量逐步衰竭，股价将处于短期大幅拉升行情之中。开口型喇叭口形态的形成必须具备两个条件。其一是股价要经过长时间的中低位横盘整理，整理时间越长，上、下轨之间的距离越小，则未来涨升的幅度越大；其二是布林线开始开口时要有明显的大的成交量出现。开口喇叭口形态的确立是以美国线（或 K 线）向上突破上轨线、股价带量向上突破中长期均线为准。对于开口喇叭口形态的出现，投资者如能及时短线买进定会获利丰厚。

当股价经过短时间的大幅拉升后，上轨线和下轨线逐渐扩张，上、下轨线之间的距离越来越大，随着成交量的逐步减少，股价在高位出现了急速下跌的行情，此时上轨线开始急速掉头向下，而下轨线还在加速上升，这样上、下轨之间的形状就变成一个类似于倒的大喇叭的特殊形态，我们把布林线的这种喇叭口称为收口型喇叭口。收口型喇叭口是一种显示股价短线大幅向下突破的形态。它是形成于股价经过短时期的大幅拉升后、面临着向下变盘时所出现的一种走势。上、下轨线出现方向截然相反而力度很大的走势，预示着空头力量逐渐强大而多头力量开始衰竭，股价将处于短期大幅下跌的行情之中。收口型喇叭口形态的形成虽然对成交量没有要求，但它也必须具备一个条件，即股价经过前期大幅的短线拉升，拉升的幅度越大，上、下轨之间的距离越大，则未来下跌幅度越大。收口型喇叭口形态的确立是以股价的上轨线开始掉头向下、股价向下跌破短期均线为准。对于收口型喇叭口形态的出现，投资者如能及时卖出则能保住收益、减少较大的下跌损失。

当股价经过长时间的下跌后，布林线的上、下轨线向中轨逐渐靠拢，上、下轨线之间的距离越来越小，随着成交量的越来越小，股价在低位反复振荡，此时上轨线还在向下运动，而下轨线却在缓慢上升。这样上、下轨线之间的形状就变成一个类似于倒的小喇叭的特殊形态，我们把布林线的这种喇叭口称为紧口型喇叭口。紧口型喇叭口是一种显示股价将长期小幅盘整筑底的形态。它是形成于股价经过长期大幅下跌后、面临着长期调整的一种走势。上、下轨线的逐步小幅靠拢，预示着多空双方的力量逐步处于平衡，股价将处于长期横盘整理的行情中。紧口型喇叭口形态的形成条件和确认标准比较宽松，只要股价经过较长时间的大幅下跌后，成交极度萎缩，上、下轨线之间的距离越来越小的时候就可认定紧口型喇叭初步形成。当紧口型喇叭口出现后，投资者既可以观望等待，也可以少量建仓。

**（五）美国线和布林线的关系**

美国线又称柱线图，其构造较 K 线简单。美国线的直线部分表示了当天行情的最高价与最低价间的波动幅度，左侧横线代表开盘价，右侧横线代表收盘价。当美国线从布林线的中轨线以下向上突破中轨线时，预示着股价的强势特征开始出现，股价将上涨，投资者应以中长线买入股票为主。当美国线从布林线的中轨线以上向上突破上轨线时，预示着股价的强势特征已经确立，股价将可能短线大涨，投资者应以持股待涨或短线买入为主。当美国线向上突破布林线上轨线以后，其运动方向继续向上时，如果上、中、下轨线的运动方向也同时向上，则预示着股市的强势特征依旧，股价短期内还将上涨，投资者应坚决持股待涨，直到美国线的运动方向开始有掉头向下的迹象时才密切注意行情是否转势。当美国线在布林线上方向上运动了一段时间后，如果美国线的运动方向开始掉头向下，投资者应格外小心，一旦美国线掉头向下并突破上轨线，预示着股价短期的强势行情可能结束，股价短期内将大跌，投资者应及时短线卖出股票、离场观望，特别是对于那些短线涨幅很大的股票。当美国线从布林线的上方向下突破上轨线后，如果上、中、下轨线的运动方向也开始同时向下，预示着股价的短期强势行情即将结束，股价的短期走势不容乐观，投资者应以逢高减磅为主。当美国线从中轨线上方向下突破中轨线时，预示着股价前期的强势行情已经结束，股价的中期下跌趋势已经形成，投资者应中线及时卖出股票。如果上、中、下轨线也同时向下则更能确认。当美国线向下跌破下轨线并继续向下时，预示着股价处于极度弱势行情，投资者应坚决以持币观望为主，尽量不买入股票。当美国线在下轨线下方运行了一段时间后，如果美国线的运动方向有掉头向上的迹象，表明股价短期内将止跌企稳，投资者可以少量逢低建仓。当美国线从下轨线下方向上突破下轨线时，预示着股价的短期行情可能回暖，投资者可以及时适量买进股票，作短线反弹行情。当美国线一直处于中轨线上方，并和中轨线一起向上运动时，表明股价处于强势上涨过程中，只要美国线不跌破中轨线，投资者坚决一路持股。当美国线一直处于中轨线下方，并和中轨线一起向下运动时，表明股价处于弱势下跌过程中，只要美国线不向上反转突破中轨线，稳健的投资者都可一路观望。

## 五、威廉指标的分析

### (一)威廉指标的原理

威廉指标(W%R)又叫超买超卖指标，是由拉瑞·威廉(Larry Williams)于1973年首创。威廉指标主要是通过分析一段时间内股价最高价、最低价和收盘价之间的关系，来判断股市的超买超卖现象，预测股价中短期的走势。它主要是利用振荡点来反映市场的超买超卖行为，分析多空双方力量的对比，从而提出有效的信号来研判市场中短期行为的走势。如图6-26所示。

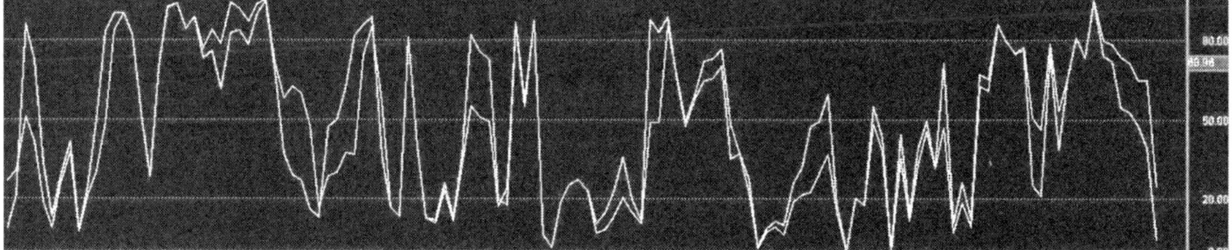


图 6-26　威廉指标

### (二)W%R的计算

威廉指标也包括日W%R、周W%R、月W%R和年W%R以及分钟W%R等各种类型。经常被用于股市研判的是日W%R和周W%R。虽然各周期的威廉指标的研判有所区别，但基本原理基本相同。如日威廉指标是表示当天的收盘价在过去的一段日子里的全部价格范围内所处的相对位置，把这些日子里的最高价减去当日收盘价，再将其差价除以这段日子的全部价格范围就得出当日的威廉指标。计算威廉指标时首先要决定计算参数，此数可以采取一个买卖循环周期的半数。以日为买卖周期为例，通常所选用的买卖循环周期为8日、14日、28日或56日等，扣除周六和周日，实际买卖周期为6日、10日、20日或40日等，取其一半则为3日、5日、10日或20日等。日威廉指标的计算公式为：

$$W\%R=\frac{H_n-C}{H_n-L_n}\times 100 \tag{6.19}$$

式中：$C$为计算日的收盘价；$L_n$为$N$周期内的最低价；$H_n$为$N$周期内的最高价；$N$为选定的计算时间参数，一般为4或14。

威廉指标是表示当天的收盘价在过去一段时间里的全部价格范围内所处的相对位置，因此，计算出的W%R值位于0～100之间。越接近0，表明目前的价位越接近过去14日(若$N=14$)内的最低价；越接近100，表明目前的价位越接近过去14日内的最高价。

**(三)W%R的一般应用**

W%R的一般研判标准主要是围绕W%R的数值大小、W%R曲线形状等方面展开。

当W%R在20～0区间时，是威廉指标的超买区，表明市场处于超买状态，股票价格已进入顶部，可考虑卖出。W%R=20一般视为卖出线。当W%R进入80～100区间时，是W%R指标的超卖区，表明市场处于超卖状态，股票价格已近底部，可考虑买入。W%R=80一般视为买入线。当W%R在20～80区间时，表明市场上多空暂时取得平衡，股票价格处于横盘整理之中，可考虑持股或持币观望。在具体实战中，当W%R突破20超买线而进入超买区运行时，表明股价进入强势拉升行情，这是提醒投资者要密切关注行情的未来走势，当W%R曲线再次大于20线时，才为投资者提出预警，为投资者买卖决策提供参考。同样，当W%R突破80超卖线而进入超卖区运行时，表明股价的强势下跌已经缓和，这也是提醒投资者可以为建仓做准备，而只有当W%R再次低于80线时，投资者才真正短线买入。

当W%R曲线从超卖区开始向上爬升，超过80这条买入线时，说明行情可能向上突破，是开始买入的信号。当W%R曲线从超买区开始向下回落，跌破20这条卖出线时，说明行情可能向下反转，是开始卖出的信号。当W%R曲线由超卖区向上突破50这条多空平衡线时，说明股价涨势较强，可考虑短线加码买入。当W%R曲线由超买区向下突破50这条多空平衡线时，说明股价跌势较强，可考虑短线加码卖出。

**(四)W%R的特殊分析方法**

威廉指标的背离是指W%R曲线的走势正好和股价K线图上的走势相反。当股价K线图上的股票走势一峰比一峰高，股价在一直向上涨，而威廉指标图上的W%R曲线的走势是在高位一峰比一峰低，这叫顶背离现象。顶背离现象一般是股价将高位反转的信号，表明股价短期内即将下跌，是比较强烈的卖出信号。当股价K线图上的股票走势一峰比一峰低，股价在向下跌，而威廉指标图上的W%R曲线的走势是在低位一底比一底高，这叫底背离现象。底背离现象一般是股价将低位反转的信号，表明股价短期内即将上涨，是比较强烈的买入信号。指标背离一般出现在强势行情中比较可靠，即股价在高位时，通常只需出现一次顶背离的形态即可确认行情的顶部反转，而股价在低位时，一般要反复出现多次底背离后才可确认行情的底部反转。

指标撞顶和撞底的研判是威廉指标所独有的分析原则。由于威廉指标能较准确地提示超买超卖和判断强弱转化，可以测量一段时间内的股价高点和低点，提示有效的买卖信号，因此，威廉指标的撞顶和撞底研判有利于投资者进行短线的买卖决策。在上面威廉指标的一般研判标准中，我们讲到"20～0"和"80～100"是威廉指标的超买超卖区，但这并不意味着当W%R曲线进入超买超卖区后就要卖出和买入，只有当W%R曲线再次大于20线或再次小于80线时，才能做出决策。

## 六、心理线

心理线(PSY)是一种建立在研究投资人心理趋向基础上，将某段时间内投资者倾向买方还是卖方的心理与事实转化为数值，形成人气指标，作为买卖股票的参数。PSY指标是从英文Phycholoigical Line直译过来的，是研究投资者对股市涨跌产生心理波动的情绪指标，是一种能量类和涨跌类指标，它对股市短期走势的研判具有一定的参考意义。它是以一段时间收盘价涨跌天数的多少为依据，如图6-27所示，一条代表心理线，一条代表移动平均线。其计算方法较为简单：

$$PSY(N)=\frac{A}{N}\times 100 \tag{6.20}$$

式中：$N$为周期数，是PSY的参数，可以为日、周、月、分钟；$A$为在这$N$个周期之中股价上涨的周期数。

如20日内，12日上涨，8日下跌，则$A=12$，$N=20$，$PSY=60$。

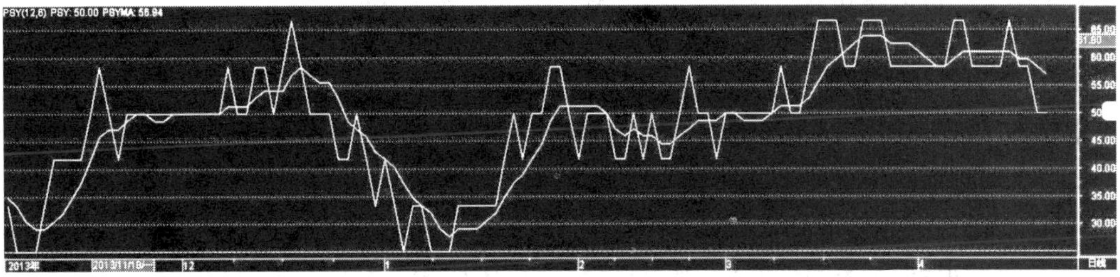


**图6-27 心理线**

(1)PSY的取值始终是处在0～100之间，0是下限极值，100是上限极值。50为多空双方的分界线，PSY大于50为PSY指标的多方区域，说明$N$日内上涨的日数大于下跌的日数，多方占主导地位，投资者可持股待涨。PSY小于50为PSY指标的空方区域，说明$N$日内上涨的日数小于下跌的日数，空方占主导地位，投资者宜持币观望。PSY在50左右徘徊，则反映近期股票指数或股价上涨的日数与下跌的日数基本相等，多空力量维持平衡，投资者以观望为主。

(2)PSY超过75时为超买，低于25时为超卖，在25～75区域内为常态分布。但在涨升行情时，应将卖点提高到75之上；在跌落行情时，应将买点降低至25以下。具体数值要凭经验和配合其他指标确定。

(3)一段上升行情展开前,通常超卖的低点会出现两次。同样,一段下跌行情展开前,超买的最高点也会出现两次。在出现第二次超卖的低点或超买的高点时,一般是买进或卖出的时机。

(4)当 PSY 降低至 10 或 10 以下时,是真正的超卖,此时是一个短期抢反弹的机会,应立即买进。

(5)心理线主要反映市场心理的超买或超卖,因此,当其值在常态区域上下移动时,一般应持观望态度。

# 模块 5　证券投资基本方法与应用

证券投资基本分析一般是通过对影响证券市场基本经济因素的分析,来预测经济变量的变化对证券市场的影响。投资者根据经济学、金融学、投资学、统计学等学科的基本原理,对影响证券价值和价格的各种基本因素进行分析,主要从宏观分析、行业分析和公司分析三个方面着手,以评估证券的投资价值,判断证券的合理价位。亦即需要通过以宏观、中观、微观三个层次来进行分析。

## 一、宏观分析

### (一)经济运行基本变量分析

宏观分析要求我们要了解影响股市的大的经济环境,比如 GDP、CPI、经济周期等因素,它是以整个国民经济活动作为考察对象,研究各个有关的总量及其变动。

首先,我们要考虑的是 GDP。GDP 是一国领土范围内本国和外国居民在一定时期内所生产的、以市场价格表示的产品和劳务的总和,因而当 GDP 稳定持续上涨时,只要上市公司经营正常,其产值、销售收入、利润都会持续增加,从而使证券价格上涨。投资者对经济形势的良好预期也会促进证券价格的上涨。反之则下降。

其次,经济周期的扩张与收缩的交替出现,经济扩张的时候,经济繁荣,股市也会应声上涨,一浪高过一浪;经济紧缩的时候,股市也会萧条,连连暴跌。在繁荣时期交易活跃,而在紧缩时期交易冷清。

最后,CPI 也是投资者最关心的数据。通货膨胀对债券的影响较大,但对股票有所区别。一般来说,通货膨胀率较低时,危害不大,而且对价格还有推动作用。因为通货膨胀主要是因为货币量相对增多引起的。货币量的增加开始一般能刺激生产增加利润,从而增加可分派利息。股息的增加会使股票更具有吸引力,于是股票将上涨。当通货膨胀率较高而且持续到一定阶段时,经济发展和物价的前景就不可捉摸,整个经济形势就会变得不稳定。这时,一方面企业的发展会变得飘忽不定,企业的利润前景不明,影响新投资注入;另一方面政府会提高利率水平,紧缩银根,从而使股票价格下降。

### (二)经济政策分析

除了进行以上经济运行的基本变量分析,我们还要进行经济政策分析。经济政策包括货币政策和财政政策。

(1)货币政策。货币政策包括利率、法定存款准备金率、公开市场业务和调节货币供应量。降低存贷款利率、降低法定存款准备金率、中央银行买进有价证券、增加货币供应量，能够降低投资者投资于股票的机会成本，增加上市公司的盈利，都能使证券市场价格上涨。提高存贷款利率、提高法定存款准备金率、中央银行卖出有价证券、减少货币供应量，都会促使证券价格下跌。

(2)财政政策。积极的财政政策手段主要有减少税收、扩大财政赤字、减少国债发行或回购部分国债、增加财政补贴以及转移支付制度，这些手段一般都会使证券价格上扬。紧缩的财政政策则相反。

## 二、行业分析

就证券投资分析而言，行业分析是了解介于宏观和微观之间的一些重要的经济因素。在国民经济中，一些行业的增长率高于国内生产总值的增长率，还有一些行业的增长率则低于国内生产总值的增长率。而在一般情况下，某一企业的增长与其行业的增长是基本一致的。鉴于这种情况，投资者在投资过程中，对行业的正确选择必定建立在对行业的正确分析的基础上。通常，在行业分析中，主要分析行业的市场类型、生命周期和影响行业发展的有关因素。通过分析，可以了解到处于不同市场类型和生命周期不同阶段上的行业产品生产、竞争状态以及盈利能力等方面信息资料，从而有利于正确地选择适当的行业进行有效的投资。在软件上，我们可以选择界面下方的“板块”栏目(图 6-28)搜寻“行业板块”，选择各个行业的公司。

图 6-28　板块界面

### (一)行业的市场类型分析

行业的市场结构随该行业中企业的数量、企业的性质、价格的制定和其他一些因素的变化而变化。根据以上各因素，所有行业可以被划分为四种类型：完全竞争行业、垄断竞争行业、寡头垄断行业和完全垄断行业。

按照企业数量、产品差别程度、控制价格能力、新企业进入难易程度及典型行业等要素，可以将上述行业进行大致的区分。见表6-3。

表6-3 行业市场结构类型

| 行业类型 | 企业数量 | 产品差别程度 | 控制价格的能力 | 新企业进入的难易程度 | 典型行业 |
|---|---|---|---|---|---|
| 完全竞争 | 很多 | 均质或相同 | 没有 | 很容易 | 农业、商业 |
| 垄断竞争 | 较多 | 有一定的差别 | 较低 | 较容易 | 轻工业行业 |
| 寡头垄断 | 少数 | 同一或微小差别 | 较高 | 不容易 | 重工业行业 |
| 完全垄断 | 一个 | 独特产品 | 很高 | 不可能 | 公用事业 |

由此可见，完全竞争的根本特点在于所有的企业都无法控制市场的价格和使产品差异化。垄断竞争生产的产品同种但不同质，即产品之间存在着实际或想象上的差异，由于产品差异性的存在，生产者可以树立自己产品的信誉，从而对其产品的价格有一定的控制能力。寡头垄断只有少量的生产者生产同一种产品，因而对市场的价格和交易具有一定的垄断能力。完全垄断可以分为两种类型：政府完全垄断，如国有铁路、邮电等部门；私人完全垄断，如根据政府授予的特许专营或根据专利生产的独家经营，以及由于资本雄厚、技术先进而建立的排他性的私人垄断经营。完全垄断市场的特点是：由于市场被独家企业所控制，产品又没有或缺少替代品，因此垄断者能够根据市场的供需情况制定理想的价格和产量，在高价少销和低价多销之间进行选择，以获取更大的利润。不过，垄断者在制定产品的价格与生产数量方面的自由性是有限度的，它要受到反垄断法和政府管制的约束。

**(二)行业周期分析**

不同的行业也有不同的特点，比如快速消费品行业和耐用消费品行业，快速消费品周期明显程度低于耐用消费品周期，因为快速消费品比如牙膏、食盐等消费品其销售量一般来说是比较稳定的，波动比较小。但是耐用品则不一样，比如拖拉机、电视机等，其产品使用周期一般比较长，呈现一定的销售周期现象。

此外，从时间跨度更大的角度来看，我们还应注意到的是产品周期理论。一个行业有其自身的兴衰史，这也是一个大的周期，一般包括以下几个阶段，如图6-29所示。

(1)导入期。高风险低收益是其特点。由于行业创立投资和产品研究、开发需要大量的费用，其产品成本和价格较高，市场需求不大，所以利润率很低甚至没有，经营风险很大，投资于该行业有很大的风险。但也有高风险偏好型资本乐于发掘那些暂时收益低但是以后会带来高收益的朝阳产业。

(2)成长期。以竞争加强、价格下降、利润上升为特点。拥有一定的市场营销和财务力量的企业逐渐主导市场。随着新产品得到市场的认可，受不确定性因素的影响较小，行业的波动也较小。此时投资者蒙受经营损失而导致投资损失的风险大大降低。

(3)成熟期。这一时期，在竞争中生存下来的少数企业垄断了市场，行业利润达到了较高水平，企业风险也较低。但是行业的增长速度大大降低，除非有技术创新，否则行业增长难以

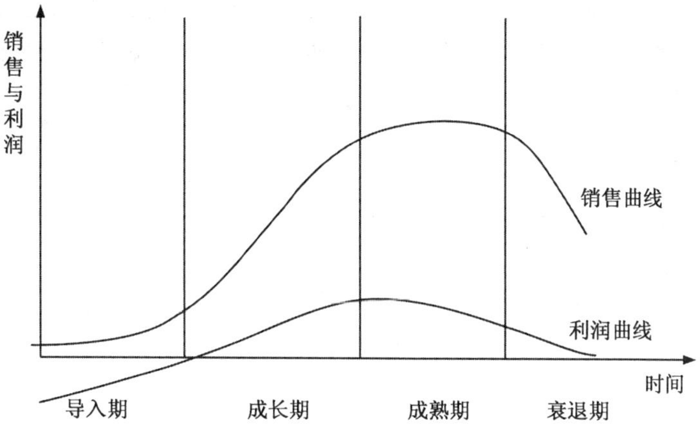


图 6-29 生命周期理论

同整个经济增长保持同步。

(4)衰退期。这一时期,由于需求减少,产量下降,增长率逐渐降低甚至出现负增长。厂商数量减少,行业开始萎缩。

## 三、公司分析

我们毕竟要买的是公司发行的股票,所以最后回归到对公司的分析上也是理所当然的。针对公司的各个方面进行分析,比如行业地位、盈利能力及增长性、公司经营管理能力等。接下来我们具体了解以下这几个方面。

(1)公司在行业中的排序如何?具体可借助于相关信息来判断,比如公司的财报、有关公司的新闻。在交易软件中按 F10 就可以找到相关信息。

(2)公司的产品占有率如何?应从公司产品销售市场的地域分布和在同一类产品市场上的占有率两个方面来考察,另外还要考虑产品的成本、技术和质量等方面的优劣。

(3)公司的盈利能力和潜力如何?公司的价值取决于其盈利能力同资本成本的比较。盈利能力越高,资本成本就越低,公司的净值就会增长得越快,公司的价值就越大。衡量公司盈利能力的指标主要有资产利润率、销售利润率和每股收益率等。

(4)公司经营和管理能力如何?公司经营管理能力包括公司管理人员素质和能力分析、公司管理风格和经营概念分析以及维护本公司竞争地位的能力,运用现代企业管理方法的能力。不同的管理者可以引导公司走向不同的道路,管理层的变动会对公司产生较大的影响。

通过分析公司财务来获得以上信息应该成为每个合格投资者的基本功。精通此道的人说:"财报就像一本故事书",他们可以从上市公司的财报中看到各种各样的信息并以此作为判断公司价值的依据。价值投资者认为,一个好的公司因为业绩不断上升,从而也为社会创造更多的财富,他们给投资者的回报也越多,获得良好的社会评价,社会公众也对它给予较好的预期,这都形成了股价上升的基础。即使不是价值投资者,一个在经营方面表现良好的企业也会有着较高的投资安全边际。

关于公司财务的分析,主要集中在三个表:资产负债表、损益表、现金流量表。我们以房地产龙头企业万科公司2013年的年报数据为例。表6-4是公司的资产负债表,它反映公司在某一时点财务状况的静态报告,分析它可以了解公司的财务状况,如偿债能力强弱、资本结构合理性、流动资金充足性等。资产负债表的基本关系是:资产=负债(广义)=负债(狭义)+股东权益。

**表6-4 资产负债表**

元

| 科目 | 2013-12-31 | 科目 | 2013-12-31 |
|---|---|---|---|
| 流动资产: | | 流动负债: | |
| 货币资金 | 44 365 409 795.23 | 短期借款 | 5 102 514 631.14 |
| 交易性金融资产 | | 交易性金融负债 | 11 686 986.02 |
| 应收票据 | | 应付票据 | 14 783 899 946.37 |
| 应收账款 | 3 078 969 781.37 | 应付账款 | 63 958 459 138.78 |
| 预付款项 | 28 653 665 102.61 | 预收款项 | 155 518 071 436.35 |
| 其他应收款 | 34 815 317 241.41 | 应付职工薪酬 | 2 451 674 436.71 |
| 应收关联公司款 | | 应交税费 | 4 578 205 233.59 |
| 应收利息 | | 应付利息 | 291 243 561.80 |
| 应收股利 | | 应付股利 | |
| 存货 | 331 133 223 278.99 | 其他应付款 | 54 704 285 269.26 |
| 一年内到期的非流动资产 | | 应付关联公司款 | |
| 其他流动资产 | | 一年内到期的非流动负债 | 27 521 791 569.90 |
| 流动资产合计 | 442 046 585 199.61 | 其他流动负债 | |
| 非流动资产: | | 流动负债合计 | 328 921 832 209.92 |
| 可供出售金融资产 | 2 466 185 867.93 | 长期借款 | 36 683 128 420.08 |
| 持有至到期投资 | | 应付债券 | 7 398 391 932.47 |
| 长期应收款 | | 长期应付款 | |
| 长期股权投资 | 10 637 485 708.34 | 专项应付款 | |
| 投资性房地产 | 11 710 476 284.30 | 预计负债 | 46 876 821.15 |
| 固定资产 | 2 129 767 863.36 | 递延所得税负债 | 672 715 687.44 |
| 在建工程 | 913 666 777.10 | 其他非流动负债 | 42 955 020.85 |
| 工程物资 | | 非流动负债合计 | 44 844 067 881.99 |
| 固定资产清理 | | 负债合计 | 373 765 900 091.91 |
| 生产性生物资产 | | 所有者权益: | |
| 油气资产 | | 实收资本(或股本) | 11 014 968 919.00 |
| 无形资产 | 430 074 183.12 | 资本公积 | 8 532 222 933.57 |
| 开发支出 | | 盈余公积 | 20 135 409 720.24 |
| 商誉 | 201 689 835.80 | 减:库存股 | |
| 长期待摊费用 | 63 510 505.21 | 未分配利润 | 36 706 888 864.08 |
| 递延所得税资产 | 3 525 262 051.95 | 少数股东权益 | 28 543 440 058.93 |
| 其他非流动资产 | 5 080 619 213.82 | 外币报表折算价差 | 506 492 902.81 |
| 非流动资产合计 | 37 158 738 290.93 | 所有者权益(或股东权益)合计 | 105 439 423 398.63 |
| 资产总计 | 479 205 323 490.54 | 负债和所有者权益(或股东权益)合计 | 479 205 323 490.54 |

资料来源:巨潮资讯网。

表 6-5 所示的是损益表或利润及分配表，它由四个部分构成，即营业收入、营业利润、利润总额和净利润。它是一定时期内经营成果的反映，分析其可以了解公司的盈利能力、盈利状况、经营效率等。

**表 6-5　利润表**

| 科目 | 2013 年度 | 科目 | 2013 年度 |
|---|---|---|---|
| 一、营业收入 | 135 418 791 080.35 | 二、营业利润 | 24 261 338 387.14 |
| 减：营业成本 | 92 797 650 762.81 | 加：补贴收入 | |
| 营业税金及附加 | 11 544 998 138.82 | 营业外收入 | 118 969 557.11 |
| 销售费用 | 3 864 713 570.44 | 减：营业外支出 | 89 296 694.95 |
| 管理费用 | 3 002 837 563.15 | 其中：非流动资产处置净损失 | 6 820 073.10 |
| 勘探费用 | | 加：影响利润总额的其他科目 | |
| 财务费用 | 891 715 053.49 | 三、利润总额 | 24 291 011 249.30 |
| 资产减值损失 | 60 153 366.60 | 减：所得税 | 5 993 461 378.06 |
| 加：公允价值变动净收益 | −572 042.22 | 加：影响净利润的其他科目 | |
| 投资收益 | 1 005 187 804.32 | 四、净利润 | 18 297 549 871.24 |
| 其中：对联营企业和合营企业的投资权益 | 999 397 870.95 | 归属于母公司所有者的净利润 | 15 118 549 405.78 |
| 影响营业利润的其他科目 | | 少数股东损益 | 3 179 000 465.46 |

资料来源：巨潮资讯网。

现金流量表反映资产负债表上现金项目的信息。现金流量表主要分经营活动、投资活动、和筹资活动的现金流量三个部分。分析现金流量表可以判断公司的支付能力、偿债能力以及公司对外部资金的需求情况，预测公司未来的发展前景。表 6-6 为万科公司 2013 年的现金流量表。

如何有效利用这些数据进行分析？我们将从三个方面进行判断，分别是公司的偿债能力、资产运营能力、获利能力，公司的这三个方面的能力都可以通过相关指标反映。

**（一）偿债能力分析**

偿债能力是公司偿还各种到期债务的能力。偿债能力分析是公司财务分析的一个重要方面，通过这种分析可以揭示公司的财务风险。偿债能力根据偿还期限的不同，包括短期偿债能力和长期偿债能力两部分。

1. 短期偿债能力分析

短期偿债能力是指公司偿还公司流动负债的能力。其评价指标主要有流动比率、速动比率。

$$流动比率=\frac{流动资产}{流动负债} \tag{6.21}$$

$$速动比率=\frac{速动资产}{流动负债}=\frac{流动资产-存货}{流动负债} \tag{6.22}$$

表 6-6　现金流量表　　元

| 科目 | 2013 年度 | 科目 | 2013 年度 |
|---|---|---|---|
| 一、经营活动产生的现金流量： | | 三、筹资活动产生的现金流量： | |
| 销售商品、提供劳务收到的现金 | 153 437 067 361.89 | 取得子公司及其他营业单位支付的现金净额 | 1 238 623 660.25 |
| 收到的税费返还 | | 支付其他与投资活动有关的现金 | |
| 收到其他与经营活动有关的现金 | 22 239 683 500.15 | 投资活动现金流出小计 | 10 232 202 753.03 |
| 经营活动现金流入小计 | 175 676 750 862.04 | 投资活动产生的现金流量净额 | −7 954 417 194.85 |
| 购买商品、接受劳务支付的现金 | 128 656 952 761.00 | 吸收投资收到的现金 | 3 183 535 770.44 |
| 支付给职工以及为职工支付的现金 | 3 472 695 705.76 | 取得借款收到的现金 | 44 467 771 166.47 |
| 支付的各项税费 | 21 213 916 499.53 | 收到其他与筹资活动有关的现金 | |
| 支付其他与经营活动有关的现金 | 20 409 317 005.86 | 筹资活动现金流入小计 | 55 128 099 411.36 |
| 经营活动现金流出小计 | 173 752 881 972.15 | 偿还债务支付的现金 | 48 430 256 803.17 |
| 经营活动产生的现金流量净额 | 1 923 868 889.89 | 分配股利、利润或偿还利息支付的现金 | 8 755 488 186.18 |
| 二、投资活动产生的现金流量： | | 支付其他与筹资活动有关的现金 | |
| 收回投资收到的现金 | 746 440 756.57 | 筹资活动现金流出小计 | 57 185 744 989.35 |
| 取得投资收益收到的现金 | 734 522 363.20 | 筹资活动产生的现金流量净额 | −2 057 645 577.99 |
| 处置固定资产、无形资产和其他长期资产收回的现金净额 | 1 799 881.29 | 四、汇率变动对现金的影响 | −27 880 895.40 |
| 处置子公司及其他营业单位收到的现金净额 | 190 095 809.63 | 其他原因对现金的影响 | |
| 收到其他与投资活动有关的现金 | 604 926 747.49 | 五、现金及现金等价物净增加额 | −8 116 074 778.35 |
| 投资活动现金流入小计 | 2 277 785 558.18 | 期初现金及现金等价物余额 | 51 120 223 950.88 |
| 购建固定资产、无形资产和其他长期资产支付的现金 | 2 439 391 876.31 | 六、期末现金及现金等价物余额 | 43 004 149 172.53 |
| 投资支付的现金 | 6 554 187 216.47 | | |

资料来源：巨潮资讯网。

流动比率是衡量公司短期偿债能力的重要财务指标。比率越高，说明短期偿债能力越强，反之则表示企业的偿债能力较弱。不同行业的流动比率又存在差异，计算出来的流动比率只有和同行业的平均流动比率、本公司历史流动比率进行比较才能看出其高低。万科公司 2013 年的流动比率是 1.369 7，行业平均水平 1.9 左右，比行业平均水平低，且其流动比率是连年降低的，这一点值得注意。流动比率过高和过低都不好，过低意味着公司将面临较大的短期偿债压力，过高则意味着闲置现金的持有量过多，必然会造成机会成本的增加。

速动比率和流动比率的差别就是从流动资产中减去了存货，因为存货是变现能力比较差的资产，所以把存货从流动资产总额中扣除而计算出的速动比率反映的短期偿债能力更令人信服。万科 2013 年的速动比率是 0.616 6，行业平均水平 0.6，属于行业正常水平，且近三年比较平稳。

2. 长期偿债能力分析

长期偿债能力是指公司偿还长期债务的能力。分析公司长期偿债能力的指标主要有资产负债率和股东权益比率。

$$资产负债率=\frac{负债总额}{资产总额}\times 100\%\qquad(6.23)$$

负债总额既包括短期负债也包括长期负债，从债权人的立场看，他们希望该比率越低越好，因为这样他们贷出的款项就会更有保证，承受的风险就较小；从股东的角度来讲，在全部资本利润率高于贷款利率时，负债比率越大越好，否则越低越好；从经营立场来看，若举债多，超出债权人心理承受程度，公司就会借不到钱；若公司不举债，或负债比例小，说明公司畏缩不前，对前途信心比较悲观。

另一指标是股东权益比率，也称产权比率、资本负债率，即：

$$股东权益比率=\frac{负债总额}{股东权益总额}\times 100\%\qquad(6.24)$$

该指标反映的是由债权人提供的资本与股东提供的资本的相对关系，反映公司的基本结构是否稳定。一般来说，股东资本大于负债总额较好。股东权益就相当于公司“自己的钱”，反映了债权人投入的资本受到股东权益保障的程度，该比率越小，保障程度就比较高，一般来说，地产行业比其他行业的股东权益比率较小，我们根据万科的资产负债表，算出其股东权益比率为 3.5，属行业正常水平。

**(二)资产营运能力分析**

营运能力是指公司的资产周转能力，如果公司的资产周转能力不佳，公司的经营就难以为继。对此分析可以了解公司的营业状况及经营管理水平。评价公司的营运能力常用的财务比率为应收账款周转率、存货周转率、固定资产周转率等。

应收账款周转率是指公司一定时期的赊销收入净额与应收账款平均余额的比率。即：

$$应收账款周转率=\frac{赊销收入净额}{应收账款平均余额}\times 100\%\qquad(6.25)$$

应收账款周转率越高，说明公司催收账款的速度越快，可以减少公司的坏账损失，公司的财务状况较好。

存货周转率就是销售成本和平均存货的比率。即：

$$存货周转率=\frac{销售成本}{平均存货}\times 100\%\qquad(6.26)$$

$$平均存货=(期初存货余额+期末存货余额)\div 2\qquad(6.27)$$

存货周转率越高，说明公司的存货周转越快，公司的销售能力越强，营运资金占用在存货上的金额越少。反之，则说明公司在产品销售方面有一定的问题。

固定资产周转率是指公司的年销售收入净额与固定资产平均净值的比率。即：

$$固定资产周转率=\frac{年销售收入净额}{固定资产平均净值}\times 100\%\qquad(6.28)$$

该比率较高说明公司利用固定资产的程度较高，生产经营的效率正常。反之则说明固定资产利用效率不高，会影响公司的营运能力。

需要再次注意的是，这三个营运周转指标只有跟同行业的企业相比才具有意义。

**(三)获利能力分析**

获利能力是指企业获取利润的能力，分析公司的获利能力，一般只分析公司正常的经营活动的获利能力，不涉及非正常的经营活动。因为一些偶发的、特殊的经营活动，虽然也会给公司带来利润，但是其具有不可持续性，所以不能拿来对公司的获利能力作评价。我们评价公司的获利能力，常用的指标是销售净利率、销售毛利率、资产净利率、净资产收益率、市盈率等。

$$销售净利率=\frac{净利润}{销售收入}\times 100\% \tag{6.29}$$

销售净利率反映了公司利率占销售收入的比例，它可以评价公司通过销售获取利润的能力，这个结果表示每元的销售收入可以实现的利润，如果该比率越高，那么公司通过扩大销售获取收益的能力越强。

$$销售毛利率=\frac{毛利}{销售收入}\times 100\% \tag{6.30}$$

销售毛利率是净利率的基础，如果没有足够大的毛利率，公司就不会实现盈利。

$$资产净利率=\frac{企业净利润}{平均资产总额}\times 100\% \tag{6.31}$$

这个指标表示公司资产利用效率的高低，该指标越高，就表明公司的资产利用效率越高，说明公司在增收节支方面取得了良好的效果，公司“用钱生钱”能力提高。

$$净资产收益率=\frac{净利润}{净资产平均余额}\times 100\% \tag{6.32}$$

净资产收益率指标越高，由投资人享有的净利润就越多，投资人投资的收益水平就越高。

$$市盈率=\frac{每股市价}{每股利润} \tag{6.33}$$

市盈率是反映公司获利能力的一个重要财务比率。一般来说，市盈率越高，说明投资者对该公司的发展前景就越乐观，愿意出较高的价钱购买公司的股票，但是购买市盈率高的股票也会面临更高的风险。市盈率的数值可以粗略地表示多少年可以收回投入，在投机的作用下，有的股票市盈率甚至高到离谱的程度，被很多价值投资者戏谑地称为“市梦率”。

市盈率是 PE(price to earnings ratio)，而 PEG 的指标加入了公司发展速度的因素，即“盈利增长速度”。

$$PEG=\frac{每股市价}{每股利润(1+利润增长速度)} \tag{6.34}$$

通过增长速度对市盈率算法进行调整，可以更加科学地对公司之间价值进行比较。

**(四)阅读年报的五个要点**

投资者在阅读年报时有必要关注以下几个方面：

(1)业绩的优良性。最常见的是通过市盈率、净资产收益率、每股收益的多少这三个指标进行衡量。蓝筹股的市盈率要保持在20倍左右或少于20倍;其净资产收益率每年至少要保持在6%～10%之间;每股收益多少才算是蓝筹股,这需要就个股情况具体分析,没有具体的衡量标准,因为每只股票的股本结构不一,净资产的高低不同。

(2)业绩的稳定性。蓝筹股的业绩必须具备较强的稳定性和可持续发展能力,这种能力主要依赖于上市公司的品牌优势、技术优势、规模优势。有些不具备优势的上市公司在面临激烈的市场竞争时,其业绩忽而濒临摘牌的境地,忽而又大幅飙升,对于这类缺乏持续稳定性的个股,投资者回避为上。

(3)业绩的成长性。业绩好的绩优股不一定能给投资者带来丰厚的回报,只有成长性好的股票才能给投资者带来丰厚利润。成长性主要通过对该公司所处行业是夕阳产业还是朝阳产业、公司募集资金的投资方向和效果、产品的科技含量如何、人才资源的配置和企业的核心竞争力等多方面来进行综合分析研判。通过财务报表的信息披露,投资者不仅要了解上市公司已经公告的业绩,而且还要从公告信息中判断企业未来的发展前景。

(4)业绩的现金流量。从财务报表来看,部分上市公司的利润状况确实好,但再仔细观察现金流量表,就会发现现金流量的状况实在不佳。有的企业在利润大幅增长的同时,其经营活动和筹资活动所产生的现金流入却远远低于投资活动产生的巨额现金流出。

(5)业绩的利润构成。要观察上市公司业绩增长是真正来源于主营业务收入的增加,还是来自于偶然性收入,如:补贴收入,营业外收入,债务重组收益,因会计政策变更或会计差错更正而调整的利润,发行新股冻结资金的利息等。还要注意有的公司利用关联交易调节利润,甚至是直接变卖家产,更有极少数上市公司通过财务的技术处理,给业绩注入水分。

## 四、美林投资时钟理论

上面已经介绍了宏观分析、行业分析、公司分析,下面介绍一种非常实用的分析投资周期的工具:美林投资时钟。美国的美林证券公司在2008年金融海啸暴发之前是投行业的标杆,后来参与过多的金融衍生杠杆交易,它在金融危机中倒下,但它发现的美林投资时钟依然是投资界经典的投资分析工具。

美林在超过30年的数据统计分析中发现了投资时钟,根据经济增长和通胀状况,美林的投资时钟将经济周期划分为四个不同的阶段。在每个阶段,图6-30标识的资产类和行业的表现倾向于超过大市,而处于对立位置的资产类及行业的收益会低过大市。它将经济周期、资产、行业轮动结合起来,便于投资者发现投资机会,从经济周期的波动中获利。

美林投资时钟理论按照经济增长与通胀的不同搭配,将经济周期划分为四个阶段,如图6-30所示,经济周期按顺时针变换,从而变换不同投资品种。

(1)“经济上行,通胀下行”构成复苏阶段,此阶段由于股票对经济的弹性更大,其相对债券和现金具备明显超额收益;

(2)“经济上行,通胀上行”构成过热阶段,在此阶段,通胀上升增加了持有现金的机会成本,可能出台的加息政策降低了债券的吸引力,股票的配置价值相对较强,而商品则将明显走牛;

(3)“经济下行,通胀上行”构成滞胀阶段,在滞胀阶段,现金收益率提高,持有现金最明智,

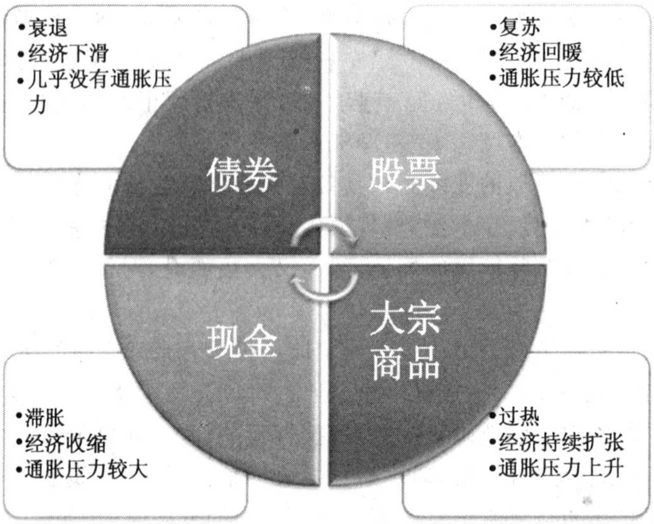


图 6-30 美林投资时钟

经济下行对企业盈利的冲击将对股票构成负面影响，债券相对股票的收益率提高；

(4)“经济下行，通胀下行”构成衰退阶段，在衰退阶段，通胀压力下降，货币政策趋松，债券表现最突出，随着经济即将见底的预期逐步形成，股票的吸引力逐步增强。

投资时钟还可以帮助我们制定行业投资战略：

(1)周期性：当经济增长加快，股票和大宗商品表现好。周期性行业，如高科技股或钢铁股表现超过大市。当经济增长放缓，债券、现金及防守性投资组合表现超过大市。

(2)持续期：当通胀率下降，折现率下降，金融资产表现好。投资者购买持续期长的成长型股票。当通胀率上升，实体资产如大宗商品和现金表现好。估值波动小而且持续期短的价值型股票表现超出大市。

(3)与标的资产相关：一些行业的表现与标的资产的价格走势相关联。保险类股票和投资银行类股票往往对债券或股权价格敏感，复苏阶段中表现得好。矿业股对金属价格敏感，在过热阶段中表现得好。石油与天然气股对石油价格敏感。在滞胀阶段中表现超过大市。

## 小 资 料

### 资料 17：技巧——布林中轨攻防战

运用布林线炒股是一种国际上流行的技法，而投资者一旦真正从趋势及概率意义上理解并认知这一技术工具，就可以进一步提升实战操作的能力。如果说，利用布林通道上下轨进行高抛低吸是很重要的技巧，那么通过布林中轨把握攻防节奏，正确地进行资金管理就是多数投资者盈亏的关键，而辅以参数为 3、7、21 的日均线系统，其胜算就能大大提高。

布林线日线参数多设为 20 日或 25 日，其中 20 日较为敏感，实战参考价值较大。在股市波动周期加长的今天，以布林线中轨所代表的20日均线可对强势股、热门股在2～4周以内的波段趋势及买卖点提供更强的实战指导。

具体要点如下：(1)布林线中轨经长期大幅下跌后转平，出现向上的拐点，且股价在2～3日内均在中轨之上。此时，若股价回调，其回档低点往往是适量低吸的中短线切入点。(注意，此时3、7、21日均线系统形成金叉并呈多头发散状。)若有成交量的配合，投资者可积极吸纳，因为这种金叉往往能捕捉到黑马升幅的暴涨波段。(2)对于在布林线中轨与上轨之间运作的强势股，不妨以回抽中轨作为低吸买点，并以中轨作为其重要的止盈、止损线。若3、7、21日均线系统出现死叉并呈空头发散状，投资者要坚决出局。(3)一段时间的价量配合较好，区间阳线累计换手高于阴线换手。股价相对前期温和放量，单日换手在0.8%～1.2%的区间内，而股价持续性攻击时，单日换手需保持在1.5%～2%的区间内。(4)K线组合阳线多于阴线，阳线实体长于阴线。若股价有圆弧底、双底、头肩底、复合底形态则更佳。(5)若股价上破布林线上轨3日或冲出上轨过多，而成交量又无法连续放出，此时投资者要注意短线高抛了结。

## 资料18:5日均线操盘法

(1)股价离开5日线过远、高于5日线过多，亦即“五日乖离率”太大，则属于短线卖出时机。乖离率多大可以卖出，视个股强弱、大小有所不同，一般股价高于5日线7%～15%，属于偏高，适宜卖出。若是熊市，一般股价低于5日线7%～15%，适宜短线买进。(2)股价回落、跌不破5日线的话，再次启动时适宜买入。一般来说，慢牛股在上升途中，大多时间往往不破5日线或者10日线。只要不破，就可结合大势、结合个股基本面，继续持仓。若是熊市，股价回升、升不破5日线的话，再次出现较大抛单、展开下跌时适宜卖出。(3)股价如果跌破5日线、反抽5日线过不去的话，需要谨防追高被套，注意逢高卖出。若是熊市，股价如果升破5日线、反抽5日线时跌不破的话，或者反抽5日线跌破但又止住的话，需要谨防杀跌踏空，注意逢低买回。(4)股价如果有效跌破5日线，一般将跌向10日线或者20日线。如果跌到10日线、20日线企稳，股价再次启动，则高位卖出的筹码可以视情况短线回补，以免被轧空。若是熊市，股价如果有效升破5日线，一般将向10日线或者20日线方向上升。如果升到10日线、20日线附近受阻，股价再次展开下跌，则低位买的筹码可以视情况短线卖出。

## 资料19:巴菲特的23个制胜投资习惯

(1)相信最高优先级的事情永远是保住资本，这是他投资策略的基石。(2)作为习惯的结果，他是风险的厌恶者。(3)他有他自己的投资哲学，这种哲学是他的个性、能力、知识、品位和目标的表达。因此，任何两个极为成功的投资者都不可能有一样的投资哲学。(4)已经开发并检验了他自己的个性化选择、购买和抛售投资系统。(5)认为分散化是荒唐可笑的。(6)憎恨缴纳税款和其他交易成本，巧妙安排他的行动以合法实现税额最小化。(7)只投资于他懂的领域。(8)从来不做不符合他标准的投资。可以很轻松地对任何事情说“不”。(9)不断寻找符合他的标准的新投资机会，积极进行独立调查研究。只愿意听取那些他有充分的理由去尊重的投资者或分析家的意见。(10)他找不到符合他的标准的投资机会时，他会耐心等待，直到发现机会。(11)在做出决策后即可行动。(12)持有赢钱的投资、直到事先确定的退出条件成立。

(13)坚定地遵守他自己的系统。(14)知道自己也会犯错。在发现错误的时候即刻纠正它们，因此很少遭受大损失。(15)把错误看成学习的机会。(16)随着经验的积累，他的回报也越来越多。现在他似乎能用更少的时间赚更多的钱，因为他已经“交了学费”。(17)几乎从不对任何人说他在做些什么。对其他人如何评价他的投资决策没兴趣也不关心。(18)已经成功地将他的大多数任务委派给了其他人。(19)花的钱远少于他赚的钱。(20)工作是为了刺激和自我实现，不是为钱。(21)迷恋投资的过程(并从中得到满足)；可以轻松摆脱任何个别投资对象。(22)24 小时不离投资。(23)把他的钱投到了他赖以谋生的地方。例如沃伦·巴菲特的净财产有 99%是伯克夏-哈撒韦的股份。

# 第七章　多元统计分析方法在证券投资分析中的应用

多元统计分析是研究多个随机变量之间相互依赖关系及内在统计规律性的一门统计学科。多元统计分析研究的是多个变量的统计总体，这就使它能够一次性地处理多个变量的庞杂数据，而不需考虑异度量问题。也就是说，它可以展示异度量的多个指标间的关系，并不损失原有的信息量。本章主要介绍多元统计分析的作用、上市公司盈利状况比较研究和我国物流业上市公司效绩分析，模块 6 介绍如何看懂个股。

## 第一节　多元统计分析的作用

### 一、多元统计分析的概念

在工业、农业、医学及经济、管理等众多领域，常常要同时观测多个指标。例如：要衡量一个地区的经济发展，需观测的指标有 GDP、劳动生产率、人均收入水平、税收收入等；要反映企业的经济效益，需观测的指标有劳动生产率、资金产值率、资金利税率、产值利税率等。在实践中，受多个指标影响的现象是大量存在的，上述指标通称为变量，由于每次观测的指标值不能预先确定，因此每个指标可用随机变量来表示。

如何同时对多个随机变量的观测数据进行有效的分析和研究？传统的方法是把多个随机变量分开分析，一次处理一个指标（变量），用这种方法对每个指标进行处理忽视了指标之间可能存在的相关性，不仅会丢失很多信息，往往不能取得较好的研究结果。而现代的分析方法是对多个变量同时进行分析研究，即用多元统计分析方法，来研究变量之间的相互关系以及揭示变量内在的变化规律。

多元分析这种处理多个变量的综合统计分析方法可以将多个变量对一个变量或多个变量的作用程度大小线性地表示出来，反映事物多变量间的相互关系；可以消除多个变量之间的共线性，将高维空间的问题转化至低维空间，在尽量保存原始信息量的前提下，消除重叠信息，简化变量间的关系；可以透过繁杂事物的某些性质，对事物进行识别归类。

### 二、多元统计分析方法的应用

#### （一）多元统计分析方法的作用

（1）简化数据和数据结构。在不损失数据蕴含信息量的情况下，通过变换和构造模型剔除指标（变量）间相互制约的成分，尽可能简单地将被研究现象描述出来。例如：把反映经济效益的多个指标转化为一个综合指标。

(2)能够进行分类和分组。根据所测量到的某些特征数据，对事物或变量进行分类，并同时给出分类原则，例如：根据多个企业的经济效益对企业归类、分组。

(3)能够研究变量间的相互依赖关系。究竟所有的变量都是相互独立的，还是一个变量或一些变量依赖于其他变量？如果是后者，这种依赖关系是怎样的？这通常是通过样本模型表示出来。

(4)进行预测。变量之间关系的建立，为从一些变量观测值预测另一个或一些变量值提供了可能。

(5)能够进行假设检验。检验多元总体参数表示的某种统计假设。

**(二)多元统计分析在现实生活中经常处理的实际问题**

(1)对我国各省、自治区、直辖市独立核算工业企业经济效益进行分析，其做法是：选取能反映经济效益的代表性指标，如百元固定资产实现利税、资金利税率、产值利税率、全员劳动生产率等，根据这些指标对各省、自治区、直辖市独立核算的工业企业进行分类，然后根据分类结果对企业经济效益进行综合评价，就容易得出科学的分析。(聚类分析)

(2)根据人均 GDP、人均消费水平等多种指标判定一个国家的经济发展程度属于何种类型。(判别分析)

(3)对乡镇综合经济实力进行评价，要选用一系列的指标，如每万人拥有的电话门数、各类技术人员占乡镇劳动力的比重、环境质量指数，人均机械总动力、人均农村用电量，人均社会总产出、非农行业产出占社会总产出的比重、人均财政收入、乡镇企业每个职工向国家提交的税金、社会总产值增加值率，居民人均纯收入等。如何将这些具有错综复杂关系的指标综合成几个较少的因子，既有利于对问题进行分析和解释，又便于抓住主要的矛盾做出科学的评价，可用主成分分析或因子分析。

(4)在商品需求研究中，考察商品销售量与商品价格、消费者的收入等之间的相互关系，可用多元回归分析法。

(5)不同原料生产的两种产品，其寿命有无显著差异，可用假设检验。

## 三、主要方法

**(一)聚类分析**

俗话说“物以类聚，人以群分”，在自然科学和社会科学等领域中，存在着大量的分类问题。比如，为了对我国各省、自治区、直辖市独立核算的工业企业经济效益进行分析，一般不是逐个省、自治区、直辖市去分析，较好的做法是选取能反映经济效益的代表性指标，如百元固定资产实现利税、资金利税率、产值利税率、百元销售收入实现利润、全员劳动生产率等，根据这些指标对各省、自治区、直辖市独立核算的工业企业进行分类，然后根据分类结果对企业的经济效益进行综合评价，这样就易于得出科学的分析结论。

聚类分析就是建立一种分类方法，将一批样品或变量(指标)按照它们在性质上的相似、疏远程度进行科学的分类。通常描述样品或变量间相似、疏远程度有两种思路；一是把每个样品看成是 $p$ 维(变量的个数为 $p$)空间的一个点，在 $p$ 维坐标系中确定点与点之间的某种距离；另一种是用某种相似系数来描述变量之间的相似或疏远程度。

**(二)判别分析**

在科学研究和日常生活中，往往会遇到这样的问题，即根据观测数据对所研究的对象进行分类(组)判别。例如，在经济学中可根据人均GDP、人均消费水平等多种指标来判别一个国家的经济发展程度所属类型；在人口学中，可根据人口平均预期寿命、经济水平和婴儿死亡率等因素来判断该地区人口死亡水平所属类型；在气象学中，根据已有的气象资料(气温、气压、湿度等)来判断明天是阴天还是晴天，有雨还是无雨等。以上各方面的问题具有一个共同特点，就是事先已有“类”的划分，或事先已对某些已知样品分好了“类”，需要判断那些还未分好的样品究竟属于哪一类。

判别分析就是在研究对象用某种方法已经分好若干类(组)的情况下，确定新的观测数据(样本点)属于已知类别中哪一类的多元统计分析方法。

判别分析和聚类分析不同，判别分析是已知研究对象分成若干类型(或组别)并已取得各种类型的一批已知样品的观测数据，在此基础上根据某种准则建立判别函数式，然后对未知类型的样品进行判别分类。而对于聚类分析，一批给定样品要划分的类型事先并不知道，需要通过聚类分析来确定各样品所属的类型。所以，判别分析和聚类分析往往结合起来运用。

用判别分析方法处理问题时，通常要给出一个衡量新样品(样本点)与已知组别接近程度的描述指标，即判别函数，同时也指定一种判别规则，用来判定新样品的归属，判别规则可以是统计性的，决定新样品所属类别时用的是显著性检验；也可以是确定性的，决定样品归属时只考虑判别函数值的大小。

判别方法有距离判别法、Fisher判别法、逐步判别法、贝叶斯(Bayes)判别法等。

**(三)主成分分析**

主成分概念首先由Karl Parson在1901年引入，当时只用于对非随机变量的讨论，1933年Hotelling将这个概念推广到随机变量。在多数实际问题中，不同指标之间具有一定相关性。指标较多及指标间有一定的相关性，势必增加分析问题的复杂性。主成分分析就是设法将原来指标重新组合成一组新的互相无关的综合指标来代替原来的指标，同时根据实际需要从中选取几个较少的综合指标尽可能多地反映原来指标的信息。

以两个指标为例，信息总量以总方差表示：

$$D(x)=D(x_1+x_2)=\frac{1}{n}\sum(x_{i1}-\bar{x}_1)^2+\frac{1}{n}\sum(x_{i2}-\bar{x}_2)^2 \tag{7.1}$$

$$\sum(y_{i1}-\bar{y}_1)^2+\sum(y_{i2}-\bar{y}_2)^2=\sum(x_{i1}-\bar{x}_2)^2+\sum(x_{i2}-\bar{x}_2)^2 \tag{7.2}$$

其中 $y_1$、$y_2$ 都是 $x_1$、$x_2$ 的线性组合，并且信息尽可能地集中在 $y_1$ 上，在以后的分析中舍去 $y_2$，只用主成分 $y_1$ 来分析问题，起到了降维的作用。

## 第二节　上市公司盈利状况比较研究①

任何一个公司在其生产经营过程中，都有提高职工收入、改善劳动条件、扩大市场份额、提

①本节内容根据以下文献整理：符想花．上市公司盈利状况比较研究．市场研究，2005(7)：48-50.

高产品质量、减少环境污染等目标，但盈利却是最直接、最根本的目标，它决定着公司的生存、发展或消亡。在证券市场上，上市公司股票价格的高低、投资人的买卖行为尽管受多种因素的影响，但最根本的决定因素却是公司的盈利状况。

考察和研究上市公司的盈利状况不仅是政府有关部门、公司自身的事情，也是投资者必须要做的事情。根据上市公司的年报数据，选取其财务报表中有关盈利性的指标，通过综合比较，即可完成其盈利状况的分析和判断。

## 一、反映上市公司盈利状况指标的选取

上市公司的盈利状况可从多个角度、多个侧面加以反映，这势必要用到主营业务利润、营业利润、利润总额和净利润等总量指标，主营业务利润率、经营净利率、资产利润率、资产净利率、净资产收益率、总资产报酬率等相对指标，每股收益、加权每股收益等平均指标。然而每股收益、加权每股收益受到总股本大小的影响，所以，在进行上市公司盈利状况分析比较时应予以剔除。在剩余的指标中，由于指标之间反映的信息有一部分重复，为了减少重复的信息，对相关程度高的指标，应有选择地加以利用，这可通过计算相关系数矩阵来完成。这里用 2003 年河南省 31 家上市公司年报数据中的相应资料(见附表 7-1)计算其相关系数矩阵，在总量指标的相关系数矩阵中，主营业务利润、营业利润、利润总额、净利润彼此之间的相关系数都在 0.87 以上，故只需保留利润总额这一综合性利润指标；在相对指标的相关系数矩阵中，资产利润率与资产净利率、净资产收益率、总资产报酬率的相关系数均在 0.85 以上，资产净利率与净资产收益率、总资产报酬率、经营净利率的相关系数均在 0.82 以上，根据指标的性质和重要程度可剔除资产利润率、资产净利率。这样余下主营业务利润率、经营净利率、净资产收益率、总资产报酬率、利润总额 5 个指标，依次用 $x_1$、$x_2$、$x_3$、$x_3$、$x_5$ 表示，这 5 个指标彼此之间的相关系数均低于 0.8，上市公司盈利状况分析比较的指标体系由此产生。

## 二、上市公司盈利状况的综合比较分析

统计指标体系确立后，需要把这些指标综合起来以反映上市公司的盈利状况。由于这些指标的计量单位不同或计算基数不同，导致这些指标值不能简单相加，并且在选择指标时，尽管剔除了一些相关性极强的指标，但所选的指标间仍存在一定的相关关系，信息量重复。而主成分分析法、聚类分析法能够比较有效地解决上述问题。

### (一)主成分分析

利用 SPSS 数据分析软件，根据反映上市公司盈利状况的 5 个指标所组成的指标体系，对河南省 2003 年 31 家上市公司进行分析，其结果见表 7-1。

**表 7-1　各主成分的方差及方差贡献率**

| 项目 | 第一主成分($Y_1$) | 第二主成分($Y_2$) | 第三主成分($Y_3$) |
|---|---|---|---|
| 特征值 | 3.129 218 | 1.024 954 | 0.558 988 |
| 方差贡献率 | 62.584 35 | 20.499 09 | 11.179 77 |
| 累计方差贡献率 | 62.584 35 | 83.083 44 | 94.263 21 |

说明：本表数据是根据河南省 2003 年 31 家上市公司盈利状况的统计指标体系计算得到的，其原始资料取自《金融界》数据中心，网址为 http://www.jrj.com.cn，原始资料见附表 7-1。

从表 7-1 看出，前三个主成分包含原始信息总量已达 94.26%，所以，可选择 $Y_1$、$Y_2$、$Y_3$ 三个主成分对上市公司盈利状况进行综合比较分析，三个主成分的线性表达式分别为：

$$Y_1 = 0.231\,239x_1^* + 0.510\,924x_2^* + 0.489\,409x_3^* + 0.511\,987x_4^* + 0.428\,758x_5^*$$

$$Y_2 = 0.873\,150\,x_1^* + 0.251\,715x_2^* - 0.148\,941x_3^* - 0.259\,182x_4^* - 0.291\,359x_5^*$$

$$Y_3 = 0.255\,352x_1^* - 0.281\,330x_2^* - 0.547\,31x_3^* + 0.066\,582x_4^* + 0.742\,845x_5^*$$

式中：$x_i^*$ 为第 $i$ 个指标的标准差标准化数据。

根据线性表达式得到三个主成分的得分，如表 7-2 所示。在综合三个主成分时，可使用方差贡献率这一自动生成的信息量为权数，采用加权平均的方法进行计算，这可避免主观赋权中人为因素的影响，使分析结果更加真实、可靠。

**表 7-2 31 家上市公司 2003 年盈利状况的各主成分得分及综合得分**

| 上市公司名称 | $Y_1$ | $Y_2$ | $Y_3$ | 综合得分 | 名次 |
|---|---|---|---|---|---|
| 600020 中原高速 | 2.492 0 | 2.216 6 | 0.737 14 | 2.096 4 | 1 |
| 000956 中原油气 | 2.509 7 | 0.469 98 | 0.872 49 | 1.764 6 | 2 |
| 600569 安阳钢铁 | 2.931 1 | −2.163 | 2.556 5 | 1.676 8 | 3 |
| 000933 神火股份 | 1.943 1 | 0.511 80 | −0.109 4 | 1.308 8 | 4 |
| 000949 新乡化纤 | 1.443 2 | −0.025 2 | −0.384 2 | 0.855 10 | 5 |
| 600207 安彩高科 | 1.085 3 | 0.011 47 | 0.595 35 | 0.748 16 | 6 |
| 000400 许继电气 | 0.885 65 | 0.303 06 | 0.266 72 | 0.646 22 | 7 |
| 600285 羚锐股份 | −0.100 3 | 2.795 3 | 0.524 96 | 0.568 93 | 8 |
| 002007 华兰生物 | 0.763 03 | 0.774 77 | −1.372 | 0.482 96 | 9 |
| 600439 瑞贝卡 | 0.872 77 | −0.587 4 | −0.457 5 | 0.374 65 | 10 |
| 000895 双汇发展 | 1.077 5 | −1.613 | 0.238 87 | 0.370 49 | 11 |
| 600222 竹林众生 | −0.254 5 | 1.798 1 | 0.1454 5 | 0.225 56 | 12 |
| 000612 焦作万方 | 0.684 31 | −0.863 5 | −0.288 8 | 0.218 98 | 13 |
| 000676 思达高科 | −0.015 7 | 0.593 69 | −0.238 5 | 0.085 20 | 14 |
| 600121 郑州煤电 | 0.0248 9 | 0.342 35 | −0.016 2 | 0.083 94 | 15 |
| 600253 天方药业 | −0.010 3 | 0.419 61 | −0.111 1 | 0.067 17 | 16 |
| 000544 白鸽股份 | 0.080 03 | 0.012 45 | −0.645 0 | −0.019 5 | 17 |
| 001896 豫能控股 | −0.085 9 | 0.129 62 | −0.322 2 | −0.063 2 | 18 |
| 600595 中孚实业 | 0.070 79 | −0.320 6 | −0.508 3 | −0.078 3 | 19 |
| 600066 宇通客车 | 0.121 94 | −0.763 9 | −0.201 3 | −0.102 8 | 20 |
| 600172 黄河旋风 | −0.341 3 | 0.565 45 | −0.140 5 | −0.113 4 | 21 |
| 600469 风神股份 | 0.046 34 | −0.663 7 | −0.181 7 | −0.127 4 | 22 |
| 000885 ST 春都 | 0.134 84 | −0.882 1 | −1.213 | −0.232 0 | 23 |
| 600531 豫光金铅 | −0.125 5 | −1.090 | −0.508 9 | −0.358 9 | 24 |
| 600069 银鸽投资 | −0.629 1 | −0.450 1 | −0.543 5 | −0.546 8 | 25 |
| 000719 焦作鑫安 | −1.03 7 | −0.336 2 | −0.335 0 | −0.755 2 | 26 |
| 600312 平高电气 | −1.127 | −0.140 0 | −0.205 8 | −0.757 0 | 27 |
| 600810 神马实业 | −1.588 | −0.718 3 | −0.240 2 | −1.168 | 28 |
| 600753 ST 冰熊 | −2.417 | −0.208 7 | 0.494 90 | −1.500 | 29 |
| 600186 莲花味精 | −2.972 | −0.423 1 | 0.044 98 | −1.942 | 30 |
| 600876 *ST 洛玻 | −6.464 | 0.304 51 | 1.54 57 | −3.810 | 31 |

由表7-2知，中原高速综合盈利状况最好。从影响中原高速盈利状况的主成分看，第一主成分、第二主成分包含的主要指标在该企业表现良好，第一主成分包含的主要指标是经营净利率、净资产收益率、总资产报酬率（从各指标的系数大小判断），第二主成分包含的主要指标是主营业务利润率；第三主成分包含的主要指标——利润总额在该企业的表现不如其他指标。安阳钢铁的利润总额在河南全部上市公司中表现最好。*ST洛玻的综合盈利状况最差。为此，企业在考虑盈利时，不应只追求利润总额最大化，还应使反映盈利的相对指标数值提高，即应该将总量指标和相对指标结合起来进行综合考虑。

**（二）Q型系统聚类分析**

Q型系统聚类分析是将一批样品按照它们在性质上的相似、疏远程度进行科学的分类。其基本思想是：开始时先将$n$个样品点各自作为一类，计算它们之间的距离，然后将距离最近的两类合并为一个新类，再计算新类与其他类的距离，重复进行两个最近类的合并，直至所有的样品合并为所需类数为止。Q型系统聚类方法主要有最短距离法、最长距离法、中间距离法、重心法、类平均法和离差平方和法等，方法不同其聚类结果也不同，在实际中，可根据分类问题本身的知识再结合实际需要决定取舍。这里采用离差平方和法（也称Ward's method），根据反映上市公司盈利状况的5个指标，对2003年河南省31家上市公司进行聚类，结果为：

第一类：中原高速、中原油气、安阳钢铁、神火股份、新乡化纤、安彩高科、许继电气、羚锐股份、竹林众生共9个单位；第二类：华兰生物、瑞贝卡、双汇发展、焦作万方、思达高科、郑州煤电、天方药业、白鸽股份、豫能控股、中孚实业、宇通客车、黄河旋风、风神股份、ST春都、豫光金铅共15个单位；第三类：银鸽投资、焦作鑫安、平高电气、神马实业、ST冰熊、莲花味精共6个单位；第四类：*ST洛玻1个单位。

从聚类结果看，竹林众生排名第12位，却聚在了第一组。为了判别真伪，采用Fisher判别法再作一次判别，其结果竹林众生确实为第一组。

聚类分析和主成分分析的结果基本一致。

这样，对河南省31家上市公司的盈利状况有了一个比较明了、清晰的认识。这对于政府有关部门来说，有利于制定对各个企业的管理及扶持等政策；对于公司自身来说，有利于明确自身在生产盈利方面所处的位置，便于挖掘其盈利的潜力；对于投资者来说，可以找准投资目标，避免犯盲目投资的错误。

## 第三节　我国物流业上市公司效绩分析①

物流业是所有与物流有关或为物流提供支持的业务。对物流业上市公司效绩分析，可使投资者、公司自身、政府有关部门在投资、生产经营、制定宏观调控政策等过程中有的放矢、心中有数。本节选取反映上市公司效绩的7项指标，从纵向、横向和内部三个方面对问题进行了分析。

①本节内容根据以下文献整理：符想花．我国物流业上市公司绩效分析．商业时代，2006(9)：23-24．

## 一、物流和物流业

“物流”(Logistics)又称为“物流管理”或“供应链管理”，20 世纪 50 年代在美国形成，当初被称为“Physical Distribution”(PD)，汉语意思是“实物分配”或“货物配送”，1963 年被引入日本，1979 年又从日本引入我国，这时的“物流”被称为“Logistics”，已经不是过去“PD”概念了。到底什么是“物流”，国内外的不同企业和机构对此有不同的定义。1986 年美国物流管理协会的定义是“把消费品从生产线的终点有效地移动到有关消费者的广泛活动，也包括将原材料从供给源有效地移动到生产线始点的活动”。英国物流运输研究院的定义是：物流是为了满足用户需要而对资源进行的定位，该定位与时间紧密相关。丹麦有利集运公司总裁蓝恒力称物流是动态及静态之库存管理，动态即运输，静态即仓储。其所包含内容可以用“五准确”来概括，即准确的产品、准确的场所、准确的数量、在准确的时间、用准确的价格。对工商企业而言，就是要不断对自己公司的物流进行整合，以图利用最佳的运送时间、最佳的运送货量，在最恰当的地点进行加工整合，然后送到消费者手中。

物流业是指所有与物流有关或为物流提供支持的业务。广义的物流业可分为：信息主导型，以提供畅通的物流信息为主；仓储型，主要以各种公用和专用仓库为基础，为客户提供商品储存、仓库内的搬卸和装运、打包和理货等业务；运输型，为货物提供各种速度和形式不同的空间转换服务，如铁路、航空、公路运输和水运等；服务主导型，即第三方物流业务，其核心能力是提供最佳物流解决方案的能力，而不是所谓的仓储、运输能力。

我国以 1991 年 1 月 14 日深圳市蛇口安达实业股份有限公司上市为标志，拉开了我国公路、水运、空运、港口等物流企业进入资本市场的序幕。到目前为止，在我国 A 股证券市场中上市的物流业或与物流相关的企业至少有 63 家(见附表 7-2)。这 63 家上市公司被分为主营物流业上市公司和与物流业务相关的上市公司，主营物流业上市公司有 8 家，它们是渤海物流、*ST 炎黄、外高桥、外运发展、G 捷利、G 招商局、G 物华、G 中储，其余为与物流业相关的上市公司。物流业上市公司从事物流活动的内容涵盖了仓储、运输、配送、包装加工、代理、信息服务等物流全过程。

## 二、上市公司效绩分析指标的选取

企业效绩是指一定经营期间的企业经营效益和经营者业绩。企业经营效益水平主要表现在盈利能力、资产运营水平、偿债能力和后续发展能力等方面。经营者业绩主要通过经营者在经营管理企业的过程中，企业经营、成长、发展所取得的成果和所做出的贡献来体现。

为适应市场经济体制下政府职能转变和强化企业监管的需要，1999 年 6 月，财政部、人事部、国家经济贸易委员会和国家发展计划委员会联合颁布了《国有资本金效绩评价规则》和《国有资本金效绩评价操作细则》，2002 年 3 月做了进一步修订，颁布了《企业效绩评价操作细则(修订)》。企业效绩评价指标由反映企业财务效益状况、资产营运状况、偿债能力状况和发展能力状况四方面内容的基本指标、修正指标和评议指标三个层次组成。基本指标是评价企业效绩的核心指标，用以形成企业效绩评价的初步结论；修正指标用以对基本指标形成的初步评价结果进行修正，以产生较为全面、准确的企业效绩评价结果；而评议指标是用于对基本指标和修正指标评价形成的评价结果进行定性分析验证，以进一步修正定量评价结果，使企业效绩评价结论更加全面、准确。由于资料搜集及篇幅所限，仅选用基本指标对物流业上市公司效绩进行初步评价。基本指标由反映四部分评价内容的8项计量指标构成，这8项指标为净资产收益率、总资产报酬率、总资产周转率、流动资产周转率、资产负债率、已获利息倍数、销售（营业）增长率、资本积累率。在这8项指标中，除资产负债率外，其他指标均为正指标，指标数值越大，企业效绩越好。对于资产负债率，很难简单用其指标的高或低来判断负债状况的优劣，因为过高的负债率表明企业财务风险太大，过低的负债率则表明企业对财务杠杆利用不够。所以，在企业效绩分析中剔除了该指标。

## 三、我国物流业上市公司效绩分析

### （一）纵向比较

根据物流业上市公司2002年、2003年、2004年、2005年年报资料计算出反映其效绩的指标（表7-3），从7项指标的变化看，资本积累率、销售增长率存在较大的起伏波动，说明物流业上市公司的后续发展能力不稳定，2004年较2003年大幅度提高，2005年较2004年大幅度下降；净资产收益率和已获利息倍数有相当程度的提高，说明其盈利能力较好；总资产周转率和流动资产周转率2004年较2003年有一定程度的下降，2005年较2004年有一定程度的提高，说明2005年物流业上市公司资产运营状况有所好转。总体上看，物流业上市公司的效绩变化趋势是好的。

**表7-3　2003—2005年物流业上市公司效绩指标**

| 年份 | 总资产报酬率/% | 净资产收益率/% | 总资产周转率 | 流动资产周转率 | 已获利息倍数 | 销售增长率/% | 资本积累率/% |
|---|---|---|---|---|---|---|---|
| 2003 | 6.05 | 6.32 | 0.40 | 1.30 | 4.61 | 14.31 | 14.25 |
| 2004 | 4.21 | 9.06 | 0.06 | 0.54 | 6.67 | 38.20 | 20.17 |
| 2005 | 3.89 | 9.74 | 0.29 | 0.66 | 6.71 | 26.46 | −2.92 |

资料来源：根据“金融界”网站数据中心资料整理而得。

### （二）横向比较

从沪深两市全部上市公司（A股）中按简单随机抽样方法抽取5%的单位（70家），根据2005年年报资料计算出反映其效绩的7项指标（表7-4），其中反映盈利能力的净资产收益率、已获利息倍数、总资产报酬率指标值物流业上市公司高于样本上市公司，说明物流业上市公司的盈利能力较好；反映资产运营状况的总资产周转率、流动资产周转率指标值物流业上市公司低于样本上市公司，说明物流业上市公司的资产运营状况稍差；物流业上市公司的销售增长率高于样本数据，反映出物流业上市公司的发展能力比较好，但资本积累率略低。用样本推断总体，可以得出物流业上市公司的效绩较全部上市公司的要好。

**表7-4　2005年物流业上市公司与样本公司效绩指标**

| 行业 | 总资产报酬率/% | 净资产收益率/% | 总资产周转率 | 流动资产周转率 | 已获利息倍数 | 销售增长率/% | 资本积累率/% |
|---|---|---|---|---|---|---|---|
| 物流业 | 3.89 | 9.74 | 0.29 | 0.66 | 6.71 | 26.46 | −2.92 |
| 样本 | 3.58 | 3.06 | 0.84 | 1.83 | 3.06 | 14.27 | −0.43 |

资料来源：根据“金融界”网站数据中心资料整理而得。

**(三)内部比较**

在对物流业上市公司内部效绩比较中,需要对反映效绩的各个指标进行综合,但由于指标的计量单位或计算基数不同,导致这些指标值不能简单相加,《企业效绩评价操作细则(修订)》中的功效系数法解决了指标值不能加总的问题。功效系数法是利用特定的方法将每个指标的原始数据转化为用百分制表示的数值。采用功效系数法对客观现象进行综合评价,方法简单,便于理解,是综合评价的常用方法之一。但这种方法存在不足:一是无法克服指标之间相关性带来的重叠信息。一般说来,一个理论上完美的评价指标体系,要求各指标之间是独立的,即各个指标之间没有相关性,这和现实统计指标体系中许多指标之间信息重叠相矛盾,而功效系数法无法克服这一矛盾。二是在计算综合分值时各指标的权重与专家的主观意愿有较大关系。主成分分析法却可以克服功效系数法的不足。所以,本节使用主成分分析法对物流业上市公司内部效绩进行比较。

根据物流业上市公司 2005 年反映其绩效的 7 个指标,经过分析选取 4 个主成分(4 个主成分的累计方差贡献率为 81.27%,也就是说选取 4 个主成分就可以反映原有指标约 82%的信息),对 4 个主成分进行综合,按效绩从好到差排序依次为:G 中远、中集集团、G 中储、G 中海、G 振华、* ST 天海、外运发展、深赤湾、G 沪巴士、海南航空、G 天津港、G 上航、现代投资、G 长运、南方航空、福建高速、大众交通、G 沪机场、锦州港、东方航空、赣粤高速、G 营口港、中原高速、G 路桥、G 海运、G 物华、G 铁龙、G 上港、厦门港务、G 基建、强生控股、龙建股份、G 交运、G 深机场、G 穗机场、四川路桥、G 粤高速、G 新梅、G 捷利、G 盐田港、G 北巴、芜湖港、G 重庆港、G 深高速、G 华路、厦门空港、G 海直、延边公路、东北高速、G 招商局、宁沪高速、北海港、漳州发展、渤海物流、G 渝路桥、海南高速、G 海盛、G 外高桥、* ST 北亚、G 皖通、* ST 炎黄、* ST 长运、湖南投资。

分析结论:对我国物流业上市公司进行投资可以得到较好的投资回报,但要选择效绩好的公司投资。

这样以来,对物流业上市公司的效绩有了一个比较全面、明了、清晰的认识。对于投资者来说,在证券投资组合中,可以找准投资目标,避免犯盲目投资的错误;对于公司自身来说,明确了自身在经营效绩方面所处的位置,便于公司自身经营效绩的提高。对于政府来说,有利于制定行业的宏观调控措施等。

**附表 7-1 2003 年河南省 31 家上市公司的相应资料** %

| 公司名称 | 主营业务利润率 | 经营净利率 | 净资产收益率 | 总资产报酬率 | 利润总额/万元 |
|---|---|---|---|---|---|
| 中原高速 | 60.37 | 33.79 | 7.24 | 11.38 | 42 088.04 |
| 中原油气 | 40.92 | 25.39 | 12.16 | 13.67 | 60 599 |
| 安阳钢铁 | 18.88 | 8.87 | 15.26 | 17.59 | 126 422.2 |
| 神火股份 | 38.99 | 20.2 | 14.03 | 15.9 | 23 842.24 |
| 新乡化纤 | 28.9 | 17.93 | 15.47 | 12.61 | 22 408.36 |
| 安彩高科 | 32.71 | 10.77 | 9.63 | 11.27 | 39 315.66 |
| 许继电气 | 34.74 | 11.05 | 9.81 | 10.61 | 26 769.42 |
| 羚锐股份 | 66.17 | 6 | 3.28 | 3.53 | 1 842.92 |
| 华兰生物 | 35.59 | 14.03 | 27.36 | 2.37 | 4 175.64 |

续附表 7-1

| 公司名称 | 主营业务利润率 | 经营净利率 | 净资产收益率 | 总资产报酬率 | 利润总额/万元 |
|---|---|---|---|---|---|
| 瑞贝卡 | 22.19 | 9.13 | 11.33 | 16.76 | 7 168.26 |
| 双汇发展 | 13.27 | 3.67 | 15.68 | 14.85 | 42 493.99 |
| 竹林众生 | 49.16 | 8.67 | 3.35 | 3.62 | 1 661.32 |
| 焦作万方 | 18.06 | 7.57 | 14.49 | 11.58 | 22 562.66 |
| 思达高科 | 33.45 | 8.37 | 7.66 | 6.89 | 4 308.77 |
| 郑州煤电 | 30.06 | 9.38 | 6.13 | 6.72 | 12 863.37 |
| 天方药业 | 31.52 | 7.97 | 6.75 | 7.32 | 8 068.43 |
| 白鸽股份 | 25.66 | 7.5 | 13.36 | 7 | 4 185.11 |
| 豫能控股 | 24.82 | 11.26 | 6.17 | 6.53 | 6 932.12 |
| 中孚实业 | 19.55 | 10.6 | 10.26 | 6.96 | 10 327.71 |
| 宇通客车 | 17.89 | 3.94 | 11.63 | 9.11 | 18 442.52 |
| 黄河旋风 | 30.6 | 9.3 | 4.07 | 4.89 | 4 848.07 |
| 风神股份 | 19.42 | 3.02 | 9.09 | 10.95 | 11 948.34 |
| ST 春都 | 8.51 | 14.95 | 14.02 | 7.08 | 2 490.76 |
| 豫光金铅 | 11.1 | 4.22 | 10.13 | 9.93 | 8 843.46 |
| 银鸽投资 | 15.52 | 6.18 | 7.19 | 4.71 | 3 098.09 |
| 焦作鑫安 | 16.26 | 3.57 | 3.29 | 3.48 | 1 306.64 |
| 平高电气 | 18.87 | 3.09 | 2.5 | 2.26 | 2 933.08 |
| 神马实业 | 9.1 | 0.62 | 0.26 | 1.29 | 2 262.73 |
| ST 冰熊 | 17.96 | −10.02 | −8.04 | 0.22 | −814.49 |
| 莲花味精 | 11.81 | −12.39 | −7.5 | −1.86 | −13 494.7 |
| *ST 洛玻 | 14.32 | −34.99 | −39.1 | −11.5 | −34 021.8 |

**附表 7-2　2005 年我国物流业上市公司绩效指标数值**

| 公司名称 | 总资产报酬率/% | 净资产收益率/% | 总资产周转率 | 流动资产周转率 | 已获利息倍数 | 销售增长率/% | 资本积累率/% |
|---|---|---|---|---|---|---|---|
| 000889(渤海物流) | −2.252 | −11.690 | 0.345 | 0.588 | −1.059 | −4.468 | −11.187 |
| 000805(*ST 炎黄) | −19.424 | 0.000 | 0.014 | 0.047 | −5.800 | −73.833 | 5.976 |
| 600648(G 外高桥) | −2.902 | −18.100 | 0.085 | 0.159 | −1.427 | −33.795 | −17.250 |
| 600270(外运发展) | 20.843 | 17.050 | 1.168 | 1.566 | −46.662 | 29.692 | 12.376 |
| 000996(G 捷利) | 1.941 | 1.470 | 0.302 | 0.715 | 3.827 | 42.312 | 1.493 |
| 000024(G 招商局) | 5.745 | 11.170 | 0.306 | 0.449 | −13.706 | −23.488 | 9.401 |
| 600247(G 物华) | 9.913 | 6.970 | 0.399 | 0.769 | 6.164 | 47.080 | 7.180 |
| 600787(G 中储) | 3.956 | 4.200 | 1.755 | 2.593 | 6.817 | 52.365 | 39.626 |
| 000088(G 盐田港) | 19.561 | 20.270 | 0.159 | 0.639 | −53.260 | 4.490 | −4.324 |
| 600717(G 天津港) | 18.464 | 17.920 | 0.348 | 2.003 | 11.059 | 25.329 | 37.949 |
| 000022(深赤湾 A) | 23.399 | 27.690 | 0.402 | 4.493 | 21.083 | 14.278 | 13.785 |

续附表 7-2

| 公司名称 | 总资产报酬率/% | 净资产收益率/% | 总资产周转率 | 流动资产周转率 | 已获利息倍数 | 销售增长率/% | 资本积累率/% |
|---|---|---|---|---|---|---|---|
| 600317(G营口港) | 7.694 | 11.200 | 0.271 | 1.915 | 4.323 | 31.930 | 11.535 |
| 600018(G上港) | 12.814 | 16.050 | 0.282 | 1.119 | 9.130 | 18.120 | 9.055 |
| 600190(锦州港) | 9.650 | 10.780 | 0.188 | 3.562 | 5.188 | 6.875 | 12.230 |
| 000582(北海港) | 1.951 | 0.980 | 0.130 | 0.479 | 1.438 | −8.385 | 0.994 |
| 600320(G振华) | 10.556 | 26.420 | 0.934 | 1.298 | 27.485 | 70.258 | 31.890 |
| 000039(中集集团) | 18.842 | 28.230 | 1.818 | 2.629 | 21.644 | 16.530 | 26.573 |
| 600279(G重庆港) | 3.551 | 3.050 | 0.290 | 0.834 | 9.702 | 29.174 | −0.223 |
| 600732(G新梅) | 9.484 | 12.910 | 0.271 | 0.334 | 33.274 | −3.169 | 14.028 |
| 600575(芜湖港) | 11.740 | 8.250 | 0.314 | 0.674 | −50.265 | 11.595 | −1.544 |
| 600428(G中远) | 30.172 | 32.290 | 1.078 | 4.407 | 83.862 | 84.328 | 17.419 |
| 600751(＊ST天海) | 10.043 | 58.400 | 0.836 | 1.885 | 1.609 | −10.380 | 37.305 |
| 600896(G海盛) | 12.890 | 11.460 | 0.644 | 1.294 | −3 857.469 | 29.365 | 10.566 |
| 600798(G海运) | 8.665 | 9.850 | 0.385 | 2.215 | 53.866 | −0.022 | 11.974 |
| 600026(G中海) | 26.567 | 25.340 | 0.702 | 4.718 | 27.123 | 34.122 | 25.655 |
| 600125(G铁龙) | 11.590 | 10.750 | 0.399 | 1.121 | 52.264 | 13.275 | 11.036 |
| 600705(＊ST北亚) | −4.570 | −20.030 | 0.203 | 0.396 | −1.778 | −58.497 | −16.739 |
| 600591(G上航) | 2.372 | 2.270 | 0.922 | 4.552 | 1.501 | 21.028 | −0.785 |
| 600221(海南航空) | 2.143 | −7.960 | 0.359 | 1.350 | 0.733 | 19.629 | 89.899 |
| 600115(东方航空) | 1.367 | 1.040 | 0.530 | 2.975 | 1.185 | 31.830 | 0.283 |
| 600029(南方航空) | −1.970 | −18.030 | 0.577 | 4.896 | −3.039 | 61.412 | −14.606 |
| 000089(G深机场) | 12.588 | 11.800 | 0.299 | 1.238 | −102.668 | 10.419 | 7.050 |
| 600897(厦门空港) | 8.893 | 8.060 | 0.224 | 0.829 | −33.138 | 15.918 | −3.626 |
| 600009(G沪机场) | 17.957 | 15.250 | 0.302 | 1.848 | −122.346 | 13.978 | 15.118 |
| 600004(G穗机场) | 6.248 | 6.310 | 0.275 | 1.365 | 5.410 | 39.495 | 0.486 |
| 000099(G海直) | 5.575 | 7.340 | 0.248 | 0.659 | −31.478 | 7.886 | 5.574 |
| 600611(大众交通) | 5.828 | 8.160 | 0.612 | 2.129 | 4.159 | 25.273 | 3.686 |
| 600561(G长运) | 10.133 | 11.660 | 0.563 | 1.692 | 11.283 | 31.339 | 8.134 |
| 600369(＊ST长运) | 2.616 | 3.190 | 0.042 | 0.068 | 0.935 | −43.947 | −57.762 |
| 600386(G北巴) | −2.754 | −12.790 | 0.623 | 2.554 | −3.141 | 8.642 | −12.589 |
| 600741(G沪巴士) | 6.183 | 7.340 | 0.667 | 6.708 | 2.978 | 6.681 | 3.568 |
| 600676(G交运) | 5.700 | 6.800 | 0.545 | 1.309 | 21.176 | 0.472 | 3.902 |
| 600662(强生控股) | 6.565 | 8.440 | 0.479 | 1.205 | 17.353 | 9.019 | 8.803 |
| 600106(G渝路桥) | 4.667 | 7.390 | 0.091 | 0.224 | 5.103 | −41.567 | 4.727 |
| 000905(厦门港务) | 8.159 | 9.700 | 0.361 | 0.880 | −44.194 | 38.919 | 6.674 |

续附表 7-2

| 公司名称 | 总资产报酬率/% | 净资产收益率/% | 总资产周转率 | 流动资产周转率 | 已获利息倍数 | 销售增长率/% | 资本积累率/% |
|---|---|---|---|---|---|---|---|
| 600263(G 路桥) | 2.482 | 3.990 | 0.885 | 1.318 | 3.675 | 5.780 | 4.361 |
| 600548(G 深高速) | 7.657 | 7.740 | 0.104 | 0.639 | 7.340 | 29.146 | 4.090 |
| 600012(G 皖通) | 0.286 | 14.220 | 0.005 | 0.007 | 79.958 | 23.744 | −77.797 |
| 600003(东北高速) | 6.190 | 5.270 | 0.124 | 0.749 | 5.051 | 8.519 | 5.270 |
| 000429(G 粤高速) | 10.133 | 8.600 | 0.151 | 1.587 | 6.229 | 13.527 | 4.843 |
| 000916(G 华路) | 10.615 | 7.750 | 0.228 | 0.654 | −16.958 | 8.270 | 2.199 |
| 000776(延边公路) | 6.147 | 7.020 | 0.216 | 1.570 | 5.291 | −26.617 | 7.548 |
| 000886(海南高速) | −0.001 | 0.700 | 0.053 | 0.235 | −0.019 | −13.819 | −0.370 |
| 600377(宁沪高速) | 4.625 | 4.760 | 0.092 | 2.496 | 6.816 | −28.279 | −0.229 |
| 000900(现代投资) | 8.064 | 6.640 | 0.202 | 5.005 | 3.945 | 18.624 | 0.608 |
| 000548(湖南投资) | −16.212 | −31.600 | 0.095 | 0.234 | −111.299 | −56.811 | −24.583 |
| 600853(龙建股份) | 1.270 | 0.990 | 0.783 | 1.002 | 1.562 | 7.527 | 1.490 |
| 600350(G 基建) | 12.200 | 9.510 | 0.303 | 1.417 | −85.780 | 26.741 | 5.090 |
| 000753(漳州发展) | −15.050 | −34.720 | 0.368 | 0.895 | −15.881 | 89.912 | −28.591 |
| 600039(四川路桥) | 0.953 | 0.370 | 0.661 | 0.924 | 1.354 | 7.744 | 1.527 |
| 600033(福建高速) | 15.079 | 12.930 | 0.228 | 3.850 | 18.710 | 11.028 | 2.274 |
| 600020(中原高速) | 14.587 | 13.230 | 0.256 | 1.433 | 16.664 | 24.292 | 12.026 |
| 600269(赣粤高速) | 10.185 | 10.420 | 0.198 | 2.773 | 12.603 | 27.122 | 6.792 |

## 模块 6　如何看懂个股

通过对如何看懂大盘信息的了解，我们已经能够对当天股市的综合表现有一个大概的认识。那么我们如何看懂个股信息呢？

打开一个个股界面，我们会看到一个相似的 K 线图，从这些 K 线图指标上，我们能够读到什么？K 线、价格均线、即时成交明细、成交量等等我们已经在前面讲大盘 K 线图时介绍过，现在在 K 线图上又看到了委比、内盘、外盘几个概念，这些概念是我们了解买方与卖方力量的窗口。

$$委比=\frac{委买手数-委卖手数}{委买手数+委卖手数}\times 100\% \tag{7.3}$$

委买手数：现在所有个股委托买入下五档的手数的总和；

委卖手数：现在所有个股委托卖出上五档的手数的总和。

由上述介绍，我们可以知道，委比值变化范围为 +100% 至 −100%，委比值为正并且委比数值比较大，说明买方市场比较强劲；委比值为负且绝对值较大，说明市场的抛盘比较强。

内盘和外盘的概念也相当形象，它们是以达成的交易量为计算标的，内盘以挂单的买入价格成交的交易，属于卖方主动出价来达成成交，亦即原来持有股票的“场内人”想通过主动抛售而“出场”的那部分人，属于卖方力量；与之对应，外盘即是“场外”持有现金的那部分人主动出价，以挂单的卖出价格交易，变成持有股票的人，属于买方力量。通过对内盘、外盘、委比的认识，我们可以了解到当下股市买卖双方力量的强弱，并且在很多时候可以发现庄家动向，是一个较有效的短线指标。但是投资者在使用外盘和内盘时要注意结合股价在低位、中位和高位的成交情况以及该股的总成交量情况。因为外盘、内盘的数量并不是在所有时间都有效，在很多时候，外盘大股价不一定上涨，内盘大股价也不一定下跌，庄家可以利用外盘、内盘的数量进行欺骗。在大量的实践中，我们发现如下情况：

(1)股价经过长时间的数浪下跌，股价处于较低价位，成交量极度萎缩。此后，成交量温和放量，当日外盘数量增加，大于内盘数量，股价将可能上涨，此种情况较可靠。

(2)在股价经过了较长时间的数浪上涨，股价处于较高价位，成交量巨大，并不能再继续增加，当日内盘数量放大，大于外盘数量，股价将可能下跌。

(3)在股价阴跌的过程中，时常会发现外盘大、内盘小，此种情况并不表明股价一定会上涨。因为有些时候庄家利用几笔抛单将股价打至较低位置，然后在卖 1、卖 2 挂卖单，并自己买自己的卖单，造成股价暂时横盘或小幅上升。此时的外盘将明显大于内盘，使投资者认为庄家在吃货，而纷纷买入，结果次日股票继续下跌。

(4)在股价上涨的过程中，时常会发现内盘大、外盘小，此种情况并不表示股价一定会下跌。因为有些时候庄家用几笔买单将股价拉至一个较高的价位，然后在股价小跌后在买 1、买 2 挂买单，一些投资者认为股价会下跌，纷纷卖出股票，但庄家分布挂单，将抛单接走。这种先拉高后低位挂买单的手法，常会显示内盘大、外盘小，达到欺骗投资者的目的，待接足筹码后，迅速推高股价。

(5)股价已经上涨了较大的幅度，如某日外盘大量增加，但是股价却不上涨，投资者要警惕庄家制造假象，准备出货。

(6)当股价已下跌了较大的幅度，如某日内盘大量增加，但是股价却不跌，投资者要警惕庄家制造假象，假打压真吃货。

在 K 线图上，按回车键，可以得到个股的分时走势图，个股的分时走势图表示的是每分钟的市场交易情况，如图 7-1 所示。

有一点需要注意的是，这些指标只是作为一个投资参考，还要结合其他的相关信息比如 K 线的趋势、基本面、政策面等综合进行研判。比如我们可以按 F10 来得到股票的基本资料，我们买入一个股票前一定要清楚这个公司是做什么的、财务状况如何、历年来业绩如何、发展前景如何，这样才能使自己的投资更趋于理性，有着更安全的风险边际。所以投资决策一定要综合各方面的信息。

要了解个股更多的更详细的信息，可以通过多种渠道：登录证券交易所获取该股票的各类公开报表全文和其他公开信息，研读公司的定期报告是研究上市公司基本面的重要内容。登录上市公司的网站，可以了解该公司的产品和文化。通过各类财经网站，收集个股信息。如有条件，可实地查看上市公司的经营状况，与管理者进行沟通，这也是了解上市公司的非常重要的手段。

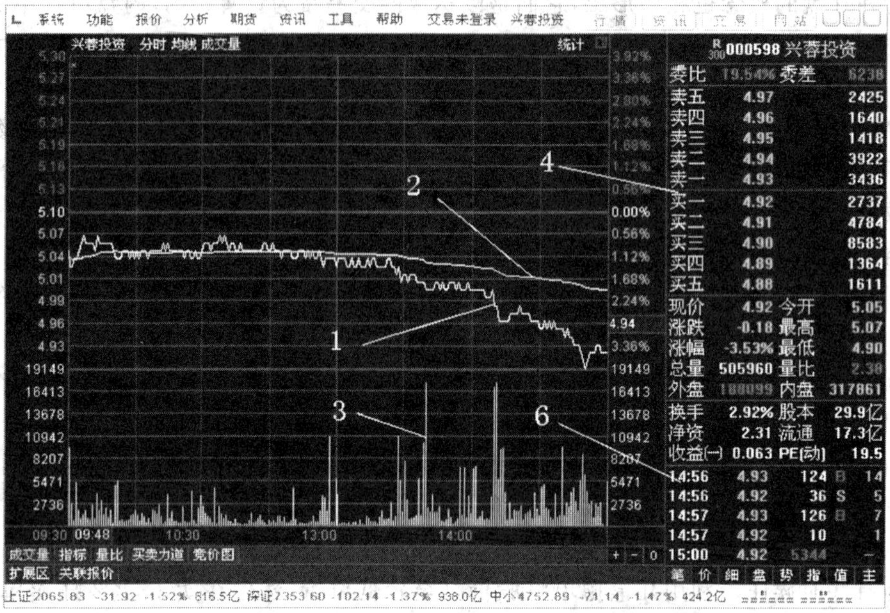


图 7-1　个股分时图

1. 白线表示每分钟的成交价格连线。
2. 黄线表示均价线，每分钟的成交额除以成交量。
3. 每一柱线表示每分钟的成交量。
4. 委托盘显示委买和委卖的价格表，在委买盘价格从高到低排列，在委卖盘价格从低到高排列。
5. 即时成交信息，显示最近几笔成交的价格和成交量，B表示外盘，S表示内盘。

## 小　资　料

### 资料20：一个操盘手坐庄的故事

几年前(确切地说是1996年以前)还比较单纯的小欢子对股市中庄家可以“覆手为雨”“翻手为云”的说法感到不可思议：“难道庄家是神仙？能有如此这般神通广大？”对于这个悬而未决的问题小欢子一直耿耿于怀，决定要弄它个水落石出！你别说上帝还真的给了他了解庄家的机会：1999年8月中旬，对股票操作已经比较娴熟的小欢子通过各种各样的关系来到一家大机构担任操盘手。

起初当然只有打下手的份儿，正儿八经的事小欢子靠边站。一种被埋没的感觉深深地刺激他要出人头地。正巧这时公司有一大笔闲钱，股市行情又不好，老总正为没有地方投资而发愁，于是小欢子毛遂自荐，向老总进言道：何不趁股市低迷主动买套投资股票？等大势趋暖、冰山解冻，我们将轻而易举坐收渔利！老总是一个60岁开外的人，在“文化大革命”期间吃尽苦头，受尽折磨，所以现在做事趋于稳重、保守。他看了看阴气沉沉的沪深股市大盘，倒吸一口凉气说道：你们年轻人做事就是冲动，在这种情况还买股票？为何不等企稳上升的时候再买？小欢子见老总有了一丝丝兴趣，便得寸进尺进一步进攻游说老总：现在我们资金量大（当时公司闲置资金高达3亿多元，可迅速变现的流动资产更高，坐庄炒作一二只股票绝对不成问题），一次性建仓绝对不可能；再说现在股市低迷、成交清淡，想吸纳到大量筹码只有先主动买套打提前量，否则到时将望涨兴叹……经过几天的游说终于激起了老总老年创业的勃勃雄心。老总私下把小欢子叫到一边：要做就做大事，要做好！而且只准成功，不许失败！我已经决定投资股市，由你担任操盘整体策划，一周之内将一份坐庄计划交给我，一定要注意保密！小欢子一阵窃喜：老总终于同意了！实现小欢子夙愿的时候到了！我一定要干一番轰轰烈烈的大事，而且一定要成功！他给自己暗自打气。

这么多的资金投资股市，要实现低位建仓、高位出货的确成了一大难题，另外运作期间的洗盘、拉抬也将不会是一帆风顺，注定会有诸多挫折，对此小欢子早有足够的心理准备！这么多的资金，如果遍地开花地分散投资，不仅仅不便于管理，而且公司操盘的人手也不够，而且还容易泄密，此方案不是特别理想；如果重点跟庄几只股票，又苦于资金太大无法顺利跟进，要知道“一山不容二虎，一江不纳二龙”，你巨量跟进不就等于间接坐庄？这样的话自己不能充分控盘，同样处于被动的不利地位，也不是最佳策略；如果自己单独坐庄一只股票，慢慢收集筹码，当达到控盘程度后岂不随心所欲，股价的走势控制也将易如反掌、游刃有余……。

经过反复多次多方面的利弊综合权衡，小欢子最后做出如下计划：单独坐庄，选择的目标避开“选股如选美”的传统模式，选择一只当时价位在10元左右、上市以来长期阴跌、流通筹码在5 000万左右且分散、行业形象较差但公司经营比较稳定、财务状况比较良好的冷门公司单独坐庄，按照公司当时的资金规模先期控盘70%的筹码不成问题！其后只需要少量现金进行对敲筹码就行了！

当然顺利坐庄与否关键要看能不能在低位吸纳到大量廉价筹码并轻松推高后在高位顺利出局。为此小欢子根据公司的资金规模在计划中详细阐述了如何建仓、洗盘、拉抬、出货目标股的全部过程和时间进度表，仿佛该股未来的具体走势已经呈现眼前，只要按部就班一步一步去走就行了。

另外为了将此次坐庄过程掩饰得不至于太明目张胆，必须开设大量的股东账户并且分散到不同的券商和证券营业部，而且这些工作务必做得严严实实、密不透风，否则将走漏坐庄计划而前功尽弃！一切就绪后，小欢子将坐庄可行性计划书呈到老总面前请他过目并期待其签字画押！老总看了一眼计划，叫他两天后再来。当时小欢子的心里异常兴奋但又忐忑不安：批准了岂不将圆了小欢子出人头地、雄心勃勃之美梦；如果没有批准这几天的苦口婆心和精心策划岂不成了黄粱美梦？

两天后小欢子怀着一种莫名的心情来到老总那里，老总笑了笑说：我详细看了你的计划，就按照你的思路做，准备工作已经叫其他人去做了，你的任务就是这次操盘的总策划，主要操盘手。年轻人，任重而道远啊！你要好好干，只许成功，不许失败！听到老总这样说，小欢子刚才还悬在空中的心顷刻间放下了，但就在此同时似乎又在无形中给自己套上了沉重的精神枷锁，万一失败了怎么办？这可是几个亿的大战役啊！“事在人为”，小欢子决定豁出去了。但在当时小欢子还是在心里不免默默祈祷：上帝保佑，阿门！

1999年8月25日（星期三），这一天是小欢子操盘生涯最难忘的日子，因为一切都准备好了，先期资金也已到位，可以进庄炒作了！小欢子一阵兴奋，决定大幅高开目标股以庆贺进庄炒作的序幕正式拉开。于是便亲自在集合竞价以12.19元较前一交易日收盘价高出将近10%挂入10万股的买单以小试牛刀，由于当时该股属于冷门股，这么大幅度的高开竟然没有全部成交，仅仅成交5万多股！

连续竞价开始后，天降的"金元宝"使得短线客倾巢而出，股价重新打到前日收盘价附近，小欢子此时泡了一杯龙井茶，一边品茗一边慢悠悠地挂出买单默默地吃进筹码。当天该股的成交量近90万股，其中小欢子的吃进量就达到了50多万股，占当天成交量将近60%，吸纳到了第一批宝贵的底部筹码。当然还远远不到预期的吸货量。为了利润最大化，小欢子决定利用当时低迷的人气慢慢吸纳。其后一周多时间小欢子一直在不动声色地慢慢吸纳，几乎每天的吃进量都在全天成交量的一半以上，在盘中只要看到有上万股的抛盘就跳上去吃了再躺下来等抛盘，但抛盘太稀少了，到9月初每天成交量平均在20万股左右，其中9月7日成交量还萎缩至10万股以下。低位吸货太困难了，成天埋头吃进经过10来天的吸纳还不足100万股，离预期控盘3 500万股以上的持仓量相差太远，于是决定加大收集力度，从9月9日开始向上攻击，只要看到较大抛盘，小欢子就毫不犹豫地将它消灭，到15日成交量已经达到了100万股以上，16日放大到200万股以上，17日这天，几家影响力极大的证券媒体开始大力推荐该股了，一开盘就被短线技术派的买盘滚滚袭击，小欢子见势头不对，便决定快速拉高到12.5元上方横盘通吃筹码，当天该股的成交量高达540多万股，也是小欢子自建仓该股以来吸货量最大的一天，共吸进了200多万股。自有序建仓的近20天来，小欢子忙得不可开交，欣慰的是完成了坐庄炒作的初期建仓500万股底部仓位的计划。为不至于建仓成本太高，小欢子决定停止建仓并清洗短线跟风盘，在12.5元左右盘旋一周后小欢子开始了无情的打压，先是绝对无量(每天成交量在20万股甚至更低)的大幅下挫至11.50元以下，将12元上方的跟风盘悉数套住，见割肉盘较少便采取了放量对敲的破位下挫，10月18日巨量长黑而下到11元以下，19日这天在看空该股的股评推波助澜下割肉盘汹涌澎湃地涌出，股价被放量打压到10元左右，此时小欢子不动声色地再次伸手接下这些筹码，当然自己也主动套牢其中。

其后的两个多月时间一直维持在10.5元左右做平台缩量整理，旨在让前期跟进的死对头对该股彻底失望。到12月下旬，小欢子利用当时的种种利空(周边股市暴跌，海峡两岸关系及令人们谈股色变电脑千年虫问题……)进行了最后的空头打压，到12月28日还被小欢子瞬间对敲打出9.45元的历史新低，这一段时间又收集到了不少散户含泪割肉出局的廉价筹码。

2000年元旦过后一切正常，而阴跌不止的大盘出现强劲反弹，小欢子也乘机将股价轻松拉上前期平台10.5元上方并进行了第二次大规模的收集筹码过程，此时依托多头排列的均线作振荡盘升，由于建仓不充分以及目标股不是当时时髦的高科技网络概念，故没有采用巨量拉大阳的逼空手法，而是继续采用温和的慢慢吸纳的振荡建仓方式。

到2000年4月底股价盘升到15元左右，由于只进不出，此时手中收集到的筹码已经超过了3 500万股，动态成本大致在14元左右，基本达到了建仓目标。在拉升前夕小欢子进行了一次震仓洗盘，10个交易日股价便被无量轻松打压至13附近，从极其萎缩的成交量和心电图一样的分时图上小欢子感到参与该股的散户已基本绝迹，目前大幅拉升的时机已经成熟，于是便一改往日的温柔作风。

6月6日这天，小欢子拉出炒作该股以来的第一个对敲放量涨停板，稍做横盘又于6月14日、15日连续两天放量飘升至涨停板，股价轻轻松松越过20元。在拉升的时候小欢子采用的是飘带式拉升方式，在上档挂出自己的抛盘，下面则挂出密密麻麻的接盘。这招拉升方式还真灵，排山倒海的技术派买盘将小欢子的获利抛盘吃得干干净净，没有费多大的力气就利用散户的热情将股价推向了高峰。

当然此时小欢子不会大量砸盘出货以免破坏极其漂亮的上攻图形，必要时小欢子还全力护盘，使优美的上升通道得以维持，就这样出多进少一直到7月18日股价轻松上攻到将近24元，8月18日已经上攻到历史新高24.48元，而此时小欢子手中的筹码也由3 500多万股减少到不足2 000万股，完成了高位出货的初步计划。

到8月底小欢子为了进一步加大出货力度而进行了一次诱多，利用公司利好小量对敲出攻击形态后从历史新高的高位将近连续三个实实在在的放量跌停板出货，将股价轻轻松松打破20元，将追涨盘套得结结实实，此时市场抢暴跌反弹的短线客开始大量进场吸纳，小欢子乘机落井下石，股价跌到19元，抢反弹的短线客再次壮烈牺牲，其后几天股价一直弱势徘徊在19元左右，上攻乏力，而此时的小欢子已经收回了当初投入的坐庄成本，手中还剩下将近1 000万股的筹码属于白捡的利润，慢慢套现啦！不过小欢子良心未泯，在嘴角抹油的同时仍不忘向在高位壮烈牺牲的追涨者默哀3分钟！愿你们时来运转、早日解套。

从建仓该股到如今成功出货历时整整一年，期间经历多少的坎坎坷坷、风风雨雨，心里承受了多大的压力，小欢子已经记不清楚了，现在回想起坐庄的全过程来心里酸甜苦辣麻五味俱全啊！在该股坐庄过程中，小欢子利用不同的时机巧妙地利用了顺势而为、逆势而为的手法实现了建仓、洗盘、拉升、出货四步曲，虽然运作过程中不是一帆风顺，但能到今天得以成功出局也不免一阵窃喜！今天小欢子花费休息时间将此全过程写出来公之于众的目的在于：朋友们在炒作股票时也应该多替庄家想一想，庄家坐庄同样的难，大把大把花花绿绿的钞票千辛万苦地变成一大堆低价位的电子符号；再挖空心思、想方设法把价格推向史无前例的高峰；最后又连哄带骗地再把这一大把高价位的电子符号倾销在民间而变成更多的花花绿绿的钞票，真的是好难好难，犹如诗仙李白的千古绝唱“难于上青天”啊！经过这次完整的作战历程，小欢子终于点头默认了：股市中的庄家真的神通广大，什么都可以做到，让多头梦寐以求的涨停板以及令空头手舞足蹈的跌停板全在庄家的一念之间，飘若浮云，易如反掌。

### 资料21：一个机构操盘手的30句肺腑之言

(1)如果股指除了下跌还是下跌，那么你肯定是在熊市中。(2)一旦我们对一个股票或者板块取得了控制，你一定要心中有数，散户可不明白这一点的。(3)如果馊主意管用，那就是好主意。(4)别出头，否则会把市场的吸引力引到你身上。(5)如果我们没有建完仓价格就势如破竹，那就是说，我们已经掉进了圈套。(6)任何天衣无缝的操盘方案，都经不起一场实战的检验。(7)平时能够出色地运用各种技术指标判断走势的人，往往在真实的交易中一败涂地。(8)如果对手处在你的控制范围内，那么就是说，你也处在对手控制范围内。(9)你不屑一顾的上涨，很可能是真正的主升浪。(10)职业股评家或者专家的行为是可以预料的，但是股市充满着半吊子的专家。(11)你的对手只会在两种情况下操作：他准备好了和你没有准备。(12)约定的时间或者价格，往往不会在约定的时间或者价格进行操作。(13)重要的指标(MACD、KDJ)往往是最简单的，而简单的指标往往是不容易明白的。(14)在股市上，轻松的捷径总是布满陷阱。(15)千万不要脱离市场热点，否则就没有人替你当证监会的靶子。(16)在你还没有来得及出货的时候，比对手更精彩抛盘只能是来自我们自己这一边的人瞒着大伙偷偷干的。(17)需要配合使用的资金肯定是不会同时到位的。(18)承诺一般在你迫切需要的时候失效。(19)预测通常是在走势不明朗时失效，但更加可能的是在走势明朗的时候预测也失效。(20)在股市中运气是不会永远在你这一边的。(21)在熊市开始的时候操作信条是：把手中的股票不管三七二十一先抛光再说，到抛空了以后再分清如何做下一步。(22)你最需要的数据就是你手头上没有的数据。(23)如果你不知道该采取什么行动，那你先睡上一觉，因为不动最好。(24)焦点、矛盾往往发生在所有法规、条例中没有规定的地方。(25)当别人晕头转向的时候，你却能保持清醒，那多半是你错误地估计了形势。(26)如果你操作的股票突然被别人拉起或者砸下，那就看看你的同盟吧。(27)在股市中没有比说得头头是道的专家更加可怕的了，有时候他们是在狂叫。(28)老板知道的只有两个数字：盈利或者亏损。(29)在股市中最大的幸福莫过于熊市开始的时候你抛空了股票。(30)一个操盘手如果还很想操盘，那就说明他还没有好好输过。

### 资料 22：股市庄家坐庄新手法

在股市中坐庄并非易事，因为这绝非有资金实力就能顺利而为。自 1990 年 2 月至今，不乏一些资金雄厚的超级机构虽然在市场坐庄曾兴风作浪，最后还是不得善终。如万国证券、君安、中经开等，都曾经在沪深股市中不可一世过，最后也难免“走麦城”亏损数十亿元。所以说坐庄并非易事。

既然坐庄难，为何还是有很多机构或资金实力集团对坐庄乐此不疲呢？还是有利之所在，才趋之若鹜。因为牛市通常是庄家吃散户的收获季节。现在的坐庄手法与《证券法》出台前已有很大不同。

以前的股市规模不大，市值也不大，对个股的坐庄炒作是封闭保密型的。一般集中一家或两三家机构的资金合作，在一个相对低价区域完成吸筹建仓后，先小幅拉升试盘，然后再向下回抽吸筹箱体的上沿附近清盘。这种清盘有两个目的：其一是诱使低位跟风盘逢高“见好就收”交出低廉筹码，减轻后市拉升中过多的获利盘套现抛压。其二是诱使一些高位套牢盘逢高减磅，降低将来拉升股价时的坐庄成本，完成进入最后拉升前的蓄势。最后才借助盘势上扬进行对敲拉升出巨大的获利空间，然后在高位震荡出货，完成撤庄工作获利出局。

现在的坐庄则不同，在经过周密策划后，由一些利益集团来共同实施方案。当这些坐庄机构在相对低位吸纳较充分的筹码后，便有意给一些拥有千万元以上的资金而又不能够单独坐庄的大户透风，有时还以协议性的诱惑，甚至披露炒作的价位目标让他们明白如果适时介入确实有利可图。由此同盟者加入形成对股价的推升，庄家也就达到了拉升股价的目的。这样做至少有三个好处：一是锁筹稳定，可以降低对单一个股坐庄的周转资金数额，降低了炒作的市场风险。二是利用了那些以往寻找庄家的跟风大户的雄厚资金拉升股价，降低了由自己来拉升的坐庄成本。那些大户认为背靠大树好乘凉是很乐意抬一段轿子的。三是庄家在利用大户的同时也启迪了大户要想坐轿子也可以按机构的方式依法炮制让中户介入。最后卖力推高股价的肯定是散户。

应当指出的是，近几年很多庄家对个股的坐庄已经是联合很多力量共同进行的了，很少看到单打独斗独吞自肥的。例如，对一个流通盘 5 000 万的股票坐庄，有 5 家机构合作就足够了。若在8～10元箱体建仓，平均持仓200万股，每家机构锁仓成本约1 800万元，留2倍于持仓金额为炒作备用金约3 600万元，亦即一家机构只用5 400万元就能够对该股进行有效调控。

其调控步骤如下：

(1)每一个机构影响2个千万元以上的大户，则引进增量资金1亿元以上。如在10元透露信息就形成了1亿多元面对4 000万股的供求格局，理论上可锁定1 000万股。但实际上则不可能，机构手中的18 000万元不可能按兵不动，会进行低吸高抛的小波段炒作，制造虚假供求关系，达到小幅推高股价的目的，促使大户认为股价将时不我待及时跟进。而且就市场本身而言，市场上在10元附近的浮筹也基本被机构收集得差不多了，大户要建仓也要拔高建仓，这样也就达到了使股价脱离主力成本区的目的。同时也使得大户的建仓成本提高，持仓比例相对降低。

(2)然后再通过10个大户影响持有100万元以上的中户。如果1个大户辐射10个中户，则辐射带来的增量资金能达到1亿元以上，形成的将是1亿元对3 300万股的供求格局。该股股价就将再上一个台阶，就形成了炒作过程中的"水涨船高"效应。这时机构的炒作任务就是稳住自己的同盟军，营造好跟进买入的"赚钱效应"，使他们确实尝到赚钱的甜头。

(3)再下一步就是通过中户去影响散户。如果1个中户能够影响到10个10万元上下的散户，又能引进增量资金1亿多元。而该股锁定筹码也高达50%了。新增资金对约2 500万流通盘的炒作将再度营造出很好的多头买气。这时的主力只要循循善诱地对敲拉升，进一步营造市场认同的赚钱效应就行了。散户之间的影响是无穷的。正如毛泽东在《论持久战》中说的那样：动员了全国的老百姓，就造成了陷敌于灭顶之灾的汪洋大海，就造成了弥补武器等缺陷的有利条件。换言之，主力在坐庄中有效地联合了一些可以联合的资金力量，就降低了自己炒作中的很大风险，就形成了以"四两拨千斤"控盘有利条件。

这种坐庄模式是近几年渐趋流行的模式，即周密策划，统一指挥，分进合击。这完全是一个炒作的系统工程。现在不少大机构都设有实力雄厚的专门研究部门，只研究分析而不介入市场炒作。策划班子则由高层控制，由主要负责人根据研究报告运筹帷幄，居中策应分散于各证券营业部的资金。各操盘手之间是不清楚老总的真正意图的，只严格按操盘指令操作。调度同盟者则集中表现在对信息的利用上。

这种新操盘方式其实也对一些传统的分析方式、方法提出了挑战。因此有些经验式的分析方法和经验式的分析理论已经在这种新坐庄手法面前显得捉襟见肘。我们常听到市场人士说，现在的盘势常常让人看不懂，大概原因就在这里吧。

# 第八章　中小企业上市公司生存状态分析[①]

中小企业的死亡率高、平均寿命短是全世界范围内的共同现象。对于在上市前已经具有良好盈利记录的中小企业上市公司来讲，能够上市就意味着其寿命超过 3 年，是同类的佼佼者，那么，这些中小企业上市以后是否可以继续上市前的高速增长，上市是否意味着生存得到保障，影响它们生存状态的因素又是什么，它们的生存环境如何，是否能够促进它们的健康成长，如何营造一个有利于中小企业快速成长的生存环境，是一个非常具有现实意义的研究课题。本章主要分析中小企业上市公司的生存状态，模块 7 介绍如何抓住热点。

本章的目的即通过金融经济学的相关理论，应用实证研究的方法来对此做深入研究。通过对我国上市公司持续生存状况的初步分析发现，上市公司中约有一半的企业上市时为中小企业，其流通市值、资产总额超过全部证券市场的 1/3。但中小企业持续经营能力较差，上市后非但未能继续成长，反而盈利能力出现退化，呈现下跌趋势。运用 Kaplan-Meier 生存分析法，对不同规模企业做生存年限（保持盈利年限）的分析，发现企业规模大小对生存时间有影响，中小企业的生存状况明显差于大型企业，中小企业“死亡”（发生亏损）的速度显著快于大型企业。为了发现影响不同规模企业生存状态的因素，采用多因素的生存分析法（Cox Regression 过程），以企业规模大小作为分层变量，来估计在两种不同规模企业的样本中各影响因素对风险率的影响。结果发现，再融资和国有股比例对不同规模企业的生存产生正面影响，行业和经营稳定性对不同规模企业的生存没有显著影响。通过进一步研究再融资和国有股这两个因素对不同规模企业成长性的影响发现，再融资可以明显促进中小企业的成长，但对大型企业的成长帮助不大。而拥有大比例国有股并不能促进企业业绩的增长，仅能延缓企业发生亏损的时间。以上研究充分说明：中小企业上市后的生存状态堪忧，并不能继续上市前的高速增长；中小企业更需要政策的支持；中小企业上市公司的成长更依赖于股权融资，证券市场对促进中小企业的发展起到重要作用。

## 第一节　企业生存状态的影响因素及假设

每个企业都是在风险中经营的，任何企业都不会例外，企业经营风险具有不确定性，并且有些风险会对企业的生死存亡产生重大影响。相对而言，风险对小企业来说重要性远远超过大企业。小企业虽然“船小好掉头”，但它由于“本小根基浅”，故只能“顺水”，不能“逆水”，不能左右风险的发生。从实际情况看来，小企业消化吸收亏损的能力十分有限。同时，企业规模的

---

①本章根据深圳证券交易所第七届会员单位与基金公司 2005 年研究成果整理。

扩大，决定了企业对市场的控制力逐渐增强，企业也可以将自身遇到的经营风险外嫁的能力逐渐增强，因此，大型企业较小型企业更能忍受经营风险给自身带来的影响，其生命也将更为长久。中小企业因为自身规模限制，更易因为经营状况的变化而将自身置于危险境地。

**(一)经营稳定性**

(1)能对环境保持敏锐反应的公司更为长寿。纷繁复杂、动荡不定的外部环境会对企业持续经营构成实质性影响，只有那些对外部环境变化反应快捷且应对能力较强的企业才能生存和发展，企业生存也将更为持久、长寿。如果企业在外界环境的变化过程中只是被动地接受，而不能采取行动规避相关风险，则企业业绩波动性也较大，企业因为某一次环境变化而失败、经营终止的风险也更高。Robert Lensink 和 Paul van Steen(2000)研究得出不确定性和风险在很大程度上通过影响成长机会的多寡来影响企业对环境的判断，小企业在不确定性加剧时成长机会丧失，投资积极性会降低，经营业绩也会受到影响。John Stuart Mill 认为中小企业能否生存和发展，关键在于其对环境变化反映的灵敏性和有效性，即对环境的适应能力。

(2)中小企业上市公司更易受到宏观经济政策变化的影响。Berger 和 Udell(1998)认为，在货币政策紧缩时中小企业受到的冲击比大企业大。Gertler 和 Gilchrist(1991)在对制造业中小企业的经验研究中发现，中小型制造企业不仅直接对利率反应敏感，而且还深受经济周期变化的间接影响。Taylor(1988)、Steel(1994)、Berger 和 Udell(1998,2002)等学者认为，宏观经济政策的变化对中小企业的冲击力更大一些，中小企业更容易受到外界环境的影响。Thorsten 等(2002)用 54 个国家企业层面的调查数据分析了融资、法律和腐败是否对企业成长率产生实质性影响。实证分析表明：这些因素对企业成长构成的影响在很大程度上取决于企业的规模大小，小企业最易受到其影响；企业成长在发展中国家比在发达国家要更多地受融资、法律制度和高腐败率的影响。

**(二)行业**

(1)不同的行业其内部竞争激烈程度不同。不同的行业由于参与市场的数量、进入的难易程度、产品的差异性、个别厂商对市场的控制力等方面存在显著差异，造成了不同行业内部竞争激烈程度的不同。根据行业竞争的激烈程度，可以将行业分为垄断型行业和竞争性行业。其中垄断型行业又可分为垄断性行业和公益性行业。垄断型行业主要是集中型的产业，适合于大企业经营。垄断型行业由于其存在较大的进入障碍和沉没成本，对进入企业的资金实力等要求很高，行业内几家大公司已经控制了行业内的绝大部分市场，各家垄断寡头间存在竞争又合作的局面，并且策略性合作多于竞争，相互间不会随意发动激烈的市场竞争。竞争性行业大多属于分散型产业，行业进入壁垒较小，沉没成本较小甚至没有，造成行业内厂商云集，每家公司均不能对市场施加影响，都是市场的被动接受者而不是市场的影响者，企业间竞争激烈。

(2)竞争程度的差异导致企业生存状态的不同。不同行业间竞争程度差异，导致企业对市场的控制力、产品的差异性、生产成本的控制等方面显著不同，竞争激烈的行业内企业对原材料价格、产品价格等控制力较低，使企业经营风险增加，也更容易出现亏损状况，而具有垄断优势的企业由于拥有部分的价格决定权，可以在考虑自身企业成本的基础上决定价格，因此，发生亏损的可能性较小。

**(三)再融资政策**

企业的发展同其融资能力存在很大的关系，甚至企业融资能力直接决定了企业生死。

(1)资本对企业经营业绩的影响很大。柯布-道格拉斯生产函数说明，在生产力水平一定的前提下，资本对生产的影响将大于其他要素对生产的影响，也就是对企业发展更为重要。对于上市公司来说，企业经营业绩与融资渠道的拓宽和降低融资成本密切相关：融资渠道的拓宽使得企业的资本结构趋于合理化，融资成本也相应降低，避免了企业高速成长所带来的财务风险，这样就促进企业快速健康的发展。Ari Hytinen 和 Mika Pajarinen(2002)在前人研究的基础上，考察了企业成长过程中的外部融资需求问题，指出了企业的成长必然要求外部融资的适当增长，而如果外部融资的增长不能适合企业发展的需要，则企业经营业绩将会下降甚至濒临崩溃的境地。

(2)中小企业融资难已经严重制约中小企业的发展。目前中小企业在发展过程中遇到的普遍性问题，就是融资难。对中小企业的融资难问题，在经济理论界和实践中的普遍认识是：中小企业本身存在先天的缺陷，特别是可用于融资担保的资产规模小，缺乏信用支持，再加上信息不对称、逆向选择和道德风险的存在，这些对于以安全性经营为前提的正规金融机构来讲是一道鸿沟。所以，中小企业融资条件与正规金融机构信贷政策本身是一对矛盾，注定了出现融资难的问题。

**(四)股权结构**

中国企业的特色在于部分企业拥有国有股，学者普遍认为由于我国国有股的“所有者缺位”，因此，国有股相对于法人股的上市公司而言，其公司治理较差，并造成经营业绩较差。已有若干学者通过实证分析说明国有股比重大对经营业绩会计指标的负面影响。例如，Xu 和 Wang(1997)研究了中国上市公司股份构成与企业经营绩效会计指标之间的关系，发现公司业绩与公司法人股比例呈现高度正相关，国家股比例则与公司业绩呈负相关关系。孙永祥、黄祖辉(1999)以 1998 年底上海和深圳证券交易所 503 家上市公司为样本，研究托宾 Q 值与公司第一大股东控股比例的相关性，认为法人股为公司第一大股东时，公司托宾 Q 值和公司治理好于第一大股东为国家股的上市公司。上海证券交易所研究中心(2001)的一份研究报告认为，“国有股比重过大与公司业绩呈负的相关关系，而法人股比重与公司业绩呈正相关系。”国内研究的结论倾向于认为，“国有股权的集中对企业价值产生负面影响，将国有股法人多元化有助于改善公司治理和经营业绩。”

## 第二节　样本与指标的选择

### 一、中小企业的界定标准

中小企业是一个比较模糊的概念，到底什么样的企业属于中小企业，是一个很难确定的问题。目前，国外大部分国家界定中小企业都只采用定量标准，并且仅采用单一定量标准的国家居多。只有美国、英国、德国同时采用定量标准和定性标准。但无论是定量还是定性标准都是基于企业规模角度而设定的。事实上,从理论角度看,由于企业多样性的存在,整个企业群体无论从什么视角看差别和分层都是客观存在的,因此,对中小企业的界定没有一个完全统一的标准。

在证券市场上,对于上市公司这一特殊企业群体来说,国外普遍以其市值来衡量公司规模,对中小企业上市公司的界定一般按照股票规模即流通市值指标进行排序,流通市值小于个股平均流通市值的定义为中小企业上市公司(Amihud,2002)。国内学者宋颂兴和金伟根是以总股本划分公司规模大小,周文和李友爱以公司总市值(总股本乘以当日个股价格)衡量公司规模,汪炜和周宇以流通市值(流通股本乘以当日个股价格)划分公司大小,邹功达以流通股本或流通市值来衡量国内上市公司的规模。深交所中小企业板则没有对中小企业上市公司做出明确的界定。

证券市场股权分置的特殊情况影响中小企业的正确界定。国内证券市场与国外成熟证券市场存在一个明显的区别,即国内上市公司有 2/3 的股份不流通,存在股权分置的特殊情况。非流通股与流通股的同时存在并且数量差异较大,使得国内上市公司的风险收益特征必然会与全流通市场有所不同,流通市值小并不意味着上市公司的规模就一定小,如何合理确定中小企业上市公司成为困难的问题。国内学者主要就股票“规模效应”、“小盘股效应”进行研究,研究对象主要涉及二级市场的股价波动,因此以市值规模的大小来确定中小企业上市公司有其内在的根据。试图揭示中小企业上市后的真实生存状态,深入研究影响其生存状态的本质原因,如何合理界定中小企业上市公司是研究的首要关键所在。我国《中小企业促进法》第一条规定,中小企业划分标准由国务院相关部门根据企业职工人数、销售额、资产总额等指标,结合行业特点制定,报国务院批准。根据《中小企业暂行规定》,中小型工业企业标准为:职工人数 2 000 人以下,或销售额 3 亿元以下,或资产总额 4 亿元以下。对中小企业上市公司的界定标准是:如果沪深两市 A 股(包括中小企业板)上市公司上市第一年年报披露的资产总额或主营业务收入小于《中小企业暂行规定》工业企业的要求,则为中小企业,否则是大型企业。之所以没有把职工人数考虑在内,是因为各个上市公司公布的职工人数标准不一,有的是集团公司的职工人数,有的包括全部子公司的职工人数,可比性较差。

由于对中小企业的判断标准是采用上市当年的静态指标来衡量,而一个企业的发展是动态的,对于一个企业来说,它也许当初上市时是中小企业,后来发展壮大为大型企业,或者经营失败退市,因此,为了方便论述,以企业上市年度的规模是否符合中小企业标准来进行分类,以后年度不再进行调整。

## 二、历年上市的中小企业概况

数据资料均根据巨灵证券资讯系统所提供的原始数据整理归纳而来,其中财务指标均取自各公司公布的年报数据。表 8-1 为历年新上市中小企业各年度分布状况。

表 8-1 历年新上市中小企业各年度分布状况

| 年份 | 总资产均值/万元 | 主营业务收入均值/万元 | 当年新上市企业数 | | 中小企业占新上市企业比例/% |
|---|---|---|---|---|---|
| | | | 总数 | 其中中小企业数 | |
| 1994 以前 | 57 379.63 | 113 884.64 | 287 | 152 | 52.96 |
| 1995 | 68 825.60 | 134 822.51 | 24 | 16 | 66.67 |
| 1996 | 61 461.80 | 119 959.86 | 203 | 140 | 68.97 |
| 1997 | 68 143.75 | 128 841.40 | 206 | 102 | 49.51 |
| 1998 | 73 521.98 | 145 365.65 | 106 | 39 | 36.79 |
| 1999 | 84 378.77 | 171 029.89 | 98 | 33 | 33.67 |
| 2000 | 99 345.57 | 200 511.04 | 137 | 54 | 39.42 |
| 2001 | 134 572.16 | 265 037.32 | 79 | 27 | 34.18 |
| 2002 | 156 774.88 | 343 277.18 | 71 | 26 | 36.62 |
| 2003 | 196 342.30 | 418 973.82 | 67 | 23 | 34.33 |
| 合计 | — | — | 1 278 | 612 | 48.44 |

注:(1)1994 年企业数据是 1989—1994 年的合计数,总资产和主营业务收入是 1994 年年报数据;
(2)上市企业数略小于中国证监会网站公布的发行企业数,是由于发行和上市的时间差导致的;
(3)除 1994 年以前上市的公司外,总资产和主营业务收入均值根据企业在上市当年年报数据统计而来;
(4)如无特别说明,以下各表均适用以上注释。

从表 8-1 可以看出:

(1)中小企业在新上市公司中占重要地位。在每年新上市的公司中,约有一半的公司属于中小企业上市公司。

(2)我国上市公司的规模从 1994 年至 2003 年的十年时间里呈现快速放大的趋势,2003 年新上市公司的资产总额和主营业务收入均值较 1994 年增长了约 2.5 倍,平均年增长率超过 13%,尤其是 1998 年以后,呈加速增长的趋势。反映出新增上市公司的规模在不断地增大,导致新上市公司中中小企业的比例从 60%以上下降到 40%以下。

## 三、数据和指标

### (一)数据来源

选取巨灵证券资讯系统所提供的截至 2002 年①年底在上海和深圳证券交易所上市的所有的 1 211 个上市公司作为有效样本,为了更为全面地说明上市公司的发展历程,研究对象包括目前由于各种原因已经退市的公司(例如琼民源、华联商厦、PT 南洋等)。

### (二)指标

衡量上市公司生存状态的指标:生存年限,即上市后第几年首次亏损。

衡量上市公司规模的标准:上市公司分为中小企业和大型企业两类。

衡量上市公司经营稳定性的指标:盈利变异系数是上市公司利润指标的标准差与均值的比值,利润指标是将 1994—2003 年年报公布的营业利润总额剔除掉同期第二产业名义 GDP 增长率后的数值。

①为了更准确地反映公司的生存状态,必须有两年以上的财务数据进行比较,要求公司必须上市 2 年以上,因此研究样本不包括 2003 年及以后上市的公司。

考虑到1994年至2003年跨度时间长，期间不同年度上市的企业受到宏观经济周期的干扰较大，为了将这些影响尽量减少，从而使不同样本之间的指标变化集中反映企业内部的因素，需对企业的指标进行修正。选择第二产业①的名义GDP增长率（不考虑通货膨胀因素的GDP增长率）为修正变量。见表8-2。

**表8-2 1995—2003年第二产业GDP环比增长率表** %

| 时间 | 1995年 | 1996年 | 1997年 | 1998年 | 1999年 | 2000年 | 2001年 | 2002年 | 2003年 |
|---|---|---|---|---|---|---|---|---|---|
| 增长率 | 27.56 | 17.80 | 10.72 | 3.75 | 5.02 | 10.79 | 9.20 | 7.97 | 15.38 |

资料来源：中华人民共和国国家统计局网站。

衡量上市公司行业的标准：以国家标准《国民经济行业分类与代码》(GB/T 4754—2002)基本分类为依据，按照产业特征将上市公司分为垄断性、竞争性和公益性及其他行业三大类。

衡量上市公司再融资②规模的指标：再融资金额占总资产的比例。

衡量上市公司国有股状况的指标：2003年年报公布的国有股占总股本比例。

衡量上市公司业绩成长性的指标：成长系数，为上市公司2003年净利润相对于上市年度的增长率与第二产业GDP在同样时间段的增长率的差。

## 第三节 中小企业生存状态的实证研究与解释

### 一、中小企业持续生存状况的初步分析

表8-3数据是截至2003年年底在上海证券交易所和深圳证券交易所上市的所有A股公司的状况，根据2003年年报数据以及2003年12月31日收盘价整理得出。中小企业上市公司资产和利润变化情况见图8-1和图8-2。

**表8-3 不同规模上市公司在证券市场的状况比较**

| 指标 | | 中小企业上市公司 | 大型企业上市公司 | 全部上市公司 |
|---|---|---|---|---|
| 上市公司 | 数量 | 611 | 651 | 1 262 |
| | 比重/% | 48.42 | 51.58 | 100 |
| 流通市值 | 总额/亿元 | 4 290.87 | 8 130.91 | 12 421.78 |
| | 比重/% | 34.54 | 65.46 | 100.00 |
| 资产 | 总额/亿元 | 18 623.92 | 34 250.57 | 52 874.50 |
| | 比重/% | 35.22 | 64.78 | 100.00 |
| 净利润 | 总额/亿元 | 99.94 | 1 132.17 | 1 232.11 |
| | 比重/% | 8.11 | 91.89 | 100.00 |

注：本表不包括截至2003年底已经退市的公司，故样本数少于表8-1。

①根据国家标准《国民经济行业分类与代码》(GB/T 4754—2002)的基本分类，截至2003年底已经上市的公司中有81.38%属于第二产业，为了简化运算，统一以第二产业GDP标准作为修正因子。

②再融资是指样本上市公司自1994—2003年期间所有的配股、增发和发行可转债筹集的资金。

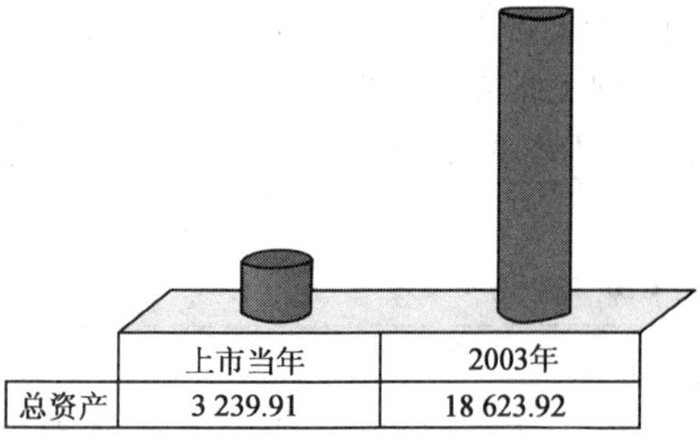


**图 8-1　中小企业总资产变化**(单位:亿元)

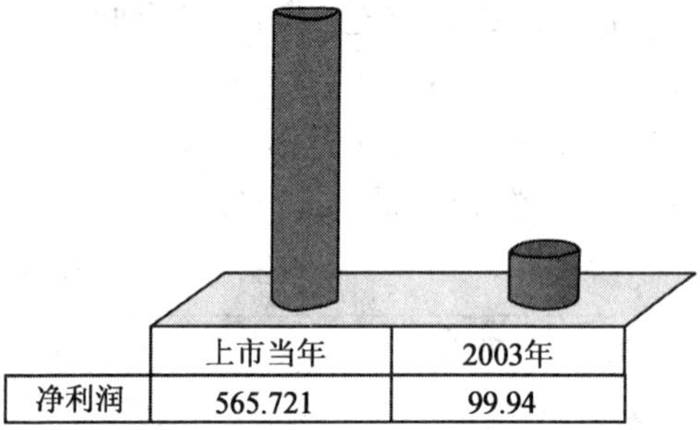


**图 8-2　中小企业净利润变化**(单位:亿元)

通过对我国上市公司持续生存状况的初步分析,可以发现:

(1)中小企业上市公司在我国证券市场占有重要的地位。上市公司中约有一半的企业上市时为中小企业,其流通市值、资产总额超过全部证券市场的 1/3。

(2)中小企业持续经营能力较差,生存状态恶化。中小企业创造的净利润只占全部证券市场的 8%左右,同其上市当年相比,总资产增长了 6 倍,但净利润显著下降(80%),说明从总体上来看,中小企业上市后非但未能继续成长,而且盈利能力快速退化,呈现加速下跌趋势。从国际经验来看,美国 NASDAQ 市场企业成功的概率也只有 35%,而 65%的企业以失败而告终。但我国中小企业上市公司失败的概率显然要高于国际水平。

## 二、不同规模企业生存分析

通过上面的统计和检验,发现我国中小企业上市公司总体上其上市后的利润增长率小于社会平均水平,盈利能力在上市后显著下降。为了更加深入了解上市后公司的经营规律,对截至 2002 年底已经上市的所有公司进行 Kaplan-Meier 生存分析。

Kaplan-Meier 生存分析中常用术语有:

(1)发生事件,表示观察到的随访上市公司出现了所规定的结局,即发生亏损。

(2)缺失或失访。有的上市公司终止随访不是由于发生事件,而是无法继续随访下去,比如随访研究结束时观察对象并未发生亏损,例如 2002 年上市的公司 2003 年底并未发生亏损,但无法判断其在以后年度是否发生亏损。

(3)生存时间,即随访观察持续的时间,按事件发生或失访前最后一次的随访时间记录,在此一年记录一次,时间范围为 1994—2003 年底。

(4)生存概率,指某观察对象在上市某时刻未发生亏损的概率。

Kaplan-Meier 过程采用乘积极限法(product-limit estimates)来估计生存率,采用 Breslow 法,以各时间点的观察例数为权重,检验不同规模的各组上市公司生存曲线分布是否相同。

由表 8-4 可见,共有样本数 1 156 个,在 10 年的观察期间曾发生亏损的共有 428 家;有 782 个样本因为观察年限的限制,在可观察的时间内没有发生亏损,但其未来时间是否发生亏损无法观察到,故作为失访处理。总体上有 37%的上市公司在上市后发生亏损,其中中小企业上市公司亏损的比例远大于大型企业上市公司。

**表 8-4　不同规模企业生存分析的描述性统计**

| 类型 | 样本总数 | 亏损公司数 | 亏损公司比例/% | 缺失样本数 | 缺失样本比例/% |
|---|---|---|---|---|---|
| 大型企业 | 603 | 183 | 30.34 | 420 | 69.65 |
| 中小企业 | 553 | 245 | 44.30 | 308 | 55.70 |
| 全部企业 | 1 156 | 428 | 37.04 | 728 | 62.98 |

通过对中小企业和大型企业两组样本的整体生存曲线比较，Breslow 检验 $P=0.010\,1$ 小于 0.05，结果显示两种规模的企业的生存率曲线分布差别有统计学意义。见表 8-5。

**表 8-5　不同规模企业生存分析的 Breslow 检验**

| 方法 | 统计量 | 自由度 | 显著性 |
|---|---|---|---|
| Breslow | 6.62 | 1 | 0.010 1 |

图 8-3、图 8-4 是生存率和风险曲线图，1 为中小企业，0 为大型企业，从图中可以直观地看出：

(1)在上市后的第 3 年，中小企业的累计生存率为 70%，大型企业的累计生存率为 80%，即中小企业有 30%在上市后 3～5 年内发生亏损，大型企业仅有 20%；

(2)累积有 50%的上市公司发生亏损的状况，中小企业的是在上市后第 7 年出现，大型企业是在上市后第 8 年出现；

(3)有 40%的中小企业上市后寿命超过 10 年，大型企业的比率为 50%。

结论：中小企业的生存状况明显差于大型企业，中小企业“死亡”(发生亏损)的速度显著快于大型企业，中小企业的风险显著大于大型企业。

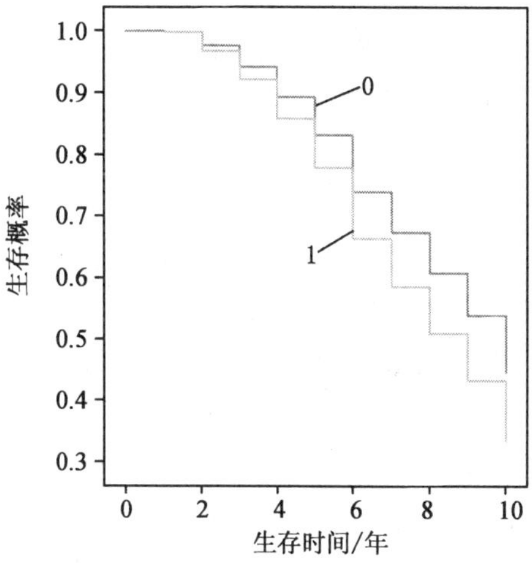


**图 8-3　不同规模企业生存曲线**

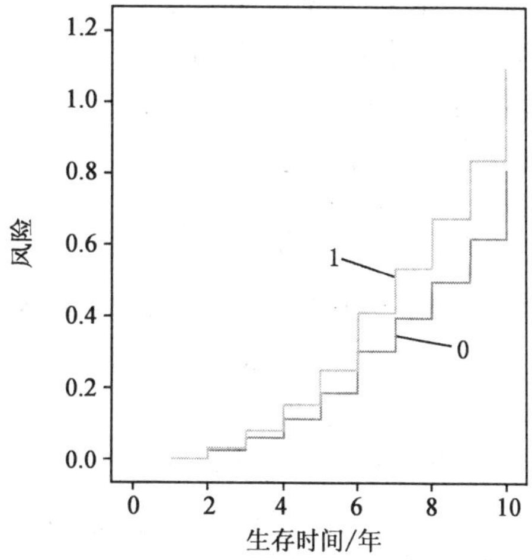


**图 8-4　不同规模企业累积风险函数曲线**

## 三、企业生存状态的影响因素检验

上面采用的 Kaplan-Meier 生存分析法，对中小企业上市公司和大型企业上市公司的生存资料做生存年限的统计，即描述和分析一个因素(企业规模大小)对生存时间的影响。

在上面研究的基础上，采用多因素的生存分析法（Cox Regression 过程），以企业规模大小作为分层变量纳入方程，来估计在两种不同规模企业的样本中各影响因素对风险率的影响。通常称为 Cox 回归模型（亦称比例风险模型）。

在 Cox 回归模型中，假设在某一时点 $t$ 个体出现观察结局的风险大小可以分解为两个部分，除了有一个基本（本底）风险量 $h_0(t)$ 外，第 $i$ 个影响因素可使该风险量从本底风险量 $h_0(t)$ 增加为 $e^{\beta_i x_i}$ 倍而成为 $h_0(t)\cdot e^{\beta_i x_i}$。因此如果有 $k$ 个因素同时影响生存过程，那么时点 $t$ 的风险量（常称之为风险函数 hazard function 或风险率 hazard rate）表达为：

$$h(t,X)=h_0(t)e^{\beta_1 x_1+\beta_2 x_2+\cdots+\beta_k x_k} \tag{8.1}$$

将基础风险移至公式左侧，两边同时取对数，得：

$$\ln[Rh(t)]=\ln\left[\frac{h(t,X)}{h_0(t)}\right]=\beta_1 x_1+\beta_2 x_2+\cdots+\beta_k x_k \tag{8.2}$$

从上式可以发现 $\beta$ 的实际含义是当变量 $x$ 改变一个单位时引起的死亡风险（此处是亏损）改变倍数的自然对数值。

为了便于理解，以亏损作为观察结局对式中的符号加以说明：

$h(t,X)$：表示个体在协变量的作用下时点 $t$ 的亏损率（风险率，$x$ 为协变量向量）；

$h_0(t)$：表示个体在时点 $t$ 的基准风险率，此时所有的协变量取值为 0；

$e^{\beta_i}$：相对危险度（RR，relative risk），表示第 $i$ 个影响因素 $x_i$ 产生的作用，即当 $x_i$ 上升一个单位时，亏损风险比原水平增加 $e^{\beta_i}$ 倍；

$\beta_i$：可以理解为 $x_i$ 的回归系数，若 $x_i$ 对生存无影响，则理论上 $\beta_i=0$，即风险率从 $h_0(t)$ 增加到它的 $e^0$ 倍，也就是维持不变；

$Rh(t)$：在时间 $t$、协变量向量 $X$ 作用下，个体风险率相对于基准水平的风险率之比。

采用的变量进入 Cox 回归方程的方法为基于偏最大似然估计的向前逐步回归（Forward LR）法，对所有变量进行筛选。

分析结果说明协变量系数 $\beta_i$ 不全为零。

对回归方程的各参数进行了估计。从相对危险度 EXP($B$)可以看出：国有股比例、再融资占总资产的比例等变量（表 8-6）对不同规模企业的生存有显著影响。得到风险量增加倍数为 $e^{-0.006G-1.286Z}$，变量系数均为负值，表明国有股比例越高，大约指数每上升 1 个点，亏损风险下降为以前的 0.994 倍；再融资占总资产比例越高，大约指数每上升 1 个点，亏损风险下降为以前的 0.276 倍，总体上，再融资对企业的正面影响更加强烈。

**表 8-6　模型中检验通过的变量**

| 变量 | 系数 $\beta$ | 标准误 $SE$ | 卡方值 | 自由度 | 显著性 | 相对危险度 | 95%置信区间 | |
|---|---|---|---|---|---|---|---|---|
| | | | | | | | 最低 | 最高 |
| 国有股比例($G$) | −0.006 | 0.002 | 9.393 | 1 | 0.002 | 0.994 | 0.990 | 0.998 |
| 再融资占总资产比例($Z$) | −1.286 | 0.143 | 80.39 | 1 | 0.000 | 0.276 | 0.209 | 0.366 |

表8-7表示行业和业绩变异系数两个变量没有通过检验，其 $P>0.10$，不符合选入要求，该两个因素基本上没有继续发掘的必要。

**表8-7 模型中检验不通过的变量**

| 变量 | 得分 | 自由度 | 显著性 |
|---|---|---|---|
| 行业 | 0.958 | 1 | 0.328 |
| 业绩变异系数 | 2.354 | 1 | 0.125 |

结论：再融资和国有股比例对不同规模企业的生存产生正面影响，中小企业再融资占总资产比例和国有股比例较低影响了中小企业的生存状态。

# 模块7 如何抓住热点

许多初入市场的投资者会遇见这样的情况，看到大盘涨得很多，但是自己的自选股都表现平平，好像"蒙在鼓里"的感觉，其实这个时候用软件上的一些简单的操作就能清晰明了地看出哪些股票是当期热点。

## 一、综合排名

第一种方法就是我们可以查排名，我们根据"报价"菜单下的多种排名来查看今天的热点股票，比如今天的涨跌幅排名、今天的成交量排名，或者查看"报价"菜单下的综合排名来获得更加全面的信息。

## 二、板块分析

第二种方法是以一个更加宏观的视角进行分析——板块分析。所谓的板块是指具有同类性质的股票的集合，按照集合的性质的不同，可以有很多板块的分类。比如按照行业分，有金融板块、房地产板块等；按地域分，有河北板块、北京板块等，按股本大小不同可以分为大盘股、小盘股等。板块之间的股票往往具有较强的正相关性，导致板块联动的效果，成为资金竞相追捧的对象，在这些板块中又往往有领涨的股票，这就是所谓的龙头股，是市场行情的风向标，应该积极关注。

在软件中，我们选择"报价"，点击"热门板块分析"，显示各类板块，还特别显示了该板块中的领涨股票。如图8-5所示，在"次新股"板块的领涨股票是"登云股份"。

为什么会产生板块联动的效果呢？原因就在于一个政策性利好或者经济形势的好转可以对一个行业或者区域带来机遇，这种预期与人们的心理相互加强，推动整体板块的上涨。板块联动包括两个方面的概念：个股板块联动和相关板块联动。个股板块联动是指同一板块内所发生的同步波动现象，具体表现为：当某一板块走强，该板块所有个股同步走强；当某一板块走弱时，该板块所有个股同步走弱。

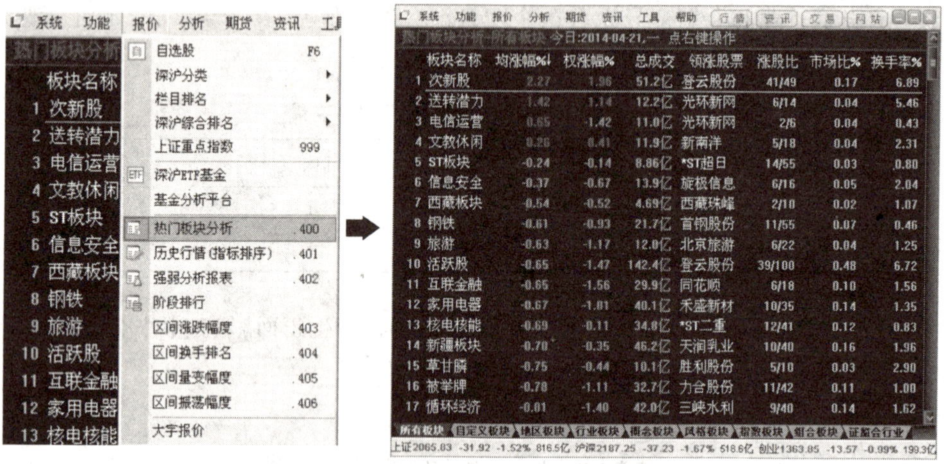


**图 8-5 热门板块分析**

**(一)个股板块联动精要之一**

当国家产业政策发生变化时,与此相关的产业因政策的得失而使得该行业板块发生整体波动。表现为:当同一板块走强时,板块中的个股将整体走强;当同一板块走弱时,板块中的个股将整体走弱。

操作要点:

(1)突发性刺激的板块波动应采用短线操作,因为该波动持续时间较短。

(2)长期性刺激的板块波动应采用中线操作,因为该波动持续时间较长。

(3)在该板块启动之初,该板块个股的同步性最强,操作的安全性和盈利性较高;启动的时间越久,随着板块内个股分化,操作难度和风险加大。

**(二)个股板块联动精要之二**

当某只股票的基本面发生重大变化,股价发生剧烈的波动时,该板块个股也将同步波动。表现为:当板块内某只股票强势上涨时,板块中的个股将整体上涨;当板块内某只股票强势下跌时,板块中的个股将整体下跌。

操作要点:

(1)最先启动行情的个股往往是该板块的领涨股票,对其操作的安全性和盈利性最好。

(2)当一个板块整体走强时,往往会出现多只板块强势股,轮番领涨板块,应对这几只板块强势股予以重点关注。

(3)当出现领涨股与板块走势背离时,可初步判断该股是独立行情,而与所属板块无关,应放弃对其所属板块相关个股的操作。

**(三)个股板块联动精要之三**

板块联动具有延续性,一旦某板块行情启动,该板块的所有个股将朝着行情方向持续运动。表现为:当某板块启动上涨行情时,该板块个股将持续一段时间的上涨行情;当某板块起动下跌行情时,该板块个股将持续一段时间的下跌行情。

操作要点：

(1)通常具有延续性的板块联动是受基本面的长期刺激，相反，基本面突发性刺激的板块不具有持续性的特点。

(2)持续性的板块联动应以中线策略进行个股操作。

(3)当延续性的板块形成阶段性反转时，该板块内的个股将整体反转，不可对其中的个股进行与板块趋势背离的操作。

**(四)个股板块联动精要之四**

并非同一板块中的所有股票都会发生联动，应历史地确认板块联动股。表现为：当某板块启动行情时，板块内的个股联动性较差，不能与整体板块做同步波动。

操作要点：

(1)历史上具有联动性的板块个股往往因其内在的因素，将与整个板块的整体走势发生阶段性的背离。

(2)应及时发现同一板块内的走势不同的个股，并将其从操作中剔除出去。

## 小　资　料

### 资料 23：长线选股要注意的技术特征及操作策略

投资者按操作风格划分，通常可简单分为稳健型与激进型两种。对于中、小散户如此，对于坐庄机构而言，也有类似区别。对操作稳健的机构而言，通常在上市公司选择、项目策划以及建仓、洗盘、拉抬、出货全过程之中，自始至终贯穿着“耐心”两个字。尤其是在建仓过程中，长庄主力往往要用两三个月甚至半年以上的时间收集筹码。其间即使指数上扬，行情火爆，所选择的个股往往也表现得不温不火。反之，如果正值大盘下挫，行情低迷，该股却表现出极强的抗跌性，偶尔还会出现逆势拉升。简言之，长庄股主力在建仓时，其选择的股票的股价走势一般独立于大盘，显示出主力雄厚的资金实力与超常的耐心。此类庄股主力建仓所持续的时间越长，未来股价上扬的空间也越大，因此无疑是稳健型投资者中、长线投资的极佳选择。长庄慢牛股主力在建仓之时，股价走势往往有如下特征：(1)股价长时间维持小阴、小阳，缓慢攀升；(2)5 日、10 日、20 日均线呈多头排列，但偏离不大；(3)收市价绝大多数情况是站在 5 日均线之上，偶尔跌至 10 日甚至 20 日均线附近，但在第二天即被拉回；(4)5 日成交量均线与 10 日成交量均线相互粘连并保持水平状态，显示成交量始终保持温和。形成上述走势的主要原因在于长庄主力在建仓时为了不引人注意，以便于在低位拾到更多的廉价筹码，因此将吸货动作尽量减轻，过程自然也就被相应延长。同时，如此建仓还可以一举两得，即将吸货与洗盘相结合。因为在股价长期的牛皮震荡过程中，很多中、小投资者往往忍耐不住而将手中筹码抛出，尤其是在个股行情火爆之时。但如此一来，正中了长庄主力下怀，一方面可以轻松地捡到低位筹码，一方面也可令持筹者结构趋于稳定，达到了洗盘的目的。因此，此类庄股一旦筹码收集到一定程度，主力便会一改往日的温和，而展开一波凶猛的拉升，常常在短时间内即可将股价拉至翻倍。凯迪电力上市后不久，股价即呈现慢牛攀升格局，成交量始终保持温和，显示主力建仓极有耐心。经过近三个月的建仓，元月初股价开始进入拉升期，自 1 月 4 日至 2 月 22 日，短短一个月升幅超过 120%。操作策略：(1)主力建仓期往往在两个月以上，因此有充足的时间观察，不可急于介入。(2)可于 10 日均线附近吸纳。

(3)买入后股价可能还会持续震荡,要做好中线持有的心理准备。(4)股价进入快速拉升期后不要急于获利套现。(5)中、长线投资者也要做好波段,当股价升幅巨大,5、10、20日均线有较大的偏离,并且成交放出巨量时,应先获利了结。等股价回落至本轮上升行情的起点区域时再重新买入。

### 资料24:中线选股要特别留心哪些技术特征

日K线图是研判股票走势的重要工具,中线个股的吸筹周期较长,虽然主力一定会刻意掩饰,但是仍然有许多迹象会泄露主力的真实意图。(1)阳线量大,阴线量小,阳多阴少与一般股票不同,中线股的K线图上阳线的成交量数倍于阴线成交量,特别醒目。提示该股买入意愿强烈而卖压极轻——供不应求,股价即将上涨。(2)股价上行而成交量递减。与一般的价涨量增的股价运行规律不同,中线股由于多数筹码被主力锁定,导致盘中筹码稀少,仅须较小的成交量就能将股价推高,并且越推高成交越小。我们可以看到均价线不断上行而均量线不断下行的特别现象。(3)高位地量——中线的最佳介入点在主力基本完成吸筹洗盘之后,主力的控盘程度已经达到拉升的临界状态,此时主力往往会停止行动,测试盘中卖压大小。这种情况一般会形成较高位置的地量成交。因此确认中线潜力股后可以在高位地量的尾市介入,捕捉次日展开的拉升行情。(4)中线的均线特征采用(10,20,30)均线系统,中线股在拉升前夕都会形成一条平滑上升的通道,其间股价极少跌破20日均线,特征非常明显。

### 资料25:超短线如何把握快速卖出的方法

超短线讲究的是以快打快,快速进出,以最快的速度实现财富增值。因此,超短线绝不参与调整,坚决回避疲软走势。快速逃顶是超短线的核心技术之一,它包含很多内容,从盘口技术的角度来说,有以下要领需要深入理解和掌握:(1)当前股价空间位置已经处于高位,从起涨点算起,短期内已到达或者超量度的涨幅,获利盘已很多,这时候随时有可能出现短期头部走势。(2)当前短期趋势已经出现淤滞,气势衰竭,盘面上明显感觉到攻击动能不足,该涨不涨,向下变盘的可能性就很大,这时候需要警惕短期头部的到来。(3)当K线结构出现了鲜明的头部特征,比如高位低开大阳线、高位十字墓碑线、高位长阴覆盖线之类的形态结构,这些都是不祥之兆,需要警觉起来。(4)当前量能的异常变化很夸张,比如成交量释放过大,换手率突然非常之高,说明多头消耗了太多的能量,此时空头很容易反扑得手,因而要谨慎对待。(5)当下技术指标出现了明显的见顶特征,从主图来看,最明显的就是5日均线出现上升斜率变小或者高位趋平,成交重心下移,说明短期见顶已经是大概率的事。

超短线一旦出现以上五种盘口走势,就要立即意识到短期头部快成立了,赶紧撤离吧。从盘口技术细节来看,可以参照以下几点来快速逃顶:(1)早盘巨量高开而不能封住涨停,见顶的概率很大,随时准备撤离。(2)早盘小量大幅度低开贴边垂直猛拉,5分钟图上出现缩量大阳线,诱多迹象明显,要随时选择好高点坚决卖出,规避风险。这种走势随后见顶的概率非常大。(3)早盘缩量平开之后快速下挫,价跌量增,出现典型的瀑布波走势,这是赤裸裸的出货信号,超短线要在反抽时选择高点坚决离场。(4)中盘出现明显的量价背离走势,不管是上半场还是下半场,都是见顶信号。(5)尾盘出现对敲猛烈拉升收盘,或者出现断崖式跳水出货,都是短线见顶的信号。

# 第九章 计量经济学方法在证券投资分析中的应用

计量经济学是一门从数量上研究经济关系和经济活动规律及其应用的学科，它是统计学、经济理论和数学的结合，是进行经济结构分析、经济状况预测和经济政策评价的有力工具。本章主要介绍两个利用计量经济学方法的研究成果，模块 8 介绍在证券投资中研究国际行情的必要性。

## 第一节 股票市场发展与经济增长的关系研究[①]

### 一、指标选取

经济发展指标和股票市场发展指标的数据均选自中国证券市场发展略具规模的 1996 年第一季度，截止到 2005 年第四季度。

(1)经济发展指标的选取。选取名义 GDP 季度增长速度作为经济发展指标，用 ZGDP 表示，数据来源于《中国经济景气月报》(1996.01—2005.01)及国家统计局网站。

(2)股票市场发展指标的选取。根据 Ross Levine 和 Sara Zervos 在他们的《Stock market development and long-run growth》一文中提出的衡量股票市场发展的三大指标——规模、流动性和风险分散，并结合我国的实际情况，在此只选取和规模、流动性有关的三个指标——资本化率、交易价值、换手率以反映中国股票市场的发展，数据来源于上交所和深交所网站。

资本化率(market capitalization ratio，CAP)等于上市股票的市价总值与 GDP 的比率，主要反映股票市场的规模。在本章的研究中，具体计算中采用上海证券交易所和深圳证券交易所两交易所每季平均股票市价总值与名义季度 GDP 的比率。其中每季的平均市价总值是该季度 3 个月月末市价总值的算术平均数。

交易价值(value，VAL)等于股票市场总成交金额占 GDP 的比重。这一指标衡量的是市场交易相对于经济总量的活跃程度，具体计算中采用上交所和深交所每季股票总成交金额与季度名义 GDP 的比率。

换手率(turnover ratio，TUR)衡量的是市场交易的活跃程度，等于股票总成交额与股票市价总值的比率。

---

①本节内容根据以下文献整理：李冻菊. 股票市场发展与经济增长的关系研究. 金融研究，2006(9)：75-79.

## 二、实证分析

### (一)序列单位根检验

由于讨论序列协整性的前提是各序列都是平稳时间序列,所以首先应该分别对四个序列做单位根检验,本节采用 ADF 检验,根据序列的形态,对各序列都采用同时包含截距和趋势项的检验,最大滞后期 $q$ 取 1。计算结果序列 ZGDP、CAP、VAL、TUR 的 ADF 统计量值分别是—4.29、—0.87、—4.06、—2.93,对应 99%置信水平的临界值是—4.22,均不能拒绝序列存在单位根的零假设,它们都是非平稳的。对经过一阶差分后的序列进行单位根检验,所得 ADF 统计量值分别是—4.85、—6.23、—7.63、—5.59,至少可在 95%的置信水平下拒绝含有单位根的假设。以上分析表明序列 ZGDP、CAP、VAL、TUR 均为 $I(1)$ 序列,非平稳序列,经过一阶差分后的序列为平稳序列,满足进行协整检验的条件。

### (二)序列协整检验

协整的经济意义在于,两个或多个变量虽然有各自的长期波动规律,但是如果它们是协整的,那它们之间就存在着一个长期稳定的比例关系,即这些变量之间不能互相分离太远。序列 ZGDP 与 CAP、VAL、TUR 的协整检验采用 Johansen 检验,采用观测序列有线性确定趋势,并根据 AIC 和 SC 准测判断出 VAR 模型的最大滞后期 $q$ 选 3 比较合适,从检验结果来看只有第一个似然比统计量大于 5%、1%显著水平下的临界值,因而只有第一个原假设被拒绝,即有且仅有 1 个协整关系,见表 9-1。

**表 9-1　Johansen 协整检验结果**

| 特征值 | 似然比 | 5%的临界值 | 1%的临界值 | 假设无协整方程 |
|---|---|---|---|---|
| 0.813 021 | 93.667 77 | 47.21 | 54.46 | None ** |
| 0.362 598 | 31.627 67 | 29.68 | 35.65 | At most 1 * |
| 0.221 443 | 14.964 55 | 15.41 | 20.04 | At most 2 |
| 0.142 843 | 5.702 953 | 3.76 | 6.65 | At most 3 * |

注:** 表示在 1%的显著水平下拒绝原假设,* 表示在 5%的显著水平下拒绝原假设。

更进一步来看,Eviews 在进行 Johansen 协整检验时同时给出了标准化的协整系数,见表 9-2,从表中的系数可以看出 GDP 的增长率和资本化率、交易价值、换手率之间存在着正向的长期均衡关系。

**表 9-2　标准化的协整系数**

| ZGDP | CAP | VAL | TUR | 常数项 |
|---|---|---|---|---|
| 1 | 0.031 925 | 0.000 451 | 0.111 476 | —0.126 201 |
| | (0.020 86) | (0.069 81) | (0.057 07) | |
| 对数似然比 | 1 116.989 5 | | | |

将协整关系写成数学表达式,并令其等于 $Vecm$,得到:

$$Vecm = ZGDP + 0.031\,925CAP + 0.000\,451VAL + 0.111\,476TUR - 0.126\,201$$

对序列 $Vecm$ 进行单位根检验、ADF 检验，滞后期 $q$ 取 3，在 95%的置信水平下拒绝含有单位根的假设，可以确定该序列是平稳序列，并且取值在 0 附近上下波动，验证了协整关系是正确的。

**(三)格兰杰因果检验**

在时间序列情形下两个经济变量 $x$、$y$ 在格兰杰意义上存在因果关系的定义为：若在包含了变量 $x$、$y$ 过去信息的条件下，对 $y$ 的预测效果要好于只单独由 $y$ 的过去信息对 $y$ 进行的预测，即变量 $x$ 有助于解释变量 $y$ 的将来变化，则认为变量 $x$ 和变量 $y$ 两者之间存在因果关系。经济时间序列常出现伪相关问题，即经济意义表明几乎没有联系的序列却可能计算出较大的相关系数。对 ZGDP、CAP、VAL、TUR 进行格兰杰因果检验，见表 9-3，可见，GDP 增长率只与资本化率和交易价值存在格兰杰因果关系，而不与换手率存在格兰杰因果关系。

**表 9-3 格兰杰因果检验结果**

| 原假设 | $F$ 统计量 | $P$ 概率值 | 结论 |
|---|---|---|---|
| CAP 不是 ZGDP 的格兰杰原因 | 1.829 69 | 0.163 04 | 无 |
| ZGDP 不是 CAP 的格兰杰原因 | 14.608 2 | 0.000 00 | 有 |
| VAL 不是 ZGDP 的格兰杰原因 | 1.829 83 | 0.163 02 | 无 |
| ZGDP 不是 VAL 的格兰杰原因 | 2.756 63 | 0.059 61 | 有 |
| TUR 不是 ZGDP 的格兰杰原因 | 1.305 28 | 0.290 89 | 无 |
| ZGDP 不是 TUR 的格兰杰原因 | 1.822 39 | 0.164 36 | 无 |

通过上述实证分析，我们可以得出以下的结论：

(1)代表经济增长的指标 GDP 增长率和代表股市规模的指标资本化率存在正向的协整关系，并且存在由 GDP 增长率到资本化率的单向格兰杰因果关系，这说明在中国股票市场发展十多年的历程中，中国经济的持续增长一定程度上促进了股票市场规模的扩大，但反过来股票市场的规模对于中国经济增长所起的促进作用是有限的。

(2)经济增长指标 GDP 增长率和代表股票市场流动性的指标交易价值之间以及与代表股市流动性的另一指标换手率之间都存在正向的协整关系，经济增长指标 GDP 增长率和交易价值指标之间存在单向格兰杰因果关系，而经济增长指标 GDP 增长率和换手率指标之间不存在单向格兰杰因果关系，中国经济的持续增长一定程度上提高了股票市场流动性，但股票市场流动性对经济增长的作用是相当有限的。

## 三、计量经济学解释

代表经济增长的指标 GDP 增长率和代表股市规模的指标资本化率存在正向的协整关系并且存在由 GDP 增长率到资本化率的单向格兰杰因果关系，其主要原因是中国股市的规模太小。世界银行 2000 年统计数据显示，上市公司家数中国为 1 086，美国为 7 651，日本为 2 470，英国为 1 945，香港为 695；股市总市值占 GDP 的比重中国为 51%，美国为 181%，日本为 104%，英国为 203%，香港为 384%。尽管我国境内上市公司数量超过 1 000 家，但其流通股市值占 GDP 的比重只有百分之十几，现在世界各地股市市值占 GDP 比重一般都超过 90%，发达国家股市市值占 GDP 是 130%。而据 2005 年底国家统计局公布的新调整后的 2004 年 GDP 数据推算,A 股总市值占 GDP 比重约为 18%,流通市值占 GDP 比重约为 5.6%。所以中国经济的持续增长一定程度上促进了股票市场规模的扩大,但反过来股票市场的规模对于中国经济增长所起的促进作用是有限的。因而中国股市不但不能成为经济发展“晴雨表”,反而被称为市场经济缺失问题的“晴雨表”。

股权分置改革的作用之一就是增加股票市场的流通市值。根据国资委企业改革局、证监会上市公司监管部等部门共同组成的有关工作小组的调查,沪深两市共有 A、B 股上市公司 1 391 家。统计结果显示,这 1 391 家公司总股本之和为 7 485.83 亿股。其中国有股 1 809.88亿股,国有法人股 1 891.92 亿股,国有股与国有法人股之和 3 701.80 亿股,占总股本的 49.45%。据新浪网报道的数据,截至 2006 年 3 月 6 日第 23 批股改,参与股改的公司(剔除方案被否决的公司)总数达 674 家,占 A 股公司家数的 49.93%,基本达到了 A 股总数的一半。沪深两市场参与股改公司的总市值已达 19 826.2 亿元,占两市总市值的 57.48%,完成股改公司的总市值则占两市总市值的 32.5%。

随着股权分置改革的顺利进行,市价总值以及流通市值占 GDP 的比重不断提高,中国股市成为国民经济发展的“晴雨表”的功能会逐步显现,股票市场的规模对于中国经济增长所起的促进作用也会显现并逐步提高。

## 第二节　中国金融发展与经济增长质量关系的实证研究①

在现代经济发展过程中,金融的作用日益增长,甚至已经成为保障经济持续稳定运行的关键因素之一。以我国 1981—2011 年的数据为样本,通过测算 TFP(total factor productivity,全生产要素)来衡量经济增长质量,并分别从金融发展能力和金融发展效率分析与经济增长质量的关系。结论表明,金融发展能力和金融发展效率从长期来看对经济增长质量产生影响,且前者的影响作用更大。

### 一、经济增长质量的测度

近几年对于区域经济增长质量问题的研究逐渐加深,直接和间接提及区域经济增长质量的文献也开始出现。国内外学者对此有两类评价方式,即通过综合评价指标体系和全要素生产率来测算。目前相关的研究成果大多采用综合评价体系,过分依赖 GDP 进行国民经济核算存在许多公认的缺陷;同时,指标权重确定上的争议则降低了公因子的准确性和可靠性。因此,我们使用 TFP 作为区域经济增长质量的评价指标进行分析。

TFP 的测算方法很多,目前大致可分为增长核算法(growth accounting approach)和经济计量法。理论界分析了两种方法的区别后认为,经济计量法存在要素增长率非外生、误差使回

①本节内容根据以下文献整理:李冻菊.中国金融发展与经济增长质量关系的实证研究.金融理论与实践,2013(11):41-44。

归结果不满足一致性等缺点，基于以上考虑以及就本研究来说，为了与我们的实证计量模型在逻辑上一致，采用增长核算法来测算 TFP，实质上也是传统的 Solow 余值法。即

$$TFP=\frac{Y}{K^{\beta}L^{1-\beta}} \tag{9.1}$$

**（一）数据说明**

1. 产出 $Y$

$Y$ 用 GDP 代替，数据来源为《中国统计年鉴》(2011)，以 2000 年国内生产总值指数为 100 的定基指数作为平减指数，折算得到中国 1978—2011 年不变价格的实际 GDP 序列。

2. 物质资本存量 $K$

采用戈德·斯密斯(Gold Smith)在 1951 年提出的永续盘存法(Perpetual Inventory Method)计算中国的实际资本存量，我们假设资本服务效率呈几何递减，其基本计算公式为：

$$K_t=(1-\delta)K_{t-1}+\frac{I_t}{P_t} \tag{9.2}$$

式中：$K_t$ 为第 $t$ 年资本存量；$K_{t-1}$ 为第 $t-1$ 年资本存量；$\delta$ 为综合折旧率；$I_t$ 为第 $t$ 年投资；$P_t$ 为第 $t$ 年固定资产投资价格指数。

关于资本存量 K 的估算，目前存在较大争论，尤其是资本存量基期的确定差异很大，我们采用国际上常用的方法进行估算，计算公式为 $K_0=\frac{I_0}{g+\delta}$，其中 $g$ 为样本期投资的年平均增长率。

而如何确定投资额是测算资本存量中非常重要的一个步骤。大多数学者基本采用了相同的方法，表明在投资额这一指标选取的问题上已经有了基本一致的观点，即选用“固定资本形成总额”作为当年投资额。对于投资品价格指数 $P_t$ 的选取，文献一般都认为使用固定资产投资价格指数是最为合适的指标，而目前我国统计年鉴中公布的固定资产投资价格指数只有 1991 年以后的数据，那么对于 1991 年之前采用什么指标就需要我们进行研究。方法一选用其他的价格指数指标替代，大多数学者采用的替代指标是工业品出厂价格指数。方法二就是进行估算，Chow(1993)、何枫等(2003)和 Holz(2006)借助固定资本形成总额和固定资本形成指数来构造投资隐含平减价格指数。

关于折旧率的选取，结合多数学者的相关研究和我国的实际情况，并考虑到本研究的样本期，为计算简便，我们选择 5%作为折旧率。

3. $L$ 和 $\beta$ 值的选取

$L$ 指生产过程中实际投入的劳动量，这里我们采用历年全社会从业人员数量作为劳动力投入量的指标，为了与 GDP 流量的含义一致，我们可以通过计算得到年中就业数。

还需要做的一项工作是确定资本的产出弹性的数值。国外的研究普遍认为 $\beta$ 取 1/3 合适，在对中国的 TFP 进行测算时，Young(1995)、沈坤荣(2004)等大都建议 $\beta$ 取 0.4，我们也取 0.4 进行计算。

**（二）测算结果及分析**

至此我们已经获得了所有需要的基础数据，可以根据式(9.1)来计算 1978—2011 年的全

国 TFP 数值。

由图 9-1① 可以看出，1978—2011 年我国 TFP 的增长呈现较大波动的变化，基本与我国宏观经济的变动趋势一致。

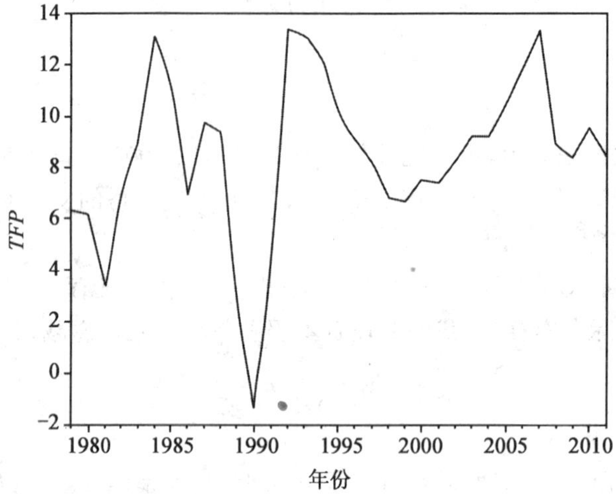


**图 9-1　1978—2011 年中国 TFP 变动**

## 二、金融发展水平与 TFP 的实证分析

### (一)金融发展水平指标的选取

从目前的研究现状来看，对于区域金融发展水平的测度，综合来看大都采用的是多指标综合评价法，利用因子分析对多指标进行复权以对综合区域金融发展水平进行测度。我们认为，衡量我国金融发展水平可以从金融发展能力和金融发展效率两个方面着手。为简单起见，我们选用金融机构存款额占 GDP 比重这一指标来表示金融发展能力 SD，以全社会固定资产投资中国内贷款与国家预算资金比②这一指标来衡量金融发展效率 FE。由于按来源分类的全社会固定资产投资相关数据自 1981 年开始公布，因此本研究的样本期为 1981—2011 年。

### (二)实证检验

为了进一步研究我国金融发展与经济增长质量之间的关系，选用向量自回归模型(VAR 模型)对各变量之间的动态变化规律进行检验。为了避免数据的剧烈波动，我们先对数据进行对数化处理，从而得到平稳的序列。

1. 单位根检验

在建立 VAR 模型之前，我们需要保证时间序列是平稳的。在平稳性的检验中，主要代表是单位根检验方法，本研究中采用 ADF 检验。检验结果见表 9-4。

---

①按所测算的 TFP 所作的变动图与郭庆旺、贾俊雪(2005)，李宾、曾志雄(2009)，赵志耘、杨朝峰(2011)等学者的结果趋势基本一致，因此认为对 TFP 的测算结果是可靠的。

②姚耀军(2010)、罗旻娜(2011)认为在全国社会固定资产投资中，国内贷款的审批程序较为严格，也就表示相对于国家预算内资金有更为有效的配置方式，是金融发展中"拨转贷"的体现，可以较好地反应金融发展的效率高低。

**表 9-4 各变量 ADF 检验**

| 变量 | 检验类型($C,T,K$) | ADF 检验值 | 临界值(5%) | $P$ 值 | 检验结果 |
|---|---|---|---|---|---|
| LnTFP | ($C,T$,0) | 1.440 3 | −2.986 2 | 0.998 6 | 非平稳 |
| LnSD | ($C,T$,0) | −1.024 5 | −2.971 8 | 0.730 3 | 非平稳 |
| LnFE | ($C,T$,0) | −2.180 2 | −2.967 8 | 0.217 2 | 非平稳 |
| ΔLn*TFP* | ($C,T$,1) | −4.524 0 | −2.971 8 | 0.001 3 | 平稳 |
| ΔLn*SD* | ($C,T$,1) | −6.252 1 | −2.971 8 | 0.000 0 | 平稳 |
| ΔLn*FE* | ($C,T$,1) | −4.112 0 | −2.967 8 | 0.003 5 | 平稳 |

由 ADF 单位根检验结果可知，各变量在经过一阶差分后是平稳的，即在 5%置信水平下，具有相同的单整阶数，可以进行协整检验。

2. 协整检验和格兰杰因果关系检验

采用 Johansen 协整检验法对变量进行协整检验，以反映变量间长期的稳定关系，结果显示变量间存在一个长期协整关系。只有在自变量与因变量存在互为因果的关系，采用 VAR 模型才是有效的。在 Lag=2 时，5%的显著水平下 LnSD、LnFE 分别与 LnTFP 互为因果关系，因此建立 VAR 模型进行下一步分析。

3. VAR 模型的估计

准确地建立 VAR 模型还需要确定滞后阶数 $p$。滞后期太长，VAR 模型的自由度减少，从而影响参数估计量的有效性；滞后期较短，则会使误差项的自相关很严重。因此，我们通过 Eviews 提供的五种常用的检验方法来确定滞后阶数。

从表 9-5 的判断结果来看，LR 检验统计量、最终预测误差(FPE)、AIC 信息准则、SC 信息准则和 HQ 信息准则中有四个准则选出来的滞后阶数为 2 阶，即无约束的 VAR 模型的最优滞后期为 2 期。

**表 9-5 滞后阶数判断结果**

| Lag | LogL | LR | FPE | AIC | SC | HQ |
|---|---|---|---|---|---|---|
| 0 | −40.239 5 | NA | 0.004 0 | 2.982 0 | 3.123 5 | 3.026 3 |
| 1 | 91.750 3 | 227.568 6 | $8.25\times10^{-7}$ | −5.500 0 | −4.934 2 | −5.322 3 |
| 2 | 110.025 3 | 27.727 5 * | $4.45\times10^{-7}$ * | −6.139 7 * | −5.149 6 * | −5.829 6 * |

注：* 表示在 5%的置信水平下拒绝原假设。

根据 VAR 模型估计结果，每个回归函数的拟合优度值很高，说明模型的拟合程度很好，解释能力较强。从系数绝对值的大小来看，在不考虑经济增长质量对自身的影响这一条件下，金融发展能力对经济增长质量的影响更大，且由于其自身的滞后性，这种影响作用逐渐增强。

4. 平稳性检验

VAR 模型稳定性检验的结果如图 9-2 所示，特征根均位于单位圆内，表明 VAR(2)模型是稳定的，那么接下来进行脉冲响应函数和方差分解的分析是可靠的。

5. 脉冲响应函数

VAR 模型中的任意一个变量的变动对其自身及其他变量产生的冲击作用，都可以通过脉

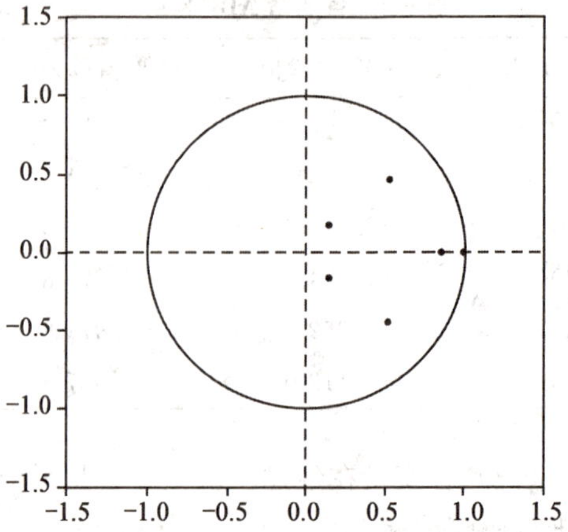


**图 9-2　VAR 平稳性检验结果**

冲响应函数加以刻画。我们做出 LnSD 和 LnFE 对 LnTFP 的冲击动态响应路径，如图 9-3 所示，其中横轴表示响应函数的滞后期数，纵轴表示对误差冲击的反应程度。

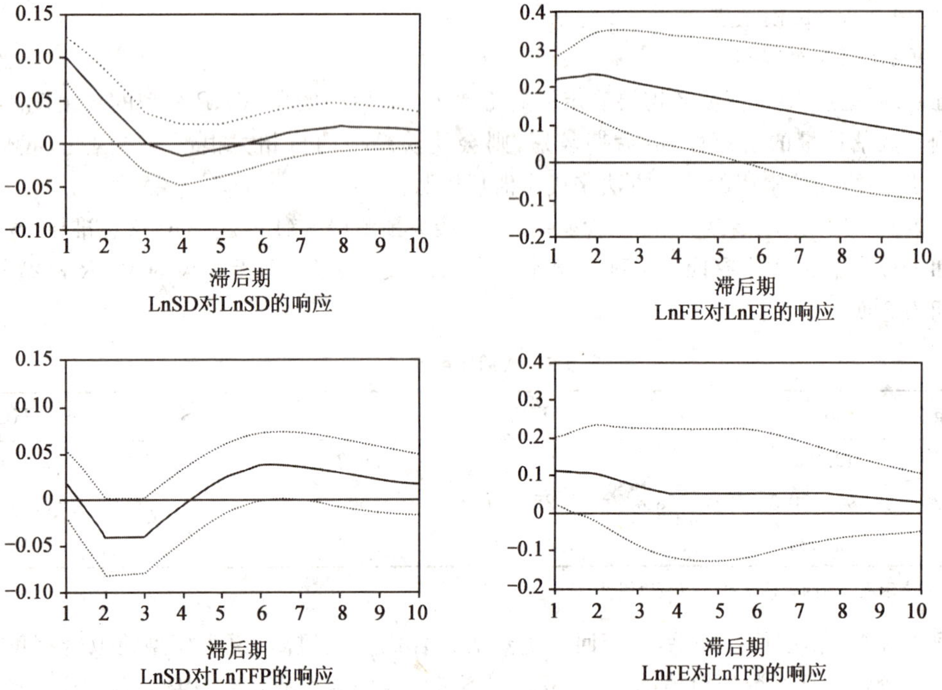


**图 9-3　脉冲响应函数**

分析可知，金融发展能力 SD 对其自身的一个标准差呈现先下降后上升的趋势，影响持续下降到 3 期时成为负向效应，但程度较弱且时间短，在第 4 期时开始上升并在第 6 期时重新成为正向效应，此后冲击的影响基本保持平稳。金融发展能力 SD 对经济增长质量冲击的影响立刻有较强反应，产生一个较大的负的效应，之后的一期基本保持不变，后尽管不断上升仍持续负向响应到第 4 期，此后持续表现为正的效应并在第 6 期时达到最大，但这种正的效应逐渐开始减弱。

金融发展效率 FE 对自身的冲击表现为正向效应，略有上升之后，未来几期冲击的影响逐渐减弱。金融发展效率 FE 对经济增长质量冲击的影响呈现出逐渐减弱的趋势，在第 4 期到第 7 期有微弱的增长，此后随着时间的推移，这种反应越来越弱。

*6. 方差分解*

从表 9-6 的方差分解结果来看，在不考虑经济增长质量对自身贡献的前提下，金融发展能力 SD 和金融发展效率 FE 自第 2 期起开始显现对经济增长质量的影响，且随着时间的推移，二者对经济增长质量的贡献呈逐渐增大的趋势。相比较而言，长期情况下金融发展能力对经济增长质量的贡献度更高一些，最高到达 37.681 02%，而金融发展效率对经济增长质量的贡献度发展则有反复，这与脉冲响应函数的分析基本一致。

**表 9-6 方差分解输出结果**

| 时期 | S. E. | LnTFP | LnSD | LnFE |
|---|---|---|---|---|
| 1 | 0.021 852 | 100.000 0 | 0.000 000 | 0.000 000 |
| 2 | 0.044 74 | 91.533 95 | 8.036 149 | 0.429 904 |
| 3 | 0.063 716 | 80.455 34 | 17.645 44 | 1.899 217 |
| 4 | 0.077 329 | 71.162 38 | 25.270 17 | 3.567 449 |
| 5 | 0.086 568 | 64.869 20 | 30.444 13 | 4.686 665 |
| 6 | 0.093 022 | 61.228 73 | 33.672 50 | 5.098 771 |
| 7 | 0.098 145 | 59.387 25 | 35.588 89 | 5.023 863 |
| 8 | 0.102 938 | 58.608 53 | 36.668 51 | 4.722 961 |
| 9 | 0.107 858 | 58.370 84 | 37.273 69 | 4.355 475 |
| 10 | 0.112 938 | 58.324 16 | 37.681 02 | 3.994 826 |

注：采用 Cholesky 分解，顺序为 LnTFP、LnSD、LnFE。

## 三、结论

通过建立 VAR 模型，使用脉冲响应和方差分解的方法，对中国 1981—2011 年金融发展和经济增长质量的长期关系进行分析。结果表明金融发展与经济增长质量满足协整关系，二者具有长期均衡关系，大力发展金融业对于促进金融发展能力和效率的提高，以及对我国经济增长质量的提高具有长期的积极效应。因此，在相关政策的制定上，需立足于长远的规划目标，将金融发展发展成为促进我国经济增长质量提高的长期引擎。此外，金融发展能力对经济增长质量的提高贡献更大，通过鼓励、支持金融机构进行创新，改变单一的经营模式，建设金融生态环境，不断完善金融市场的制度和法律体系等一系列措施推动金融发展水平的进一步提高，从而实现我国经济又好又快的发展。

# 模块 8　不可忽略的国际行情

如果经常翻看关于股市行情的报道，我们便会发现它们对国内股市报道的同时，都会回顾一下周边外围市场的表现。

随着全球经济一体化，全球证券市场的联系也越来越强，外围市场的表现通常反映了世界大环境，这当然会也会对中国股市产生影响，通常情况下，外围股市表现比较好对国内股市也比较有利。然而现在又有很多人也产生了许多质疑，因为自 2008 年金融危机以来，欧美市场已经恢复了元气，股市连创新高，但是中国股市却是凄风苦雨。有人甚至调侃中国股市："欧美股市涨，中国股市跌；欧美股市跌，中国股市暴跌。"这种情况恐怕与中国自身市场特点、股市体制不完善、观察周期相关，不管怎么说，以一个更大的视角来看待中国市场却是一件非常必要的事情。

我们经常关注的国际指数有香港的恒生指数、日本的日经 225 指数、美国的道·琼斯股票指数和标准·普尔指数、英国的伦敦金融时报指数等。这几个指数都是历史比较长的指数，有更多的数据可参考，反映了世界股市的基本表现。有一点值得我们注意的是港股和 A 股之间的联动，由于许多公司既在大陆上市又在香港上市，但是其股价却有很大的差别，根据同股同权的原理，如果某港股对 A 股溢价，说明 A 股具有待发掘的潜在价值，随着中国 A 股国际化的步伐加快，那么它和国际行情的联动会越来越明显，尤其是 A 股和港股的联动性。图 9-4 至图 9-8 是国际上主要的行情指数近 5 年的走势情况，图中所示为月 K 线。表 9-7 为目前世界主要股票指数。

**图 9-4　恒生指数月 K 线图**

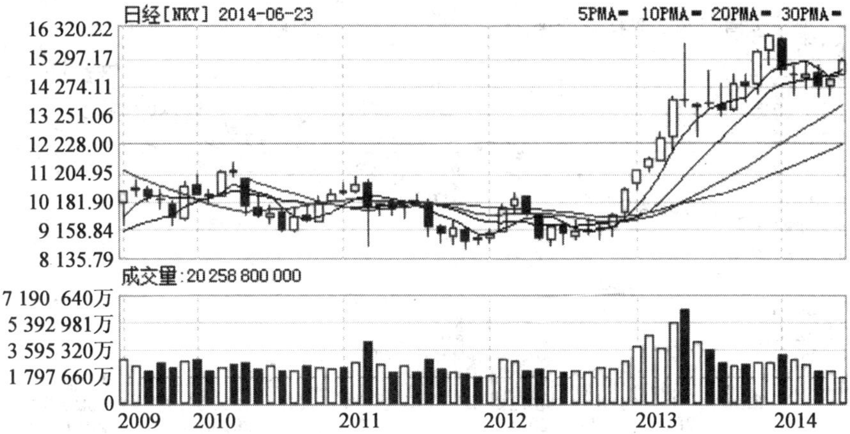


图 9-5　日经 225 指数月 K 线图

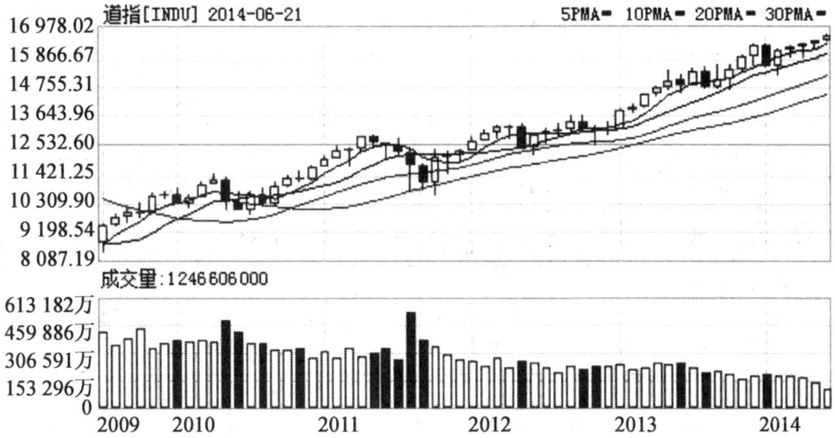


图 9-6　道·琼斯指数月 K 线图

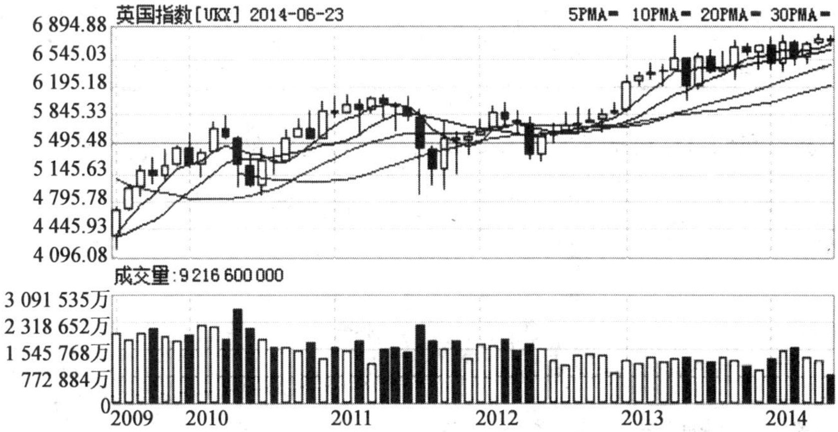


图 9-7　英国金融时报指数月 K 线图

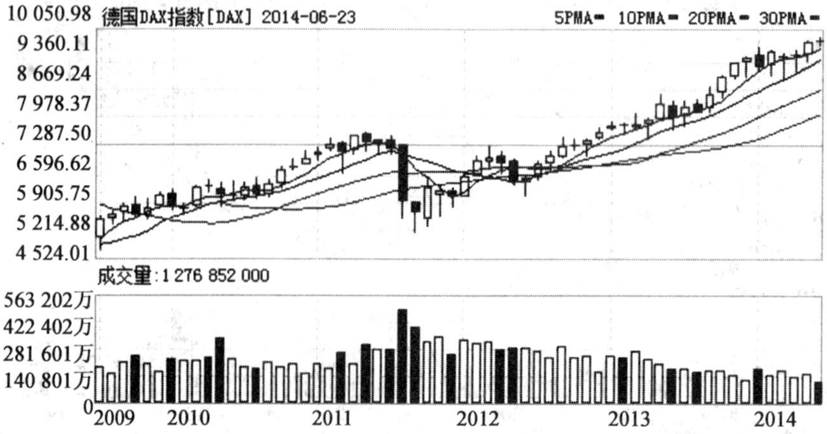


图 9-8 德国 DAX 指数月 K 线图

表 9-7 世界主要股票指数

| 亚太地区 | | | 美洲 | | |
|---|---|---|---|---|---|
| HSI | 恒生指数 | 中国香港 | NEEV | MerVal | 阿根廷 |
| TWII | 台湾加权指数 | 中国台湾 | BVSP | Bovespa | 巴西 |
| STI | 海峡时报指数 | 新加坡 | GSPTSE | S&P TSX composite | 加拿大 |
| N225 | 日经 225 指数 | 日本 | MXX | IPC | 墨西哥 |
| AORD | All Ordinaries | 澳大利亚 | GSPC | 500 Index | 美国 |
| BSESN | BSE 30 | 印度 | 欧洲 | | |
| JKSE | Jakarta Composite | 印度尼西亚 | ATX | ATX | 奥地利 |
| KLSE | KLSE Composite | 马来西亚 | FCHI | CAC40 | 法国 |
| NZ50 | NZSE 50 | 新西兰 | GDAXI | DAX | 德国 |
| KS11 | 汉城综合指数 | 韩国 | SSMI | Swiss Market | 瑞士 |

这些常用指数我们可以便捷地在许多财经网站上得到。在中国股市体制逐渐完善、国际化步伐加快的时代，中国 A 股和世界行情的联动将会越来越明显，所以我们不可以忽视对国际行情的观察。

## 小 资 料

### 资料 26：看穿洗盘的手法和 K 线特征

炒股的人个个都想骑黑马，但不幸的是黑马常常是爬上去了却坐不稳。持有一只本来可以赚大钱的股票，却因走势太可怕而斩仓离场，然而刚刚斩仓，股价却飞一样涨起来，似乎就差我们手中这一股，你不抛它就不涨。这种痛苦的过程相信人人都经历过，而且大都不只一次。其实这种现象并不是偶然的，因为就算庄家吸饱了筹码也不可能一味地盲目拉高股价，股价无回档地大幅上升会使得短线客无惊无险地大赚庄家的钱，这在逻辑上是不可能成立的，也是投下了巨资的庄家无法容忍的，于是股市中就有了洗盘的产生。

洗盘的目的：基于上述理由，我们可以进一步理解洗盘的主要目的在于垫高其他投资者的平均持股成本，把跟风客赶下马去，以减少进一步拉升股价的压力。同时，在实际的高抛低吸中，庄家也可兼收一段差价，以弥补其在拉升阶段将付出的较高成本。

庄家洗盘常用手法及盘口特征：既然洗盘是为了吓跑信心不足的散户筹码，庄家必然会制造出疲弱的盘面假象，甚至采用凶狠的跳水式打压，让人产生一切都完了的错觉，才会在惊恐中抛出手中持股。有意思的是在关键的技术位，庄家往往会护盘，这是为什么呢？答案很简单，庄家要让另一批看好后市的人持股，以达到垫高平均持股成本的目的。

操盘手较常采用的洗盘手法：(1)打压洗盘。先行拉高之后实施反手打压，但一般在低位停留的时间(或天数)不会太长。(如：600654 飞乐股份，机构从 1998 年 8 月 19 日开始先拉高建仓至 8 月 25 日，然后向下打压洗盘。)(2)边拉边洗。在拉高过程中伴随着回档，将不坚定者震出。(3)大幅回落。一般发生在大势调整时，机构会顺势而为，借机低吸廉价筹码。(4)横盘筑平台。在拉升过程中突然停止做多，使缺乏耐心者出局，一般持续时间相对较长。(5)上下震荡。此手法较为常见，即维系一个波动区间，并让投资者摸不清庄家的炒作节奏。

洗盘阶段 K 线图所显示的几点特征：(1)大幅震荡，阴线阳线夹杂排列，市势不定；(2)成交量较无规则，但有递减趋势；(3)常常出现带上、下影线的十字星；(4)股价一般维持在庄家持股成本的区域之上。若投资者无法判断，可关注 10 日均线，非短线客则可关注 30 日均线；(5)按K 线组合的理论分析，洗盘过程即整理过程，所以图形上也都大体显示为三角形整理、旗形整理和矩形整理等形态。

### 资料 27：怎么从公开消息中判断个股有主力介入

对于筹码的持股分布判断是股市操作的基本前提，如果判断准确，成功的希望就增加了许多。判断持股分布主要有以下几大途径：(1)通过上市公司的报表，如果上市公司股本结构简单，只有国家股和流通股，则前 10 名持股者中大多是持有流通股，有两种判断方法：一是将前 10 名中所持的流通股累加起来，看掌握了多少，这种情况适合分析机构的介入程度。二是推测 10 名以后的情况，有人认为假如最后一名持股量不低于 0.5%则可判断该股筹码集中度较高，但庄家有时亦可做假，他保留前若干名股东的筹码，如此一来，就难以看出变化，但有一点可以肯定，假如第 10 名持股占流通股低于 0.2%，则后面更低，则可判断集中度低。(2)通过公开信息制度。股市每天都公布当日涨跌幅超过 7%的个股的成交信息，主要是前五个成交金额最大的营业部或席位的名称和成交金额数，如果某股出现放量上涨，则公布的大都是集中购买者。如果放量下跌，则公布的大都是集中抛售者。这些资料可在电脑里查到，或于报上见到。假如这些营业部席位的成交金额也占到总成交金额的 40%，即可判断有庄进出。(3)通过盘口和盘面来看。盘面是指K线图和成交量柱状图,盘口是指即时行情成交窗口。主力建仓有两种:低吸建仓和拉高建仓。低吸建仓每日成交量低,盘面上看不出,但可从盘口的外盘大于内盘看出。拉高建仓导致放量上涨,可从盘面上看出,庄家出货时,股价往往萎靡不振,或形态刚好又跌下来,一般下跌时都有量,可明显看出。(4)如果某只股票在一两周内突然放量上行,累计换手率超过100%,则大多是庄家拉高建仓,对新股来说,如果上市首日换手率超过70%或第一周成交量超过100%,则一般都有新庄入驻。(5)如果某只股票长时间低位徘徊,成交量不断放大,或间断性放量,而且底部被不断抬高,则可判断庄家已逐步将筹码在低位收集。应注意的是,徘徊的时间越长越好,这说明庄家将来可赢利的筹码越多,其志在长远。

# 第十章　事件研究方法在证券投资分析中的应用

事件研究(event study)是一种统计方法，是研究当市场上某一个事件发生后股价是否会产生波动，以及是否会产生“异常报酬率”(abnormal returns)，借由此种资讯，可以了解到股价的波动与该事件是否相关。本章主要介绍事件研究方法和股权分置改革的效应研究，模块9介绍网络证券交易。

## 第一节　事件研究方法简介

利用有关的金融市场数据，通过观察事件发生前后资产价格的变化来衡量事件的影响，这种研究方法称为事件研究。事件研究主要应用于金融、会计领域，在经济、法律等领域也有应用。事件研究已经有了很长的历史，其主要的研究方法在20世纪六七十年代形成，并逐步得到完善。

一般而言，事件研究包括以下几大步骤：

(1)定义事件以及事件研究窗口；

(2)选择研究样本；

(3)选择度量正常收益的模型；

(4)估计异常收益和累计超额报酬；

(5)检验异常收益的显著性；

(6)实证结果与解释。

### 一、定义事件与事件窗

事件包括合并、收购、收益公告或再融资行为等，若研究者关心增发对股东财富的影响，此时的事件即为增发公告。事件研究所涉及的窗口包括估计窗、事件窗与事后窗等，$t=T_0$为事件日；$t=T_0+1$至$t=T_1$代表事件窗，其长度为$L_1=T_1-T_0$；$t=T_1+1$至$t=T_2$为估计窗，其长度为$L_2=T_2-T_1$；$t=T_2+1$至$t=T_3$为事后窗，其长度为$L_3=T_3-T_2$。估计窗的作用在于估计正常收益(或估计正常收益模型的参数)，一般情况下，估计窗的长度应大于等于120日；事件窗是用于检验股价对事件有无异常反映的期间，有时事件窗仅为1日(即事件发生的当日)，有时为2日(即事件公告当日与后一日)，有时为3日(即公告前一日、公告当日与公告后一日)，也有学者将事件窗定义为公告前后10日、20日或更长，事件窗长短主要取决于研究者的研究目的：事后窗主要用于考察事件发生后股价(或企业价值)有无异常变化，常见于探讨某一事件长期绩效的研究中。

## 二、研究样本的选择

事件研究中,研究样本的选择是很重要的,有时是否应将某一发生事件的公司包括在研究样本之内还需要仔细考虑,尤其是小样本研究。为此,应当预先确定样本的选择标准,如设置数据可获性的限制、行业限制等。

## 三、正常收益模型的选择

为了评价事件的影响,我们需要度量异常收益。事件窗期间证券的实际收益是正常收益与异常收益之和。即

$$K_{it}=R_{it}+\varepsilon_{it} \tag{10.1}$$

式中:$K_{it}$为实际收益;$R_{it}$为正常收益,由市场模型计算得出;$\varepsilon_{it}$为异常(或非期望)收益。在如此分解下,异常收益$\varepsilon_{it}$为实际收益和正常收益之差:

$$\varepsilon_{it}=K_{it}-R_{it} \tag{10.2}$$

换言之,$\varepsilon_{it}$是事件条件下的收益与无事件条件下的期望收益之间的差。因此,异常收益是证券持有者财富的变化。在定义异常收益之前,必须设定(或选择)正常收益模型。用于估计正常收益$K_{it}$的模型包括统计模型与经济模型,统计模型以资产收益行为的统计假设为基础,不依赖于任何经济理论,而经济模型以有关投资者假设为基础,不依赖于统计假设。

我们计算正常收益通常采用的是市场模型。市场模型是将某一证券收益与市场证券组合收益相联系的统计模型,即

$$R_{it}=\alpha_i+\beta_i R_{mt}+\varepsilon_{it} \tag{10.3}$$

$$\mathrm{E}[\varepsilon_{it}]=0 \qquad \mathrm{Var}[\varepsilon_{it}]=\sigma_\varepsilon^2 \tag{10.4}$$

式中:$R_{it}$与$R_{mt}$分别为证券$i$和市场投资组合在$t$期的收益;$\varepsilon_{it}$为扰动项,其均值为0,方差为$\sigma_\varepsilon^2$;$\beta_i$与$\alpha_i$为市场模型的参数。

## 四、估计异常收益

在选择好用于估计正常收益的模型后,接下来的步骤就是对异常收益进行估计。由式(10.2)可知,异常收益$\varepsilon_{it}=K_{it}-R_{it}$,$K_{it}$无须估计,需要估计的是$R_{it}$,一般用估计窗内的相关数据进行估计,如在使用日数据与市场模型的事件研究中,市场模型参数可通过事件发生前120日的数据进行估计,再运用所估计出的参数与事件窗对应的数据计算$R_{it}$的估计值。

计算出异常收益数据(即$\varepsilon_{it}$)后,需要对异常收益进行加总。异常收益的加总包括截面上(各种证券间)的加总与时间序列(主要指事件窗)上的加总。设$AR_t$为整个样本(设由$N$个证券组成)在$t$时刻的平均异常收益;$CAR(t_1,t_2)$为整个样本在$(t_1,t_2)$期间内的平均异常收益,则异常收益的截面和时间序列加总分别可以式(10.5)、式(10.6)表示:

$$AR_t=\frac{1}{N}\sum_{i=1}^{N}\varepsilon_{it} \tag{10.5}$$

$$CAR(t_1,t_2)=\sum_{t=t_1}^{t_2}AR_t \tag{10.6}$$

### 五、检验异常收益的显著性

异常收益计算出来以后，需要检验其显著性。零假设通常是：异常收益（或累积异常收益）均值为0；备测假设是：异常收益（或累积异常收益）均值不为0。检验的方法包括参数检验法与非参数检验法。

## 第二节 股权分置改革的效应研究①

### 一、事件研究方法模型的建立

**（一）选择样本，确定事件和检验时间区间**

选择股权分置改革已经全部完成的深圳证券交易所的50家中小企业板的上市公司作为考察对象，在分析中，将某一上市公司股权分置改革方案实施公告发布日之后的第一个交易日定义为“事件日”（即除权日），并将事件前后一段时间分成两段：估计期和事件期，事件期再分为事前检验期和事后检验期，估计期取事前检验期之前40个交易日，事前检验期为股权分置改革方案发布前20个交易日，事后检验期为股权分置改革方案发布后20个交易日。检验时间区间设为 $T_1 \sim T_2$，其中事件日前20个交易日即 $T_1 \sim 0$ 为事前检验期，事件日后20个交易日即 $0 \sim T_2$ 为事后检验期；事前检验期之前40个交易日即 $T_0 \sim T_1$ 为估计期。比如，新和成（002001）事件日为2005年8月19日，估计期为4月20日—7月1日，事前检验期为7月4—29日，事后检验期为8月22日—9月19日。

**（二）计算收益率**

事件研究方法不是直接考察事件发生对股票价格变动的影响，而是通过考察事件发生前后累积非正常收益率的变化来判断事件对股价波动的影响。首先需要计算检验期内的日收益率。对于每个个股，日收益率的计算公式为：

$$r_{it} = \frac{P_{it} - P_{i,t-1}}{P_{i,t-1}} \tag{10.7}$$

式中：$r_{it}$ 为股票 $i$ 在交易日 $t$ 的收益率；$P_{it}$ 为股票 $i$ 在交易日 $t$ 的收盘价；$P_{i,t-1}$ 为股票 $i$ 在交易日 $t-1$ 的收盘价。对于有除权情况的股票日，收益率计算公式修正如下：

$$r_{it} = \frac{1 + ns_i + np_i + C - P_{i,t-1} - np_i P_i}{P_{i,t-1}} \tag{10.8}$$

式中：$ns_i$ 为股票 $i$ 每股的送红股及公积金转增股本数；$np_i$ 为股票 $i$ 每股的配股数；$P_i$ 为配股价；$C$ 为每股派现金额。

以新和成（002001）为例，2004年度的分配方案为10派3元，股权登记日为2005年5月11日，除权基准日为2005年5月12日，应该作为有除权情况的股票，另外该股的对价方案

①本节内容根据以下文献整理：李冻菊．股权分置改革的效应研究．经济经纬，2006（4）：98-100。

为：方案实施股份变更登记日登记在册的流通股股东每持有 10 股获付 3.5 股公司股票，除权日为 2005 年 8 月 19 日，在计算日收益率时应考虑在内。

**（三）确定统计模型，估计正常收益率**

采用市场模型来研究股权分置改革对中小企业板的影响。市场模型是一个将任何给定的证券收益与整个市场证券投资组合联系起来的统计模型，对于任何证券 $i$ 有：

$$R_{it}=\alpha_i+\beta_i R_{mt}+\varepsilon_{it} \tag{10.9}$$

$$E(\varepsilon_{it})=0 \qquad Var(\varepsilon_{it})=\sigma_{\varepsilon i}^2 \tag{10.10}$$

式中：$R_{it}$ 和 $R_{mt}$ 分别为 $t$ 时刻证券 $i$ 和市场组合的收益；$\varepsilon_{it}$ 为期望为零的随机项；$\alpha_i$、$\beta_i$ 为市场模型的参数。在实际应用中，经常用市场指数代表市场组合，其中上证指数在我国证券市场的相关研究中得到了广泛应用，但鉴于股权分置改革进行过程中一直是深强沪弱以及本研究选取的是深市的中小企业板的上市公司，所以这里用深圳综合指数来代表市场组合。

深证指数的日收益率的计算公式为：

$$R_{mt}=\frac{index_t-index_{t-1}}{index_{t-1}} \tag{10.11}$$

式中：$index_t$ 为在交易日 $t$ 深证指数的收盘价；$index_{t-1}$ 为在交易日 $t-1$ 深证指数的收盘价。

针对某一事件 $i$，以估计期（$T_0\sim T_1$）40 个交易日的日收益率数据作为样本，对股价平均收益模型进行回归，得到个股 $u_i$ 的估计值 $\hat{u}_i$，即 $E(R_{it})=\alpha_i+\beta_i R_{mt}$，这就是正常收益率，它表示在股权分置改革方案没有实施的情况下股票市场预期收益率。以新和成为例，见表 10-1。

**表 10-1 新和成估计期的期望收益率**

| 日期 | 期望收益率 | 日期 | 期望收益率 |
|---|---|---|---|
| 4.20 | — | 5.25 | 0.3572501 |
| 4.21 | −0.092 639 604 | 5.26 | −0.655 618 356 |
| 4.22 | −0.565 381 335 | 5.27 | −0.779 649 348 |
| 4.25 | −0.139 396 992 | 5.30 | −0.053 996 8 |
| 4.26 | 0.951 115 426 | 5.31 | 0.612 110 078 |
| 4.27 | −0.165 245 967 | 6.01 | −2.563 847 885 |
| 4.28 | 1.625 621 496 | 6.02 | −2.700 782 757 |
| 4.29 | −1.089 870 823 | 6.03 | 0.223 424 563 |
| 5.09 | −3.465 531 404 | 6.06 | 4.102 119 739 |
| 5.10 | 1.514 543 146 | 6.07 | −0.341 210 509 |
| 5.11 | −1.760 951 212 | 6.08 | 8.429 456 963 |
| 5.12 | −1.886 483 523 | 6.10 | −1.426 519 139 |
| 5.13 | 0.049 522 064 | 6.13 | 0.271 337 391 |
| 5.16 | −0.716 497 091 | 6.14 | −0.523 269 09 |
| 5.17 | 0.854 439 012 | 6.15 | −1.618 815 411 |
| 5.18 | −0.315 899 417 | 6.16 | 1.345 509 003 |
| 5.19 | 0.839 979 185 | 6.17 | −0.776 083 427 |
| 5.20 | 0.439 330 337 | 6.29 | 2.327 856 48 |
| 5.23 | −1.633 121 497 | 6.30 | −2.607 560 074 |
| 5.24 | 1.325 092 364 | 7.01 | −0.744 890 017 |

**(四)计算非正常收益率和累积异常收益率**

估计出正常收益率之后,就可以计算异常收益率。异常收益率是指某事件 $i$ 在 $t$ 交易日中实际收益率与正常收益率之差。计算公式为:

$$AR_{it}=R_{it}-\hat{u}_i$$

根据上式,先求出事件 $i$ 在事件期 40 个交易日内每天的异常收益率 $AR_{it}$,然后逐一计算事件期内第 $t$ 日的累积异常收益率 $CAR_{it}$,公式为:

$$CAR_{it}=CAR_{it-1}+AR_{it}\,,\ t=-19,-18,\cdots,0,\cdots,19,20$$

最后,计算全部 $N$ 个政策事件期内第 $t$ 日的累积平均异常收益率:

$$\overline{CAR_t}=\frac{1}{N}\sum_{i=1}^{N}CAR_{it} \tag{10.12}$$

以新和成为例,通过计算得 $\overline{CAR_t}=2\ 508.383$。

从累积平均异常收益率,可以直观地判断股权分置改革事件对股票价格是否产生影响:

(1)在一个有效的股票市场上,累积平均异常收益率应该在零附近随机波动。

(2)如果股权分置改革事件不对股票市场产生影响,那么,股权分置改革事件日当天,股市累积异常收益率应保持不变,呈随机水平波动。

(3)如果股权分置改革事件对股票市场产生显著影响,那么,当股权分置改革事件发生时,就会出现事件日或者前后检验期累积平均异常收益率的增加或者减少,表现为累积异常收益率曲线的上升或者下降。

经过计算得到 $\overline{CAR_t}$ 的值为 $2\ 508.383>0$,这也证实了中国证券市场还不是一个有效市场。

**(五)根据数据处理结果,对股权分置改革对中小企业板市场效应进行统计检验**

具体方法为:

$H_0$:股权分置改革事件对股票价格无显著影响

$H_1$:股权分置改革事件对股票价格有显著影响

构造检验统计量

$$J=\frac{\overline{CAR_0}}{\left[\frac{1}{N^2}\sum_{i=1}^{N}\left(\frac{2}{T-2}RRS_i\right)\right]^{\frac{1}{2}}} \tag{10.13}$$

式中:$\overline{CAR_0}$ 为股权分置改革事件日的平均累积异常收益率;$N$ 为所考察的事件的个数;$RRS_i$ 为事件 $i$ 在估计期的残差平方和;$T$ 为估计期的时间长度,即 40。

统计量 $J$ 近似服从标准正态分布,取显著性水平 $\alpha=0.05$,此时临界值为 1.96,因此,当 $J$ 的绝对值大于 1.96 时,拒绝原假设,表明股权分置改革事件对股票价格有显著影响。

## 二、结论

通过代入计算得 $J=304.838\ 2>1.96$,因此拒绝原假设,表明股权分置改革事件对股票价格有显著影响。

利用事件研究法还可以检验中小企业板对股权分置改革事件市场效应的特点和效率。基本判断原则是：

(1)如果股权分置改革事件发生时，市场对股权分置改革事件认识不统一，或利好或利空，股权分置改革事件日出现累积平均异常收益增加(减少)，但在事件日之后的事后检验期不再存在异常收益，即累积异常收益基本保持不变(图 10-1 表现为事后检验期累积平均异常收益率曲线迅速恢复到水平随机波动状态)，则表明股票市场对股权分置改革事件信息的反映是充分的，从而就股权分置改革事件而言，股票市场达到了半强式有效。

(2)当股权分置改革事件发生时，如果股权分置改革事件日出现累积平均异常收益率增加(减少)，但在事件日之后的时候检验期仍然存在正(负)异常收益，即累积平均异常收益率继续增加(减少)，在图形上呈现出现事后检验期累积平均异常收益率曲线继续上升(下降)趋势，则表明股票市场对股权分置改革事件信息的反应是不充分的，即市场存在“反应不足”，导致市场的“延迟效应”，从而就股权分置改革事件而言，股票市场尚未达到半强式有效状态。

(3)在股权分置改革事件发生以前，如果股价出现明显变化，这就说明存在“信息泄漏”问题，一部分掌握“内幕消息”的投资者提前进行了股票买卖，使价格提前发生了变化。

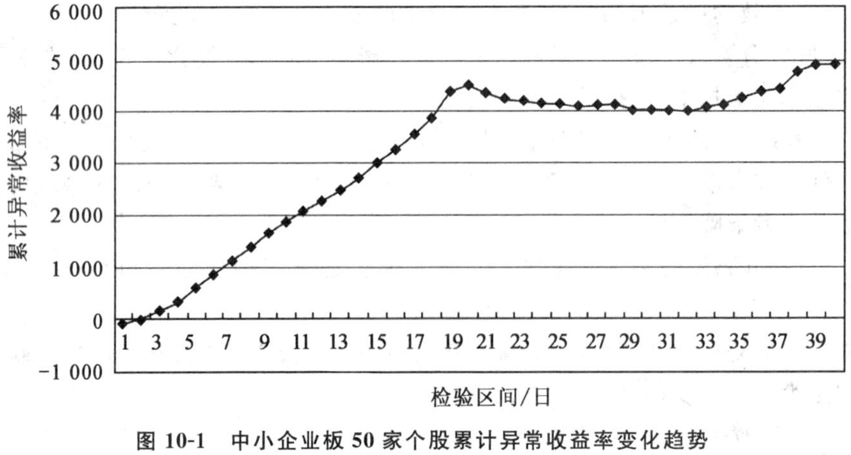


**图 10-1　中小企业板 50 家个股累计异常收益率变化趋势**

从图 10-1 看，市场是把股权分置改革事件作为利好消息对待的，对于中小企业板 50 家个股而言股权分置改革事件的公布都会立即引起股价的立即上涨，这说明股权分置改革事件对短期内股票价格的影响是非常显著的。从统计量检验的结果看，统计量 $J=304.8382>1.96$，因此，同样可以得出政策事件对股票价格有显著影响的结论。

# 模块 9　网络证券交易

## 一、网上委托买卖

随着证券交易的网络化趋势，利用电脑通过网络已经可以顺利地完成证券的交易，而近年来手机炒股业务的发展也给我们带来了便利的网络交易渠道。投资者要能够掌握网上交易渠道。

投资者有了自己的投资倾向以后，就要着手买卖股票，网络时代使买卖股票变得简单便捷。投资者要进行网络证券交易，首先要在证券公司开户，然后利用自己的账号、密码在网上进行登录。不同证券公司均有自己的独立交易软件，而这些软件操作的大部分功能都是相同的，股票的下单、撤单、查询、银证转账等，投资者可以很轻松地进行操作。图 10-2 是招商证券的软件登录界面，投资者可以利用自己在证券营业部开立账户的账号、密码进行登录。

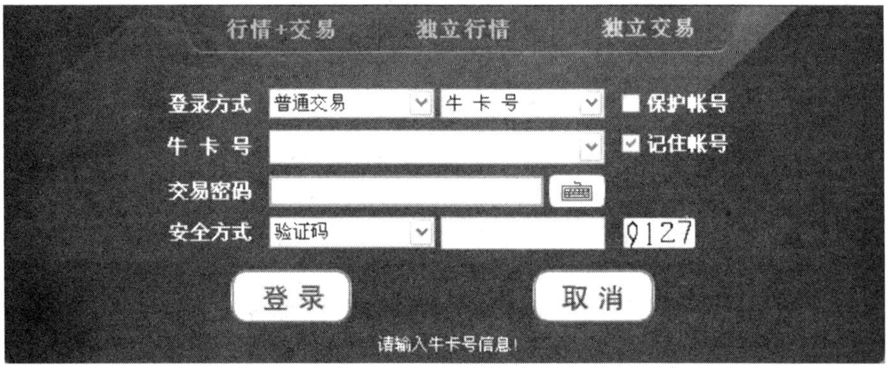


**图 10-2　交易软件登录界面**

打开交易软件，我们可以看到各个功能菜单(图 10-3)，点击“买入”，可以在右侧的对话框输入股票的代码、买入价格、数量进行下单。一般情况下，网上委托系统将会按当前的价格提示用户，当然，用户也可以自己确定其他价格。点击“卖出”股票，功能相似。我们在下单以后，在股票没有撮合交易成功之前也可以撤单。点击“查询”可以查到资金股份、当日委托、当日成交、历史委托、历史成交、资金流水等等你所需要的交易信息。点击“银证转账链接”可以在银行和券商账户之间进行转账，它们之间的资金流动可以实现即时到账，非常快捷。

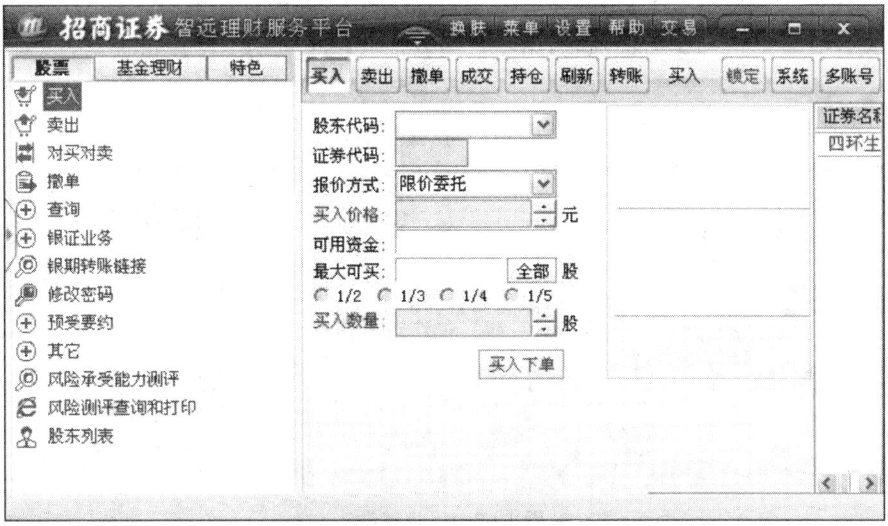


**图 10-3　交易界面**

查询菜单下的“配号查询”(图 10-4)是用于查询客户已参与的向二级市场投资者配售新股是否中签的功能选项。输入查询日期即可查询到在这一段时间内有无中签股票。

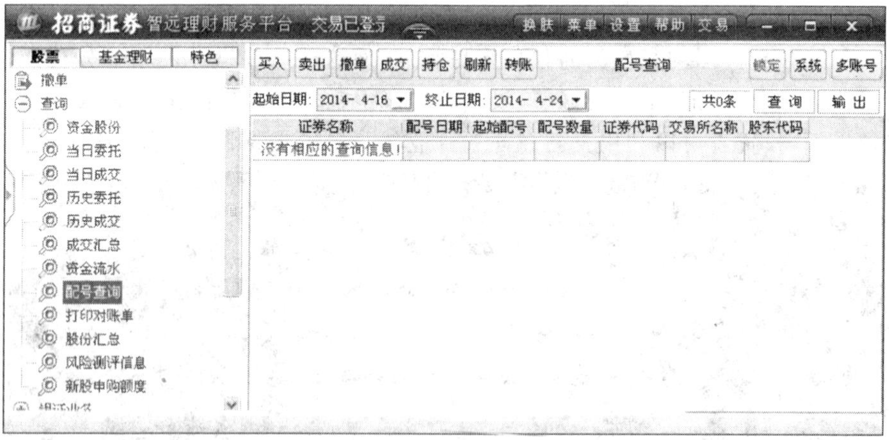


**图 10-4　查询配号**

当前买卖股票的交易费用分为以下三个部分:印花税,1‰(卖的时候才收取,此为国家税收,全国统一);过户费,深圳交易所无此项费用,上海交易所收费标准为每 1 000 股收取 1 元,不足 1 000 股按 1 元收取;交易佣金,最高收费为 3‰,最低收费 5 元,各家券商收费标准不一,开户前可咨询清楚。

如果没有每笔委托费,也不考虑最低佣金和过户费,按佣金 3‰、印花税 1‰算,买进股票后,上涨 7‰以上卖出,可以获利。

由于移动互联网的发展,越来越多的人用手机进行股票交易,因为人们会随身携带手机,这可以使投资者随时随地进行股票操作。现在一般的证券公司都开通了手机炒股服务,投资者只需要进入公司网站下载手机证券软件(图 10-5),就可以进行在电脑上类似的操作。一般手机炒股软件查看行情和交易都免费,由手机运营商收取少量的上网流量费。

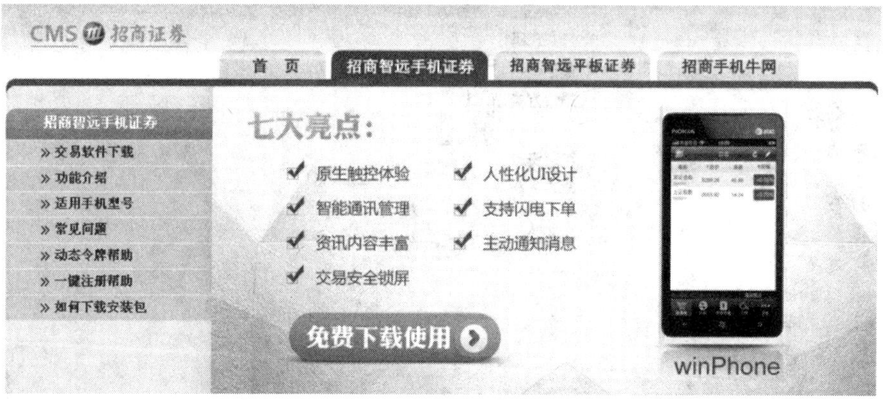


**图 10-5　手机证券**

## 二、新股配售方法

股票上市第一天，不设涨跌幅限制，有很多投资者乐于打新股以期获得超额收益。在这里为大家介绍新股配售是如何展开的。

目前证券市场新股申购采用的是“向二级市场投资者配售新股”的发行方式。沪市规定投资者申购新股的数量应为 1 000 股的整数倍，深市规定申购单位为 500 股；每一只股票账户只能申购一次，重复的申购视为无效申购。

投资者申购新股时，必须全额预缴申购股款，申购新股的委托不得撤销。证券交易所负责确认投资者的有效申购，并对超额申购、重复申购等无效申购予以剔除。

有效申购量确认后，按以下办法配售新股：

(1)当有效申购总量等于拟向二级市场投资者配售的总量时，按投资者实际申购量配售；

(2)当有效申购总量小于拟向二级市场投资者配售的总量时，按投资者实际申购量配售后，余额按照承销协议由承销商包销；

(3)当有效申购总量大于拟向二级市场投资者配售的总量时，证券交易所按 1 000 股(深圳 500 股)有效申购配一个号的规则，对有效申购连续配号。主承销商组织摇号抽签，投资者每中签一个号配售新股 1 000 股(深圳 500 股)。

向二级市场配售新股的操作程序如下：

(1)每一只新股发行前几个交易日，投资者都可以在权威证券媒体看到这只新股的“申购公告”。“申购公告”的内容包括申购价格、申购时间、申购代码等内容。

(2)我们称网上发行日为 T 日，在这一天的正常交易，投资者可以通过交易软件进行买入委托。投资者按照其可申购的新股数量，自主委托申购新股。证券交易所确认有效申购，剔除无效申购。

(3)资金冻结、验资及配号(T＋1 日)。在申购日后的第一个工作日，交易所将根据最终的有效申购总量，按每申购 1 000 股(深圳 500 股)配一个号的规则，由交易主机自动对有效申购进行配号。因为申购数量已经统计出来了，一般在这一天晚上就可以计算出投资者申购的中签率。

(4)摇号抽签(T＋2 日)。申购日的第二个工作日，公布中签率公告。同时根据总配号量和中签率进行摇号抽签。这天晚间，中签配号的号码就会公布。这时投资者可以知道自己是否中签。

(5)中签及资金解冻(T＋3 日)。中签者的申购资金会自动拿来按发行价购买股票，而没有中签的申购资金将解冻。投资者如果没有中签，所有资金将全额退回。需要注意的是，在整个申购过程中，只要不中签就不需要缴纳任何手续费。如果中签 1 000 股，那么除去按发行价购买的那 1 000 股股票外，剩余的全部资金将回到投资者的账户中。

等到股票上市，投资者就可以将中签的股票全部卖出。

## 三、模拟炒股

随着证券业的蓬勃发展，人们的投资意识逐渐提高，但是大多数的投资者在进入风险较大的证券二级市场时未经过任何培训，以至盲目投资，达不到预期的投资效果，要知道，一个不成熟的投资者在变化万千的股市上经常会晕头转向,迷失自我,从股市中盈利是非常艰难的。模拟交易就可以让投资者在真正进行证券投资之前熟悉整个市场,了解相关知识,进行投资“演习”,认识到自己的操作能力,有利于形成自己的操作系统和操作风格,以便以后在真实市场上获得收益。

模拟交易就是提供了一个仿真的交易环境,使用户获得投资体验,提高自己的投资能力。

这里以叩富网为例,为大家介绍如何进行模拟交易。

叩富网(http://www.cofool.com)是一个专门为投资者提供模拟操作体验的网站,首先要进行注册(图 10-6,图 10-7),点击“免费注册”进行注册,然后登录,登录之后就可以进行股票买卖了。买卖股票的时间和过程与真实交易一致,用户可以选择网页版进行交易,也可以点击“模拟炒股软件”下载软件,更具真实感。

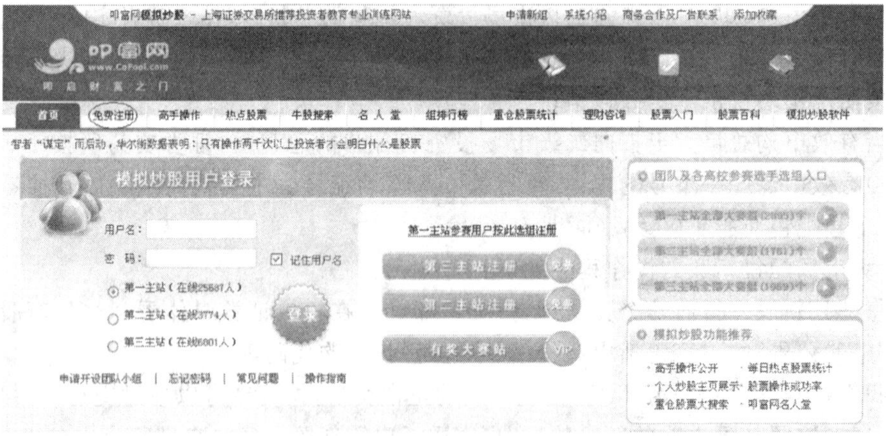


图 10-6 模拟炒股软件界面(1)

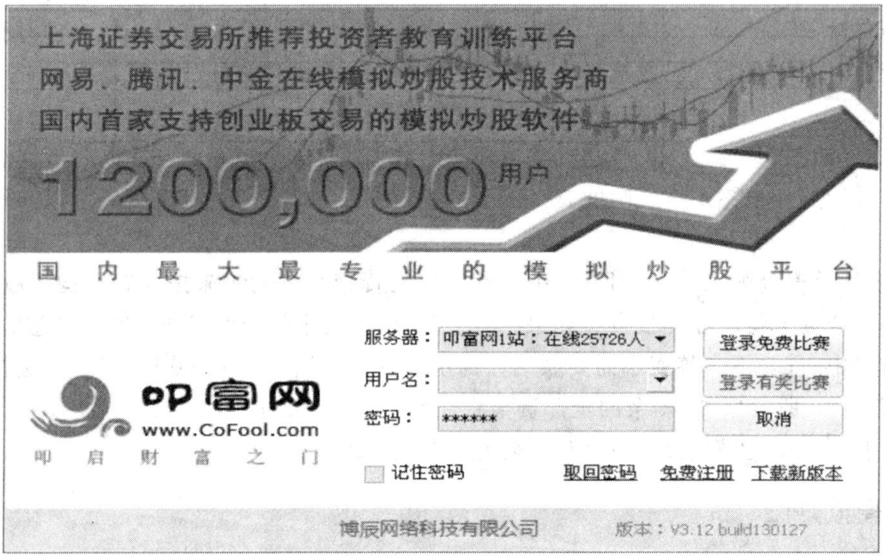


图 10-7 模拟炒股软件界面(2)

## 四、投资策略与技巧的应用

要想在这个市场上获得盈利，必须多观察和总结，不断地尝试，并在错误中总结经验，形成自己的一套操作系统和风格，这是在股市上获得成功的关键。股市是波动起伏的，有句话"盈一平一亏八"，平均十个人里只有1个人是盈利的，有1个人不赚不赔，还有8个人是亏损的，虽然不完全准确，但也说明了要想在股市上盈利是需要付出艰辛努力的，而且努力的方向要正确。投资者首先应该掌握一些基本的投资策略与技巧。

### (一)时间

(1)开盘定性。开盘后30分钟的市场表现有助于判断市场的性质。在强势市场中常见开盘后急速冲高，是多方进货抢购、空方派发拉高造成的。在弱势市场中的开盘后急速下跌，是多方砸盘、空方抛售造成的。

(2)中午收市前是多空双方必争的阶段。主力大户常利用机会做出有利于自己的走势，引诱广大中小散户上当，故收市前与开市后的走势应该综合来看。若大势平平，则收市前走势一般没有指导意义。若大市处升势时中午收于高点，表明人气旺盛，市道向好；若大市处跌势时中午收于低点，表明人气低迷，后市看淡。若升势时收于低点或跌势时收于高点，多半是假象。

(3)尾盘效应。多空双方必争的尾盘对次日开盘有指导意义，特别是最后30分钟大盘走向。若在下跌过程中出现反弹后又调头向下，尾盘将可能杀伤力极大。在具体的操作上，发现当日尾盘将走淡应该积极沽售，以避次日低开；发现尾市向好则可适量持仓以迎次日高开。

### (二)阻力位和支撑位

空头力量盛、多头力量弱的区域自然形成了阻力。实践中，以下区域常成为明显的阻力位：第一，今开盘。若当日开盘走低，竞价时积累在开盘价处的大量卖盘会使反弹遇到明显阻力；第二，均线位置。5日线、10日线被技术派看重，指数爬到此处会有信奉技术的短线客果断抛售，自然形成阻力。第三，前次高点一旦接近，会有新的做空力量介入，多头也会变得小心谨慎。第四，前次低点若失去支撑，会有较多的做空抛售而导致的大盘急泄，以前的支撑位会变成阻力位。第五，整数关口。这是由于一些心理作用使得一些整数位置成为上升的阻力。

### (三)动量

动量实际上是以成交量为基础的成交和价格之间的相互关系，即时看盘的核心是上涨和下跌的动量。

(1)价涨量增与价涨量减。在突破一些重要阻力位时，往往需要成交量的配合。只有量增，这种突破才是真实可靠的。

(2)价跌量增。在上涨末期或下跌初期及中途出现价跌量增，是主动性抛盘增加的缘故，此时大盘止跌的可能性比较小。

(3)价跌量减并不都是一件好事。如果大市即将见底，则人人惜售，下跌无量，是"地量见地价"。但是如果在顶部出现价跌量减，说明市场观望气氛浓厚。

(4)冷门股无量。市场常见成交量甚少或在大势成交旺盛时成交量也不大的冷门股，交易不活跃。一般不宜买卖冷门股。

(5)对敲放量。某些冷门个股突然莫名其妙地放大量，即为大主力机构进行对敲，其意在造成该股活跃的假象，达到引诱散户抢盘、趁机派发的目的。

**（四）选股**

中短期选股要求备选股票能够在较短的时间内具有较高的涨幅预期，故中短线选股必须重势，追求投机性差价收益。若是长线选股，则要注重股票质地和追求稳健的投资收益。中短线选股应该注意以下几点：

(1)积极参与市场热点。捂股不动可能数月无获，且易在消极中等待深套，特别是熊市。投资者如果能把握好市场板块轮动节奏，可能会获得可观的投资收益。

(2)抓住龙头股。在某一热点板块走强的过程中，同比涨幅可观的龙头股是行情风向标。

(3)上市公司蕴含一定的投资机会。投资者可以从发布的年报、中报和不定期公告中发现对个股价格有重大影响的信息。但应结合股票最近一段时间的表现综合分析。

利用各种技术工具可以帮助优化买卖时机，利用均线、技术指标可以判断市场的买卖点。

**（五）跟庄**

明白了看盘、选股的道理，也选对了股，还应认识大资金的真面目，寻找规律。机构的操作一般分为四个阶段。

(1)准备。当宏观经济运行到低谷而有启动的迹象时，高明的机构会采取顺应市场发展趋势的行动。在正式炒作前，机构往往会有一份详细的立项报告和完整的操作计划，包括证券选择、资金筹集、各方面的协调和撤退方案等。

(2)吸货。机构常设法打穿重要的技术支撑位，引发技术派炒手的止损盘，形成股价向淡形态，同时以利空传闻动摇投资者的持股信心。但在股价走势最恶劣的时候却有一股力量在悄悄吸纳，投资者可以看到股价并没有下降多少。

(3)洗盘。目的在于垫高其他投资者的平均持股成本，洗掉短线跟风客，减小进一步拉升股价的阻力。在高抛低吸中，机构可赚取客观的差价，以弥补拉升段付出的成本。

(4)出货。这是机构操作中最关键、最难的一关，决定坐庄的成败。一般的出货方法有震荡出货法、拉高出货法、打压出货法。震荡出货法是在高价区反复震荡，时间漫长，让散户以为是在整理，庄家在不知不觉中派发完毕。拉高出货法是利用重大利好消息之后巨幅高开，吸引中小投资者跟进，再一边放量一边出货，时间比较短。打压出货法往往是机构遇见突发性的利空而使资金迅速撤出的派发形式，也可能是因为此股的交易比较冷淡而无奈为之。

**（六）买卖时机的选择**

投资者确定了证券的投资品种后，最重要的就是要选择买卖时机。投资者应该选择股价被低估时买进，进而在股价被高估时卖出，使得组合始终处在有利的状态。

(1)目标价格法。这是一种常用的方式，投资者首先根据自己对证券内在价值的估计确定买卖的目标价格，当证券跌(上升)到这个事先确定的价格水平时就买进(卖出)该证券。或者预先设置好止损位，到跌破止损位时卖出，这是一种稳健的投资方法，以防止市场突变时深度套牢。

(2)分次购买法，即通过分次购买同一证券来消除一次购买时价格过高的风险，该法主要是在长期投资时使用。主要的方法有等额购买法和等股数购买法。前者可以使投资者的平均成本低于市场的平均水平。后者在证券价格上升(下降)时需支付较多(较少)资金，购买证券的平均价格往往较高。

买入时机和卖出时机选择：

(1)买入时机的选择。买入的时机，一看大势，二看价位，价位高低直接影响获利多少。时机的选择可以参考：①股市下跌处于长期低潮而无大幅下跌之势，成交量突然增加，此为做底阶段，可逢低买入。②股市处于盘整阶段，可高抛低吸，赚取短线之利。③当利空消息频传，各种悲观论调出笼，经济前景极为暗淡时，可分批买入。④股价或股指的技术形态甚佳时，可配合成交量的向上突破，但要设定停损点。

(2)卖出时机的选择。①当某种证券不再符合投资者的投资目标时，就可以卖掉。②市场股价上升到历史最高水平时，就卖出。③当预期某种证券不能再提供令人满意的收益率时，就卖出。④如果有更好的机会可以选择，可以卖出手中的证券。⑤当跌破预先设置的止损点时，就卖出。此外还有：从整个行情来看，股价走势达到高峰，再无力向上；重大利空因素正在酝酿；所有预期利多消息全部实现，尚无新利多消息出现；发觉有大户暗中出货；有很多高价股的同时出现廉价股，而且很剧烈地变动着；经常打破成交额记录且连冷门股都会出现猛涨等。投资者最好先订出卖出目标和尽量避免概率低的情形，不可妄想自己持有的股票会一枝独秀。

**(七)根据市场属性与公司类型确定买卖时机**

波浪理论说，股市就像大海，有浪峰，亦有波谷。中短期投资者只有根据股价与成交量的波浪起伏，才能决定买卖时机。通常股市萧条时，应该买进；股市过热时，应该卖出；股价上升初期应该大胆买进，股价上升量价同步时应该买进，量价背离时应该卖出，下跌股市反弹后应该卖出。

股市中存在不同类型的公司，其经营行为和业绩的变化决定了买卖时机。对于发展缓慢型公司的股票，投资者最好不去碰，如果买了就应该择机抛出。稳健适中型公司的股票，尽量少碰。如遇上主力做手炒作的股票且价格较低，须快进快出。对于发展迅速型公司的股票，应该积极买入而不轻易卖出，因为往往这类公司会产生超预期业绩，带动股价持续上扬。周期起伏型公司的股票，应在萧条结束前买入并在下次萧条来临前卖出。对于可能复苏型公司的股票，应该选择较低价位时买进。如果投资者判断错了应该立即卖出。在它复苏且股票上涨数倍后，可以考虑卖出。发现资产隐蔽型股票时应该积极买入。只要它的资产价值不因债务而降低，持有这类股票总会有丰厚回报。

著名的投资家葛兰碧说："投资就是低买高卖。"寻找好买卖点是我们理想中的投资，但是这是很难做到的，这需要投资者不断地在这个资本市场上总结经验，形成自己的一套投资体系，战胜自己的贪婪与恐惧，注重分析宏观形势和公司发展价值，辅助以技术分析手段，这样才能在错综复杂的市场中获得可观的收益。

## 小　资　料

### 资料28：如何从尾盘成交量看出主力动向

股价的涨势中，盘整或跌势中的尾盘，其次日开盘的结果可能迥异，洞察这种微妙尾市变化的先机，一般都是短线投资者梦寐以求的制胜法宝，而判断这一情形最重要的依据则是股价的10日移动平均线的整体运行状态。(1)涨势中。尾盘价涨量增：在涨势中的尾盘量价俱增，是人气充分聚积的征兆，说明市场上的投资者仍然看好之后的发展，则次一交易日股价将仍以高盘开出的可能性较大。尾盘价增量缩:这种情形在涨势中多为高潮阶段时的惜售现象。次一交易日股价通常多以跳空高开为主,昨天尾市没有买到的投资者,一般多会填高单价追涨买进。但是,由于股票没有经过充分换手,高开之后,往往就会因获利盘的增多,卖压同时逐步增大,次一交易日的K线形态上多带有上影线。尾盘急跌量大:如果不是在涨幅巨大的阶段时,出现巨量长阴K线形态,则尾盘出现这种明显急跌量大的现象,多是控盘主力庄家利用尾市进行洗盘清筹。次一交易日股价往往是将以平盘或者高盘开出,但这种情形的前提是杀尾盘的当日成交量在一定原则上不宜过大。(2)盘整中。尾盘价量俱增:在盘整阶段末期,多空双方主力经过了较长时间的争战,终以多方主力的努力而占据上风。盘面此时突然发动攻势,则次一交易日股价往往将以平盘或者高盘开出。尾盘价跌量增:在盘整走势中的尾盘,出现价跌量增的现象,说明多空双方主力在势均力敌的对峙中,多方主力由于失去了后援和信心,空方主力则乘势占据上风,胜负已经初见分晓。盘面此时突然发动攻势,次一交易日股价往往以平盘或者低盘开出,并且大多会因为多方主力反击的无力而渐渐进入盘跌阶段。关前价量俱增:在盘整走势中,股价即将遇到关卡,尾盘如果突然出现大量急拉,则次一交易日股价多是以冲关式的高盘开出,但是由于主力庄家并不想或并不具备上攻的实力,仅仅只是借助尾市搞突然袭击,制造出一种向上突破的假象,引诱场外的投资者追涨看多,自己则好趁机出货清仓。故此极容易形成高开低走,以假突破拉回整理的结局。(3)跌势中。尾盘价跌量缩:在跌势中,尾盘出现价跌量缩的现象,说明买盘无人愿意接单,卖压将转移到次一交易日开盘,而使得次一日股价因卖盘的急于脱手,以低盘开出。尾盘价量俱增:在跌势中,尾盘价量俱增现象的出现,K线图形形态上一般会留下下影线,次日开盘走势有两种可能性:RSI未处低档且K线收中阴时,由于短线资金的介入,而出现反弹的契机。但是次一交易日股价若是始终在平盘之下游走,则可能是主力庄家利用尾市拉抬诱多,以便次日压低出货,这是大盘将跳空向下的讯号。RSI处于低档且K线缩小阴小阳时,如果此时量价俱增,配合出现的时机正处于6日RSI的低档,则次一交易日往往多是经高盘开出,并引发一轮反弹的走势。(4)特殊状况。尾盘在急拉的走势之中,开始出现修正性的反弹,临近收市之时却又被掼压到以最低点报收,说明空方主力仍然主导着优势,此种走势在次一交易日股价将以平盘或者低盘开出,并且次一交易日的股价走势是易跌难涨的。尾盘前就已经形成明显的涨势,但是尾盘的最后10分钟开始出现抢盘,成交量大幅度放大并且推动股价一路走高,这种情形多是投机性的短线客介入追涨,对次一交易日的走势不是十分有利。次一交易日股价高开之后,因为存在着短线获利盘的压力,如果不能消化这一部分卖盘,涨势就很难持续,卖压在高开之后一般也就会迅速涌现。

## 资料29:解析盘口五种常见异动背后的含义

在个股分化的现象越来越明显的市场背景下,捕捉到有强庄控制的个股往往能够提高操作的成功率,强庄控盘的个股时常会出现异动,这可能是机会,也可能是陷阱。下面分析几种常见的情况,仅供参考。(1)放巨量跳空低开。有些庄股开盘时会出现跳低5个以上百分点的情况,集合竞价成交上百万股。一般说来这表明了一种信号,即庄家还未出局,现在正准备往上拉升,这时候的大幅跳空低开是一种震仓洗盘的行为。(2)出人意料地大幅跳空高开。有些个股第一天并未涨停,第二天却大幅跳空高开。这有两种可能,一是庄家的试盘动作,看看上方有多少抛盘;二是庄家为了吸引人们的注意力,主要目的还是为了出货方便,这时候股价很有可能高开低走。(3)临收盘时放量打压,造成当日K线为长阴线,但第二天即轻松涨回。这是典型的震仓洗盘行为,如果此时30日均线为明显的上行趋势,股价涨幅并不是很大,就可认定是庄家在打压,目的是震仓,以收集更多的廉价筹码。(4)无理由地异常放量,给人以盘中换庄的印象。盘口表现为几千手的巨量买卖盘同时出现,伴随着数千手的大手笔成交,日换手率达20%以上,但股价却明显滞涨。这一般都是庄家为了吸引散户的买盘,刻意制造交易量放大的假象,这时要观察30日均线是否上行,OBV指标是否上扬,如果以上两个条件没一个具备,则坚决不参与。(5)盘中呈现45度上扬,日K线为连续的小阳线,但盘中偶尔也会突然跳水,形成"钓鱼竿"的走势。这类股票欣赏一下是可以的,最好不要参与。

庄股出现异动时,投资者注意不要只看表面现象,要站在庄家的立场上想一想。兵法云"虚则实之,实则虚之",股市也是如此。如果看不懂庄家在做什么,就不要去参与,这也算是一种"大智若愚"吧。

# 参考文献


[1] Craig Mackinlay A. Event studies in economics and finance [J]. Journal of Economic Literature,1997,35:13-39.

[2] Michael Salinger. Standard errors in event studies [J]. Journal of Financial and Quantitative Analysis,1992, 27(1): 39-52.

[3] Dolley J. Characteristics and procedure of common stock split-Upa[J]. Harvard Business Review,1933,11:316-326.

[4] Fama E F,Fisher L,Jensen M,et al. The adjustment of stock prices to new information [J]. International Economic Review,1969,10:1-21.

[5] Brown S,Warner J. Using daily stock returns, the case of event studies[J]. Journal of Financial Economics,1985,14(1):3-31.

[6] Seth Armitage. Event study methods and evidence on their performance[J]. Journal of Economic Surveys,1995,8(4):25-52.

[7] 李冻菊. 统计学[M]. 北京:中国农业大学出版社,2003.

[8] 王雪标,王志强. 财政政策、金融政策与协整分析[M]. 大连:东北财经大学出版社,2001.

[9] 田俊刚. 中国股票市场若干要素与经济增长关系的实证研究[D]. 南昌:江西财经大学,2004.

[10] 黄海沧,等. 证券投资实训教程[M]. 杭州:浙江大学出版社,2010.

[11] 徐国祥. 统计指数理论及应用[M]. 北京:中国统计出版社,2004.

[12] 徐国祥,吴泽智. 金融指数产品创新及其风险控制研究[M]. 上海:上海财经大学出版社,2005.

[13] 邢天才. 中外资本市场比较研究[M]. 大连:东北财经大学出版社,2003.

[14] 于秀林,任雪松. 多元统计分析[M]. 北京:中国统计出版社,1999.

[15] 约翰·Y·坎贝尔. 金融市场计量经济学[M]. 上海:上海财经大学出版社,2003:119-144.

[16] 林清泉,黄建军. 上海股市政策效应的"事件研究"[J]. 金融货币评论,2004(7,8):18-25.

[17] 陆蓉. 资本市场的政策效应研究[D]. 广州:中山大学,2004.

[18] 刘昆. 上市公司增发新股股价效应及其影响因素研究[D]. 长沙:湖南大学, 2004.

[19] 易丹辉. 数据分析与 Eviews 应用[M]. 北京:中国统计出版社,2002.

[20] 谈儒勇. 中国金融发展和经济增长关系的实证研究[J]. 经济研究,1999(10):53-61.

[21] 罗美娟. 关于股票市场与经济增长关系的争论[J]. 经济学动态,2001(6):67-68.

[22] 郑江淮,等. 中国转型期股票市场发展与经济增长关系的实证研究[J]. 管理世界,2000

(6):15-24.

[23] 殷醒民,谢洁. 中国股票市场与经济增长关系的实证研究[J]. 复旦学报(社会科学版),2001(4):96-102.

[24] 冉茂盛,张卫国. 中国股票市场与经济增长关系的实证分析[J]. 重庆大学学报,2002,25(11):12-15.

[25] 王珂英. 股市发展与经济增长关系统计研究[D]. 长沙:湖南大学,2004.

[26] 上海证券交易所网站、深圳证券交易所网站及其他金融网站有关资料.

[27] http://study.huagu.com/zlxz/cgxl/gmxd/1211/30880.html#.